Jürgen Wolf

Capture One Pro 21

Schritt für Schritt zu perfekten Fotos

Liebe Leserin, lieber Leser,

Bildbearbeitung und Bildverwaltung gehören zur digitalen Fotografie dazu. Capture One Pro 21 ermöglicht es Ihnen, diese Aufgaben effizient und professionell in Ihrem individuellen Workflow zu erledigen. Der Raw-Konverter ist ein multifunktionales Werkzeug: ob für die Organisation Ihrer Bildersammlungen, die Bearbeitung Ihrer Aufnahmen hinsichtlich Farbe, Belichtung und Schärfe oder auch die Präsentation und Weitergabe der Dateien. Noch dazu sind Sie mit Capture One maximal flexibel, denn Sie können die Arbeitsoberfläche und alle Werkzeugregister ganz nach Ihren Wünschen einrichten.

In diesem Buch führt Jürgen Wolf Sie in über 100 Workshops Schritt für Schritt in die Funktionsvielfalt von Capture One ein. Sie lernen die Arbeitsoberfläche und die Register mit ihren Werkzeugen kennen. Sie bewerten Ihre Aufnahmen und sortieren sie in Katalogen und Sitzungen. Sie erfahren, wie Sie den Weißabgleich korrigieren, störende Objekte entfernen und Ihr Hauptmotiv mit einer Verlaufsmaske stärker in den Fokus rücken. Wenn Sie sich viel Mühe mit der Bildbearbeitung geben, möchten Sie das ein oder andere Foto sicher gerne drucken oder im Internet präsentieren. Auch darauf geht Jürgen Wolf in einem eigenen Kapitel ein.

Mit dem Beispielmaterial, das Sie auf der Website zum Buch unter *www.rheinwerk-verlag.de/5311* finden, können Sie jeden Schritt nachvollziehen und lernen ganz praxisbezogen den Umgang mit Capture One. Greifen Sie sich gezielt die Workshops heraus, die Sie gerade interessieren, oder arbeiten Sie das Buch von vorne bis hinten durch, und entdecken Sie alle Möglichkeiten, die das Programm bereithält. Für die erste Orientierung schlägt Ihnen Jürgen Wolf ab Seite 28 einen möglichen Workflow für die Bearbeitung Ihrer Bilder vor. Folgen Sie diesem roten Faden, und finden Sie heraus, welcher Weg für Sie optimal ist.

Ich wünsche Ihnen nun viel Freude bei der Bildbearbeitung mit Capture One und bin mir sicher, dass Sie dieses Buch dabei schnell zum Erfolg führt. Sollten Sie Anregungen oder Fragen haben, freue ich mich über Ihre Nachricht.

Ihr Frank Paschen
Lektorat Rheinwerk Fotografie

frank.paschen@rheinwerk-verlag.de
www.rheinwerk-verlag.de

Rheinwerk Verlag • Rheinwerkallee 4 • 53227 Bonn

Inhalt

Vorwort 13

Das Beispielmaterial zum Buch 17

Kapitel 1: Einführung – Grundlagen und Bedienoberfläche

Was ist Capture One 20
... und was ist das Raw-Format?

Lizenzen und Versionen 22
Übersicht über die Lizenzen und Versionen von Capture One Pro 21

System und Hardware 23
Die richtige Computerausrüstung

Die Farbverwaltung 24
Kalibrieren Sie Ihren Bildschirm

Zerstörungsfreie Bildbearbeitung 25
Destruktive und nichtdestruktive Bildbearbeitung

AUF EINEN BLICK: Die Bedienoberfläche 26
Die Arbeitsoberfläche von Capture One Pro 21

Ein Workflow mit Capture One 28
Immer auf der Suche nach dem idealen Workflow

Softwareupdate durchführen 31
Halten Sie Capture One auf dem neuesten Stand

Kapitel 2: Kataloge und der Bildimport

GRUNDLAGENEXKURS: Kataloge 34
Die Terminologie von Katalogen verstehen

AUF EINEN BLICK: Der Importdialog 38
Ein Überblick über den Importdialog und seine Funktionen

Import von Bildern ohne Kopieren 40
Bilder auf den Computer oder eine externe Festplatte importieren

Import von Bildern mit Kopieren 44
Import von Bildern von einer Speicherkarte

Lightroom-Katalog importieren 46
Bilder aus einem vorhandenen Lightroom-Katalog importieren

Fehler im Katalog beheben 48
Hinzufügen von fehlenden Ordnern und Dateien

Katalog sichern 50
So erstellen Sie ein Backup von der Katalogdatei

Mit dem Katalog umziehen 52
Wie Sie auf einen anderen Rechner umziehen

Katalog im Netzwerk sperren 54
Katalog im Netzwerkbetrieb vor Änderungen schützen

GRUNDLAGENEXKURS: Katalogordner 56
Der Katalog von Capture One im Detail

Kapitel 3: Sitzungen verwenden

GRUNDLAGENEXKURS: Sitzungen 60
Die Terminologie von Sitzungen verstehen

Bilder schnell entwickeln 62
Schnell einzelne Bilder in einer Sitzung entwickeln

Bilder in eine Sitzung importieren 64
Eine Sitzung statt eines Katalogs verwenden

Tethered Shooting 66
Bilder direkt bei der Aufnahme von der Kamera importieren

Katalog oder Sitzung wechseln 70
Wechseln zwischen den Katalogen und Sitzungen

Sitzung zum Katalog hinzufügen 72
Bilder von einer Sitzung in den Katalog importieren

Kataloge und Sitzungen zusammenführen 74
Mehrere Kataloge (und Sitzungen) zusammenführen

GRUNDLAGENEXKURS: Sitzungsordner 76
Sitzungsordner von Capture One im Detail

Kapitel 4: Bilder sichten und aussortieren

Bilder betrachten 80
Die Betrachtung von Bildern in Capture One

Bilder bewerten 84
Die Sternebewertung sinnvoll einsetzen

Aussortieren und löschen (Katalog) 86
Schlechte Bilder aus dem Katalog entfernen

Aussortieren und löschen (Sitzung) 88
Schlechte Bilder aus einer Sitzung entfernen

Bilder in Sitzung sortieren 90
Sitzungsordner für das Aussortieren verwenden

Bilder mit Farbe markieren 92
Farbmarkierung zur Kennzeichnung verwenden

Alben erstellen 94
Einfache Alben zur Benutzersammlung hinzufügen

Intelligente Alben erstellen 96
Alben, die sich selbst auf dem neuesten Stand halten

Intelligente Alben für Sichtung 98
Bilder ohne Bewertung oder Verschlagwortung aussortieren

GRUNDLAGENEXKURS: Eine schnelle Übersicht 100
Von Sammlungen, Alben, Projekten, Gruppen und Ordnern

Kapitel 5: Verschlagwortung, Metadaten und Suche

GRUNDLAGENEXKURS: Verschlagwortung 104
Die Philosophie der Verschlagwortung

Bilder verschlagworten 106
Bilder mit Schlüsselwörtern versehen

GRUNDLAGENEXKURS: Metadaten 110
Von Exif, IPTC, Schlüsselwörtern und XMP-Dateien

Metadaten verwenden 112
Informationen zu Bildern ermitteln und hinzufügen

Vorlage für Metadaten erstellen 114
Benutzervoreinstellungen für Metadaten

XMP-Datei für Drittanwendungen 116
Metadaten synchronisieren

Bilder umbenennen 118
Bilder mit einem neuen Namen versehen

Nach Bildern suchen 120
Die mächtige Bildersuche mit dem »Filter«-Werkzeug

Globale Filter verwenden 122
So können Sie bestimmte Bildformate verbergen oder anzeigen

Anmerkungen hinzufügen 124
Versehen Sie Bilder mit Anmerkungen

Kapitel 6: Objektivkorrekturen und Bildaufbau

Allgemeine Objektivkorrekturen 128
So bekommen Sie Verzeichnungen in den Griff

Chromatische Aberrationen 130
Unschöne Farbsäume beheben

Raster und Hilfslinien verwenden 133
Hilfsmittel für den Bildaufbau

Schiefen Horizont ausrichten 136
So rücken Sie Ihre Bilder gerade

Bilder spiegeln und drehen 138
Einfache Funktionen schnell ausgeführt

Bilder zuschneiden 140
So legen Sie den optimalen Bildausschnitt fest

Stürzende Linien beheben 144
Ändern der Perspektive des Bildes

Überlagerungen 148
Hilfsmittel zur Bildkomposition

Basismerkmale anpassen 150
Die Grundlage für die Entwicklung schaffen

Kapitel 7: Grundlagen zur Entwicklung von Bildern

GRUNDLAGENEXKURS: Wie Sie das Histogramm lesen 154
Das Histogramm deuten und verstehen

GRUNDLAGENEXKURS: Der Weißabgleich 156
Warum Sie als ersten Schritt den Weißabgleich vornehmen sollten

Den Weißabgleich durchführen 158
Neutralisieren Sie die Farben in Ihrem Bild

Die Vorher-Nachher-Funktion 160
Die Anpassungen eines Bildes vergleichen

Mit Varianten arbeiten 162
So verwenden Sie mehrere Fassungen eines Bildes

Belichtung und Kontraste anpassen 164
Wie Sie Ihr Bild ins richtige Licht rücken

Tonwertumfang anpassen 166
Die hellsten und dunkelsten Bereiche im Bild festlegen

Dunst entfernen 170
Bilder mit flachem Kontrast verbessern

Einen Farbstich beheben 172
Farbstich erkennen und Möglichkeiten der Korrektur

Details aus den Schatten retten 174
So korrigieren Sie dunkle Stellen im Bild

Überbelichtung ausgleichen 176
So holen Sie Details aus den hellsten Stellen zurück

Automatische Korrekturen 178
So verwenden Sie die automatischen Anpassungen

Global einzelne Farben anpassen 180
Einführung in den »Farbeditor« von Capture One

Die Gradationskurve 184
Feintuning und Tausendsassa

Das »HDR«-Werkzeug verwenden 188
So verwenden Sie das »HDR«-Werkzeug optimal

Schnellbearbeitung durchführen 190
Einzelne Anpassungen ohne die Werkzeugleiste machen

Anpassungen wiederverwenden 192
So weisen Sie Anpassungen mehreren Bildern zu

Benutzervoreinstellungen speichern 194
Immer wiederkehrende Aufgaben einzelner Werkzeuge sichern

Kapitel 8: Details verbessern

GRUNDLAGENEXKURS: Bildschärfe 198
Was macht den Schärfeeindruck aus?

Bild (vor-)schärfen 204
So verbessern Sie die Bildschärfe

Mehr Pep für die Mitteltöne 208
So werden Ihre Bilder knackiger (oder softer)

GRUNDLAGENEXKURS: Woher kommt das Bildrauschen? 210
Die technische Seite des Bildrauschens verstehen

Bildrauschen reduzieren 212
Wie Sie das Bildrauschen reduzieren

Flecken und Staub entfernen 216
Hilfe bei Sensorflecken und Staub im Foto

Filmkorn hinzufügen 220
Ein klassisches Filmkorn für digitale Bilder hinzufügen

Moiré entfernen 222
So entfernen Sie den Moiré-Effekt aus Fotos

Vignettierung hinzufügen 224
Eine Vignettierung als Stilmittel verwenden

Pixelfehler beheben 226
So werden Sie störende Bildpixel los

GRUNDLAGENEXKURS: Offline- und Vorschaudateien 228
Anpassungen ohne Originaldateien vornehmen

Bearbeitung von Offlinebildern 230
Wenn die Originaldateien einmal nicht vorhanden sind

Kapitel 9: Lokale Anpassungen vornehmen

GRUNDLAGENEXKURS: Ebenen, Masken und Pinsel 234
Grundlagen zu Ebenen, Masken und Pinseln in Capture One

Linearen Verlaufsfilter verwenden 244
Mit dem Verlaufsfilter Landschaftsfotos verbessern

Radiale Verlaufsmaske verwenden 250
So bearbeiten Sie runde Bildbereiche mit einer radialen Verlaufsmaske

Einzelne Bereiche nachbearbeiten 254
Anpassungen an unterschiedlichen Bildbereichen

Störende Elemente entfernen 258
Bildbereiche mit dem »Reparatur«-Werkzeug retuschieren

Bildbereiche klonen 261
Bildbereiche mit dem »Klonmaske zeichnen«-Werkzeug kopieren

Gezielt einzelne Farben anpassen 264
So verändern oder verbessern Sie Farben einzelner Bildbereiche

GRUNDLAGENEXKURS: Luminanzbereich verwenden 266
Grundlagen zum Luminanzbereich in Capture One

Helle und dunkle Bereiche anpassen 270
So bearbeiten Sie Bilder gezielt nach Helligkeitsinformationen

Dunkle Bildbereiche anpassen 274
So fügen Sie gezielt Schattenbereiche zu einem Bild hinzu

Luminanzbereich und Masken 276
So kombinieren Sie Masken mit dem Luminanzbereich

Eine einfache Porträtretusche 278
So holen Sie noch mehr aus einer Porträtaufnahme heraus

Bilder normalisieren 282
So verleihen Sie einem Bild immer denselben Look

Hautton verbessern 284
So erstellen Sie einen gleichmäßigeren Hautton

Kapitel 10: Farbanpassungen, Schwarzweißbilder und Looks kreieren

Eigene Farblooks erstellen 290
So erstellen Sie einen eigenen Look für Ihre Bilder

Farblooks mit Ebenen erstellen 292
So erstellen Sie mit Ebenen einen eigenen Look für Ihre Bilder

Crossentwicklung simulieren 294
Ein Stilmittel aus analogen Zeiten wiederbeleben

Colorkey erstellen 296
Heben Sie einzelne Farben oder Motive hervor

HDR-Look simulieren 298
So erstellen Sie einen HDR-Look mit nur einem einzigen Bild

Schwarzweißbilder erstellen 300
So erstellen Sie beeindruckende Schwarzweißbilder

Schwarzweißbild im Vintage-Look 304
Lassen Sie Schwarzweißbilder künstlich altern

Kreativ mit der Verlaufsmaske 306
So erstellen Sie interessante Effekte mit der Verlaufsmaske

Freestyle mit der Gradationskurve 308
Der Spezialist für eigene Bildlooks

Kapitel 11: Stile und Voreinstellungen

Stile verwenden und entfernen 312
So können Sie Stile anwenden und entfernen

Benutzerstile erstellen und speichern 314
So können Sie einen Bildlook speichern und wiederverwenden

Stile und Ebenen 316
Stile und Voreinstellungen mit Ebenen verwenden

Benutzerstile aus Zwischenablage 318
So erstellen Sie Benutzerstile aus kopierten Anpassungen

Stile und Voreinstellungen stapeln 320
Mehrere Stile und Voreinstellungen gleichzeitig verwenden

Stile und Voreinstellungen verwalten 322
So behalten Sie die Übersicht

Kapitel 12: Bilder weitergeben und exportieren

GRUNDLAGENEXKURS: Dateiformate 326
Dateiformate, die von Capture One unterstützt werden

Bilder exportieren 328
So exportieren Sie Bilder für die Weitergabe

Rezepte für das Exportieren 330
Eigene Rezepte für das Exportieren von Bildern erstellen

Proof-Ansicht und Ausgabeschärfe 334
So überprüfen Sie Ihre Bilder noch vor dem Export

Mehrere Rezepte verwenden 336
So verwenden Sie mehrere Rezepte gleichzeitig für den Export

Maßgenaues Exportieren 338
Bilder mit bestimmten Abmessungen exportieren

Wasserzeichen verwenden 340
Schützen oder signieren Sie Ihre Fotos

Bilder im EIP-Format 342
Das hauseigene EIP-Format sinnvoll verwenden

Webgalerie erstellen 344
Präsentieren Sie Ihre Fotos im Internet

Kontaktabzugsbogen erstellen 346
So erstellen Sie einen klassischen gedruckten Kontaktabzug

Bilder drucken 348
So bringen Sie einzelne Fotos aufs Papier

Kapitel 13: Benutzerdefinierte Arbeitsoberfläche

Fertige Arbeitsfläche verwenden 352
Die mitgelieferten Arbeitsflächen von Capture One

Werkzeuge festheften 354
Häufig verwendete Werkzeuge schneller griffbereit

Arbeitsfläche anpassen 356
Passen Sie die Arbeitsfläche an Ihre Bedürfnisse an

Eigene Arbeitsfläche erstellen 358
So erstellen Sie eine eigene Arbeitsfläche

Tastenkombinationen bearbeiten 360
Fügen Sie eigene Tastenkombinationen hinzu

Capture One erweitern 362
So nutzen Sie das Plugin-System von Capture One

Kapitel 14: Capture Pilot und externe Software

Capture Pilot verwenden 366
So richten Sie einen lokalen Bildserver ein

Tethered Shooting mit Livebild 370
So steuern Sie den Kamerafokus im Livebild mit Capture One

Bilder mit Drittprogrammen bearbeiten 372
So übergeben Sie Bilder aus Capture One an Drittprogramme

HDR mit Affinity Photo 374
Wie Sie echte HDR-Bilder erstellen

Panorama erstellen 376
So erstellen Sie ein Panorama mit Photoshop (Elements)

Spezielle Exporte für PSD-Dateien 378
Export von Überlagerung, Pfaden, Anmerkungen und Wasserzeichen

Anhang: Tastenkürzel und letzte Tipps

Tastenkürzel 382
Übersicht über die Tastenkürzel von Capture One

GRUNDLAGENEXKURS: Letzte Tipps 390
Dinge, die noch wissenswert sind

Index 394

Vorwort

Stellen Sie sich auch häufiger die Frage, was für eine Software Sie für die Bearbeitung bzw. Entwicklung Ihrer (Raw-)Fotos verwenden sollten? Mittlerweile gibt es eine große Auswahl an Programmen, und es ist für jeden etwas dabei. Da ich selbst leidenschaftlich gerne fotografiere (sehr oft auf Reisen), aber häufig nur wenig Zeit zur Verfügung habe, bin ich immer auf der Suche nach dem idealen Workflow, um meine Bilder möglichst zeitsparend, aber trotzdem ordentlich verwalten und bearbeiten zu können.

Vielleicht haben Sie schon vorher mit einer anderen Software dieser Art, wie beispielsweise Adobe Lightroom, gearbeitet, waren damit aber nicht ganz zufrieden oder wollen schlicht und ergreifend mal etwas anderes ausprobieren. Capture One ist wahrlich eine leistungsfähige Alternative! Die Software arbeitet professionell, ist vielseitig einsetzbar und mit allen gängigen Kameramodellen kompatibel. Das Programm bietet unglaublich viele Funktionen und Einstellungsmöglichkeiten, lässt sich individuell konfigurieren und an den eigenen Workflow anpassen. Allerdings schüchtert diese Funktionsvielfalt auch ein – gerade Einsteiger oder Umsteiger von anderen Bildverwaltungsprogrammen werfen die Flinte schnell ins Korn, weil Capture One »anders« ist und anders arbeitet.

In diesem Buch möchte ich Ihnen zeigen, dass Capture One keine Anwendung mit sieben Siegeln ist und Sie mit diesem Programm mindestens genauso viel (wenn nicht gar mehr) aus Ihren Bildern herausholen können wie mit anderen Programmen dieser Art. Um es allerdings gleich klarzustellen: Capture One bietet keine integrierten Funktionen wie das Erstellen von Fotobüchern oder die Weitergabe als Diashow. Auch eine Weltkarte, auf der Sie GPS-Daten mit Fotos verknüpfen können, suchen Sie hier vergeblich. Capture One konzentriert sich voll und ganz auf sein Kerngeschäft: die Verwaltung und Entwicklung von Bildern. Aber genau das kann die professionelle Software besonders gut!

Auch wenn Sie komplett neu und unvorbelastet in die Welt der Bearbeitung von »rohen« Bildern mit Capture One Pro 21 einsteigen, können Sie das Buch einfach Workshop für Workshop durcharbeiten und sich inspirieren lassen. Wenn Sie die Workshops durchgearbeitet haben, werden Sie vielleicht verstehen, warum auch viele professionelle Fotografen auf Capture One setzen, um das Beste aus ihren Bildern herauszuholen. Ich gehe davon aus, dass Sie vielleicht zunächst die 30-tägige Testversion der Software verwenden möchten und nicht gleich die Katze im Sack gekauft haben. Ich hoffe, Ihnen in diesem Buch die vielseitigen Einsatzmöglichkeiten von Capture One zeigen zu können.

Ein Hinweis noch, bevor es losgeht: Bei diesem Buch handelt es sich um ein praxisorientiertes Workshop-Buch, mit dem Sie direkt mit der Bildverwaltung und -bearbeitung in Capture One loslegen können, ohne lange graue Theorie wälzen zu müssen. Ergänzend möchte ich noch die Webinare von Capture One erwähnen, die Anwendern seit Jahren einen sehr guten Dienst erweisen (*https://*

learn.captureone.com). Es lohnt sich auf jeden Fall, neben den Workshops auch die Webinare anzusehen.

Windows und Mac | Natürlich habe ich im Buch die Windows- und die Mac-Version berücksichtigt. Daher wurden auch die Tastenkürzel für beide Plattformen abgedruckt. Wir haben uns für die Schreibweise entschieden, bei der vor einem Schrägstrich die Windows-Taste und hinter dem Schrägstrich die Mac-Taste genannt wird. Steht im Buch beispielsweise die Tastenkombination $\boxed{\text{Strg}}$/$\boxed{\text{cmd}}$+$\boxed{0}$, müssen Sie für Windows die Tasten $\boxed{\text{Strg}}$+$\boxed{0}$ und für Mac $\boxed{\text{cmd}}$+$\boxed{0}$ gleichzeitig drücken. Die Screenshots zeigen die Windows-Versionen von Capture One.

Anmerkungen zu den Workshops im Buch | Die Workshops im Buch haben primär das Ziel, Ihnen die Werkzeuge und Funktionen von Capture One zu demonstrieren. Zwar wird immer auch gezeigt, wie Sie etwas verbessern oder ändern können, aber Sie sollten berücksichtigen, dass sich diese gezeigten Arbeitsschritte nur auf die Beispielbilder beziehen. In der Praxis ist gewöhnlich jedes Bild einzigartig, und zusätzlich kommt der persönliche Geschmack hinzu. Die Workshops sollen somit lediglich ein Leitfaden sein, der Ihnen hilft, Ihren persönlichen Workflow zu finden.

Das ist neu in Capture One 21 | An dieser Stelle will ich kurz auf die wichtigsten neuen Funktionen im Vergleich zur Vorgängerversion Capture One 20 eingehen. Hierbei sollen auch die Neuerungen von der Version 20.1 erwähnt werden, die in der Vorgängerauflage des Buches nicht enthalten waren und bislang nur als Update via PDF nachgeliefert wurden.

- **Schnellbearbeitung:** Mit einer Schnellbearbeitungsfunktion können Sie einzelne Schieberegler aus den Werkzeugen BELICHTUNG, HDR, WEISSABGLEICH, KLARHEIT, TONWERTE, VIGNETTIERUNG, SCHÄRFUNG und HELLIGKEITSABFALL mithilfe eines Tastenkürzels und der Maus oder den Pfeiltasten ändern. Halten Sie z. B. die $\boxed{\text{R}}$-Taste gedrückt und scrollen Sie das Mausrad, bewegen die Maus oder drücken die Pfeiltasten, ändern Sie die SÄTTIGUNG im Bild. Damit können Sie in Sekundenschnelle, ohne den Blick vom Bild entfernen müssen, einzelne Anpassungen vornehmen. Die Tastenkürzel für die Schnellbearbeitung können Sie Ihren persönlichen Bedürfnissen anpassen.
- **»Dehaze«-Werkzeug:** Endlich gibt es auch ein Werkzeug, das Dunst im Bild beseitigt und die Sättigung bei Bildern mit flachem Kontrast verbessert. Das DEHAZE-Werkzeug analysiert das Bild automatisch und erkennt, wo mehr Kontrast und Sättigung nötig sind. Über einen Schieberegler stellen Sie ein, wie stark der Dunst bearbeitet werden soll. Wenn Sie mit dem Ergebnis nicht zufrieden sind, können Sie auch ganz gezielt mit einer Pipette auswählen, auf welche Farbe sich der Schieberegler auswirkt.
- **Verbesserter Importdialog:** Der Importdialog wurde erheblich verbessert. Das Auswählen der Bilder ist einfacher. Sie finden endlich auch ein Häkchen vor

den (nicht) ausgewählten Bildern und können einzelne Bilder schnell mit der Leertaste an-/abwählen. Auch wurde das Fenster für eine bessere Übersicht vergrößert, und es können nun auch mehrere Ordner oder nur einzelne Bilder für den Import ausgewählt werden.

- **Neues »Reparatur«- und »Klon«-Werkzeug** (neu in CO 20.1): Zwar konnte man schon in der Vorgängerversion einzelne Bildbereiche reparieren und klonen, aber dies war noch recht mühsam mit dem MASKE ZEICHNEN-Werkzeug gelöst. Mit dem Update auf 20.1 wurde ein neues »Reparatur«- und »Klon«-Werkzeug hinzugefügt, mit dem nun beliebig viele Reparaturen- bzw. Klon-Bereiche auf einer Reparatur- bzw. Klonebene vorgenommen werden können.
- **Die Vorher-Nachher-Funktion** (neu in CO 20.1): Schon ewig gefordert wurde eine echte Vorher-Nachher-Funktion, und mit dem Update auf 20.1 ist sie endlich gekommen. Nun ist kein Umständliches Halten der [Alt]-Taste und Klicken auf die ZURÜCKSETZEN-Schaltfläche mehr nötig. Die Vorher-Nachher-Funktion gibt es mit einem Splitscreen, den Sie mit gedrückter Maustaste ebenfalls nach links und rechts verschieben können.
- **Kleinere Verbesserungen:** Ansonsten gibt es wieder viele kleinere Verbesserungen der Software. So wurde die Performance sowohl für die Windows- als auch für die Mac-Version deutlich verbessert. Auch die Pinselspitzen lassen sich (seit 20.1) deutlich besser unterscheiden. Und auch für die Pinseleinstellungen gibt es jetzt Tasten-/Mauskombinationen, um die Werte GRÖSSE, HÄRTE, DECKKRAFT und FLUSS schnell und einfach anzupassen.

Dafür liebe ich Capture One

Folgende Punkte mag ich persönlich ganz besonders an Capture One und weiß sie zu schätzen:

Benutzerdefinierte Arbeitsoberflächen erstellen | Sie wollen sich eine persönliche Arbeitsoberfläche mit allen Werkzeugen zusammenstellen, die zu Ihrem aktuellen Workflow passt? Das ist mit Capture One überhaupt kein Problem! In der Software lassen sich ganz einfach per Drag & Drop eine oder mehrere eigene Arbeitsoberflächen erstellen und abspeichern, wodurch Sie sich auf das Wesentliche bei der Verwaltung und/oder Anpassung Ihrer Bilder konzentrieren können und sich nicht durch unzählige Register und Werkzeuge klicken müssen.

Der sitzungsbasierte Workflow | Wie in anderen Bilderverwaltungs-Programmen auch, können Sie in Capture One Ihre Bilder in Katalogen verwalten. Zusätzlich bietet Capture One einen sitzungsbasierten Workflow an, mit dem z. B. ein Importieren der Bilder komplett entfällt, und auch vieles andere geht in der Software oft wesentlich einfacher und schneller von der Hand als in anderen Anwendungen.

Ein besseres kabelgebundenes Fotografieren | Zugegeben, ich benutze das kabelgebundene Fotografieren nicht so häufig, aber da ich gerne auch Makroaufnahmen erstelle oder verschiedene Objekte auf meinem Fototisch fotografiere, sind der Workflow und die einfache Handhabung von der Kamera zum Computer in Verbindung mit Sitzungen wirklich perfekt. Man merkt Capture One an, dass diese Software der Urvater des kabelgebundenen Fotografierens ist, und es verwundert daher nicht, dass viele Studiofotografen darauf schwören. Denn mit Capture One macht kabelgebundenes Fotografieren richtig Spaß.

Das »Farbbalance«-Werkzeug | Wer gerne coole Bildlooks erstellen will, ohne die anderen Einstellungen am Bild zu ändern, der wird dieses Werkzeug lieben. Sie können Ihre Bilder beispielsweise mit einer bestimmten Farbstimmung versehen, ohne den Weißabgleich zu ändern, oder einen matten Look hinzufügen, ohne die Gradationskurve oder das »Tonwerte«-Werkzeug zu verwenden.

Der »Farbeditor« | Der »Farbeditor« von Capture One ist wirklich vom Feinsten und lässt sich für einfache bis hin zu komplexen Farbbearbeitungen verwenden. Auch enthalten ist ein spezielles Werkzeug für die Hauttöne. Wenn Sie den Umfang mit dem Werkzeug erst einmal beherrschen, werden Sie es nicht mehr missen wollen.

Lokales Arbeiten mit Ebenen | Meine absolute Lieblingsfunktion von Capture One ist das »Ebenen«-Werkzeug mit den dazugehörigen Masken. Damit kann ich mit (fast) jedem Werkzeug lokale Anpassungen ganz gezielt auf einzelnen Bildbereichen vornehmen, nacharbeiten und (de-)aktivieren. Es lassen sich 16 solcher Ebenen erstellen und miteinander kombinieren.

Das »Reparatur«- und »Klon«-Werkzeug | Da sich mit dem »Reparatur«- und »Klon«-Werkzeug nun beliebig viele Reparatur- und Klonbereiche auch einer Ebene verwenden lassen und sie sich somit nun auch für größere Retuschearbeiten eigenen, bleibt mir immer häufiger der Umweg über ein gesondertes Bildbearbeitungsprogramm erspart.

Übrigens, über Feedback zum Buch freue ich mich immer, auch wenn Sie sich nach der Durchsicht entschieden haben, Capture One doch nicht dauerhaft zu verwenden. Aber nun viel Spaß mit diesem Buch und Capture One Pro 21!

Jürgen Wolf

Das Beispielmaterial zum Buch

Auf der Website zum Buch, *www.rheinwerk-verlag.de/5311*, können Sie sämtliche Beispieldateien herunterladen. Dort finden Sie neben den Beispielbildern ein zusätzliches Einführungskapitel zum Tangent Panel, kostenlose Bonusstile und weiterführende Informationen.

Die Beispielfotos

Um die Workshops dieses Buchs nachverfolgen zu können, benötigen Sie die in den Workshops benannten Beispielfotos. Diese stehen im Internet zum Download bereit. Scrollen Sie auf der oben angegebenen Website etwa bis zum Ende des ersten Drittels, und klicken Sie im grauen Kasten auf den Reiter »Materialien zum Buch«. Bitte halten Sie Ihr Buchexemplar bereit, damit Sie die Materialien freischalten können, denn der Downloadbereich enthält Materialien, die wir aus lizenzrechtlichen Gründen nicht öffentlich zugänglich machen dürfen, sondern ausschließlich Ihnen als Käufer des Buches zur Verfügung stellen.

Welches Bild zu welchem Workshop gehört, wird Ihnen im Buch in der Einleitung jedes Workshops in eckigen Klammern angezeigt.

Vorher

Ausgangsbild

Das Bild soll mit einem verträumten Effekt versehen werden.

[Datei: Henna.RAF]

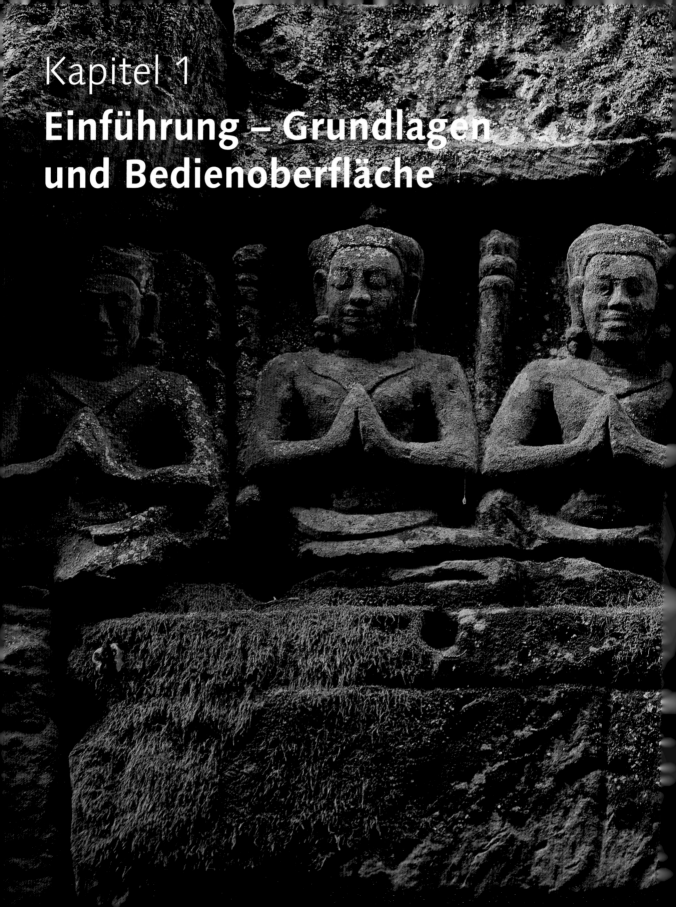

Kapitel 1
Einführung – Grundlagen und Bedienoberfläche

In diesem Kapitel befassen wir uns mit grundlegenden Dingen, die die Basis für das Arbeiten mit Capture One Pro bilden. Da das Raw-Format das Maß aller Dinge ist, wenn es um die Entwicklung von Bildern mit Capture One geht, darf es natürlich in dem Mini-Crashkurs, den dieses Kapitel darstellt, nicht fehlen und wird zu Beginn vorgestellt. Für Interessierte, Ein- und Umsteiger gehe ich anschließend kurz auf die unterschiedlichen Lizenz- und Versionsmodelle von Capture One ein. Auch eine sinnvolle Hardwareausstattung und die Farbverwaltung sollen kurz beschrieben werden. Abschließend befassen wir uns mit der destruktiven und nichtdestruktiven Bildbearbeitung und richten dann gemeinsam einen ersten Blick auf die Bedienoberfläche von Capture One und einen möglichen Foto-Workflow mit der Software.

Was ist Capture One ...
... und was ist das Raw-Format? 20

Lizenzen und Versionen
Übersicht über die Lizenzen und Versionen von Capture One Pro 21 ... 22

System und Hardware
Die richtige Computerausrüstung 23

Die Farbverwaltung
Kalibrieren Sie Ihren Bildschirm 24

Zerstörungsfreie Bildbearbeitung
Destruktive und nichtdestruktive Bildbearbeitung 25

AUF EINEN BLICK: Die Bedienoberfläche
Die Arbeitsoberfläche von Capture One Pro 21 26

Ein Workflow mit Capture One
Immer auf der Suche nach dem idealen Workflow 28

Softwareupdate durchführen
Halten Sie Capture One auf dem neuesten Stand 31

Was ist Capture One …

… und was ist das Raw-Format?

Sie werden es vermutlich bereits wissen: Capture One ist ein Raw-Konverter, der in erster Linie zur Konvertierung von Bildern im Rohformat (Raw) in ein gängiges Format (wie beispielsweise JPEG oder TIFF) dient. Neben einer Raw-Konvertierung bietet Capture One weitere vielfältige Möglichkeiten zur Bildbearbeitung und leistet Großartiges bei der Bildverwaltung. Aber auch wenn Sie Capture One zum Entwickeln und Verwalten Ihrer Fotos verwenden können, gibt es trotzdem Dinge, die Sie damit nicht oder nicht annähernd so gut umsetzen können wie mit einem Bildbearbeitungsprogramm wie Photoshop CC, Photoshop Elements, GIMP oder Affinity Photo. Für komplexere Retuschen, Montagen, Text im Bild, Verformungen und einige Dinge mehr benötigen Sie nach wie vor ein pixelorientiertes Bildbearbeitungsprogramm wie die zuvor genannten.

Das Raw-Format

Im Gegensatz zu einem gewöhnlichen Fotoformat wie JPEG wird eine kamerainterne Raw-Datei im wahrsten Sinne des Wortes »roh« und unbehandelt auf die Speicherkarte geschrieben. Die Kamera verzichtet dabei auf eine Vorentwicklung des Bildes wie den Weißabgleich, eine Farbkorrektur, die Schärfung oder die Kontrastanpassung. Auch eine Kompression der Datei wie bei JPEG mit der JPEG-Kompression findet bei einer Raw-Datei nicht statt.

Somit liegt ein Raw-Bild im rohen Zustand mit der größtmöglichen Anzahl an Bildinformationen vor, sodass Sie mehr Möglichkeiten haben, nachträgliche Anpassungen und Bildkorrekturen am Computer durchzuführen, als mit einem herkömmlichen Dateiformat wie JPEG. Das bedeutet allerdings auch, dass Sie mehr als üblich die Kontrolle übernehmen und dass Sie das Bild am Computer nachbearbeiten müssen.

Ein weiterer nicht zu verachtender Vorteil des Raw-Formats ist es, dass Sie damit viel mehr Bildinformationen speichern können als beim gewöhnlichen JPEG-Format. Viele Kamerasensoren bieten an, 10, 12 oder 14 Bit pro Farbkanal an Helligkeitsinformationen zu speichern. Mit JPEG hingegen sind lediglich 8 Bit pro Farbkanal möglich. In Zahlen bedeutet das, dass ein JPEG-Bild maximal 256 Helligkeitsstufen pro Farbkanal darstellen kann, während es bei Raw 1 024 bis 16 384 Helligkeitsstufen pro Farbkanal sein können. Was das konkret bedeutet, sehen Sie bei dem Vergleich der linken und rechten Abbildung auf der gegenüberliegenden Seite.

Neben den Raw-Formaten verschiedener Hersteller können Sie in Capture One Dateien in den Formaten JPEG und TIFF anzeigen und verarbeiten. Allerdings haben Sie bei diesen Formaten weniger Einfluss auf das Endergebnis, weil ganz einfach weniger Informationen pro Farbkanal für die Bilder zur Verfügung stehen.

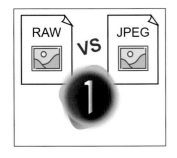

Im Gegensatz zu einer Raw-Datei wurden Bilder im JPEG- oder TIFF-Format bereits verarbeitet.

Gerade bei dunklen und schattigen sowie sehr hellen Bereichen können Sie dank der vielen Helligkeitsstufen von Raw-Formaten noch Informationen aus dem Bild herausholen, die bei einem JPEG nicht mehr vorhanden sind. Damit können Sie theoretisch eine unbedachte Über- oder Unterbelichtung nachträglich noch retten. Das ist nicht nur für Profis von Vorteil, sondern auch für Anfänger, weil sie damit aus einem überstrahlten Himmel oder zu dunklen Schatten noch einige Details herausarbeiten können.

In der Abbildung rechts ist ein Teil des Kopfes des jungen Mönches fast schon ins Weiß »ausgebrannt« ❶. In der Abbildung unten links mit dem Bild im JPEG-Format habe ich dieselben Entwicklungseinstellungen zur Korrektur wie unten rechts mit dem Bild im Raw-Format verwendet. Das Ergebnis bei der Raw-Version ist deutlich besser. Die Fotografie mit Raw-Daten ist direkt verknüpft mit dem Prinzip der nichtdestruktiven Bildentwicklung, einem Thema, dem ich mich in einem eigenen Abschnitt (siehe Seite 25) widme.

▲ Das Ausgangsbild wurde im JPEG- und Raw-Format gleichzeitig aufgenommen (»JPEG+Raw«).

▲ Hier sehen Sie das JPEG-Bild, bei dem ich versucht habe, die hellen Stellen ❷ des Kopfes wiederherzustellen. Zwar konnte ich hier noch einiges herausholen, aber einige überstrahlte Bereiche sind trotzdem verloren, und insgesamt wirkt das Bild doch relativ dunkel und flau.

▲ Hier, in der Raw-Version, kamen dieselben Einstellungen wie beim JPEG-Bild zum Einsatz, und dank mehr vorhandener Helligkeitsstufen im Raw-Format konnten aus den hellen Bereichen ❸ viele Details wiederhergestellt werden, ohne dem restlichen Bild die Strahlkraft zu nehmen.

Lizenzen und Versionen

Übersicht über die Lizenzen und Versionen von Capture One Pro 21

»Für Sony«, »Für Fujifilm«, »Für Nikon«

Bei der »Für Sony«-, »Für Fujifilm-« bzw. »Für Nikon«-Version steht Ihnen zwar der volle Funktionsumfang von Capture One 21 zur Verfügung, aber diese Softwarevariante liest ausschließlich Raw-Dateien der jeweiligen Hersteller. Da ich viele Bilder in diesem Buch mit einer Fujifilm-Kamera (im ».raf«-Raw-Format) und einer Canon-Kamera (im ».cr2«-Raw-Format) fotografiert habe, können Sie mit den kameraherstellerspezifischen Versionen von Capture One 21 (für Sony, Fujifilm oder Nikon) nicht alle Beispielbilder im Buch bearbeiten. Daher habe ich ein weiteres Bilderpaket mit denselben Beispieldateien im TIFF-Format erstellt, mit denen Sie die Beispiele im Buch nacharbeiten können. Sie können das Bilderpaket auf der Website zum Buch herunterladen.

Um alle Workshops und vorgestellten Funktionen im Buch nutzen zu können, sollten Sie Capture One Pro 21 bereits installiert haben. Beim Download von der Website *www.captureone.com* werden Ihnen mehrere Versionen angeboten, die, je nach Version, mehr oder weniger Funktionen enthalten. Der vollständige Funktionsumfang steht Ihnen in den Versionen »Pro«, »Für Sony«, »Für Fujifilm« und »Für Nikon« zur Verfügung. Mit diesen Versionen lassen sich alle Workshops in diesem Buch umsetzen. In den »Express«-Versionen für Sony- und Fujifilm-Kameras, bei denen es sich um kostenlose, aber auch abgespeckte Versionen von Capture One handelt, fehlen hingegen einige Funktionen, die in diesem Buch behandelt werden. Es gibt zudem eine »Enterprise«-Version, die sich an Unternehmen richtet und neben der vollen Capture-One-Pro-Version weitere Werkzeuge und Automatisierungslösungen enthält, die auf die Bedürfnisse des Unternehmens abgestimmt werden können. Auf die erweiterten Werkzeuge der Enterprise-Version werde ich allerdings in diesem Buch nicht eingehen.

Kaufen oder mieten?

Sie können Capture One 30 Tage kostenfrei testen, und ich empfehle Ihnen, das auch zu tun. Wenn Ihnen Capture One gefällt, können Sie Lizenzen für mehrere Arbeitsplätze als Abo mieten oder die Software mit einer Standardlizenz kaufen.

Ob Sie sich für das Abo-Modell entscheiden oder eine Standardlizenz kaufen, müssen Sie selbst für sich entscheiden. Das Abo-Modell hat zunächst den Vorteil, dass es auf kurze Zeit kostengünstiger ist und Sie immer mit der aktuellsten Version von Capture One arbeiten können. Auch zum längeren, intensiven Testen der Software ist das Abo-Modell geeignet. So können Sie sich auch einfach mal auf ein Ein-Monats-Abo einlassen, wenn Sie nach der 30-tägigen Testphase noch nicht sicher sind, ob Capture One zu Ihrem persönlichen Workflow passt. Sind Sie hingegen kein Fan von diesem Upgrade-Zwang oder scheuen Sie die monatlich anfallenden Kosten, bleiben Sie also lieber etwas unabhängiger, dann können Sie auch eine Standardlizenz kaufen. Allerdings ist Capture One Pro 21 mit 349 Euro nicht gerade günstig, und ein Upgrade auf eine neuere Version ist nicht im Preis enthalten und kostet daher extra. Die auf Sony, Fujifilm und Nikon beschränkten Versionen sind günstiger und kosten 149 Euro. Da sich die Preise jederzeit ändern können und es auch immer wieder mal Rabattaktionen gibt, empfehle ich Ihnen, sich selbst auf der offiziellen Website *https://www.capture-one.com* über die aktuelle Preisgestaltung zu informieren.

System und Hardware

Die richtige Computerausrüstung

Capture One ist für Macs wie auch für PCs verfügbar, und beide Versionen bieten denselben Funktionsumfang. Die Bedienung ist im Grunde identisch, und daher können Sie alle Workshops in diesem Buch mit Capture One sowohl auf dem Mac als auch auf dem PC durcharbeiten.

Für ein optimales Arbeiten mit Capture One Pro 21 empfiehlt es sich, einen leistungsfähigen Rechner zu haben. Für die Entwicklung von Raw-Bildern werden enorm viele Daten zwischengespeichert, weshalb viel Arbeitsspeicher immer sehr hilfreich ist. Da Capture One eine 64-Bit-Applikation ist, kann diese Software beliebig viel Arbeitsspeicher ansprechen. Mindestens sollten es 8 GB sein, erst recht, wenn Sie nebenbei Anwendungen wie Photoshop für weitere Arbeiten wie Fotomontagen verwenden.

Beim Verwalten der Bilder werden Sie wahrscheinlich ein externes Speichermedium benutzen, weil die Menge an Daten, die beim Raw-Format entstehen, nicht ganz unbeträchtlich ist und Ihre Festplatte im Rechner vermutlich schnell an ihre Grenzen stoßen wird. Für ein externes Speichermedium sollten Sie auf jeden Fall eine schnelle Verbindung wie USB 3.0, FireWire oder ein schnelles Netzwerk verwenden. Schneller ist natürlich die interne Festplatte des Rechners, und noch schneller wäre eine (größere) interne SSD-Festplatte.

Einen ordentlichen Prozessor mit mehreren Kernen weiß Capture One zu nutzen wie auch eine moderne Grafikkarte, weil Sie damit die Arbeiten auf den Grafikprozessor (GPU) der Grafikkarte auslagern. Der Performancegewinn ist enorm. Diese Hardwarebeschleunigung mit der Grafikkarte können Sie über BEARBEITEN • VOREINSTELLUNGEN (Windows) bzw. CAPTURE ONE 21 • VOREINSTELLUNGEN (Mac) unter dem Register ALLGEMEIN für die DARSTELLUNG ❶ (schnelleres Ein- und Auszoomen) bzw. ANZEIGE (Mac) und für das VERARBEITEN ❷ der Bilder aktivieren. Voraussetzung dafür, dass dieses Zusammenspiel mit der Grafikkarte funktioniert, ist, dass Capture One die Grafikkarte unterstützt. Bei einer Grafikkarte unter 1 GB Videospeicher lässt sich diese Funktion gar nicht erst aktivieren.

▼ Über »Hardwarebeschleunigung (OpenCL verwenden)« können Sie die Grafikkarte zusätzlich zum Prozessor für die Anzeige und/oder Verarbeitung der Bilder in Capture One verwenden.

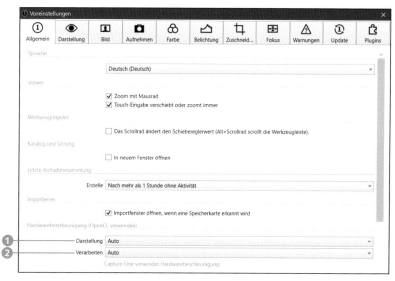

Die Farbverwaltung

Kalibrieren Sie Ihren Bildschirm

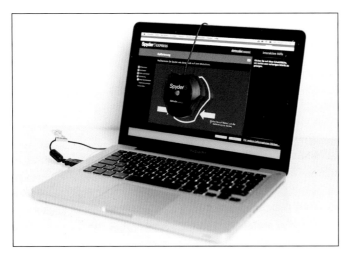

▲ Wollen Sie wirklich sichergehen, dass Ihre Bilder auf dem Monitor in den richtigen Farben angezeigt werden, kommen Sie um eine Kalibrierung mit einem Farbmessgerät (auch *Kolorimeter* genannt) nicht herum.

Die Farbverwaltung mit verschiedenen Profilen ist ein komplexes Thema, gerade wenn Sie dabei alle Aspekte selbst in die Hand nehmen wollen. Ich möchte das Thema hier nicht allzu technisch, sondern eher pragmatisch behandeln und Ihnen zunächst eine einfache Frage stellen: Sind Sie sich sicher, dass Ihre Fotos auf Ihrem Bildschirm richtig angezeigt werden? Wenn Sie diese Frage eindeutig mit »Ja!« beantworten können, dann vermutlich, weil Sie mit der Kalibrierung des Bildschirms bereits vertraut sind. Wenn Sie sich aber nicht sicher sind, dann nutzen Sie wahrscheinlich das voreingestellte Bildschirmprofil des Herstellers Ihres Bildschirms. Viele Hersteller optimieren ihre Bildschirme für wärmere oder kühlere Farben oder stellen einen hohen Kontrast ein. So kommt es durchaus vor, dass Sie einen Farbstich auf dem Bildschirm sehen, der im Bild gar nicht vorhanden ist. Wenn Sie diesen Farbstich jetzt mit Capture One korrigieren, sieht das Bild zwar auf Ihrem Bildschirm gut aus, aber sobald Sie das Bild auf einem anderen Bildschirm betrachten oder gar einen Abzug davon erstellen lassen, wird das Ergebnis nicht mehr dem entsprechen, was Sie in Capture One erstellt haben.

ICC-Profil verwenden

Um die Darstellung von falschen Farben auf dem Bildschirm zu vermeiden bzw. auf ein Minimum zu reduzieren, müssen Sie den Bildschirm kalibrieren und das so erstellte Bildprofil (ICC-Profil) verwenden. Für solche Zwecke benötigen Sie ein sogenanntes *Kolorimeter*, ein Gerät, das zur Bestimmung von Farbtönen dient. Zwar garantieren solche Kolorimeter keine 100 %ig korrekte Farbdarstellung, aber oft ist ein schlecht kalibrierter Bildschirm immer noch besser als ein nicht kalibrierter. Das bezieht sich vor allem auf die oft mitgelieferten ICC-Profile der Bildschirmhersteller, die meistens nur Wert darauf legen, dass alles möglichst »brillant« auf dem Bildschirm angezeigt wird.

Manch einer wird ziemlich überrascht sein, dass der Bildschirm nach der Kalibrierung mit einem Kolorimeter nicht mehr in so »toll« leuchtenden Farben erstrahlt. Aber wenn es Ihnen wirklich ernst mit den Bildern ist und Sie sich böse Überraschungen bei der Weitergabe von Bildern oder beim Druck ersparen wollen, kommen Sie um das Kalibrieren Ihres Bildschirms nicht herum.

Zerstörungsfreie Bildbearbeitung

Destruktive und nichtdestruktive Bildbearbeitung

An dieser Stelle möchte ich ein paar Worte über die destruktive und nichtdestruktive Bildbearbeitung verlieren, da Capture One komplett nach dem nichtdestruktiven Prinzip funktioniert.

Bei der *nichtdestruktiven Bildbearbeitung* in Capture One werden die Änderungen an einem Bild nicht auf die Pixel des Bildes selbst angewendet, sondern nur in einer Katalog- bzw. Sitzungsdatei gesichert. Kataloge und Sitzungen und den Umgang damit lernen Sie im nächsten Kapitel kennen. Somit werden bei einer nichtdestruktiven Bildbearbeitung die ursprünglichen Bilddaten niemals wirklich geändert oder zerstört und bleiben also unangetastet.

▲ Dank der nichtdestruktiven Arbeitsweise lassen sich ohne großen Aufwand mehrere Varianten von einer einzigen Originaldatei erstellen.

Sie müssen gar nichts Spezielles tun, um in Capture One eine nichtdestruktive Bearbeitung durchzuführen. Sie tun dies jedes Mal, wenn Sie ein Bild mit Capture One bearbeiten. Und das ist unabhängig davon, ob Sie eine Raw-, JPEG- oder TIFF-Datei bearbeiten. Capture One macht hier keinen Unterschied zwischen den Dateiformaten, und Sie können alle vorhandenen Werkzeuge für jedes Format nichtdestruktiv verwenden. Von einer *destruktiven Bildbearbeitung* hingegen ist die Rede, wenn Sie die Pixel der Originaldatei verändern, was mit Capture One gar nicht möglich ist. Destruktive Bildbearbeitung können Sie beispielsweise mit einem Bildbearbeitungsprogramm wie Photoshop durchführen. Aber auch dort gibt es viele Wege, nichtdestruktiv zu arbeiten.

Vorteile der nichtdestruktiven Bildbearbeitung

An dieser Stelle sollen einige Vorteile der nichtdestruktiven Bildbearbeitung aufgelistet werden:

- Änderungen werden nur virtuell gemacht und können jederzeit wieder rückgängig gemacht werden. So können Sie wieder von vorn anfangen, und das Originalbild bleibt unangetastet.
- Es wird kein Speicherplatz für eine neue Version des Bildes benötigt, wie es bei der destruktiven Bildbearbeitung der Fall ist, wenn Sie das Original sichern wollen. Besser noch, mit Capture One können Sie mehrere virtuelle Kopien desselben Bildes erstellen und verwenden.
- Die Änderungen werden alle gleichzeitig übernommen, wodurch Sie nicht streng eine bestimme Reihenfolge der Bearbeitung einhalten müssen.

Die Bedienoberfläche

Die Arbeitsoberfläche von Capture One Pro 21

1 Werkzeugregisterkarten: Hier haben Sie Zugriff auf alle Werkzeuge von Capture One zum Entwickeln der Bilder. Jedes Register, das Sie auswählen, enthält mehrere Werkzeuge für die Anpassung einer oder mehrerer ausgewählter Bilddateien. Das Register kann auch an die persönlichen Bedürfnisse angepasst werden.

2 Werkzeugleiste: Hier finden Sie die Mauszeiger-Werkzeuge für den schnellen Zugriff auf wichtige und häufig verwendete Funktionen. Wenn Sie mit dem Mauscursor über einem Werkzeug schweben, werden abhängig vom Werkzeug eine Beschreibung, ein Beispielbild,

das Tastenkürzel und ein weiterführender Link als Tooltip eingeblendet.

3 Viewer: Zeigt Vorschauen der ausgewählten Bilder an.

4 Bildbrowser: Zeigt die Miniaturansicht der Bilder aus einem Ordner, einem Album oder einem Projekt zum Auswählen an. Das dort ausgewählte Bild wird gewöhnlich im Viewer **3** angezeigt.

5 und 6 Einstellungsmöglichkeiten der ausgewählten Werkzeugregisterkarte 1: Im unteren Bereich **5** können Sie gegebenenfalls

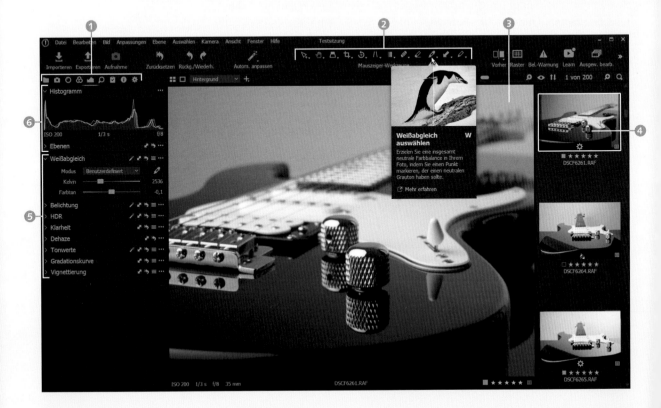

scrollen. Oberhalb des schwarzen Balkens ⑥ finden Sie angeheftete Anzeigen. Beide Bereiche lassen sich individuell anpassen.

Die Werkzeugregisterkarten

Die Hauptsteuerzentrale für die Bearbeitung Ihrer Bilder liegt in den Werkzeugregisterkarten. Hierzu ein kurzer Überblick:

⑦ **»Bibliothek«-Register:** Ähnlich wie bei einem Datei-Explorer haben Sie hier Zugriff auf die Bilder in Katalogen, Ordnern oder Alben.

⑧ **»Aufnehmen«-Register:** Hier können Sie Bilder direkt mit der Kamera aufnehmen. Dazu gehören auch nützliche Funktionen, mit denen Sie Ihre Kamera fernsteuern können.

⑨ **»Objektiv«-Register:** In diesem Register können Sie Objektivkorrekturen mithilfe einer umfangreichen Datenbank von Objektivprofilen durchführen. Auch die nötigen Funktionen zum Anpassen des Bildlayouts wie das Zuschneiden, Gerade-Ausrichten, Drehen und die Trapezkorrektur sind hier enthalten.

⑩ **»Farbe«-Register:** Hier finden Sie Werkzeuge zur Anpassung und Einstellung der Farben einer Bilddatei. Auch den Weißabgleich passen Sie über dieses Register an.

⑪ **»Belichtung-Register:** Werkzeuge zur Steuerung der Belichtung und Kontraste finden Sie in diesem Register versammelt.

⑫ **»Details«-Register:** Hier können Sie die Details bearbeiten. Die Bildschärfe und Rauschreduzierung finden Sie hier wie auch Werkzeuge zum Entfernen von Staub und Flecken.

⑬ **»Anpassungen«-Register:** Hier finden Sie eine Liste mit Anpassungen, die Sie gemacht haben und auf andere Bilder anwenden können.

⑭ **»Metadaten«-Register:** In diesem Register können Sie Schlüsselwörter und weitere Informationen zu Ihren Bilddaten hinzufügen und verwalten.

⑮ **»Ausgabe«-Register:** Hier finden Sie Vorgaben für den Export und die Weitergabe der verarbeiteten Bilder in einem gängigen Dateiformat wie JPEG, TIFF, PSD, DNG oder PNG.

⑯ **»Stapel«-Register** (nur Mac): In diesem Register können Sie den Fortschritt der Verarbeitungswarteschlange kontrollieren. Hierbei können Sie einen Verarbeitungsprozess stoppen oder eine Ausgabe erneut verarbeiten.

⑰ **»Lokale Anpassungen«-Register** (nur Mac): Hier finden Sie Werkzeuge zum Erstellen von Ebenen, mit denen Sie ausgewählte Bildbereiche anpassen können. Die Register ⑯ bis ⑳ sind standardmäßig nicht eingeblendet.

⑱ **»Schwarzweiß«-Register** (nur Mac): In diesem Register sind alle nötigen Werkzeuge versammelt, die hilfreich für die Schwarzweißbearbeitung sind.

⑲ **»Schnellkorrektur«-Register** (nur Mac): Dieses Register enthält eine Auswahl der wichtigsten Werkzeuge für eine schnelle Korrektur.

⑳ **»Bildaufbau«-Register** (nur Mac): Hier werden die Werkzeuge zusammengefasst, die für den Bildaufbau von Bedeutung sind. Dies sind Werkzeuge wie Zuschneiden, Drehen & Spiegeln oder die Trapezkorrektur.

Ein Workflow mit Capture One

Immer auf der Suche nach dem idealen Workflow

Ein unverzichtbares Thema nicht nur in Verbindung mit Capture One Pro ist der Workflow, als der eine bestimmte Reihenfolge von Arbeitsschritten bezeichnet wird. Bei der Bildbearbeitung beginnt der Workflow damit, ein Bild von der Kamera in den Computer zu importieren, und er endet beim Export des Bildes in ein bestimmtes Dateiformat oder beim Druck. Der Vorteil einer gut durchdachten Bearbeitungsreihenfolge für Ihre Bilder liegt darin, dass Sie enorm Zeit einsparen können. Auch hat sich in der Praxis gezeigt, dass die Ergebnisse bei einem guten Workflow wesentlich besser werden, weil die Optimierungen aufeinander aufbauen.

Der hier vorgeschlagene Workflow soll Ihnen dabei helfen, die einzelnen Schritte vom Import eines Bildes bis zu dessen Weitergabe möglichst in einer sinnvollen Reihenfolge durchzuführen. An dieser Stelle muss allerdings angemerkt werden, dass dieser Vorschlag nur eine Option unter vielen ist. Sie werden nach und nach Ihren ganz persönlichen und für Sie perfekten Workflow finden. Ein effizienter Workflow mit Capture One kann wie folgt aussehen:

1. Importieren der Bilder in eine Sitzung oder einen Katalog
2. Sichten, Bewerten und Aussortieren der Fotos
3. Verschlagwortung der Fotos
4. Bearbeitung und Entwicklung der Fotos
5. Bilder exportieren und weitergeben

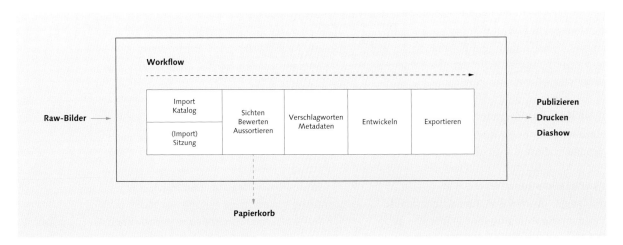

▲ Ein sinnvoller Workflow bei der Arbeit mit Capture One Pro

1. Import der Bilder in eine Sitzung oder einen Katalog

In einem ersten Schritt importieren Sie die Bilder in Capture One. Hierzu bietet Ihnen das Programm mit einer Sitzung oder einem Katalog zwei Möglichkeiten an. Beide Optionen haben ihre Vor- und Nachteile. Ich verwende in der Praxis eine Mischung aus beiden Möglichkeiten. Meine komplette Bildersammlung verwalte ich mit einem Katalog, weil ich damit alles im Überblick habe. Für kleinere Häppchen wie Reisen, eine Hochzeit oder ein schnelles Shooting für die Familie oder Freunde verwende ich hingegen Sitzungen, die bei Bedarf in den Katalog importiert werden können. Auf die beiden Möglichkeiten gehe ich in Kapitel 2, »Kataloge und der Bildimport«, und in Kapitel 3, »Sitzungen verwenden«, ein.

2. Sichten, Bewerten und Aussortieren der Fotos

Nach dem Import empfiehlt es sich, die guten von den schlechten Fotos zu trennen. Dafür gibt es viele verschiedene Möglichkeiten und Strategien. Während der Sichtung bewerte ich die Bilder und sortiere sie dann aus. Damit ich auch bei einem großen Import nicht die Übersicht verliere, behelfe ich mir mit einem intelligenten Album, das mir alle noch nicht bewerteten Fotos auflistet. Auch Farbmarkierungen und Alben stehen Ihnen für das Aussortieren der Fotos zur Verfügung. Auf diesen Vorgang des Workflows gehe ich in Kapitel 4, »Bilder sichten und aussortieren«, ein.

3. Verschlagwortung der Fotos

Gerade wenn die Bildersammlung und der Katalog mit der Zeit umfangreicher werden, ist es enorm hilfreich, wenn Sie die Bilder mit ordentlichen und sinnvollen Schlagwörtern (auch *Schlüsselwörter*) versehen. Neben der Verschlagwortung füge ich den Bildern häufig weitere Metadaten wie das Copyright und den Urheber hinzu. Auf die Verschlagwortung, die Metadaten und wie Sie damit Ihre Bilder wiederfinden, gehe ich in Kapitel 5, »Verschlagwortung, Metadaten und Suche«, ein.

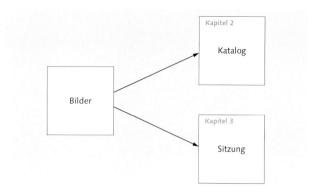

▲ In einem ersten Schritt importieren Sie die Fotos in einen Katalog oder in eine Sitzung.

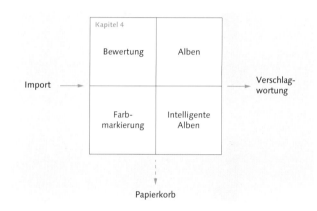

▲ Im zweiten Schritt sortieren Sie schlechte Bilder aus.

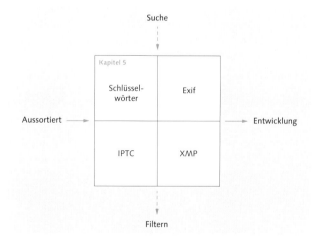

▲ Dritter Schritt: Verschlagworten Sie Ihre Bilder. Metadaten sind unverzichtbar für die Suche und andere Informationen in Bildern.

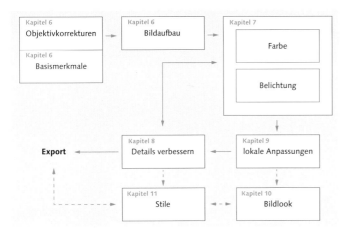

▲ Vierter Schritt: Mein üblicher Workflow beim Entwickeln der Bilder

Bildlook und Stile

Bin ich mit der allgemeinen Entwicklung meiner Bilder fertig, dann erstelle ich gerne mal eine Variante des Bildes und füge dem Bild einen bestimmten Look oder Stil hinzu. Das erläutere ich in Kapitel 10, »Farbanpassungen, Schwarzweißbilder und Looks kreieren«, und in Kapitel 11, »Stile und Voreinstellungen«.

▼ Der letzte Schritt des Workflows ist der Export der Bilder in einem herkömmlichen Dateiformat.

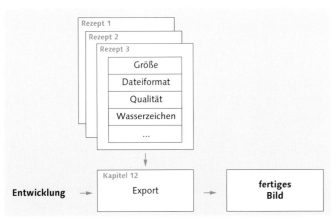

4. Bearbeitung und Entwicklung der Fotos

Wenn die Arbeiten mit der Bildverwaltung abgeschlossen sind, fange ich mit der Entwicklung der Bilder an. Die Reihenfolge der einzelnen Entwicklungsschritte variiert je nach Bild, und es kann auch sein, dass ich einige Schritte gar nicht ausführe. Für gewöhnlich fange ich mit den Objektivkorrekturen und dem Bildaufbau an. So stelle ich sicher, dass ich den Ausschnitt bearbeite, den ich im finalen Bild auch tatsächlich haben will. Kapitel 6, »Objektivkorrekturen und Bildaufbau«, widmet sich diesem Thema. Als Nächstes kümmere ich mich um den Weißabgleich, die Belichtung und die Farben des Bildes. Darauf und auf einiges mehr gehe ich in Kapitel 7, »Grundlagen zur Entwicklung von Bildern«, ein. Der nächste Schritt hängt davon ab, ob ich noch lokale Anpassungen am Bild vornehmen will oder nicht. Möchte ich keine lokalen Anpassungen mehr machen, widme ich mich gleich den Details wie Bildschärfe oder Bildrauschen, was in Kapitel 8, »Details verbessern«, beschrieben wird. Sollte ich allerdings noch lokale Anpassungen einzelner Bildbereiche mit Ebenen und Masken durchführen wollen, dann führe ich diesen Schritt noch vor den Details aus. Auf die lokalen Anpassungen gehe ich in Kapitel 9, »Lokale Anpassungen vornehmen«, ein.

5. Bilder exportieren und weitergeben

Nach der Bearbeitung werden die Bilder in ein entsprechendes Format exportiert. Für das Web verwende ich JPEG und für den Druck oder meine Bücher TIFF. Da ich meine Bilder gerne auf verschiedenen Plattformen publiziere, habe ich mir verschiedene Rezepte angelegt, mit denen ich ein Bild ganz einfach mit den gewünschten Einstellungen wie Größe, Dateiformat, Qualität, mit und ohne Wasserzeichen usw. exportieren kann. Das Exportieren von Bildern und auch das Erstellen einer Webgalerie oder das Drucken beschreibe ich in Kapitel 12, »Bilder weitergeben und exportieren«.

Diese fünf Schritte dürften einen allgemeinen und guten Workflow darstellen. Dieses Buch endet danach aber noch nicht. Ich gehe zusätzlich darauf ein, wie Sie die Arbeitsoberfläche von Capture One Ihren persönlichen Bedürfnissen anpassen können (Kapitel 13). Außerdem werden Capture Pilot und die Verwendung anderer externer Software in Verbindung mit Capture One (Kapitel 14) erläutert.

Softwareupdate durchführen

Halten Sie Capture One auf dem neuesten Stand

Wie oft und ob überhaupt Capture One nach einem Update suchen soll, können Sie über BEARBEITEN/CAPTURE ONE 21 • VOREINSTELLUNGEN im Reiter UPDATE ❶ festlegen. Über das erste Dropdownmenü ❷ stellen Sie ein, wie häufig nach einem Update gesucht werden soll. Darunter ❸ bestimmen Sie, ob Sie Capture One automatisch registrieren wollen oder nicht bzw. auf Anfrage. Ich empfehle Ihnen, bevor Sie ein Update durchführen, ein Backup des Katalogs bzw. der Kataloge zu machen – sicher ist sicher.

Falls Sie das Programm automatisch nach Updates suchen lassen, meldet sich dieser Dialog, sobald ein Update verfügbar ist. Alternativ können Sie die Software auch nur manuell über die entsprechende Schaltfläche ❺ nach einem Update suchen lassen. Ein vorhandenes Update wird mit seiner Versionsnummer ❹ angezeigt. Klicken Sie darauf, öffnet sich der Webbrowser mit der entsprechenden Website zum Herunterladen der neuen Version. Laden Sie diese Version herunter. Wenn Sie auf der Website nach unten scrollen, finden Sie Informationen (Release Note) dazu, was in der Version neu ist.

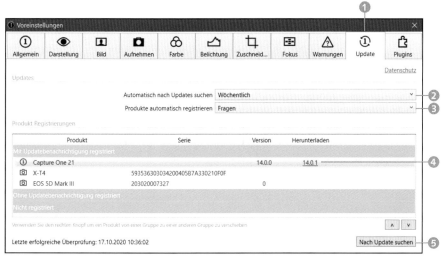

◀ Prüfung auf und Einstellungen für ein (neues) Update

▲ Anzeige der aktuellen Versionsnummer von Capture One Pro

Beenden Sie Capture One. Nach dem Herunterladen führen Sie das Update wie eine gewöhnliche Softwareinstallation durch. Sie haben eine komplett neue Version von Capture One heruntergeladen, und beim Installieren wird die alte Version überschrieben, die Einstellungen der Vorversion bleiben allerdings erhalten. Beim nächsten Neustart des Programms startet schon die neue Version. Ein Blick in HILFE • ÜBER CAPTURE ONE (Windows) bzw. CAPTURE ONE 21 • ÜBER CAPTURE ONE 21 (Mac) zeigt Ihnen die aktuelle Versionsnummer an.

Kapitel 2
Kataloge und der Bildimport

In diesem Kapitel zeige ich Ihnen, wie Sie Bilder in Capture One importieren. Sie haben zwei Möglichkeiten, Ihre Bilder nach dem Import zu verwalten: Entweder lassen Sie sie von Capture One in einem Katalog verwalten, oder Sie verwenden eine Sitzung, bei der Sie zwar mehr Freiheiten haben, aber einen großen Teil der Verwaltung selbst übernehmen müssen. In diesem Kapitel lernen Sie die Möglichkeit der Verwaltung über einen Katalog kennen.

GRUNDLAGENEXKURS: Kataloge
Die Terminologie von Katalogen verstehen 34

AUF EINEN BLICK: Der Importdialog
Ein Überblick über den Importdialog und seine Funktionen 38

Import von Bildern ohne Kopieren
Bilder auf den Computer oder eine externe Festplatte importieren ... 40

Import von Bildern mit Kopieren
Import von Bildern von einer Speicherkarte 44

Lightroom-Katalog importieren
Bilder aus einem vorhandenen Lightroom-Katalog importieren 46

Fehler im Katalog beheben
Hinzufügen von fehlenden Ordnern und Dateien 48

Katalog sichern
So erstellen Sie ein Backup von der Katalogdatei 50

Mit dem Katalog umziehen
Wie Sie auf einen anderen Rechner umziehen 52

Katalog im Netzwerk sperren
Katalog im Netzwerkbetrieb vor Änderungen schützen 54

GRUNDLAGENEXKURS: Katalogordner
Der Katalog von Capture One im Detail 56

Kataloge

Die Terminologie von Katalogen verstehen

Hier erläutere ich das Prinzip von Katalogen in Capture One im Detail.

Kataloge

Der Katalog selbst ist eine Datenbank, in der nur textuelle Informationen zu den Bildern, aber nicht die visuellen Bilder selbst enthalten sind. Um die Bilder mit Capture One organisieren und verarbeiten zu können, müssen Sie sie zunächst in einen Katalog importieren. Sind die Bilder erst einmal in einen Katalog importiert, kümmert sich die Software um die komplette Verwaltung und die Entwicklungseinstellungen Ihrer Bilder. Der Katalog legt für jedes importierte Bild einen Datensatz an, der primär folgende Informationen enthält:

- eine Referenz, wo sich das Bild befindet
- Metadaten zum Bild
- Anweisungen über Änderungen und Entwicklungseinstellungen des Bildes

Alle diese Informationen werden von Capture One in einer Katalogdatei gespeichert. Um es nochmals klarzustellen: Capture One erstellt nur eine Verknüpfung zwischen einem Bild und dem Datensatz des Bildes im Katalog. Sofern Sie es nicht anders veranlassen, bleiben die Bilder dort, wo sie vor dem Import gespeichert wurden. Dies gilt auch für Änderungen an einem Bild innerhalb von Capture One. Jede Änderung wird nur als Metadatensatz des Bildes im Katalog gespeichert. Das Originalbild bleibt von Capture One immer unberührt und kann überall gespeichert sein. Somit ist jede Änderung an dem Bild in Capture One nichtdestruktiv, und das Originalbild bleibt erhalten, wie es bei einem echten analogen Negativ beim Fotografieren auf Film der Fall ist.

Katalog-Private-Bilder.cocatalogdb

▲ Über eine Katalogdatei werden die Bilder beim Importieren in einem Katalog verwaltet.

Wenn Sie Kataloge verwenden, dann bedeutet dies auch, dass Sie Ihre Bilder künftig ausschließlich über den Katalog verwalten. Jede Form der Arbeit, wie das Anpassen der Metadaten, Hinzufügen von Schlüsselwörtern, Entwickeln oder Öffnen in anderen Anwendungen, sollten Sie ausschließlich über den Katalog erledigen und nicht mehr über das Dateisystem oder eine andere Anwendung. Der Katalog wird zum Mittelpunkt für sämtliche Arbeiten an Ihren Bildern bis hin zum Export.

Mit Capture One ist es problemlos möglich, mehrere Kataloge zu verwenden. Ob das sinnvoll ist oder nicht, hängt wohl eher von den persönlichen Bedürfnissen des Einzelnen ab. Eine Aufteilung in unterschiedliche Kataloge für unterschiedliche Richtungen der Fotografie (Studio, Landschaft, Street usw.) ist ebenso möglich, wie Kataloge nur für bestimmte Projekte zu verwenden. Wenn Sie sich dazu entschieden haben, mehrere Kataloge anzulegen und irgendwann doch wieder alles in einem Katalog zusammenfassen wollen: Auch das ist mit Capture One möglich.

Wohin mit der Flut von Bildern?

Worüber Sie sich unbedingt vor dem Import Ihrer Fotos Gedanken machen müssen, ist, wo und wie genau Sie Ihre Bilder künftig verwalten und speichern wollen. Schnell kommen ein paar Hundert Gigabytes an Daten im Raw-Format zusammen, die es zu verwalten gilt. Also wohin mit den Bildern?

Capture One bietet Ihnen drei Möglichkeiten für den Import von Bildern in einen Katalog an ❶:

- **Dem Katalog hinzufügen:** Hierbei werden die Bilder nicht bewegt und bleiben an dem Ort, wo sie gespeichert sind. Für mich ist diese Option häufig die erste Wahl, weil ich meine Bilder fast ausschließlich auf externen Festplatten speichere.
- **In Katalog kopieren:** Die Bilder werden direkt innerhalb des Katalogverzeichnisses des aktiven Katalogs kopiert und importiert.
- **In Ordner kopieren:** Hiermit können Sie die Bilder vom ausgewählten Quellverzeichnis in ein ausgewähltes Zielverzeichnis kopieren und importieren.

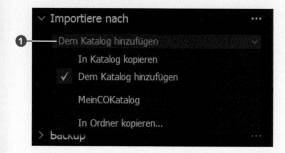

Speicherorte der Bilder

Ich will Ihnen noch ein paar Anmerkungen zu gängigen Orten mitgeben, wo Sie die Bilder speichern können, und erläutern, was es dabei zu beachten gibt:

- **Alles auf dem Computer:** Die einfachste Möglichkeit wäre es, alles auf der eingebauten Festplatte des PCs oder Macs zu speichern, um alle Bilder immer griffbereit zu haben. Allerdings setzt dies ein erhebliches Festplattenvolumen voraus. Gerade Raw-Bilder haben einen großen Datenumfang, und wenn Sie regelmäßig fotografieren, kommt da schnell einiges zusammen.
- **Alles auf eine externe Festplatte:** Externe Festplatten sind billig und dank USB 3.0 und anderen Anschlüssen heutzutage auch sehr schnell. Außerdem können Sie Ihren Katalog oder die Sitzungen jederzeit auf anderen Rechnern verwenden.
- **NAS-Systeme:** Wenn Ihnen die Bilder sehr viel bedeuten und Sie auf Nummer sicher gehen wollen, dann bieten sich auch sogenannte *NAS-Systeme* (NAS = Network Attached Storage) mit mindestens zwei Laufwerken im sogenannten RAID-0-Verbund, oder besser noch im RAID-1-Verbund, an. Bei RAID 1 werden die Daten 1:1 auf beide Festplatten gespiegelt. Fällt eine Platte aus, können Sie sie tauschen, ohne Bilder zu verlieren. Das NAS-System kümmert sich dann um die Wiederherstellung.
- **Alles in der Cloud:** Eine Cloud ist eine dritte Option, Bilder zu sichern. Zwar kann sich nicht jeder damit anfreunden, seine Bilder in fremde Hände zu geben, aber wenn eine Festplatte mit Bildern kaputtgeht, gestohlen wird oder ein sonstiger Katastrophenfall eintritt, dann ist guter Rat teuer. Am besten verwenden Sie Lösungen, bei denen die Bilder neben der heimischen Festplatte auf Onlinespeichern gesichert werden.

Egal, welche Backup-Methode Sie verwenden wollen, Sie sollten auf jeden Fall immer eine redundante Lösung wählen. Verlassen Sie sich niemals auf die Sicherung Ihrer Fotos an einem einzigen Speicherort. Selbst wenn Sie nur lokale Kopien verwenden, ist es sinnvoll, die Daten auf wenigstens zwei Festplatten zu sichern. Ideal ist dafür natürlich ein NAS-System, das es auch schon für den kleineren Geldbeutel gibt. Aber auch eine Offsite-Lösung von verschiedenen Cloud-Anbietern wie zum Beispiel Dropbox, Microsoft One-Drive oder Apple iCloud können dafür sorgen, dass Ihre Fotos redundant gesichert werden. Wer seine Bilder nicht in die Hand von US-Konzernen geben will, der findet Lösungen wie Strato HiDrive, Magenta Cloud, GMX oder Web.de. Eine weitere Möglichkeit ist es, eine eigene private Cloud mit Diensten wie NextCloud oder OwnCloud einzurichten. Allerdings sind dafür ein wenig Einarbeitungszeit und Motivation nötig.

Alles in einem Hauptordner

Natürlich können Sie Ihre Bilder von jedem beliebigen Ordner oder Laufwerk in Capture One importieren und verwalten, aber

Sie können sich das Leben mit Capture One etwas vereinfachen, indem Sie gezielt vorgehen. Spätestens wenn die Festplatte voll ist und Sie mit all Ihren Fotos auf eine größere Festplatte umziehen wollen/müssen, ist es gut, sich darauf vorbereitet zu haben. Zwar bietet der Importdialog bei IMPORTIEREN NACH mit IN KATALOG KOPIEREN bereits eine Option dafür an, allerdings werden mit dieser Option alle Bilder in diesen Ordner kopiert und dann importiert. Bei mehreren Hundert Gigabyte an Bildmaterial kann dies eine ganze Weile dauern.

Es gibt aber eine Alternative dazu: Sie legen einen Hauptordner an, in dem Sie alle Ihre vorhandenen Fotos speichern und in den Sie Fotos bei künftigen Importen von der Speicherkarte übertragen. Wie Sie diesen Ordner benennen, bleibt Ihnen überlassen, aber ein Name mit einem Bezug zu Capture One ist sinnvoll und immer empfehlenswert (z. B. MEINCOKATALOG), wenn Sie vorhaben, diesen Hauptordner beispielsweise im BILDER- oder EIGENE-BILDER-Ordner des Systems anzulegen.

Aber auch wenn Sie eine externe Festplatte verwenden, ist ein Hauptordner, in dem Sie alles ablegen, immer von Vorteil. Hiermit

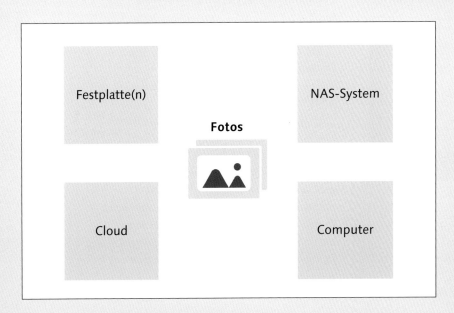

◄ Es gibt viele verschiedene Möglichkeiten, die Bilder zu sichern. Die sicherste Möglichkeit ist allerdings immer eine redundante Lösung, bei der Sie sich nicht nur auf einen einzigen Speicherort verlassen.

ersparen Sie sich auch ein Kopieren beim Importieren, weil sich alles schon an Ort und Stelle in einem Verzeichnis auf dem Computer oder einer externen Festplatte befindet.

Auch bei Sitzungen, die Sie in Kapitel 3 kennenlernen werden, kann es recht nützlich sein, einen leeren Ordner mit einem sinnvollen Namen (beispielsweise MEINECOSITZUNGEN) auf dem Computer oder einer externen Festplatte zu erstellen, in dem Sie künftig bei jedem neuen Projekt eine neue Sitzung anlegen. Damit werden die Bilder dieser Sitzung dann automatisch unterhalb des Ordners MEINECOSITZUNGEN als neuer Sitzungsordner gespeichert. So haben Sie einen Hauptordner für Sitzungen, unter dem sich die einzelnen Sitzungsordner befinden.

Wenn Sie Kataloge und Sitzungen verwenden, kann es auch hilfreich sein, jeweils einen Extraordner anzulegen. Eventuell lohnt es sich zudem, ein externes Laufwerk für den Katalog und ein weiteres externes Laufwerk für Sitzungen zu einzusetzen.

Zugegeben, das hört sich alles zunächst etwas umständlich an, aber spätestens wenn die Festplatte voll ist und Sie umziehen wollen, werden Sie froh sein, dass die Bilder nicht auf unzählige Verzeichnisse und Laufwerke verteilt sind. Des Weiteren ist es übersichtlicher, wenn Sie auch außerhalb von Capture One Ihre Bilder ordentlich organisieren und somit bei Bedarf auch ohne Capture One wissen, wo sich Ihre Bilder befinden.

Wer schon einmal Bilder auf dem Computer und unzähligen externen Festplatten und Speichermedien verteilt hatte und auf der Suche nach bestimmten Bildern war, weiß, was ich meine.

Ein weiterer Vorteil davon, alles in einem Hauptordner abzulegen, ist zudem die Möglichkeit, Ihre Bilder so auch wesentlich einfacher mit einer anderen Software zu verwalten, wenn es die Umstände erfordern sollten.

MeinCOKatalog

▲ Ich verwende für die Verwaltung meiner Fotos mit Capture One einen speziellen Hauptordner für Kataloge (hier beispielsweise: »MeinCOKatalog«) und Sitzungen, was mir einen eventuellen Umzug auf einen anderen Speicherort oder Rechner erheblich vereinfacht.

Der Importdialog

Ein Überblick über den Importdialog und seine Funktionen

1 Importieren aus: Hier wählen Sie die Quelle der zu importierenden Bilder aus. Wenn eine Speicherkarte angeschlossen wird, dann finden Sie sie hier als Quelle im Dropdownmenü zur Auswahl vor. Wenn nicht, müssen Sie die Speicherkarte über den Dateibrowser auswählen.

2 Importiere nach: Hier geben Sie das Ziel des Importvorgangs an. Wenn Sie einen Katalog auswählen, werden die Bilder in einem Unterordner des Katalogs abgelegt. Bei einer

Sitzung stehen Ihnen andere Optionen zur Verfügung. Unter SAMMLUNG können Sie außerdem Bilder direkt zu einer bestehenden Sammlung hinzufügen.

3 Backup: Hier können Sie beim Import eine Sicherungskopie der Originalbilder z. B. auf einem externen Laufwerk oder in einer Cloud erstellen.

4 Benennung: Standardmäßig werden die Bilder mit ihrem Originalnamen importiert,

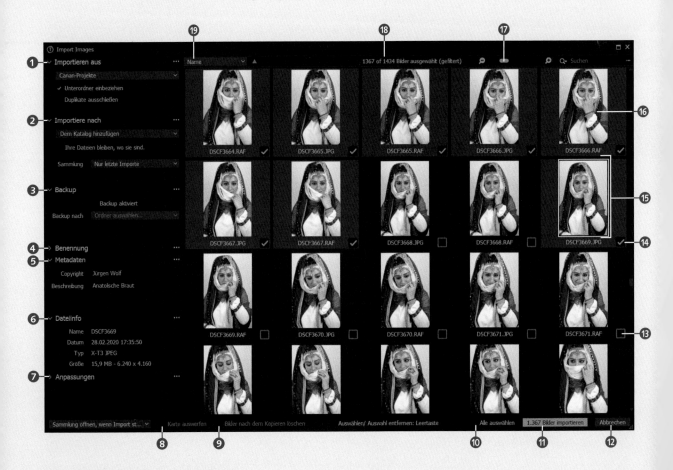

also der von der Kamera zugewiesenen Bezeichnung. Über dieses Feld können Sie die Namen nach Ihren Vorstellungen anpassen oder passend zu den Bildern ändern.

⑤ Metadaten: Hier können Sie Metadaten wie ein Copyright und eine Bildunterschrift eintragen.

⑥ Dateiinfo: Dies ist ein reines Informationsfeld mit Angaben wie Name, Aufnahmedatum, Kamera und Größe der Datei. Angezeigt wird die Dateiinfo zum Bild mit ausgewählten weißem Rahmen ⑮.

⑦ Anpassungen: Hier können Sie aus bestehenden Stilen und Anpassungen auswählen, die auf alle zu importierenden Bildern gleichermaßen angewendet werden sollen. Bei solchen Anpassungen muss es sich nicht nur um visuelle Anpassungen handeln; Sie können den Bildern auch gleich weitere Metadaten hinzufügen.

⑧ Karte auswerfen: Diese Option spricht für sich und ist nur dann anwählbar, wenn eine Speicherkarte als Quelle zum Importieren ausgewählt wurde.

⑨ Bilder nach dem Kopieren löschen: Auch diese Option wird nur angezeigt, wenn eine Speicherkarte eingelegt ist. Wenn Sie die Option aktiviert haben, werden die Bilder auf der Speicherkarte nach dem Import gelöscht.

⑩ Alle auswählen: Hiermit können Sie alle Bilder auf einmal aus- bzw. abwählen.

⑪ Bilder importieren: Klicken Sie hierauf, werden die ausgewählten Bilder importiert. Die Gesamtzahl der Bilder wird angezeigt.

⑫ Abbrechen: Hier können Sie den Importvorgang abbrechen und den Dialog beenden, ohne dass Bilder importiert werden.

⑬/⑭ Häkchen: Die Bilder für den Import sind abgehakt ⑭, und die ohne Häkchen ⑬ werden nicht importiert. Bilder können Sie mit der Leertaste aus-/abwählen.

⑯ Miniaturvorschau: Über die Vorschau können Sie sehen bzw. auswählen, welche Bilder beim anschließenden Import zum Katalog bzw. zur Sitzung hinzugefügt werden.

⑰ Verkleinern bzw. vergrößern: Mit diesem Regler vergrößern bzw. verkleinern Sie die Miniaturvorschau der Bilder.

⑱ Anzahl der Bilder: Hier wird aufgelistet, wie viele Bilder zum Import ausgewählt sind. Steht hier »1367 von 1434«, dann sind 1367 von 1434 vorhandenen Bildern für den Import ausgewählt. Ansonsten werden alle sichtbaren Bilder, die als Miniaturvorschau in ⑮ zu sehen sind, in den Katalog importiert bzw. zur Sitzung hinzugefügt.

⑲ Sortierung der Auflistung: Hier können Sie die Reihenfolge der Auflistung in der Miniaturvorschau ⑯ nach anderen Kriterien sortieren. Standardmäßig werden die Bilder nach Namen sortiert.

⑳ Suche: Wollen Sie nach Bildern für den Import suchen, finden Sie hier eine (erweiterte) Suchfunktion. Neben einer Sternenbewertung und Farbmarkierung erreichen Sie über die drei Punkte auch eine erweiterte Suche ㉑.

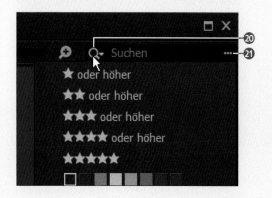

Import von Bildern ohne Kopieren

Bilder auf den Computer oder eine externe Festplatte importieren

Wenn Sie sich dazu entschlossen haben, Ihre Bilder in einem Katalog von Capture One zu verwalten, müssen Sie sie zunächst in den Katalog importieren. In den folgenden beiden Workshops lernen Sie die einzelnen Schritte des Importvorgangs kennen. In diesem Workshop sollen bereits auf dem Computer und/oder einer externen Festplatte vorhandene Bilder importiert werden. Viele dieser einzelnen Schritte können Sie auch noch nach dem Import der Bilder in den Katalog durchführen.

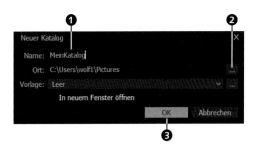

1 Neuen Katalog anlegen

Obgleich schon nach dem Start von Capture One ein Katalog vorhanden ist, zeige ich hier, wie Sie einen neuen Katalog anlegen. Dieser Schritt ist optional. Wählen Sie DATEI • NEUER KATALOG oder die Tastenkombination ⌨ Strg/⌨ cmd + ⌨ ⇧ + ⌨ N . Im folgenden Dialog geben Sie den NAMEN ❶ für den Katalog an. Über die drei Punkte bei ORT ❷ können Sie das Verzeichnis auswählen, in dem die Katalogdatei gespeichert wird. Standardmäßig verwendet Capture One den BILDER-Ordner des Systems. Mit OK ❸ erstellen Sie den Katalog.

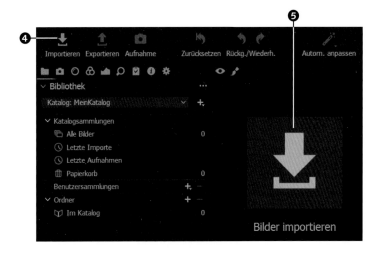

2 Importdialog aufrufen

Den Importdialog können Sie auf unterschiedliche Arten aufrufen. Wenn der Katalog noch leer ist, finden Sie in der Mitte eine große Schaltfläche BILDER IMPORTIEREN ❺ vor. Wenn schon Bilder in den Katalog importiert wurden, können Sie den Importdialog entweder über die Schaltfläche links oben ❹ aufrufen oder natürlich auch über das Menü DATEI • BILDER IMPORTIEREN. Unter Windows funktioniert zusätzlich die Tastenkombination ⌨ Strg + ⌨ ⇧ + ⌨ I .

3 Quelle des Imports auswählen

Im Importdialog wählen Sie den Ordner aus, aus dem Sie Bilder importieren wollen. Klicken Sie hierzu auf ❼, und öffnen Sie mit WÄHLE bzw. AUSWÄHLEN den Ordnerauswahl-Dialog ❽. Navigieren Sie zu dem Ordner, den Sie importieren wollen. Sie können mehrere Ordner gleichzeitig für den Import mit gehaltener ⌂Strg⌂/⌂cmd⌂-Taste auswählen. Ebenso können Sie einzelne Bilder innerhalb eines Ordners für den Import markieren. Weitere Unterordner berücksichtigen Sie mit einem Häkchen vor UNTERORDNER EINBEZIEHEN ❻.

4 Ziel des Imports auswählen

Über IMPORTIERE NACH legen Sie fest, von wo aus der Katalog die Bilder verwalten soll. Wählen Sie bei ❾ DEM KATALOG HINZUFÜGEN aus, bleiben die Bilder dort, wo sie gespeichert sind. Wählen Sie IN KATALOG KOPIEREN aus, werden die Bilder innerhalb des Katalogordners kopiert und dann in den Katalog importiert. Alternativ können Sie mit IN ORDNER KOPIEREN einen eigenen Ordner bestimmen, in den die Bilder kopiert und importiert werden sollen. Ich wähle hier DEM KATALOG HINZUFÜGEN aus, womit die Bilder am aktuellen Speicherort verbleiben.

5 Sicherungskopie anlegen

Unterhalb von BACKUP bietet es sich optional an, Sicherungskopien aller zu importierenden Bilder zu machen. Sinnvollerweise erstellen Sie Sicherungskopien auf einem externen Speichermedium, aber nicht auf derselben Festplatte, auf der sich die Originalbilder befinden. Aktivieren Sie daher bei Bedarf BACKUP AKTIVIERT ❿, und wählen Sie über die Dropdownliste darunter ⓫ das entsprechende Laufwerk und Verzeichnis für die Sicherung aus. Im Beispiel habe ich diese Option nicht verwendet.

6 Bilder benennen

Wenn Sie Bilder beim Importieren nicht kopieren, sondern am aktuellen Ort belassen, steht die Option, die Bilder zu benennen, unterhalb von BENENNUNG nicht zur Verfügung. Wenn die Bilder in den Katalog importiert wurden, können Sie sie aber jederzeit umbenennen. Wie Sie die Bilder beim Import und später umbenennen, erfahren Sie auf Seite 45 und ausführlich auf Seite 118. Standardmäßig werden die Bilder mit ihrem Originalnamen, wie er in der Quelle vorgegeben ist, importiert.

7 Metadaten hinzufügen

In den METADATEN können Sie dem Bild einzelne Metadaten hinzufügen. Sehr empfehlenswert ist es, im Feld COPYRIGHT ❶ gleich eine entsprechende Angabe zu machen. Ich habe meinen Namen angegeben. Als zweiten Eintrag können Sie noch eine BESCHREIBUNG ❷ der zu importierenden Bilder hinzufügen. Diese Daten werden zu den IPTC-Daten des Bildes hinzugefügt. Auch die Metadaten können Sie nach dem Import jederzeit hinzufügen oder anpassen.

8 Anpassungen vornehmen

Mit der Dropdownliste STILE ❸ können Sie Ihre Bilder mit Stilen oder eigenen Entwicklungsvorgaben versehen. Hier können Sie dem Bild auch weitere Metadaten hinzufügen, wenn Sie eigene Vorgaben erstellt haben. Beides wird im Buch noch gesondert dargestellt weshalb ich OHNE ausgewählt habe. Wählen Sie AUTOMATISCH ANPASSEN ❹ aus, werden die unter ANPASSUNGEN • AUTOMATISCHE ANPASSUNGEN KONFIGURIEREN aktivierten Anpassungen auf die Bilder angewendet. Die Option BESTEHENDE ANPASSUNGEN EINBEZIEHEN ❺ bezieht sich auf bereits zuvor in Capture One bearbeitete Bilder.

9 Bilder für den Import auswählen

Standardmäßig werden alle Bilder der ausgewählten Quellverzeichnisse importiert. Die Anzahl steht oben im Importdialog ❻. Einzelne Bilder können Sie ab-/auswählen, in dem Sie das Häkchen unter dem Bild (de-)aktivieren. Alternativ können Sie ein Bild in der Miniaturvorschau auswählen ❼, mit der Leertaste das Häkchen (de-)aktivieren und mit den Pfeiltasten durch die Vorschauen navigieren. Neben der Leertaste können Sie auch mit P ein Bild auswählen und mit X abwählen. Alle Bilder auf einmal aus-/abwählen können Sie mit ALLE AUSWÄHLEN ❽.

10 Import starten

Mit gehaltener Strg/cmd-Taste können Sie mehrere Bilder zur Aus-/Abwahl selektieren. Wollen Sie eine Folge von Bildern auswählen, klicken Sie das erste Bild an, halten ⇧ gedrückt und wählen das letzte Bild der Folge aus. Wählen Sie SAMMLUNG ÖFFNEN, WENN IMPORT STARTET ❾, können Sie gleich mit den bereits importierten Bildern arbeiten, während der Rest noch importiert wird. Sind Sie mit der Auswahl fertig, klicken Sie auf die Schaltfläche ❿ zum Starten des Imports. Ein Dialog informiert Sie über den Fortschritt.

11 Importierte Bilder organisieren

Wenn Sie die Bilder in den Katalog importiert haben, können Sie damit beginnen, sie zu organisieren oder zu entwickeln. Ebenso können Sie weitere Bilder von anderen Laufwerken, angefangen bei Arbeitsschritt 2, importieren und zum Katalog hinzufügen.

Wenn Sie, wie auf Seite 36 empfohlen, alle Bilder vor dem Import in Capture One in einem Ordner abgelegt haben, werden Sie nun von dieser Methode profitieren und alles in einem Rutsch importieren können.

Import von Bildern mit Kopieren

Import von Bildern von einer Speicherkarte

Der Import von Bildern auf einer Speicherkarte in den Katalog ist recht ähnlich dem Import vom Computer oder von einer externen Festplatte, nur gibt es beim Ziel des Importes einiges zu beachten. Zwar beschreibe ich hier den Import von einer Speicherkarte, aber das Prinzip können Sie natürlich auch verwenden, wenn Sie Bilder auf dem Computer oder von einem externen Medium an das Ziel kopieren und importieren wollen.

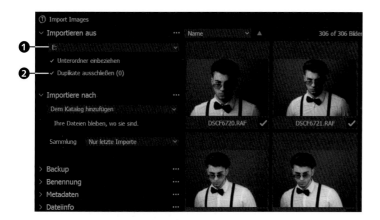

1 Speicherkarte auswählen

Sollte sich beim Einstecken der Speicherkarte der Importdialog nicht automatisch öffnen, rufen Sie ihn beispielsweise über DATEI • BILDER IMPORTIEREN auf, wie Sie dies im vorherigen Workshop gelernt haben. Bei ❶ sollte die Speicherkarte ausgewählt sein. Gerade bei Speicherkarten lohnt es sich, die Option DUPLIKATE AUSSCHLIESSEN ❷ zu aktivieren, weil man gerne eine teilweise gefüllte Speicherkarte wiederverwendet und erneut importiert. Der Importdialog prüft dann, ob Dateien bereits importiert wurden.

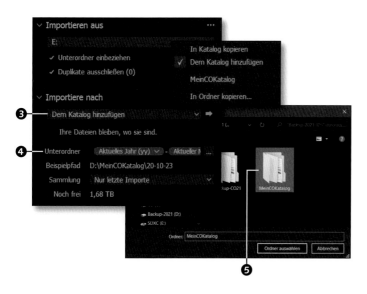

2 Zielverzeichnis auswählen

Zwar ist es möglich, die Bilder einer Speicherkarte am aktuellen Ort zu belassen, das ist bei diesem Medium aber unüblich. Wählen Sie bei ❸ den Eintrag IN KATALOG KOPIEREN, werden alle Bilder in das Katalogverzeichnis kopiert und importiert. Oder Sie suchen mit IN ORDNER KOPIEREN selbst aus, wohin die Bilder importiert werden sollen. In meinem Fall wähle ich das Verzeichnis ❺ aus, wo ich alle Bilder haben möchte. Über UNTERORDNER ❹ können Sie noch ein Unterverzeichnis für das ausgewählte Verzeichnis erstellen.

3 Weitere Einstellungen

An dieser Stelle können Sie fortfahren wie im vorherigen Workshop ab Arbeitsschritt 5 beschrieben. Der Unterschied ist, dass Sie die Bilder unter BENENNUNG umbenennen können. Klicken Sie auf die drei Punkte ❻, und erstellen Sie im entsprechenden Dialog ❼ einen Vorlagennamen für die Bilder. Auf die Umbenennung werde ich ab Seite 118 noch gesondert eingehen. Da ich gerne eine fortlaufende Nummerierung im Namen verwende, mache ich die Benennung gewöhnlich erst, wenn ich die Bilder nach dem Import aussortiert habe.

4 Einstellungen für die Speicherkarte

Wenn Sie alle Einstellungen vorgenommen haben, finden Sie unterhalb des Importdialogs zwei Optionen speziell für die Speicherkarte. Mit KARTE AUSWERFEN ❽ wird die Speicherkarte nach dem Import vom System entfernt. Die zweite Option, BILDER NACH DEM KOPIEREN LÖSCHEN ❾, habe ich noch nie verwendet, weil ich ein Backup der Bilder auf der Speicherkarte für den Fall der Fälle behalten und meine Speicherkarte lieber in meiner Kamera selbst löschen bzw. formatieren möchte.

5 Bilder importieren

Sind alle Einstellungen gemacht und die Bilder ausgewählt, können Sie den Import starten. Je nachdem, um wie viele Bilder es sich handelt, kann der Vorgang etwas dauern, weil die Bilder zuerst von der Speicherkarte oder einem anderen Medium kopiert werden müssen, ehe sie in den Katalog importiert werden. Nach dem Import finden Sie im BIBLIOTHEK-Register ❿ unter ORDNER ein entsprechendes Verzeichnis ⓬ vor, wenn Sie den Speicherort selbst gewählt haben. Andernfalls befindet es sich im Eintrag IM KATALOG ⓫.

Lightroom-Katalog importieren

Bilder aus einem vorhandenen Lightroom-Katalog importieren

Capture One bietet auch die Möglichkeit, Kataloge einer anderen Software, z. B. aus Lightroom, zu importieren. Allerdings müssen Sie damit rechnen, dass nicht alle Einstellungen, die Sie dort gemacht haben, in Capture One übernommen werden. Auf jeden Fall werden die Bilder anders aussehen, als Sie dies von den Entwicklungseinstellungen von Lightroom gewohnt sind. Beachten Sie dies, bevor Sie komplett auf Capture One umsatteln.

Ausgangssituation

Bilder im Lightroom-Katalog

Bearbeitungsschritte

- Lightroom-Katalog vorbereiten
- Lightroom-Katalog in Capture One importieren
- Den Importvorgang überprüfen

1 Vorbereitungen treffen

Definitiv sollten Sie zunächst ein Backup von Ihrem Lightroom-Katalog anlegen. Wenn Sie außerdem Smart-Sammlungen in Lightroom verwenden, sollten Sie sie in normale Sammlungen konvertieren, weil Capture One sie beim Import nicht konvertieren kann. Wenn Ihr Lightroom-Katalog sehr viele Bilder enthält, empfiehlt es sich, aus umfangreichen Sammlungen mehrere Kataloge zu machen und diese nacheinander in Capture One zu importieren.

2 Lightroom-Katalog importieren

Überlegen Sie sich zunächst, ob Sie den Lightroom-Katalog in einen bereits vorhandenen Katalog importieren wollen. Alternativ legen Sie einen neuen Katalog in Capture One an und importieren ihn in Ihren Hauptkatalog von Capture One. Den Importvorgang starten Sie mit DATEI • KATALOG IMPORTIEREN • LIGHTROOM KATALOG. Es öffnet sich ein Dialog mit einer kurzen Beschreibung, wo Sie KATALOG AUSWÄHLEN anklicken. Im sich öffnenden Dialog wählen Sie jetzt den Lightroom-Katalog mit der Dateiendung »*.lrcat« ❶ aus.

3 Importvorgang überprüfen

Es folgt ein weiterer kurzer Informationsdialog, in dem Sie auf IMPORTIEREN klicken. Der Importvorgang kann je nach Umfang des Lightroom-Katalogs ein wenig Zeit beanspruchen. Wenn der Import abgeschlossen ist, informiert Sie ein einfaches Dialogfenster darüber. Anschließend sollten Sie überprüfen, ob alles ordentlich importiert wurde. Genauso einfach wie der Import eines Lightroom-Katalogs funktioniert auch der Import eines Media-Pro-Katalogs über den entsprechenden Befehl im Menü DATEI • KATALOG IMPORTIEREN.

Fehler im Katalog beheben

Hinzufügen von fehlenden Ordnern und Dateien

Eine Regel sollte lauten: Finger weg von den Originaldateien, und führen Sie möglichst alle Arbeiten direkt in Capture One aus. Wenn Sie Fotos über den Explorer (Windows) oder den Finder (Mac) verschieben, werden Sie in Capture One anschließend die Warnung »Offline« erhalten. Auch das Hinzufügen von neuen Bildern über den Finder oder Explorer ist eine schlechte Wahl, weil auf diese Art hinzugefügte Fotos niemals im Katalog angezeigt werden.

1 Fehlende Ordner suchen

Bevor Sie nach einzelnen fehlenden Bildern suchen, sollten Sie im Register BIBLIOTHEK nachsehen, ob Ordner fehlen. Dann folgt ein Blick in das Bedienfeld, ob der Datenträger mit den fehlenden Bildern überhaupt angeschlossen wurde. Klicken Sie das fehlende Bild mit der rechten Maustaste an, und wählen Sie im Kontextmenü IN BIBLIOTHEK ANZEIGEN ❷ aus. Wird ein roter Balken ❶ hinter dem Laufwerknamen angezeigt, dann ist das Problem gelöst, und Sie müssen nur das Laufwerk mit dem Computer verbinden, auf dem die Bilder liegen.

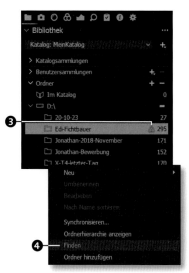

2 Mit fehlendem Ordner verbinden

Ist der Balken hingegen grün und wird ein Warndreieck ❸ vor dem fehlenden Ordner angezeigt, dann haben Sie den Ordner von seinem ursprünglichen Speicherort verschoben, ihn umbenannt oder gelöscht. In den ersten beiden Fällen klicken Sie den Ordner mit rechts an und wählen FINDEN ❹ im Kontextmenü aus. Im sich öffnenden Dialog können Sie den verschobenen oder umbenannten Ordner auswählen und wieder verknüpfen. Ist der Ordner mit dem Katalog verknüpft ❺, werden auch die darin enthaltenen Bilder wieder mit dem Katalog verbunden, und die Bilder sind nicht mehr offline.

3 Fehlende Bilder suchen

Sind die Laufwerke angeschlossen und die entsprechenden Ordner verknüpft, das Bild fehlt aber trotzdem, dann müssen Sie es verschoben, umbenannt oder gelöscht haben. Ein solches fehlendes Bild erkennen Sie im Browser an dem Textlabel OFFLINE ❼ oberhalb des Bildes. Klicken Sie mit der rechten Maustaste auf das Bild und wählen Sie im Kontextmenü IM EXPLORER ANZEIGEN ❻ bzw. IM FINDER ANZEIGEN aus, erscheint ein entsprechender Hinweis, dass die Originaldatei nicht gefunden werden konnte.

4 Fehlende Bilder verknüpfen

Um fehlende Bilder erneut zu verknüpfen, klicken Sie sie mit der rechten Maustaste an und wählen im Kontextmenü SUCHE ❾ bzw. FINDEN aus. Mit dem Dateiauswahl-Dialog navigieren Sie zum Verzeichnis und wählen das Bild aus ❽, um es erneut mit dem Katalog zu verknüpfen. Danach ist das Bild wieder mit dem Katalog verknüpft und wird nicht mehr als offline angezeigt.

5 Fehlende Bilder oder Ordner aus dem Katalog entfernen

Konnten Sie einen Ordner oder einzelne Bilder nicht mehr finden und wollen Sie die »Leichen« in Ihrem Katalog beseitigen, klicken Sie das Bild mit der rechten Maustaste an und wählen im Kontextmenü LÖSCHEN ❿. Das Bild wird in den Papierkorb des Katalogs verschoben. Ähnlich gehen Sie bei einem Ordner vor. Klicken Sie ihn mit der rechten Maustaste an, und entfernen Sie ihn mit LÖSCHEN ⓫ (Windows) bzw. ORDNER LÖSCHEN (Mac) im Kontextmenü aus dem Katalog.

Katalog sichern

So erstellen Sie ein Backup von der Katalogdatei

Im Laufe der Zeit nehmen Sie enorm viele Anpassungen an Ihren Fotos vor. Wie Sie sicherlich noch wissen, werden alle diese Änderungen in einer Katalogdatei gespeichert. Es ist daher unbedingt zu empfehlen, diese Katalogdatei regelmäßig zu sichern, weil sonst sämtliche Anpassungen verloren sind, wenn die Katalogdatei beschädigt wird oder etwas mit der Festplatte passieren sollte, auf der die Katalogdatei gespeichert wurde.

1 Backup-Hinweis

Wenn Sie Capture One beenden, öffnet sich ein Backup-Dialog, der Ihnen vorschlägt, eine Sicherungskopie von Ihrem Katalog anzulegen. Wie häufig der Dialog angezeigt wird, können Sie über BEARBEITEN/CAPTURE ONE 21 • VOREINSTELLUNGEN im Register ALLGEMEIN im Bereich BACKUP DES KATALOGS ❶ (Mac: KATALOG-BACKUP) einstellen. Sie können den Hinweis abschalten, aber dann besteht die Gefahr, dass Sie die Datensicherung vernachlässigen. Machen Sie lieber ein Backup zu viel als eines zu wenig.

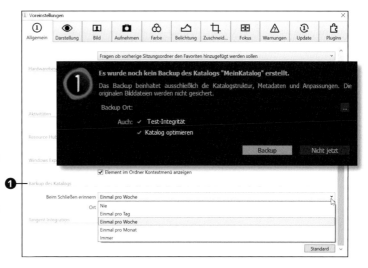

2 Backup erstellen

Um ein Backup zu erstellen, reagieren Sie entweder auf den Hinweisdialog beim Beenden von Capture One, oder Sie starten den Vorgang manuell über DATEI • KATALOG-BACKUP (Windows) bzw. DATEI • KATALOG-BACKUP ERSTELLEN (Mac). Im Dialog wählen Sie zunächst den Ort des Backups über die drei Punkte ❷ aus. Mit TEST-INTEGRITÄT testet Capture One die Datenbankdatei auf Fehler, und KATALOG OPTIMIEREN spricht für sich. Klicken Sie auf BACKUP ❸, und ein Dialog zeigt Ihnen den Fortschritt an. Am Ende erhalten Sie noch eine Zusammenfassung des Backups.

3 Im Schadensfall

Wenn die Katalogdatei nun beschädigt wird, haben Sie eine Sicherung mit der Endung »*.cocatalogdb«, die Sie über DATEI • ÖFFNEN jederzeit wiederherstellen können. Beachten Sie, dass Capture One nur die Katalogdatei sichert und nicht die Original-Raw-Bilder! Für ein Backup Ihrer Fotos sind Sie selbst verantwortlich. Wenn Sie hierbei ohnehin innerhalb des Katalogs die Bilder importieren und alles auf einer externen Festplatte verwalten, haben Sie die besten Karten, denn Sie können dann bei Bedarf die komplette Festplatte über das Betriebssystem kopieren, weil Sie alles unter einer Haube haben.

Mit dem Katalog umziehen

Wie Sie auf einen anderen Rechner umziehen

Wollen Sie mit Ihrem Katalog mit allen Anpassungen und Bildern auf einen anderen Rechner oder eine neue externe Festplatte umziehen, dann ist dies mit Capture One möglich. Ein solcher Umzug funktioniert (mittlerweile) auch vom PC zum Mac bzw. vom Mac zum PC ohne Probleme, weil Bilder beim Exportieren innerhalb des Katalogordners gespeichert werden. Ich verwende in diesem Workshop die Begriffe »Quellrechner« und »Zielrechner«, aber Sie können genauso gut »Quellkatalog« und »Zielkatalog« sagen, weil es auch möglich ist, auf demselben Rechner von einem auf den anderen Katalog umzuziehen.

1 Quellrechner: Einzelne Sammlungen oder Ordner

Zunächst müssen Sie entscheiden, was Sie alles mitnehmen wollen. Möchten Sie nur einen Teil eines Ordners oder einer Sammlung verschieben, oder möchten Sie den kompletten Katalog mitnehmen? Um eine vollständige Sammlung oder einen Ordner mitzunehmen, klicken Sie mit der rechten Maustaste darauf, und wählen Sie ALS KATALOG EXPORTIEREN (Windows) ❶ bzw. EXPORTIEREN ALS KATALOG (Mac) im Kontextmenü.

2 Quellrechner: Kompletter Katalog

Den vollständigen Katalog nehmen Sie hingegen mit, indem Sie ALLE BILDER ❷ auswählen und mit einem rechten Mausklick den Befehl ALS KATALOG EXPORTIEREN (Windows) ❸ bzw. EXPORTIEREN ALS KATALOG (Mac) aufrufen. Sie finden den Befehl auch über DATEI • BILDER EXPORTIEREN • ALS KATALOG EXPORTIEREN. Im Exportdialog wählen Sie den Katalognamen und den ORT, an dem Sie den zu exportierenden Katalog speichern wollen. Ich verwende hierzu eine externe Festplatte.

3 Quellrechner: Der Exportdialog

Für einen Umzug werden Sie wohl auch die Raw-Bilder mitnehmen wollen, weshalb Sie ein Häkchen vor REFERENZIERTE ORIGINALE EINSCHLIESSEN ❹ setzen sollten. Damit werden die Originalbilder innerhalb des Katalogverzeichnisses kopiert. Klicken Sie auf ❺, um den Katalog und gegebenenfalls die Bilder an den ausgewählten Ort zu exportieren. Vorteil dabei: Sie haben somit auch gleich ein Backup der Bilder gemacht. Ein Dialog informiert Sie über den Fortschritt des Exports.

4 Zielrechner: Katalog öffnen

Auf dem Zielrechner müssen Sie sich entscheiden, ob Sie den kompletten Ordner mitsamt Katalogdatei und den Raw-Bildern auf die Festplatte des Zielrechners kopieren oder den Katalog und die Bilder gleich von der externen Festplatte aus verwenden und künftig verwalten wollen. Um den Katalog auf dem Zielrechner zu verwenden, reicht es aus, die Katalogdatei über DATEI • ÖFFNEN zu öffnen, und Sie haben den Katalog wie auf dem Quellrechner mit allen Anpassungen vor sich.

5 Alternative

Wenn Sie die Bilder ohnehin innerhalb des Katalogs importieren und verwalten, haben Sie die besten Karten, denn Sie können dann einfach nur bei Bedarf den Ordner mit dem Katalog und den Fotos über das Betriebssystem auf eine externe Festplatte kopieren. Sogar das Kopieren auf eine externe Festplatte können Sie sich ersparen, wenn Sie den gesamten Vorgang bereits auf einer externen Festplatte durchgeführt haben. In dem Fall können Sie die Schritte 1 bis 3 überspringen und gleich Schritt 4 ausführen.

Katalog im Netzwerk sperren

Katalog im Netzwerkbetrieb vor Änderungen schützen

Capture One lässt sich sehr gut auf Netzwerkspeichern einsetzen und kann damit von mehreren Benutzern gleichzeitig verwendet werden. Dafür wird auf einem zentralen Netzwerkspeicher ein Katalog angelegt, auf den alle Beteiligten Zugriff haben. Gerade für Fotoagenturen ist das sehr nützlich. Es ist aber notwendig, den Katalog zu sperren, damit nur noch ein lesender Zugriff möglich ist. So verhindern Sie, dass zwei Personen gleichzeitig versuchen, Bilder unterschiedlich zu bearbeiten.

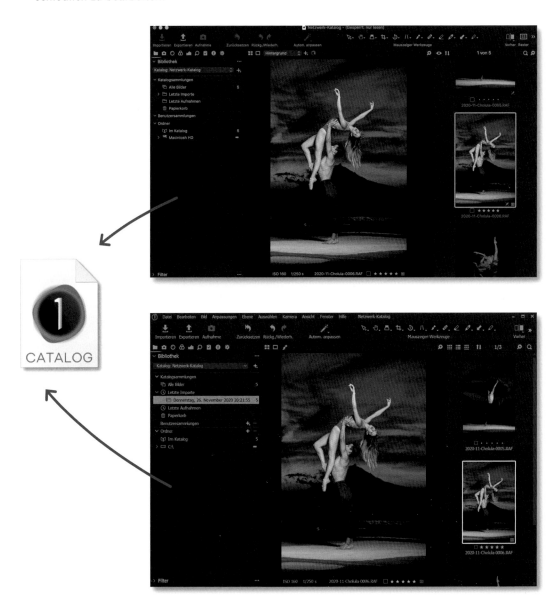

1 Rechner A: Katalog sperren

Den Katalog sperren können Sie mit DATEI • KATALOG SPERREN. Ein Dialog weist Sie darauf hin, dass der Katalog zwar von mehreren Benutzern geöffnet werden kann, diese aber keine Änderungen in dem gesperrten Katalog vornehmen können. Klicken Sie auf SPERREN ❶, wird der Katalog geschlossen und neu geladen, um die Sperrung einzurichten.

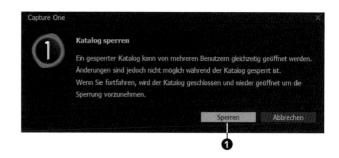

2 Rechner A und B: Katalog verwenden

Jetzt können Sie den gesperrten Katalog auch auf einem anderen Rechner öffnen. Sobald Sie den Katalog im Netzwerkspeicher öffnen, zeigt Ihnen ein Dialog ❷, dass der Katalog gesperrt ist und keine Schreibrechte dafür bestehen. In der Miniaturansicht des Browsers rechts unten zeigt ein Symbol ❸ (Mac) bzw. ❹ (Windows) an, dass keine Änderungen am Katalog oder an den Bildern vorgenommen werden können.

3 Katalog entsperren

Um den Katalog wieder zu entsperren, gehen Sie über DATEI • KATALOG ENTSPERREN. Von welchem Rechner aus Sie den Katalog entsperren, ist egal. Der folgende Dialog ❺ weist Sie darauf hin, dass nach der Entsperrung wieder nur noch ein Benutzer auf den Katalog zugreifen kann. Haben in diesem Moment mehrere Benutzer den Katalog geöffnet, schlägt das Entsperren fehl ❻.

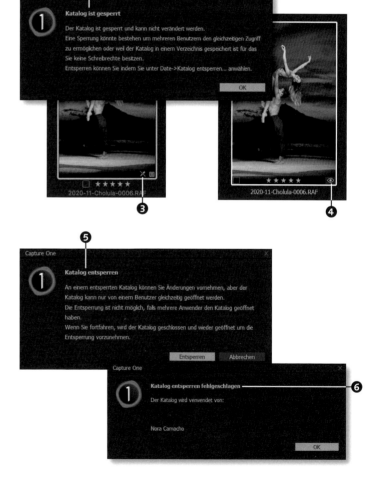

Katalogordner

Der Katalog von Capture One im Detail

In diesem Exkurs gehe ich davon aus, dass Sie bereits Bilder in einen Katalog importiert haben. Nun betrachten wir den Katalogordner genauer.

Katalogordner

Unabhängig davon, ob Sie Ihre Bilder beim Import innerhalb des Katalogordners abgelegt oder eine Verknüpfung zu einem anderen Speicherort hergestellt haben, ist der Katalogordner immer nach einer bestimmten Struktur aufgebaut. Unter Windows können Sie den Katalogordner wie einen normalen Ordner öffnen. Beim Mac hingegen müssen Sie den Katalogordner mit der rechten Maustaste anklicken und PAKETINHALT ANZEIGEN auswählen, da dieser in ein Dateipaket zusammengefasst wurde.

Die wichtigsten Einträge im Katalogordner, die Sie kennen sollten, sind:

- **[katalogname].cocatalogdb:** Das ist die Katalogdatei, die alle nötigen Daten der importierten Bilder enthält. Dazu gehören z. B. Schlüsselwörter, Exif-Daten, Sammlungen, Alben, Entwicklungseinstellungen und der Speicherort der Bilder. Diese Datei ist die wichtigste im Katalog. Wird sie beschädigt oder gar gelöscht, können Sie den Katalog nicht mehr verwenden.
- **Cache-Ordner:** In diesem Ordner finden Sie die Miniaturversionen der Bilder im Ordner THUMBNAILS für den Bildbrowser bzw. Filmstreifen und die größeren Vorschaubilder für den Viewer im Verzeichnis PREVIEWS. Die verkleinerten Versionen der Bilder liegen jeweils in einem Capture-One-eigenen, JPEG-ähnlichen Format vor und können

nicht außerhalb von Capture One betrachtet werden. Die Miniaturversionen in den Ordnern THUMBNAILS und PREVIEWS werden bei Änderungen der Einstellungen automatisch auf dem aktuellen Stand gehalten und angepasst. Wenn Sie die Entwicklungseinstellungen der Bilder ändern, werden nicht die Raw-Originale angefasst, sondern es werden nur die Vorschauversionen geändert.

- **Originals-Ordner:** Hierhin werden die Bilder kopiert, wenn Sie sie beim Import in den Katalog kopieren und nicht nur einen Verweis auf die Datei erstellen. Die Bilder werden in Unterordnern nach Datum (Jahr/Monat/Tag) organisiert.
- **writelock:** Diese Datei sehen Sie nur, wenn Sie aktuell am Katalog arbeiten. Sie dient als Schreibschutz, sodass kein anderer Anwender in einem Netzwerk den Katalog ändern kann, während Sie daran arbeiten.
- **Adjustments:** Innerhalb dieses Verzeichnisses werden die Masken von den Ebenen für jede einzelne Datei mit der Dateiendung »[dateiname].comask« gespeichert.

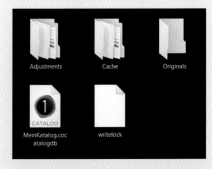

▲ Der typische Inhalt eines Katalogordners. Um den Inhalt des Katalogordners am Mac zu betrachten, klicken Sie den Katalog mit der rechten Maustaste an und wählen im Kontextmenü »Paketinhalt zeigen« aus.

Katalogsammlungen

Nach dem Import finden Sie im Katalog im BIBLIOTHEK-Register ❶ im Werkzeug KATALOGSAMMLUNGEN ❷ einige vordefinierte Sammlungen, die Sie nicht verändern können. Im Eintrag ALLE BILDER ❸ werden alle im Katalog vorhandenen importierten Bilder im Browser aufgelistet. Die Anzahl steht rechts daneben ❼. Die Einträge in LETZTE IMPORTE ❹ sind entsprechend nach Datum sortiert, und die Anzahl der Bilder, die zu dieser Zeit importiert wurden, finden Sie auch hier rechts daneben. Aufnahmen aus einem Tethered Shooting werden in LETZTE AUFNAHMEN ❺ gelegt, und der PAPIERKORB ❻ spricht für sich.

und eine COP-Datei. Aus diesen beiden Dateien wird das Vorschaubild generiert.

Wenn Sie Entwicklungseinstellungen mit Capture One vornehmen, werden alle drei Vorschauversionen automatisch aktualisiert.

▲ Die Dateien im »Thumbnails«-Verzeichnis im COT-Format verwendet Capture One für die kleinen Vorschaubilder im Browser.

▲ Aus den COF- und COP-Dateien generiert Capture One die große Vorschaudatei für den Viewer.

COT-, COF- und COP-Datei

An dieser Stelle soll noch kurz auf die hauseigenen Bildvorschau-Formate von Capture One in den Verzeichnissen THUMBNAILS und PREVIEWS unterhalb des CACHE-Verzeichnisses eingegangen werden. Wie bereits erwähnt, können Sie diese Dateiformate nur mit Capture One ohne Umwege betrachten.

Für die Browser verwendet Capture One das COT-Format im THUMBNAILS-Verzeichnis.

Für die größeren Vorschaubilder im Viewer, die im PREVIEWS-Verzeichnis gespeichert sind, verwendet Capture One jeweils eine COF-

Kapitel 3
Sitzungen verwenden

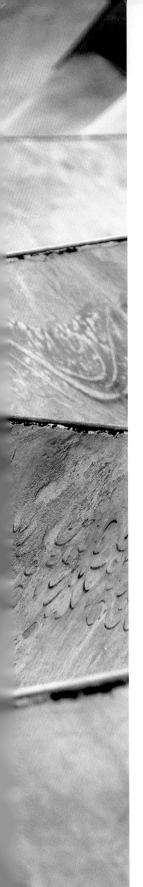

Nicht immer lohnt sich der Aufwand, die Bilder in einem Katalog von Capture One zu verwalten. Auch sind Kataloge nicht immer sinnvoll. Als Alternative können Sie in Capture One Sitzungen dazu nutzen, Ihre Bilder zu verwalten. In diesem Kapitel lernen Sie alles Nötige über die Sitzungen von Capture One kennen. Dazu gehört auch der Umgang mit Aufnahmen aus Tethered Shootings (kabelgebundenes Fotografieren).

GRUNDLAGENEXKURS: Sitzungen
Die Terminologie von Sitzungen verstehen 60

Bilder schnell entwickeln
Schnell einzelne Bilder in einer Sitzung entwickeln 62

Bilder in eine Sitzung importieren
Eine Sitzung statt eines Katalogs verwenden 64

Tethered Shooting
Bilder direkt bei der Aufnahme von der Kamera importieren 66

Katalog oder Sitzung wechseln
Wechseln zwischen den Katalogen und Sitzungen 70

Sitzung zum Katalog hinzufügen
Bilder von einer Sitzung in den Katalog importieren 72

Kataloge und Sitzungen zusammenführen
Mehrere Kataloge (und Sitzungen) zusammenführen 74

GRUNDLAGENEXKURS: Sitzungsordner
Sitzungsordner von Capture One im Detail 76

Sitzungen

Die Terminologie von Sitzungen verstehen

Hier wird kurz das Prinzip von Sitzungen erläutert. Sitzungen sind eine Besonderheit von Capture One, die Sie bei anderen Raw-Konvertern nicht finden.

Sitzungen

Vielleicht möchten Sie Ihre Bilder nicht mit einem Katalog von Capture One, sondern in einem anderen Programm verwalten. Möglicherweise müssen Sie Ihre Bilder auch schnell weitergeben, weshalb sich der Aufwand der Verwaltung in einem Katalog gar nicht lohnt. Für solche Fälle stehen Ihnen die Sitzungen zur Verfügung. Bei einer Sitzung verwalten Sie Ihre Bilder nicht mit einer Datenbankdatei, sondern verwenden die Arbeitsumgebung des Dateisystems. Es ist kein Import nötig, und Sie können gleich mit der Entwicklung Ihrer Bilder anfangen. Trotzdem stehen Ihnen auch bei den Sitzungen alle Funktionen von Capture One zur Verfügung.

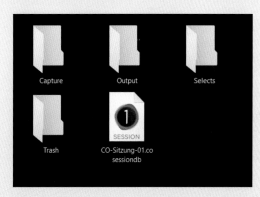

▲ Bei Sitzungen werden die Bilder in einem gewöhnlichen Ordner des Dateisystems gespeichert.

Der Hauptunterschied zu den Katalogen liegt in der Verwaltung der Bilder, die bei Sitzungen ausschließlich über *physische Ordner* des Dateisystems geschieht. Bei einer neuen Sitzung legt Capture One verschiedene Sitzungsordner an, die weniger der Verwaltung dienen, sondern eher den Workflow mit den Bildern vereinfachen sollen und theoretisch nicht berücksichtigt werden müssen. Oft verwende ich eine Sitzung, um schnell ein Bild oder eine Serie von Bildern mit Capture One zu öffnen, zu bearbeiten und weiterzugeben. Das ist praktisch, wenn Sie jemandem schnell das eine oder andere Bild zeigen oder mitgeben wollen, ohne es vorher in einen Katalog zu importieren.

Während die Bilder in gewöhnlichen Ordnern auf dem Computer oder einem externen Speichermedium abgelegt sind, werden die vorgenommenen Einstellungen oder Sammlungen in der Sitzung in einer Sitzungsdatei innerhalb der Sitzungsordner gespeichert. Die Sitzungsdateien sind den Katalogdateien ähnlich, nur sind hier weniger Informationen enthalten.

Ebenfalls hilfreich sind Sitzungen, wenn Sie Kameraaufnahmen direkt auf den Computer übertragen. Diese direkte Übertragung wird auch als *Tethered Shooting* (kabelgebundenes Fotografieren) bezeichnet. Damit können Sie die Kamera vom Computer aus steuern, und der direkte Import von Bildern funktioniert logischerweise wesentlich schneller, als die Bilder erst nach der Aufnahme zu importieren. Mit einer Sitzung zu arbeiten, ist die klassische Arbeitsweise für das Tethered Shooting.

Beispiel aus dem realen Leben ...

Die meisten meiner Bilder entstehen, wenn ich unterwegs bin und lediglich mit einem kleinen Notebook arbeite. Zwar bearbeite ich den Großteil meiner Bilder am großen Rechner zu Hause, aber auf Reisen teile ich gerne vorab mal das eine oder andere Bild oder verwende es gleich in meinen Projekten.

Mit Sitzungen fällt es mir erheblich leichter, die guten Bilder direkt vor Ort zu sichten und auszusortieren und eventuell auch gleich zu verarbeiten und als JPEG-Bild weiterzugeben.

Mit dieser Arbeitsweise mit den Sitzungen habe ich schon häufig tolle Bildbearbeitungsergebnisse erzielt und bereits vor dem Import in einen Katalog effizient schlechte Bilder einer Fotosession aussortiert.

Von der Sitzung zum Katalog

Wenn ich dann Zugriff auf meinen PC habe, schiebe ich die komplette Sitzung (oder Sitzungen; ich lege für jedes Projekt eine Sitzung an) auf den großen Rechner und importiere sie dort in einen Katalog von Capture One. Der Vorteil ist: Ich habe bereits jetzt nur noch die guten Bilder im Katalog.

Kunden- und projektorientiert

Sitzungen sind ideal geeignet, wenn Sie als Fotograf kunden- oder projektorientiert arbeiten müssen, da eine Sitzung eine fest definierte Ordnerstruktur anlegt, mit der Sie gleichzeitig den Workflow des Shootings bzw. Projekts abbilden können. Hinzu kommt, dass gleich alle Ordner und Bilder einer Sitzung entsprechend in Ordnern auf dem Dateisystem angelegt werden. Die Ordnerstruktur stellt damit ein in sich geschlossenes Projekt dar. Dadurch können Sie eine Sitzung jederzeit kopieren, verschieben oder weitergeben, ohne dass Einstellungen verloren gehen.

Weiterer Vorteil: Haben Sie einmal keinen Zugriff auf Capture One und will ein Kunde vorab eine Auswahl von Bildern sehen, können Sie, wenn Sie mit einer Sitzung gearbeitet haben, die Favoriten im Auswahlordner des Dateisystems aufrufen und zeigen. Bei einem Katalog ist es unter Umständen etwas schwieriger, die betreffenden Bilder ausfindig zu machen, weil die Struktur der Daten nicht im Dateisystem vorliegt, sondern in einer Datenbank.

Bei Aufträgen ist es ebenfalls extrem hilfreich, mit Sitzungen sicherzustellen, dass der Kunde bei der Präsentation wirklich nur die zum Projekt gehörigen Bilder zu Gesicht bekommt. Verwenden Sie einen Katalog, könnten unter Umständen alle Bilder angezeigt werden.

Fazit

Wenn Sie eine große Bibliothek von Bildern haben, bleibt ein Katalog unverzichtbar, weil es beispielsweise nicht möglich ist, sitzungsübergreifend nach Bildern zu suchen. Richtig eingesetzt schließen sich Sitzungen und Kataloge daher nicht aus, sondern ergänzen sich vielmehr und können auch den Workflow vereinfachen.

Ich nutze meistens Sitzungen für einzelne Projekte auf meinem Notebook und importiere sie anschließend in einen Katalog auf meinem Rechner. Auf diese Weise verwende ich eine einheitliche Ordnerstruktur und habe Zugriff auf die mächtige Datenbank zur Verwaltung meiner umfangreichen Bildersammlung. Für mich ist dies ein sehr effizienter Workflow. Dank der Verwendung von Sitzungen und Katalogen kann ich:

- jederzeit Bilder eines bestimmten Projekts aufgrund der einheitlichen Ordnerstruktur betrachten oder weitergeben, ohne auf einen Katalog oder Capture One angewiesen zu sein
- meine umfangreiche Bildersammlung verwalten und dank einer mächtigen Katalogdatenbank zielführend nach Bildern suchen

Bilder schnell entwickeln

Schnell einzelne Bilder in einer Sitzung entwickeln

Wenn Sie schnell einzelne Bilder entwickeln wollen, ohne den Umweg über einen Katalog gehen zu müssen, dann erreichen Sie dies über eine Sitzung. Hierzu müssen Sie lediglich in eine Sitzung wechseln oder eine neue Sitzung anlegen und können direkt über die Systemordner Bilder entwickeln, die sich auf dem Computer oder einer externen Festplatte befinden.

1 Neue Sitzung anlegen

Eine neue Sitzung legen Sie über das Menü DATEI • NEUE SITZUNG oder mit ⌷Strg⌷/ ⌷cmd⌷+⌷N⌷ an. Alternativ finden Sie im BIBLIOTHEK-Register ein Plussymbol ❶, über das Sie einen Katalog oder auch eine neue Sitzung erstellen können. Im Dialog geben Sie einen NAMEN ❷ an und legen den Speicherort ❸ der Sitzung fest. Unterhalb des Sitzungsordners werden vier weitere Ordner für Aufnahmen, Auswahlen, Ausgabe und den Papierkorb der Sitzung angelegt. In den Textfeldern ❹ können Sie die Verzeichnisnamen ändern.

2 Ins Verzeichnis wechseln

Im BIBLIOTHEK-Register finden Sie ein Aufklappmenü namens SYSTEMORDNER ❻. Hier haben Sie den vollen Zugriff auf alle Verzeichnisse des Computers oder externer Speichermedien. Es ist kein vorheriges Importieren nötig. Wechseln Sie in das entsprechende Verzeichnis ❺, in dem Sie Ihre Bilder entwickeln wollen. Diese Bilder werden im Browser ❽ aufgelistet, und Sie können sie dort auswählen, sodass sie im Viewer ❼ angezeigt werden. Wenn Sie wollen, können Sie die Bilder bereits jetzt entwickeln.

3 Bilder zum Auswahlordner hinzufügen (1)

Wenn Sie viele Bilder entwickeln und diese sich in verschiedenen Verzeichnissen befinden, dann ist es hilfreich, sie an einem Ort zusammenzufassen. Hierfür stellt jede Sitzung einen AUSWAHLORDNER ❾ zur Verfügung. Dabei können Sie die Bilder mit gedrückt gehaltener Maustaste vom Browser ❿ auf den AUSWAHLORDNER ziehen und dort fallen lassen. Bilder von einem externen Speichermedium werden kopiert, Bilder auf demselben Computer hingegen verschoben.

4 Bilder zum Auswahlordner hinzufügen (2)

Wollen Sie Bilder vom ausgewählten Verzeichnis in den Auswahlordner verschieben, können Sie dies auch mit `Strg`/`cmd`+`J` durchführen. Ebenso können Sie die Bilder über das System in das Auswahlverzeichnis kopieren und dort einfügen. Sie müssen nur den AUSWAHLORDNER mit der rechten Maustaste anklicken und IN EXPLORER ANZEIGEN ⓫ bzw. IM FINDER ANZEIGEN auswählen. Jetzt können Sie über den Explorer oder den Finder die Bilder in dieses Verzeichnis ⓬ kopieren.

5 Bilder entwickeln

Ob Sie Arbeitsschritt 3 oder Arbeitsschritt 4 berücksichtigt haben, ist zweitrangig. Primär geht es darum, zu zeigen, wie Sie ohne Verwaltungsaufwand direkt mit der Entwicklung von Bildern beginnen können (unmittelbar nach Arbeitsschritt 2 möglich). Wenn Sie trotzdem alles in einem Sitzungsprojekt haben möchten, dann können Sie auch beim Export der Bilder darauf achten, dass dieser Export in den Ausgabeordner ⓭ (hier: OUTPUT) einer Sitzung erfolgt, was bei einer Sitzung standardmäßig der Fall ist.

Bilder in eine Sitzung importieren

Eine Sitzung statt eines Katalogs verwenden

Wollen Sie nicht nur einzelne Bilder in einer Sitzung über den Systemordner entwickeln, können Sie auch vorhandene Bilder von einer Speicherkarte, auf dem Computer oder von einer externen Festplatte über einen Importdialog zu einer Sitzung hinzufügen. Es ist derselbe Importdialog wie beim Hinzufügen von Bildern zu einem Katalog, nur dass die Bilder nicht in einer Datenbank verwaltet werden, sondern mit gewöhnlichen Ordnern.

1 Sitzung erstellen

Für ein neues Projekt soll hier eine neue Sitzung erstellt werden. Eine neue Sitzung legen Sie über das Menü DATEI • NEUE SITZUNG oder mit $\boxed{\text{Strg}}$/$\boxed{\text{cmd}}$+$\boxed{\text{N}}$ an. Im Dialog geben Sie einen NAMEN ❷ an und legen den Speicherort ❶ der Sitzung fest. Passen Sie gegebenenfalls die vier weiteren Ordner für Aufnahmen, Auswahlen, Ausgabe und den Papierkorb über die Textfelder ❸ an, diese Ordner werden ebenfalls für die Sitzung innerhalb des Speicherortes des Sitzungsordners angelegt.

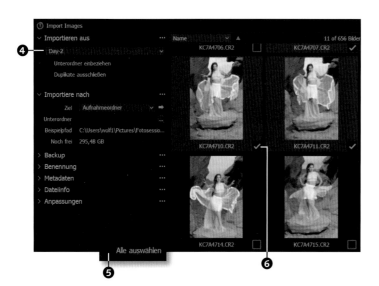

2 Importdialog aufrufen und Quelle wählen

Rufen Sie jetzt den Importdialog beispielsweise über DATEI • BILDER IMPORTIEREN auf. Wählen Sie die Quelle, von der Sie die Bilder in die Sitzung importieren wollen, im Bereich IMPORTIEREN AUS über ❹ aus. Die am Aufnahmeort befindlichen Dateien werden bei einer Sitzung in den Sitzungsordner kopiert. Ich wähle daher gezielt die Bilder aus, die ich in die Sitzung kopieren will, indem zunächst alle Häkchen mit ALLE AUSWÄHLEN ❺ entferne und dann einzelne Bilder über das Setzen eines Häkchens ❻ selektiere.

3 Verzeichnis für den Import wählen

Wie bereits erwähnt, werden bei einer Sitzung die Dateien aus dem Quellverzeichnis kopiert. Wohin, geben Sie unter ZIEL **❼** an. Standardeinstellung ist der AUFNAHMEORDNER. Alternativ stehen der SITZUNGSORDNER und ein AUSGEWÄHLTER ORDNER zur Verfügung. Ebenso können Sie den Ordner selbst auswählen. Sofern es sinnvoll ist und Sie noch weitere Bilder in die Sitzung importieren, können Sie bei UNTERORDNER **❽** ein Extraverzeichnis erstellen.

4 Einstellungen und Import starten

Die restlichen Einstellungen kennen Sie aus dem Import von Bildern in einen Katalog. Entscheiden Sie selbst, ob Sie ein zusätzliches Backup machen, die Bilder umbenennen und Metadaten hinzufügen wollen. Starten Sie den Import mit der entsprechenden Schaltfläche **❾**. Ein Dialog informiert Sie über den Fortschritt des Imports.

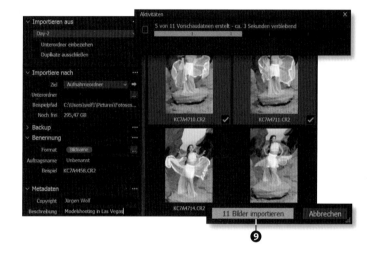

5 Importierte Bilder entwickeln

Nach dem Import können Sie die Bilder entwickeln. Einige Sätze noch zu den Sitzungsordnern **❿**: Der AUFNAHMEORDNER wird beim Tethered Shooting verwendet. Aber auch beim Import von Bildern in eine Sitzung ist dieser Ordner sinnvoll. In den AUSWAHL-ORDNER verschieben Sie die besten Bilder der Sitzung. Im AUSGABEORDNER legen Sie fertig entwickelte Bilder ab, und der PAPIERKORB spricht für sich. Sie können auch Bilder über den Windows-Explorer oder das Mac-Betriebssystem in diese Ordner legen und in der Sitzung verwenden.

Tethered Shooting

Bilder direkt bei der Aufnahme von der Kamera importieren

Gerade bei Studioaufnahmen, der Produktfotografie, Foodfotografie und auch der Makro-fotografie können Sie den Workflow beschleunigen, indem Sie die Bilder direkt mithilfe des Computers aufnehmen. Hierbei können Sie mit Capture One auf die Einstellungen der mit dem Computer verbundenen Kamera zugreifen und sie steuern. Das ermöglicht es Ihnen, am Bildschirm den Bildaufbau, die Beleuchtung sowie den Fokus zu beurteilen und entsprechend anzupassen, und Sie müssen das Bild im Nachhinein nicht so stark bearbeiten.

Ausgangssituation

- Computer mit Kamera verbunden
- Kabelgebunden fotografieren

[Dateien: Makro-Sitzungsordner]

Bearbeitungsschritte

- Neue Sitzung erstellen und Kamera mit Computer verbinden
- Kameraeinstellungen am Computer vornehmen
- Bilder direkt in Capture One aufnehmen

1 Neue Sitzung anlegen

Legen Sie eine neue Sitzung über DA-TEI • NEUE SITZUNG oder `Strg`/`cmd`+`N` an. Im Dialog sollten Sie einen aussagekräftigen NAMEN **❶** für die Sitzung angeben (hier: MA-KRO). Legen Sie auch gleich den Speicherort **❷** der Sitzung fest. Die restlichen Namen **❸** der Sitzungsordner belasse ich wie vorgegeben. Es ist auch möglich, die Bilder in einen Katalog zu fotografieren und zu importieren. In der Praxis sind Sitzungen aber besser auf das Tethered Shooting zugeschnitten.

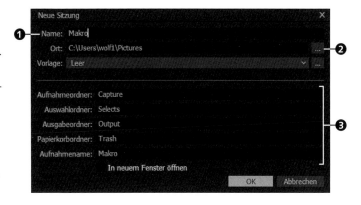

2 Kamera anschließen und einschalten

Verbinden Sie die Kamera über den USB-Anschluss mit dem Computer, und schalten Sie sie ein. Wenn die Kamera erkannt wurde, wird sie im AUFNEHMEN-Register **❹** bei KA-MERA aufgelistet **❺**. Sie können bereits jetzt anfangen, über die Aufnahme-Schaltfläche **❻** Bilder zu machen. Da ich hier ein Objekt-Shooting zum Thema »Makro« geplant hatte, stand meine Kamera auf dem Stativ vor meinem Aufnahmetisch und war mit dem Computer und Capture One verbunden.

3 Im »Aufnehmen«-Register arbeiten

Wie zuvor bereits erwähnt, erfolgt die Steuerung des Tethered Shootings über das AUF-NEHMEN-Register **❼**. Der Rechner wird hiermit zur Steuerzentrale Ihrer Kamera und ist gleichzeitig die Speicherkarte für die Kamera. Die Bilder werden für gewöhnlich nicht mehr auf der Speicherkarte der Kamera, sondern direkt auf dem Computer im Sitzungsordner abgelegt.

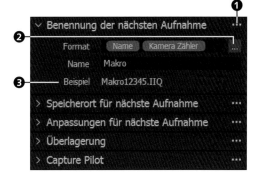

4 Benennung der Aufnahme(n)

Im Bereich BENENNUNG DER NÄCHSTEN AUFNAHME können Sie über die drei Punkte ❶ bei FORMAT einen benutzerdefinierten Vorlagennamen über einen Dialog erstellen. Ich verwende hier eine Mischung aus dem Sitzungsnamen und einer fortlaufenden Nummerierung. Wie dies aussieht, sehen Sie vorab bei BEISPIEL ❷. Klicken Sie auf die drei Punkte des Bereichs ❸, finden Sie weitere Optionen, wie den Zähler zurückzusetzen oder Raw und JPEGs zu einer Variante zusammenzufügen.

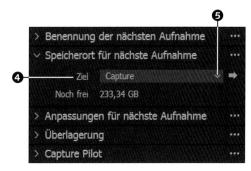

5 Aufnahmeort festlegen

Im Bereich SPEICHERORT FÜR NÄCHSTE AUFNAHME (Mac: NÄCHSTER AUFNAHMEORT) legen Sie bei ZIEL ❹ den Ort fest, an dem die Aufnahmen gesichert werden. Bei einer Sitzung werden die Bilder üblicherweise, wie hier auch, im CAPTURE-Ordner (Aufnahmeordner) unterhalb des Sitzungsordners gespeichert. Wenn Sie in ❺ ORDNER AUSWÄHLEN anklicken, wird der Ordner im Explorer bzw. Finder geöffnet. Wie viel Speicherplatz auf dem Medium noch verbleibt, sehen Sie unterhalb des Speicherortes.

6 Anpassungen vornehmen

Im nächsten Bereich, ANPASSUNGEN FÜR NÄCHSTE AUFNAHME ❻, können Sie unter ICC-PROFIL auswählen, welches Kameraprofil Capture One für die Entwicklung verwenden soll. Sie können die Auswahl bei STANDARD belassen oder ein Profil Ihrer Kamera auswählen und selbst den Unterschied bei einer Aufnahme testen. Dasselbe gilt für die anderen Optionen, über die Sie dem Bild bei der Aufnahme gleich die AUSRICHTUNG, METADATEN, STILE und andere Einstellungen zuweisen können.

7 Testaufnahme und Beurteilung

Haben Sie alle Voreinstellungen gemacht, können Sie eine Testaufnahme erstellen. Wählen Sie hierzu Kamera • Bildaufbau-Modus, und lösen Sie den Auslöser über die Aufnahme-Schaltfläche ❿ aus. An den ×-Symbolen ❾ im Bild können Sie erkennen, dass es eine Testaufnahme ist. Die Belichtungsbeurteilung ❽ gibt Ihnen einen ersten Überblick. Das Ergebnis einer Belichtungsmessung wird in Blendenwerten auf einer Skala ❼ angezeigt. Im Beispiel ist das Bild zu dunkel, und die Messung zeigt hier fast –1 an.

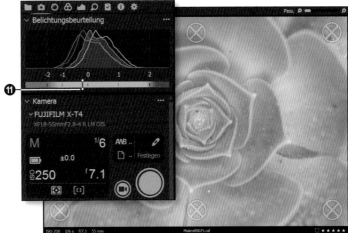

8 Einstellungen der Kamera anpassen

Da unsere Probeaufnahme zu dunkel war, will ich mich an der Belichtungsskala ⓫ unterhalb des Histogramms orientieren, die Belichtungszeit reduzieren, die Blende etwas öffnen und eine weitere Testaufnahme machen. Die erneute Messung zeigt ein optimal belichtetes Bild, und auch die Werte im Histogramm sind ausgeglichen verteilt. Das Histogramm und die Skala der Belichtungsmessung dienen als Hilfsmittel, um die Belichtung zu kontrollieren.

9 Bild aufnehmen

Deaktivieren Sie jetzt über Kamera • Bildaufbau-Modus den Modus für Testaufnahmen, und nehmen Sie über die Aufnahme-Schaltfläche ⓬ Ihre Bilder auf, die dann in den Aufnahmeordner der Sitzung auf dem Computer übertragen werden.

Beim kabelgebundenen Fotografieren wird Capture One zu einem sinnvollen Bindeglied zwischen der Kamera und dem Computer. Gerade bei der Studio- und der Objektfotografie ist das sehr nützlich.

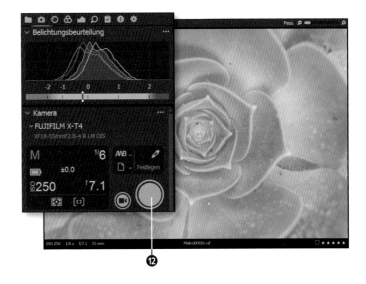

Katalog oder Sitzung wechseln

Wechseln zwischen den Katalogen und Sitzungen

Ob Sie mehrere Kataloge oder nur einen einzigen großen Katalog verwenden wollen, müssen Sie für sich selbst entscheiden. Ebenso, ob und wie Sie Sitzungen verwenden. In diesem Workshop zeige ich Ihnen, wie Sie mit Capture One den Katalog bzw. die Sitzung wechseln und wie Sie mehrere Kataloge und/oder Sitzungen gleichzeitig öffnen und verwenden können.

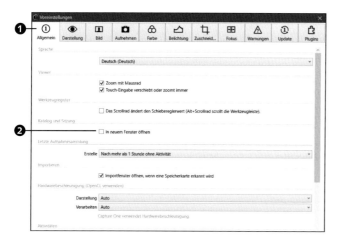

1 Neues Fenster oder nicht?

In Capture One ist standardmäßig eingestellt, dass eine Sitzung oder ein Katalog, die bzw. den Sie aus einer laufenden Sitzung oder in einem laufenden Katalog öffnen, in einem neuen Fenster geöffnet wird. Mit Capture One ist es möglich, mehrere Kataloge und/oder Sitzungen gleichzeitig zu verwenden. Wollen Sie dies nicht, können Sie über BEARBEITEN/CAPTURE ONE 21 • VOREINSTELLUNGEN unter ALLGEMEIN ❶ die Option KATALOG UND SITZUNG • IN NEUEM FENSTER ÖFFNEN ❷ deaktivieren.

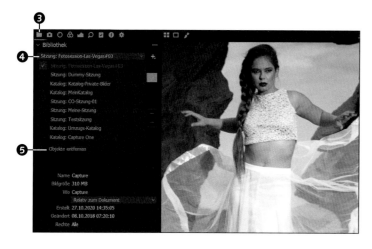

2 Katalog oder Sitzung wechseln

Der schnellste Weg, einen anderen Katalog oder eine Sitzung zu öffnen, geht über das BIBLIOTHEK-Register ❸ in der oberen Dropdownliste ❹. Diese Liste ist ein Verlauf mit den Katalogen und Sitzungen, die Sie auf dem System erstellt oder geöffnet haben. Wenn Sie einen dieser Ordner über das System umbenannt, gelöscht oder verschoben haben, wird der Eintrag trotzdem noch aufgelistet, läuft dann aber ins Leere. Die Einträge können Sie über OBJEKTE ENTFERNEN ❺ (Windows) bzw. MENÜ LÖSCHEN (Mac) löschen.

3 Katalog oder Sitzung öffnen

Haben Sie den Katalog oder die Sitzung in ein anderes Verzeichnis oder auf ein anderes Laufwerk verschoben, können Sie den Katalog oder die Sitzung auch über das Menü DATEI • ÖFFNEN in Capture One laden. Ebenso können Sie auf das Icon ❻ der Katalogs- oder Sitzungsdatei doppelklicken, womit der entsprechende Katalog oder die Sitzung geöffnet wird. Die Dateiendung für einen Katalog lautet »*.cocatalogdb« und für eine Sitzung »*.cosessiondb«.

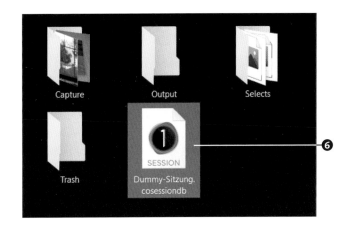

4 Drag & Drop zwischen Sitzungen

Wenn Sie mehrere Fenster von Sitzungen geöffnet haben, können Sie auch einzelne oder mehrere ausgewählte Bilder per Drag & Drop von einer Sitzung in eine andere Sitzung ziehen. Hierzu müssen Sie nur das Bild oder die Bilder in einen der SITZUNGS-ORDNER ❼ des anderen Sitzungsfensters ziehen und dort fallen lassen. Bilder von einem externen Speichermedium werden hierbei kopiert und Bilder auf demselben Computer verschoben.

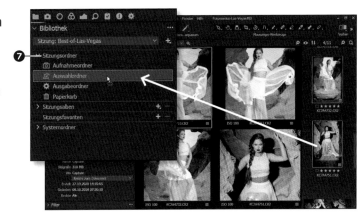

5 Sitzung in Katalog importieren

Wollen Sie Bilder aus einer Sitzung in einen Katalog importieren, erreichen Sie das im geöffneten Katalog über das Menü DATEI • SITZUNG IMPORTIEREN. Mit diesem Befehl öffnet sich ein Dialog, in dem Sie die Sitzungsdatei mit der Endung »*.cosessiondb« ❾ auswählen, die in den Katalog importiert werden soll. Hierbei wird die komplette Sitzung mit allen enthaltenen Ordnern, außer dem Papierkorb, in den Katalog importiert. Die Bilder werden am aktuellen Speicherort des Sitzungsordners belassen und im Katalog in den BENUTZERSAMMLUNGEN ❽ angelegt.

Sitzung zum Katalog hinzufügen

Bilder von einer Sitzung in den Katalog importieren

Sitzungen sind für einzelne Projekte oder das kabelgebundene Fotografieren praktisch. Auch die Kompaktheit und das Arbeiten mit einzelnen Ordnern machen die Verwendung von Sitzungen sehr angenehm. Für die Verwaltung meiner kompletten Bildersammlung verwende ich aber nach wie vor einen Katalog. Ich importiere auch die meisten meiner Sitzungen in den Katalog, was sich mit Capture One ganz einfach realisieren lässt.

Ausgangssituation

Bilder eines Projekts (hier eines kabelgebundenen Shootings) werden in einer Sitzung verwaltet.

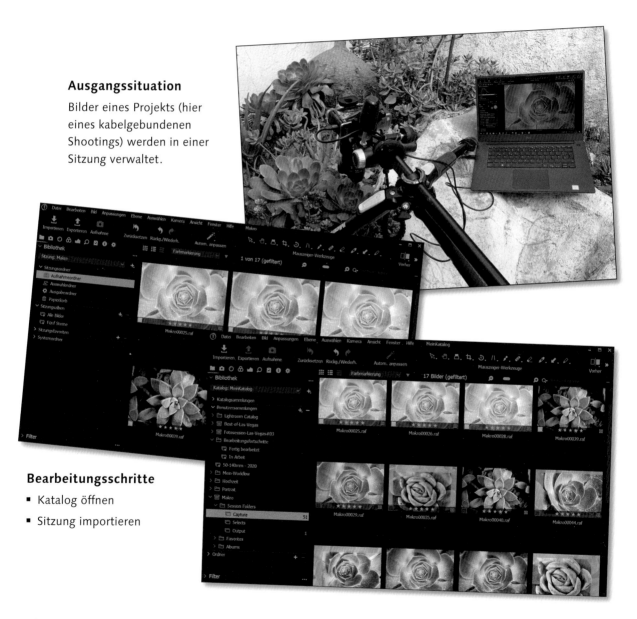

Bearbeitungsschritte

- Katalog öffnen
- Sitzung importieren

1 Katalog öffnen

Öffnen Sie zunächst den Katalog, in den Sie Ihre Sitzung importieren wollen. Anschließend wählen Sie den Befehl DATEI • SITZUNG IMPORTIEREN über das Menü aus. Im folgenden Dialog wählen Sie im zu importierenden Sitzungsordner die Sitzungsdatei mit der Endung »*.cosessiondb« ❶ aus.

2 Sitzung importieren

Capture One liest nun die Datenbankdatei der Sitzung ein und importiert die darin enthaltenen Bilder in den Katalog. Importiert werden dabei alle Sitzungsordner (ausgenommen: Papierkorb), Alben, intelligente Alben und Sitzungsfavoriten. Capture One legt eine Ordnerhierarchie mit dem Namen der Sitzung ❷ als Projektnamen an. Darunter werden dann die Inhalte der Sitzungsordner, die Sitzungsalben und die Sitzungsfavoriten hierarchisch in Gruppen angelegt.

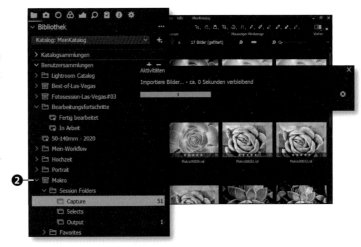

3 Importierte Sitzung verwalten

Ich finde die Anordnung der importierten Sitzung als Projekt gut und belasse es meistens dabei, da ich bei den Sitzungen gerne einige (intelligente) Alben erstelle und Metadaten hinzufüge und dies beim Import als Projekt erhalten bleibt. Der Vorteil daran, dass die Sitzung als Projekt und nicht als verschachtelte Gruppe importiert wird, ist, dass die intelligenten Alben innerhalb eines Projekts nur dort wirken. Auf den Unterschied zwischen einem Projekt und einer Gruppe gehe ich auf Seite 101 ein.

Kataloge und Sitzungen zusammenführen

Mehrere Kataloge (und Sitzungen) zusammenführen

Vielleicht haben Sie mehrere Kataloge (und Sitzungen) angelegt und verwendet und möchten jetzt gerne alles zu einem großen Katalog zusammenführen. Auch das ist kein Problem, wie Sie in diesem Workshop erfahren werden. Dabei ist es im Prinzip egal, ob die Kataloge oder Sitzungen auf dem Rechner oder einer externen Festplatte liegen.

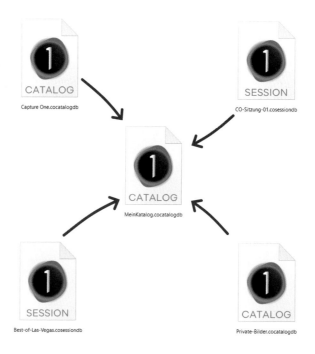

1 Katalog zusammenführen

Um zu einem bereits bestehenden Katalog einen weiteren Katalog hinzuzufügen, rufen Sie Datei • Katalog importieren • Capture One Katalog auf und wählen im sich öffnenden Dialog die entsprechende Katalogdatei ❶ aus. Jetzt werden die Bilder des ausgewählten Katalogs zum geöffneten Katalog hinzugefügt, und beide Kataloge werden zusammengeführt. Ein Dialog informiert Sie über den Fortschritt des Imports.

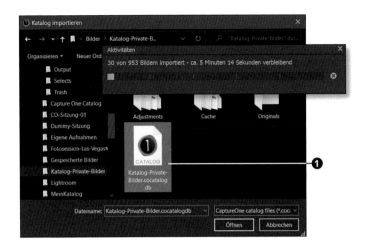

2 Konflikte beheben

Sollten Sie versuchen, bereits im Katalog vorhandene Bilder erneut zu importieren, bietet ein Dialog eine Konfliktlösung an: Mit Alle importieren Sie die Variante und behalten auch die bestehende Version. Mit Bestehende importieren Sie die neue Variante und verwerfen die bereits bestehende Version. Mit Importiert hingegen importieren Sie die Version nicht, sondern verwenden die bereits vorhandene Version des Bildes. Wollen Sie auf alle Fotos gleichermaßen reagieren, setzen Sie ein Häkchen vor Auf alle Konflikte dieses Typs anwenden ❷.

3 Sitzungen hinzufügen

Auf dieselbe Weise können Sie auch eine Sitzung mit Datei • Sitzung importieren zu einem Katalog hinzufügen. Auch hierbei informiert Sie ein Dialog über den Fortschritt des Imports, und auch hier meldet sich im Falle eines Konflikts derselbe Dialog wie in Arbeitsschritt 2, wenn bestimmte Bilder bereits im Katalog vorhanden sind, worauf Sie dann entsprechend reagieren können.

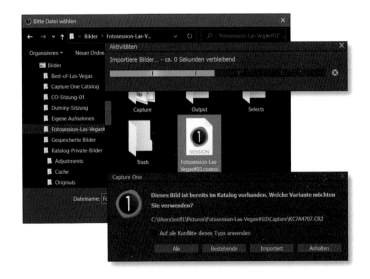

Sitzungsordner

Sitzungsordner von Capture One im Detail

Bei Sitzungen werden alle Dateien als Projekt unterhalb eines Sitzungsordners in einer einfachen Ordnerstruktur abgelegt.

Folgende wichtige Einträge, die in einer Sitzung enthalten sind, sollten Sie kennen:

- **[sitzungsname].cosessiondb:** Diese Datei ist, ähnlich wie schon »[katalogname].co-catalogdb« bei einem Katalog, eine Datenbankdatei, in der Informationen zur Sitzung abgelegt sind. Allerdings werden bei einer Sitzung weitaus weniger Informationen gespeichert als in einem Katalog. Hier sind nur Informationen zu Alben oder intelligenten Alben abgelegt, die Sie bei der Arbeit mit der Sitzung angelegt haben.
- **Capture-Ordner:** Dieses Verzeichnis ist der Aufnahmeordner und wird verwendet, wenn Sie kabelgebunden fotografieren (Tethered Shooting). Sie können die Bilder aber auch außerhalb von Capture One in das Verzeichnis kopieren und importieren.
- **Output-Ordner:** In diesem Ausgabeordner legen Sie die fertig entwickelten Bilder ab.
- **Selects-Ordner:** Dies ist der Auswahlordner für Ihre wichtigsten oder besten Bilder einer Sitzung.
- **Trash-Ordner:** In den Papierkorb werden die Bilder gelegt, die Sie bei einer Sitzung löschen.
- **CaptureOne mit Cache und Settings:** In allen Ordnern (auch den Systemordnern) mit Bildern, die Sie in einer Sitzung geöffnet haben, legt Capture One einen Ordner Capture One an, in dem die beiden Ordner Cache und Settings angelegt werden. Der Ordner Cache entspricht demjenigen beim Katalogordner und enthält die Vorschauversionen der Bilder. Statt »Previews« lautet der Ordnername für die Vorschaubilder hier

▲ Der Aufbau eines Sitzungsordners

PROXIES. Im Ordner SETTINGS hingegen sind die Entwicklungseinstellungen und Metadaten für die Bilder gespeichert.

Wenn Sie ein Backup machen möchten, dann müssen Sie auch diese Unterordner mit sichern. Wenn Sie einzelne Bilder außerhalb des Sitzungsordners mit Capture One entwickeln, werden diese Einstellungen zwar auch in einem Ordner CAPTURE-ONE mitsamt den Ordnern CACHE und SETTINGS erstellt, aber diese Ordner werden in dem Verzeichnis angelegt, in dem sich die bearbeiteten Bilder befinden, und nicht im Sitzungsordner. Beachten Sie dies, wenn Sie die in Capture One gemachten Einstellungen weitergeben und nicht verlieren wollen.

Die Namen der Ordner, die bei dieser Sitzung mit CAPTURE, OUTPUT, SELECTS und TRASH vergeben wurden (siehe vorherige Seite), können Sie beim Anlegen einer neuen Sitzung auch anders benennen ❶. Entsprechend diesen Angaben werden die Ordner unterhalb des Sitzungsordners auf dem System benannt ❷.

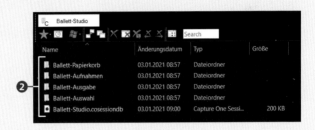

Aber egal, welche Namen Sie beim Anlegen einer Sitzung vergeben, auf die einzelnen Ordner innerhalb von Capture One greifen Sie über das BIBLIOTHEK-Register beim Werkzeug SITZUNGSORDNER ❸ über AUFNAHMEORDNER (CAPTURE), AUSWAHLORDNER (SELECTS), AUSGABEORDNER (OUTPUT) und PAPIERKORB (TRASH) zu.

Im Gegensatz zum Katalog können Sie bei Sitzungen auch Dateien aus anderen Anwendungen oder einfach über den Dateimanager von Windows oder Mac in die Verzeichnisse kopieren und in Capture One verwenden, ohne sie vorher in Capture One importieren zu müssen.

Kapitel 4
Bilder sichten und aussortieren

Haben Sie einen Katalog oder eine Sitzung angelegt und die Bilder importiert, sollten Sie diese im nächsten Schritt sichten, bewerten, die guten Fotos markieren und schlechte Fotos aussortieren. Hierfür bietet Ihnen Capture One viele Hilfsmittel wie Sternebewertungen, intelligente Alben, Alben oder Farbmarkierungen an. In diesem Kapitel zeige ich Ihnen, wie Sie diese Hilfsmittel sinnvoll in der Praxis verwenden können.

Bilder betrachten
Die Betrachtung von Bildern in Capture One 80

Bilder bewerten
Die Sternebewertung sinnvoll einsetzen 84

Aussortieren und löschen (Katalog)
Schlechte Bilder aus dem Katalog entfernen 86

Aussortieren und löschen (Sitzung)
Schlechte Bilder aus einer Sitzung entfernen 88

Bilder in Sitzung sortieren
Sitzungsordner für das Aussortieren verwenden 90

Bilder mit Farbe markieren
Farbmarkierung zur Kennzeichnung verwenden 92

Alben erstellen
Einfache Alben zur Benutzersammlung hinzufügen 94

Intelligente Alben erstellen
Alben, die sich selbst auf dem neuesten Stand halten 96

Intelligente Alben für Sichtung
Bilder ohne Bewertung oder Verschlagwortung aussortieren 98

GRUNDLAGENEXKURS: Eine schnelle Übersicht
Von Sammlungen, Alben, Projekten, Gruppen und Ordnern 100

Bilder betrachten

Die Betrachtung von Bildern in Capture One

Bevor Sie sich nach dem Importieren der Bilder an die Arbeit machen, die Bilder auszusortieren, Alben zu erstellen oder die Bilder mit Metadaten zu versehen, finden Sie hier zunächst einen grundlegenden Überblick darüber, wie Sie durch die Bilder navigieren können und welche Möglichkeiten Capture One bei der Anzeige von Bildern bietet.

1 Bilder auswählen (Katalog)

Was Sie im Browser zur Auswahl sehen, hängt davon ab, was Sie im BIBLIOTHEK-Register ❶ ausgewählt haben. Haben Sie eben Bilder zu einem Katalog hinzugefügt, werden Sie nur die zuletzt importierten Bilder sehen. Wollen Sie alle Bilder im Browser auflisten, klicken Sie bei KATALOGSAMMLUNGEN auf ALLE BILDER ❷. Spezifischer können Sie unterhalb von LETZTE IMPORTE ❸ die Bilder nach dem Importdatum auswählen. Die Anzahl der Bilder in den einzelnen Sammlungen wird jeweils rechts daneben ❹ aufgelistet.

2 Bilder auswählen (Sitzung)

Bei einer Sitzung sind die Möglichkeiten, welche Bilder im Browser angezeigt werden, etwas vielseitiger. Sie können die einzelnen AUSWAHLORDNER ❺ auswählen, sofern Sie Bilder hineinkopiert haben. Im Bereich SITZUNGSALBEN können Sie über ALLE BILDER ❻ außerdem gleich alle in der Sitzung vorhandenen Bilder betrachten. Und da eine Sitzung auch ohne Import funktioniert, können Sie über die SYSTEMORDNER ❼ in einzelne Ordner navigieren, und die darin enthaltenen Bilder werden im Browser aufgelistet.

3 Bilder im Browser auswählen

Die Bilder, die Sie im Katalog oder in der Sitzung in Schritt 1 bzw. 2 ausgewählt haben, werden im Browser ❽ angezeigt. Wenn er nicht sichtbar ist, können Sie den Browser über ANSICHT • BROWSER oder über `Strg`/`cmd`+`B` einblenden und ihn auch mit ANSICHT • BROWSER verschwinden lassen, um mehr Platz für das ausgewählte Bild im Viewer zu haben. Das Bild, das Sie im Browser auswählen, wird im Viewer angezeigt.

4 Der Browser ohne den Viewer

Wenn Sie mehr Bilder im Browser sehen wollen, können Sie den Viewer über ANSICHT • VIEWER oder über `G` entfernen, und der Browser verwendet den hinzugewonnenen Platz des Viewers. Neben dem Raster-Modus ❾ können Sie den Browser auch in einem Listen-Modus ❿ verwenden, in dem die Bilder in Listenform mit Metadaten angezeigt werden. Als dritten Modus finden Sie den Filmstreifen-Modus ⓫, bei dem Sie in einer Zeile durch die Bilder scrollen können.

5 Ein Bild im Browser betrachten

Die Reihenfolge der Bilder im Browser können Sie über die Dropdownliste ⓬ anpassen. Über den Pfeil ⓭ können Sie diese Sortierung auf- oder absteigend anzeigen lassen. Im Raster- und Listen-Modus haben Sie mit dem Regler ⓮ die Möglichkeit, die Miniaturbilder im Browser zu vergrößern oder zu verkleinern. Mit einem Doppelklick auf ein Bild oder ANSICHT • VIEWER oder `G` blenden Sie den Viewer wieder ein.

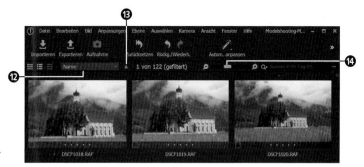

6 Bildgröße im Viewer anpassen

Tiefer in das Bild hinein- oder aus ihm herauszoomen können Sie mit `Strg`/ `cmd`+`+` oder `Strg`/`cmd`+`-` oder über den Regler ❶ rechts oben. Mein Favorit ist das Mausrad. Hierzu gehen Sie mit dem Mauscursor über das Bild und drehen das Mausrad in die gewünschte Richtung. Mit `.` wechseln Sie in die 100%-Ansicht. Wollen Sie das Bild in den gesamten Platz des Viewers einpassen, drücken Sie `,`.

7 Bildausschnitt anpassen

In der 100%-Ansicht sehen Sie gewöhnlich nur einen Bildausschnitt. Wollen Sie einen anderen Ausschnitt des Bildes anzeigen lassen, drücken Sie die Leer- und Maustaste, oder wählen Sie das VERSCHIEBEN-Werkzeug ❷ und verschieben den Ausschnitt nur mit gedrückter Maustaste. Wenn Sie die rechte Maustaste über dem Bild im Viewer mit aktivem VERSCHIEBEN-Werkzeug drücken, erscheint eine Miniaturvorschau des Bildes, in der Sie über einen Rahmen ❸ die Position des Bildausschnitts verschieben können.

8 Mehrere Bilder betrachten

Solange die Mehrfachansicht ❹ aktiviert ist, können Sie bis zu zwölf Bilder im Browser auswählen und im Viewer betrachten. Deaktivieren Sie die Mehrfachansicht, kann immer nur ein einzelnes Bild betrachtet werden. Mit PROOF-RAND ❺ wird ein kleiner Rand ❻ als Außenabstand hinzugefügt, mit dem Sie das Bild besser beurteilen können. Den Proof-Rand können Sie sowohl in der Hauptansicht als auch in der Einzelbildansicht verwenden.

9 Mehrere Bilder ausrichten

Wollen Sie mehrere im Viewer angezeigte Bilder gleichzeitig steuern, dann geht dies mit gehaltener ⌂-Taste. Drehen Sie mit gehaltener ⌂-Taste das Mausrad, wird entsprechend der Drehrichtung in alle Bilder hinein- oder aus allen herausgezoomt. Auch das Verschieben funktioniert auf diese Weise. Wählen Sie das VERSCHIEBEN-Werkzeug ❼, und verschieben Sie mit gedrückter ⌂-Taste alle Bilder gleichzeitig. Ohne gehaltene ⌂-Taste zoomen oder verschieben Sie nur das Bild mit dem dicken weißen Rahmen ❽.

10 Bilder mit der Lupe betrachten

Hilfreich zur Beurteilung von Bildern ist das Lupenwerkzeug ❿ in der Werkzeugleiste, das Sie auch über P aktivieren können. Damit vergrößern Sie einen Bildausschnitt, ohne die Ansicht des Bildes zu verändern. Für die Verwendung halten Sie die Maustaste über dem Bild gedrückt. Das Werkzeug funktioniert im Viewer ⓫ und im Browser ❾. Durch Verschieben des Mauscursors mit gedrückter Maustaste ändern Sie die Position. Mit dem Mausrad passen Sie die Zoomstufe an.

11 Capture One im Vollbildmodus

Mit ANSICHT • VOLLBILD (Windows) bzw. ANSICHT • VOLLBILDMODUS (Mac) wechseln Sie in einen Vollbildmodus, in dem die Software den ganzen Bildschirm verwendet und das Menü ausgeblendet wird. Wollen Sie nur die Bilder in einer Vollbildansicht betrachten, können Sie über ANSICHT • BROWSER den Browser und über ANSICHT • WERKZEUGE die Werkzeuge ausblenden. Jetzt können Sie noch den eventuell eingeblendeten Proof-Rand entfernen, damit das Bild den Bildschirm ausfüllt.

Bilder bewerten

Die Sternebewertung sinnvoll einsetzen

Die Sternebewertung ist heutzutage allgegenwärtig und wird nicht nur in der Bilderverwaltung genutzt. Eine solche Bewertung hilft Ihnen bei der Verwaltung und beim Aussortieren von Bildern. Nach welchem System Sie bewerten, bleibt natürlich Ihnen überlassen. Gängig ist es, schlechte Bilder mit 1 Stern und perfekte Bilder mit 5 Sternen zu bewerten. Da sich die Sterne als Metadaten exportieren lassen, kann die Bewertung von anderen Bildbearbeitungsprogrammen übernommen werden.

1 Bilder bewerten

Bilder bewerten können Sie rechts unten im Viewer ❶, indem Sie auf einen der 5 Sterne klicken, oder im Browser unter dem Bild ❷, wenn Sie ANSICHT • BROWSER ANPASSEN • KENNZEICHNUNGEN • BEARBEITUNGS-MODUS aktivieren. Alternativ können Sie auch mit den Tasten ① bis ⑤ die entsprechende Sternebewertung für ein oder mehrere ausgewählte Bilder vergeben. Eine Bewertung können Sie jederzeit auf einem der eben erwähnten Wege wieder ändern oder mit ⓪ komplett entfernen.

2 Vergleichsvariante verwenden

Können Sie sich bei ähnlichen Bildern nicht entscheiden, welches Ihnen besser gefällt, dann können Sie eine Vergleichsvariante aktivieren. Wählen Sie hierzu eines der Bilder zum Vergleich aus, klicken Sie auf die rechte Maustaste, und verwenden Sie ALS VERGLEICHS-VARIANTE VERWENDEN. Im Viewer und Browser erkennen Sie das Bild an einer orangefarbenen Umrandung mit einem Stecknadelsymbol ❸. Wählen Sie jetzt weitere Bilder im Browser zum Vergleich mit der Vergleichsvariante aus, und vergeben Sie Ihre Sternebewertung ❹.

3 Bildausschnitt steuern

Benötigen Sie mehr Platz und möchten Sie tiefer in die Details für den Vergleich gehen, können Sie zunächst die Werkzeuge mit `Strg`/`cmd`+`T` verbergen. Mit gehaltener `⇧`-Taste können Sie bei allen Vergleichsbildern gleichzeitig mit dem Mausrad hinein- oder herauszoomen. Wollen Sie außerdem den Bildausschnitt bei allen Vergleichsbildern gleichzeitig verschieben, machen Sie dies, während Sie gleichzeitig `⇧` und die Leertaste halten. Vergeben Sie jetzt entsprechend Ihre Sternebewertung.

4 Bewertete Bilder ausfiltern

Haben Sie Ihre Bilder bewertet, können Sie die Werkzeuge mit `Strg`/`cmd`+`T` wieder einblenden. Die Vergleichsvariante können Sie über das Stecknadelsymbol ❺ aufheben. Mithilfe des FILTER-Werkzeugs können Sie in der Kategorie BEWERTUNG ❼ die Bilder der ausgewählten Sammlung nach Sternen ausfiltern, indem Sie eine entsprechende Bewertung aktivieren ❻. Sie können außerdem nicht bewertete Bilder vom Browser auf die Sternebewertung im FILTER-Werkzeug ziehen und dort fallen lassen und auch so bewerten.

5 Strategie für Bewertungen

Eine Bewertung nach Sternen hat durchaus ihre Tücken. Was machen Sie z.B. mit Bildern, die Sie mit 1, 2, oder 3 Sternen bewertet haben? 1 Stern kommt bei mir in die Tonne. Also wozu bewerten, wenn ich es ohnehin lösche? Und was passiert mit mittelmäßigen 2- oder 3-Sterne-Bildern? Sammeln? Archivieren? Löschen? Sie sollten sich vorher eine Strategie ausdenken. Ich verwende 5 Sterne nur für meine Meisterstücke, für gute Bilder gibt es 4 Sterne, und solide Bilder erhalten bei mir 3 Sterne. 2 Sterne sind die Schnappschüsse und Erinnerungsfotos.

Aussortieren und löschen (Katalog)

Schlechte Bilder aus dem Katalog entfernen

Haben Sie Ihre Bilder importiert und bewertet, ist es an der Zeit, die weniger gelungenen Bilder loszuwerden. Ob Sie sie nur aus der Sammlung, dem Katalog oder gleich komplett von der Festplatte löschen, bleibt Ihnen dabei selbstverständlich selbst überlassen.

1 Bilder zum Aussortieren wählen

Wenn Sie die Bilder bereits bewertet haben, können Sie sie sich über das FILTER-Werkzeug auflisten lassen. Ansonsten können Sie auch ALLE BILDER oder Bilder aus einzelnen Alben auflisten lassen. Welche Bilder Sie dabei löschen, bleibt Ihnen selbst überlassen. Ich habe mir hier im Beispiel über das FILTER-Werkzeug bei BEWERTUNG ❶ die Bilder auflisten lassen, die ich mit 1 und 2 Sternen versehen habe, da ich mir bei diesen Bildern sicher bin, dass ich sie nicht mehr verwenden werde.

2 Speicherort der Bilder

Wie die Bilder anschließend aus dem Katalog gelöscht werden, hängt davon ab, ob Sie sie beim Importieren innerhalb des Katalogordners ❷ importiert haben oder ob sie sich als Referenz außerhalb des Katalogs befinden. Für das Aussortieren der Bilder deaktiviere ich den Viewer mit ANSICHT • VIEWER und vergrößere die Vorschau der Bilder im Browser. Wählen Sie dann die Bilder aus, die Sie löschen wollen. Mehrere Bilder wählen Sie mit gehaltener Strg/cmd-Taste aus.

3 Bilder im Katalog löschen

Haben Sie Bilder zum Löschen ausgewählt, tippen Sie auf `Entf`/`←`. Daraufhin werden diese Bilder aus der entsprechenden Sammlung ohne Nachfrage in den PAPIER-KORB ❸ unterhalb von KATALOGSAMMLUNGEN gelegt. Das Gleiche erreichen Sie über das LÖSCHEN-Werkzeug (Windows) ❹ bzw. ENT-FERNEN-Werkzeug (Mac), das Sie unter den Mauszeiger-Werkzeugen finden. Klicken Sie Bilder mit dem Werkzeug an, werden sie aus dem Katalog entfernt.

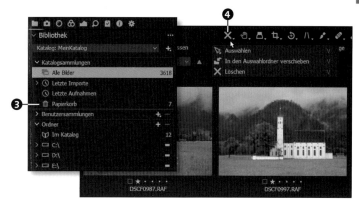

4 Papierkorb leeren (einzelne Bilder)

Endgültig löschen können Sie Bilder aus dem Katalog über den PAPIERKORB ❺. Hier können Sie genauso wie in Schritt 3 verfahren, um einzelne Bilder endgültig aus dem Katalog oder von der Festplatte zu entfernen. Bei Bildern, die in den KATALOG ❻ importiert wurden, erhalten Sie eine Rückfrage, ob sie endgültig von der Festplatte gelöscht werden sollen ❾. Wurde ein Bild nur referenziert, können Sie es aus dem Katalog entfernen ❽ oder es von der Festplatte löschen ❼.

5 Papierkorb leeren (komplett)

Mit einem rechten Mausklick auf dem entsprechenden Befehl ❿ können Sie alle Bilder im Papierkorb eines Katalogs auf einmal entfernen. Auch dann erscheint der entsprechende Rückfrage-Dialog aus Schritt 4.

Alternative Befehle zum Löschen im Allgemeinen finden Sie auch im Menü DATEI oder durch einen Klick mit der rechten Maustaste auf das Bild.

Aussortieren und löschen (Sitzung)

Schlechte Bilder aus einer Sitzung entfernen

Bilder aus einer Sitzung auszusortieren und zu löschen, funktioniert vom Prinzip her genauso wie bei einem Katalog. Nur gibt es bei einer Sitzung keine Referenz auf ein Bild, die entfernt werden kann, sondern es werden immer die physikalischen Bilder verschoben bzw. gelöscht.

Ausgangssituation

Beliebige Bilder auf dem System oder einer externen Festplatte werden gelöscht.

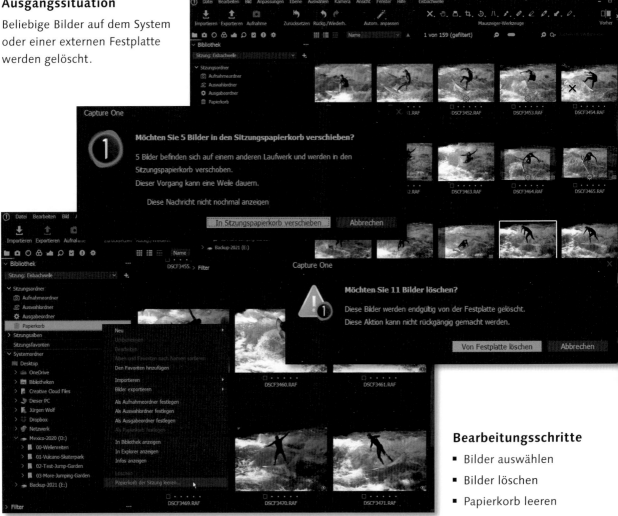

Bearbeitungsschritte

- Bilder auswählen
- Bilder löschen
- Papierkorb leeren

1 Bilder zum Aussortieren auswählen

Da Sie mit Sitzungen auf Systemordner zugreifen können, ist es damit auch möglich, beliebige Bilder auf dem System oder einer externen Festplatte zu löschen. Wählen Sie daher einen Sitzungsordner oder einen Ordner auf dem System oder einer externen Festplatte aus, von dem Sie Bilder aussortieren wollen. Für das Aussortieren der Bilder deaktiviere ich den Viewer mit ANSICHT • VIEWER und vergrößere die Vorschau der Bilder im Browser.

2 Bilder in den Papierkorb

Um Bilder einer Sitzung zu löschen, wählen Sie die entsprechenden Bilder aus. Tippen Sie dann auf [Entf]/[←]. Alternativ wählen Sie das Werkzeug LÖSCHEN (Windows) ❶ bzw. ENTFERNEN (Mac) aus und klicken die entsprechenden Bilder damit an. Hierbei werden die Bilder in den PAPIERKORB-Ordner der SITZUNGSORDNER verschoben. Den Befehl zum Löschen finden Sie auch im Menü DATEI oder durch einen Klick mit der rechten Maustaste auf dem Bild.

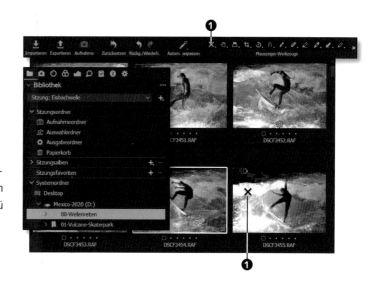

3 Papierkorb leeren

Alle Bilder, die Sie bei einer Sitzung gelöscht haben, werden in den PAPIERKORB-Ordner ❷ unterhalb des Sitzungsordners verschoben. Wollen Sie diese Bilder endgültig löschen, brauchen Sie den Ordner nur mit der rechten Maustaste anzuklicken und PAPIERKORB DER SITZUNG LEEREN (Windows) ❸ bzw. SITZUNGSPAPIERKORB LEEREN (Mac) auszuwählen. Beachten Sie, dass die Bilder bei diesem Vorgang nicht in den Papierkorb des Systems geschoben, sondern von der Festplatte gelöscht werden.

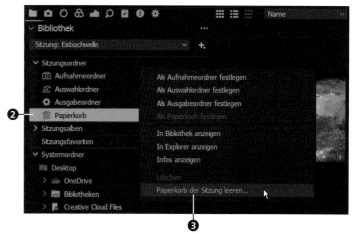

Bilder in Sitzung sortieren

Sitzungsordner für das Aussortieren verwenden

Zwar können Sie auch bei Sitzungen Ihre Bilder in Alben oder intelligenten Alben sammeln und verwalten, in der Praxis werden solche virtuellen Ordner aber doch eher bei umfangreichen Katalogen verwendet. Sitzungen bauen auf physisch vorhandene Ordner auf, und daher wird bevorzugt auf die Sitzungsordner einer Sitzung zurückgegriffen.

1 Sitzungsfavoriten hinzufügen
Wenn Sie die Bilder über die SYSTEM-ORDNER ➊ in einer Sitzung verwalten, kann es recht mühsam werden, sich durch die Ordnerstruktur zu hangeln. Es bietet sich an, über einen Klick mit der rechten Maustaste einen Favoritenordner hinzuzufügen ➋. Der Ordner mit einem Herzsymbol ➍ erscheint für den Schnellzugriff bei den SITZUNGSFAVORITEN ➌. Mit dem Minussymbol ➎ können Sie einen ausgewählten Sitzungsfavoriten wieder aus dieser virtuellen Liste entfernen.

2 Bilder in Auswahlordner
Bilder werden gerne mit einem entsprechenden SITZUNGSORDNER ➏ verwaltet. Um die besten Bilder auszusortieren, wählen Sie entsprechend SYSTEMORDNER, SITZUNGS-FAVORITEN oder ALLE BILDER aus und ziehen ausgewählte Bilder vom Browser mit gedrückt gehaltener Maustaste auf den AUSWAHLLORD-NER ➐. Die Bilder auf dem Computer werden damit verschoben bzw. kopiert, wenn sie sich auf einem externen Speichermedium befinden. Schneller und immer verschieben können Sie Bilder mit der Tastenkombination `Strg`/`cmd`+`J`.

3 »In den Auswahlordner verschieben«-Werkzeug

Über das IN DEN AUSWAHLORDNER VERSCHIE-BEN-Werkzeug ❽ aus den Mauszeiger-Werkzeugen können Sie einzelne Bilder vom Browser noch schneller in den Auswahlordner verschieben. Klicken Sie mit dem Werkzeug die Bilder im Browser an, die in den Auswahlordner verschoben werden sollen. Hiermit werden die Bilder immer verschoben und niemals kopiert, auch wenn sie auf einem externen Speichermedium vorliegen.

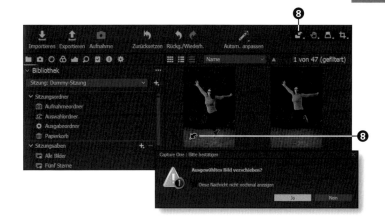

4 »Papierkorb«-Werkzeug

Mit Entf / ← verschieben Sie die ausgewählten (schlechten) Bilder in den Papierkorb der Sitzung. Auch hierzu finden Sie ein Mauszeiger-Werkzeug ❿ vor, mit dem Sie die Bilder anklicken und dadurch in den Papierkorb verschieben können. Um die Bilder endgültig von der Festplatte zu löschen, klicken Sie den PAPIERKORB-Ordner ❾ mit der rechten Maustaste an und wählen PAPIERKORB DER SITZUNG LEEREN (Windows) bzw. SITZUNGSPAPIERKORB LEEREN (Mac) aus.

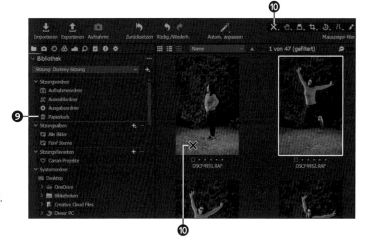

5 Sitzungsordner ändern

Alle vier SITZUNGSORDNER ⓫, AUFNAHMEORDNER, AUSWAHLORDNER, AUSGABEORDNER und PAPIERKORB, können Sie jederzeit verändern. Hierzu müssen Sie lediglich einen echten Ordner bei SITZUNGSORDNER, SITZUNGSFAVORITEN oder SYSTEMORDNER mit der rechten Maustaste anklicken und über das Kontextmenü den entsprechenden Befehl ⓬ auswählen. Passend wird dann dem neu zugeordneten Ordner das entsprechende Symbol zugewiesen, und der Ordner kann wie üblich über die SITZUNGSORDNER ausgewählt werden.

Bilder mit Farbe markieren

Farbmarkierung zur Kennzeichnung verwenden

Eine Farbmarkierung kann nützlich für die Sortierung von guten und schlechten Bildern (grün = gut für genehmigt, rot = schlecht oder abgelehnt) sein. Ich verwende dafür aber lieber die Sternebewertung. Farbe benutze ich für eine Art Ampelsystem für den Entwicklungsfortschritt meiner Bilder. Gelb für »angefangen, aber nicht fertig oder mit dem Ergebnis unzufrieden« und Grün für »fertig entwickelt«. Nicht bearbeitete Bilder bekommen bei mir keine Farbe. Welche Farbe Sie für welchen Zweck verwenden wollen, bleibt natürlich Ihnen überlassen.

Ausgangssituation

Hier fehlt ein wenig die Übersicht, welche Bilder bereits bearbeitet wurden und welche noch nicht.

Bearbeitungsschritte

- Bilder mit Farbe markieren
- Bilder anhand der Farbmarkierung ausfiltern

1 Intelligente Alben für Farben

Mir reicht ein Farbname wie Rot, Grün oder Blau selten als Bezeichnung aus. Daher erstelle ich intelligente Alben wie IN ARBEIT oder FERTIG, die mir alles im Klartext anzeigen und zudem immer aktuell bleiben, wenn ich die Farbe ändere oder entferne. Ändere ich die Farbmarkierung von Gelb in Grün, finde ich das Bild auch gleich im passenden intelligenten Album wieder. So habe ich einen aktuellen Überblick und schnellen Zugriff auf meinen persönlichen Bearbeitungsfortschritt.

2 Bilder mit Farbe markieren

Ich wechsle in ein Album, dessen Bilder ich entwickeln will. Farbmarkierungen können Sie unten rechts im Viewer ❷ oder unten links im Browser ❶ auswählen und hinzufügen. Beim Browser müssen Sie eventuell noch ANSICHT • BROWSER ANPASSEN • KENNZEICHNUNGEN • BEARBEITUNGSMODUS aktivieren. Markieren Sie mehrere Bilder im Browser, können Sie ihnen über ANPASSUNGEN • FARBMARKIERUNGEN eine gemeinsame Farbe zuweisen. Für Rot steht das Tastenkürzel ⌷ , für Grün ⊞ und für Gelb ⁎ zur Verfügung.

3 Bilder ausfiltern

Da wir schon in Schritt 1 mit entsprechenden intelligenten Alben bestimmte Vorkehrungen getroffen haben, müssen Sie nur noch die entsprechenden Einträge ❸ auswählen, um mit einer bestimmten Farbe markierte Bilder des gesamten Katalogs oder der Sitzung aufzulisten. Außerdem bietet sich das FILTER-Werkzeug mit dem Eintrag FARBMARKIERUNG ❹ an, in dem Sie die entsprechende Farbmarkierung aktivieren ❺. Im Gegensatz zum intelligenten Album sucht das FILTER-Werkzeug allerdings nur in Sammlungen, die Sie aktuell ausgewählt haben.

Alben erstellen

Einfache Alben zur Benutzersammlung hinzufügen

Ich verwende regelmäßig Alben, weil sie sich ideal dazu eignen, Bilder für unterschiedliche Anlässe zusammenzustellen. Alben sind so etwas wie virtuelle Ordner, die nur innerhalb des Katalogs oder der Sitzung von Capture One vorhanden sind. So ist es auch möglich, dass Bilder in mehreren Alben enthalten sind. Nur das Zusammenfassen von Alben in einem Projekt oder einer Gruppe bleibt dem Katalog vorbehalten.

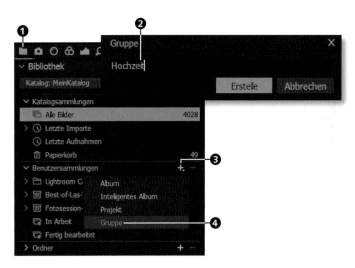

1 Gruppe für Album erstellen
Wenn Sie Alben erstellen, empfehle ich Ihnen, zu einem Thema eine GRUPPE zu erstellen. Eine Gruppe ist ein übergeordneter Knoten, in dem Sie die Alben sammeln können. So könnten Sie Gruppen zu Themen wie »Landschaften«, »Modefotografie« usw. anlegen, je nachdem, was Ihre fotografierten Themen sind. Klicken Sie im BIBLIOTHEK-Register ❶ auf das Plussymbol ❸ bei BENUTZERSAMMLUNGEN, und wählen Sie GRUPPE ❹ aus. Geben Sie im folgenden Dialog den Namen ❷ der Gruppe ein.

2 Neues Album erstellen
Wollen Sie das neue Album innerhalb einer Gruppe hinzufügen, müssen Sie diese Gruppe ❺ beim Erstellen gleich auswählen, ansonsten wird das Album als loser Eintrag bei den BENUTZERSAMMLUNGEN hinzugefügt. Im Katalog können Sie die Alben und Gruppen nachträglich per Drag & Drop umsortieren. Klicken Sie für ein neues Album auf das Plussymbol ❼ neben BENUTZERSAMMLUNGEN bzw. SITZUNGSALBEN, und wählen Sie ALBUM (Windows) ❽ bzw. ALBUM INNERHALB [Gruppenname] (Mac) aus. Geben Sie im Dialog den Namen ❻ für das Album ein.

3 Bilder zu Alben hinzufügen

Jetzt können Sie jederzeit Bilder zu einem Album hinzufügen, indem Sie z. B. mit gedrückt gehaltener Maustaste einzelne oder mehrere ausgewählte Bilder vom Browser auf das Album **9** ziehen und dort fallen lassen. Ich blende dabei den Viewer über ANSICHT • VIEWER aus. Hierbei werden keine Bilder auf der Festplatte kopiert, dorthin verschoben oder gelöscht, und außer den Einträgen in der Datenbank wird kein weiterer Speicherplatz benötigt.

4 Alben verwalten

Die Anzahl der vorhandenen Bilder im Album wird rechts **11** angezeigt (nur Katalog). Wollen Sie Bilder aus Alben entfernen, wählen Sie im aktiven Album **10** die entsprechenden Bilder aus und betätigen ⎡Entf⎤/ ⎡←⎤ oder rufen im Kontextmenü der rechten Maustaste LÖSCHEN (AUS ALBUM [Name]) auf. Das Bild wird aus dem Album entfernt. Wollen Sie ein Album (oder eine Gruppe) löschen, reicht ein rechter Mausklick darauf, und Sie können im Kontextmenü den entsprechenden Befehl wählen.

5 Auswahlsammlung festlegen

In einem Katalog können Sie außerdem ein Album zu einer Auswahlsammlung erklären, indem Sie das Album mit der rechten Maustaste anklicken und den entsprechenden Befehl **14** auswählen. Am kleinen Icon **13** neben dem Album erkennen Sie dann eine solche Auswahlsammlung. Ausgewählte Bilder können dieser Auswahlsammlung jetzt schneller mit dem IN AUSWAHLORDNER VERSCHIEBEN-Werkzeug **12** oder mit ⎡Strg⎤/⎡cmd⎤+⎡J⎤ hinzugefügt werden.

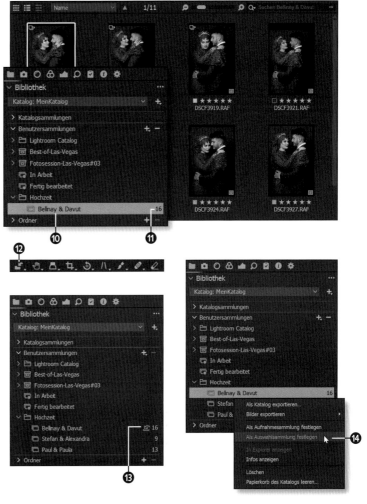

Intelligente Alben erstellen

Alben, die sich selbst auf dem neuesten Stand halten

Wollen Sie neue Bilder nicht jedes Mal selbst in Alben verschieben und aktualisieren, finden Sie in Capture One eine weitere Form der Sammlung: die intelligenten Alben. Bilder, die in einem solchen intelligenten Album landen, erfüllen bestimmte Bedingungen, die Sie über die Metadaten vorgeben. Das Tolle daran ist: Sie müssen die Bilder nicht mehr selbst einem Album hinzufügen, das passiert ganz automatisch.

1 Intelligentes Album erstellen

Auch hier können Sie sich überlegen, ob Sie Ihre intelligenten Alben künftig gruppieren wollen oder nicht. Sie können intelligente Alben aber auch jederzeit nachträglich per Drag & Drop in Gruppen umsortieren. Klicken Sie für ein neues intelligentes Album auf das Plussymbol ❶ neben BENUTZERSAMMLUNGEN bzw. SITZUNGSALBEN, und wählen Sie INTELLIGENTES ALBUM ❷ aus. Geben Sie im Dialog den Namen für das Album ein (Windows). Am Mac können Sie den Namen direkt in der Titelleiste ändern.

2 Regeln erstellen

Als Erstes sollten Sie die Regeln erstellen, nach denen Capture One die Bilder in ein intelligentes Album verschiebt. Sie können in der Dropdownliste ❸ ALLE oder BELIEBIG (Windows) bzw. EINE BELIEBIGE (Mac) wählen. Damit erstellen Sie eine logische Oder- (BELIEBIG) oder Und-Verknüpfung (ALLE). Wenn Sie ALLE auswählen, wie im Beispiel, müssen alle folgenden Regeln zutreffen. Wählen Sie hingegen BELIEBIG, muss nur eine der folgenden Regeln zutreffen, damit Bilder zum intelligenten Album hinzugefügt werden.

3 Regeln erstellen

Im linken Feld **❺** wählen Sie, für welche Parameter Sie ein Suchkriterium erstellen wollen, im mittleren Feld die Bedingung **❻**, und im rechten Feld **❼** geben Sie einen Wert für das Suchkriterium ein. Über das Plussymbol **❹** und das Minussymbol **❽** fügen Sie Regeln hinzu bzw. entfernen sie. Im Beispiel will ich alle Bilder, die mit einer Brennweite zwischen 50 und 140 mm aufgenommen und noch nicht bearbeitet wurden, dem intelligenten Album hinzufügen. Mit OK bzw. SICHERN werden die Einstellungen gespeichert.

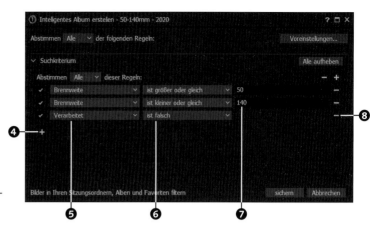

4 Intelligentes Album arbeiten lassen

Wenn Sie die Regeln für das intelligente Album erstellt haben, sorgt Capture One dafür, dass dieses Album immer aktuell gehalten wird, und fügt bei jedem Import weitere Bilder hinzu, die den Kriterien des intelligenten Albums entsprechen. Wenn ein Bild nicht mehr den Kriterien des intelligenten Albums entspricht, wird es automatisch aus dem Album entfernt. Intelligente Alben erkennen Sie am Symbol mit dem Zahnrad **❾** bei den Benutzersammlungen bzw. Sitzungsalben.

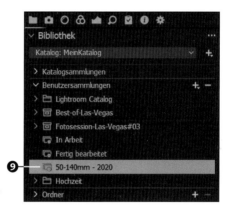

5 Kriterien verfeinern

Wollen Sie Kriterien verfeinern bzw. ändern, klicken Sie das intelligente Album mit der rechten Maustaste an und wählen im Kontextmenü BEARBEITEN. So können Sie auch das Album umbenennen oder löschen. Zum Verfeinern könnten Sie z. B. weitere logische Und-/Oder-Verknüpfungen über das andere Plussymbol **⓬** neben der Regel hinzufügen. Hier lautet das Kriterium, dass dem Album automatisch Bilder hinzugefügt werden, die mit einer Brennweite von 50 bis 140 mm **❿** aufgenommen wurden und bei denen das Jahr der Aufnahme 2020 *oder* 2021 **⓫** ist.

Intelligente Alben für Sichtung

Bilder ohne Bewertung oder Verschlagwortung aussortieren

Ich verwende intelligente Alben von Capture One unter anderem, um mir einen Überblick zum Stand meiner Bearbeitung zu verschaffen. Der Vorteil von intelligenten Alben ist, dass sie sich automatisch auf dem aktuellsten Stand halten. So kann ich intelligente Alben zum Beispiel dazu nutzen, Bilder ohne eine Bewertung oder Verschlagwortung in meinem Katalog zu finden und entsprechend zu bearbeiten.

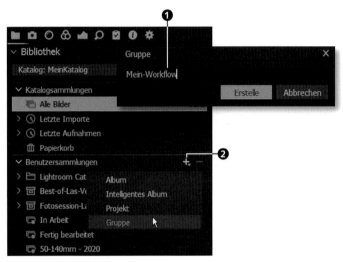

1 Albumgruppe erstellen

Legen Sie sich zunächst eine Gruppe für das intelligente Album an. Dafür klicken Sie im BIBLIOTHEK-Register im Werkzeug BIBLIO-THEK bei BENUTZERSAMMLUNGEN auf das Plus-symbol ❷ und wählen dort GRUPPE aus. Im sich öffnenden Dialog geben Sie den Namen ❶ für die Albumgruppe ein. Im Beispiel verwende ich die Bezeichnung MEIN WORKFLOW. Dieser Arbeitsschritt ist natürlich optional.

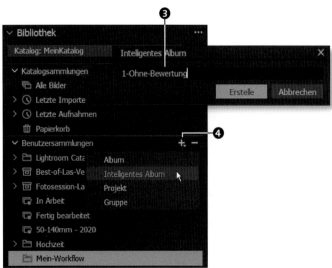

2 Intelligentes Album erstellen

Wählen Sie jetzt die Gruppe aus, die Sie in Schritt 1 erstellt haben. Klicken Sie für ein neues intelligentes Album erneut auf das Plussymbol ❹ neben BENUTZERSAMMLUNGEN, und wählen Sie nun INTELLIGENTES ALBUM aus. Geben Sie im Dialog den Namen ❸ für das Album ein. Hier verwende ich die Bezeich-nung 1-OHNE-BEWERTUNG.

3 Regeln erstellen

Im linken Feld ❺ wählen Sie, wofür Sie ein Suchkriterium erstellen wollen. Hier wähle ich BEWERTUNG aus. Im mittleren Feld tragen Sie die Bedingung ein ❻ (hier: IST GLEICH) und im rechten Feld ❼ einen Wert für das Suchkriterium, das in diesem Beispiel eine leere Bewertung ist. Mit OK bzw. SICHERN werden die Einstellungen gespeichert. Natürlich können Sie auch mehrere Suchkriterien kombinieren. Auf Seite 97 erfahren Sie, wie das funktioniert.

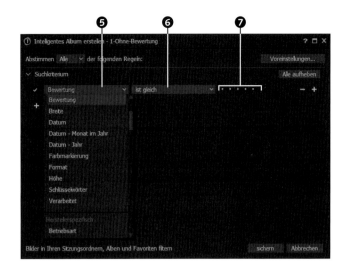

4 Intelligentes Album arbeiten lassen

Wenn Sie die Regeln für das intelligente Album erstellt haben, sorgt Capture One dafür, dass dieses Album immer aktuell gehalten wird, und fügt bei jedem Import weitere Bilder hinzu, die den Kriterien des intelligenten Albums entsprechen. Wenn ein Bild nicht mehr den Kriterien des intelligenten Albums entspricht, wird es automatisch aus dem Album entfernt. In dem Beispiel finde ich in diesem Album ❽ jetzt immer alle importierten Bilder vor, die noch ohne Bewertung sind.

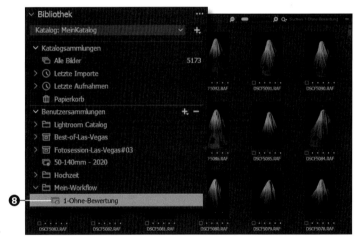

5 Weitere Alben erstellen

Ich lege auf diese Weise noch weitere intelligente Alben an, die mir beim Abarbeiten meines persönlichen Workflows behilflich sind. So füge ich zum Beispiel noch ein intelligentes Album für Bilder ohne Schlüsselwörter (2-OHNE-VERSCHLAGWORTUNG) und eines für Bilder, die ich noch nicht bearbeitet habe (3-NICHT-BEARBEITET), hinzu. Als Suchkriterium für Bilder ohne SCHLÜSSELWÖRTER ist das rechte Feld leer ❾. Für nicht bearbeitete Bilder lautet das Suchkriterium für das linke Feld ANGEPASST, und für das mittlere Feld wähle ich IST FALSCH.

Eine schnelle Übersicht

Von Sammlungen, Alben, Projekten, Gruppen und Ordnern

Capture One ist dank seiner Kataloge und Sitzungen sehr flexibel und vielseitig. Allerdings sind es gerade die vielen verschiedenen Möglichkeiten und Begriffe, die Ein- oder Umsteiger zunächst etwas erschlagen können. Ich möchte ein wenig Licht ins Dunkel bringen.

Kataloge

In einem Katalog finden Sie folgende Einträge im BIBLIOTHEK-Register:

❶ »Katalogsammlungen«: Die KATALOG-SAMMLUNGEN sind rein virtuelle Einträge, die in der Katalogdatei von Capture One angelegt und gepflegt werden.

❷ »Benutzersammlungen«: In den BENUTZERSAMMLUNGEN können Sie Alben und intelligente Alben anlegen und diese in Projekten oder Gruppen anordnen. Wie auch die Katalogsammlungen sind dies nur virtuelle Einträge, die ausschließlich in der Katalogdatei von Capture One existieren.

❸ »Ordner«: Hier werden physisch vorhandene Ordner aufgelistet, die sich auf dem System oder einem externen Speichermedium befinden. Allerdings werden nur die Ordner aufgelistet, von denen Sie Bilder in den Katalog importiert haben. Wenn Sie hier Ordner mit einem rechten Mausklick löschen, dann entfernen Sie nur die Verknüpfung und die darin enthaltenen Bilder aus dem Katalog, nicht aber die Dateien von der Festplatte. Bilder, die Sie direkt in den Katalog kopiert und importiert haben, werden hier im Bereich IM KATALOG ❹ aufgelistet. Wenn Sie allerdings Bilder vom Browser innerhalb eines Ordners

per Drag & Drop verschieben und auf einen anderen Ordner fallen lassen, werden diese Bilder wirklich von einem Ordner in den anderen verschoben.

Projekt vs. Gruppe

Alben und intelligente Alben von Benutzersammlungen innerhalb eines Katalogs können in einem Projekt oder als Gruppe organisiert werden. Zunächst besteht zwischen einem Projekt und einer Gruppe kein Unterschied. Legen Sie innerhalb einer Gruppe oder eines Projekts allerdings ein intelligentes Album an, dann ändert sich die Suchfunktion. Erstellen Sie ein intelligentes Album innerhalb einer Gruppe, das nach Bildern ohne eine Bewertung sucht, dann werden auch Ergebnisse angezeigt, die sich außerhalb der Gruppe befinden. Erstellen Sie dasselbe intelligente Album in einem Projekt, werden nur die Treffer innerhalb des Projekts angezeigt. Daher gibt es bei Sitzungen gar keine Möglichkeit, ein Projekt anzulegen, weil die Sitzung selbst schon eine Art Projekt ist. Das erklärt auch, dass die Sitzung als Projekt importiert wird, wenn Sie eine Sitzung in den Katalog importieren, und die intelligenten Alben darin keinen Einfluss auf den Katalog haben.

Gruppen verwenden Sie daher idealerweise für das Zusammenfassen von Alben, intelligenten Alben, anderen Gruppen oder auch Projekten. In Projekten hingegen fassen Sie verschiedene Alben oder Gruppen zusammen, die zu einem Projekt gehören, in denen keine weiteren (Unter-)Projekte enthalten sind.

Sitzungen

Bei einer Sitzung finden Sie die folgenden Einträge im BIBLIOTHEK-Register:

❺ **»Sitzungsordner«:** Hierbei handelt es sich um physisch vorhandene Ordner auf dem System oder Speichermedium der Sitzung.

❻ **»Sitzungsalben«:** Hier finden Sie virtuelle Einträge der Sitzungsdatei mit Alben und intelligenten Alben.

❼ **»Sitzungsfavoriten«:** Dies sind virtuelle Verknüpfungen auf vorhandene Ordner des

Systems oder eines externen Speichermediums, um schneller darauf zugreifen zu können.

❽ **»Systemordner«:** Dies sind physisch vorhandene Ordner des Systems oder externer Speichermedien, auf die Sie vollen Zugriff haben. Neben dem Umbenennen können Sie hier auch Ordner vom System oder von externen Speichermedien unwiderruflich (!) löschen.

Wenn Sie bei Sitzungen Bilder aus Ordnern, Alben oder intelligenten Alben vom Browser auf andere Ordner, in intelligente Alben oder Alben ziehen, werden sie immer verschoben oder kopiert. Befinden sich die Bilder auf einem externen Speichermedium, werden sie kopiert, ansonsten verschoben.

Kapitel 5
Verschlagwortung, Meta-daten und Suche

In diesem Kapitel erfahren Sie, wie Sie mithilfe einer Verschlagwortung der Bilder immer das passende Bild finden, nach dem Sie suchen. Auch die Metadaten werden in diesem Kapitel durchleuchtet, und ich erkläre Ihnen, wie Sie sie sinnvoll einsetzen.

GRUNDLAGENEXKURS: Verschlagwortung
Die Philosophie der Verschlagwortung 104

Bilder verschlagworten
Bilder mit Schlüsselwörtern versehen 106

GRUNDLAGENEXKURS: Metadaten
Von Exif, IPTC, Schlüsselwörtern und XMP-Dateien 110

Metadaten verwenden
Informationen zu Bildern ermitteln und hinzufügen 112

Vorlage für Metadaten erstellen
Benutzervoreinstellungen für Metadaten 114

XMP-Datei für Drittanwendungen
Metadaten synchronisieren 116

Bilder umbenennen
Bilder mit einem neuen Namen versehen 118

Nach Bildern suchen
Die mächtige Bildersuche mit dem »Filter«-Werkzeug 120

Globale Filter verwenden
So können Sie bestimmte Bildformate verbergen oder anzeigen 122

Anmerkungen hinzufügen
Versehen Sie Bilder mit Anmerkungen 124

Verschlagwortung

Die Philosophie der Verschlagwortung

Eines der wichtigsten Features, die in Bildverwaltungssoftware wie Capture One Pro zur Verfügung stehen, ist die Verschlagwortung von Fotos. Häufig sind Sie vielleicht mit Alben oder einer geordneten Struktur der Ordner auf Ihrem System zufrieden. Aber je mehr Bilder importiert werden und je mehr Alben und Ordner angelegt werden, desto schwieriger wird es, das Bild zu finden, nach dem man sucht.

In Capture One werden Schlagwörter als *Schlüsselwörter* bezeichnet. Andere Programme nutzen den Begriff *Stichwörter*. Mit allen Begriffen ist dasselbe gemeint. Dank solcher Schlagwörter werden Sie ein Bild von »Otto« zusammen mit »Hanna« bei einer »Geburtstagsfeier« in »München« im Handumdrehen finden, ohne dass Sie Alben oder Ordner durchsuchen oder öffnen müssen.

Wenn Sie beruflich mit vielen Bildern arbeiten oder es mit ganzen Bildarchiven zu tun haben, dann ist eine Verschlagwortung geradezu unverzichtbar, da Kunden nach einem ganz bestimmten Bildmotiv fragen. Auch bei größeren Unternehmen, in denen mehrere Personen auf ein Bildarchiv zugreifen, macht sich eine Verschlagwortung mehr als bezahlt.

Persönliche Regeln

Die Bilder wild zu verschlagworten, kann allerdings zu Chaos mit den Schlagwörtern führen. Es zahlt sich daher aus und spart eine Menge Zeit, sich vorher Gedanken über ein System zu machen. Auch hier gilt, wie schon beim Workflow der Bildbearbeitung, dass

nichts in Stein gemeißelt ist. Trotzdem sollten Sie sich zu folgenden Punkten Gedanken machen und Ihre persönlichen Regeln festlegen:

- **Singular oder Plural:** Legen Sie von Anfang fest, ob Sie die Schlagwörter im Singular oder Plural verwenden wollen. Ich verwende Nomen immer im Singular.
- **Spezialbegriffe:** Wenn Sie nicht gerade eine Bilddatenbank für spezielle Themen erstellen müssen, dann sollten Sie es bei einem Oberbegriff lassen. So dürfte der Begriff »Kröte« in der Regel besser geeignet sein, um nach Kröten suchen, als die Begriffe »Erdkröte«, »Wechselkröte« oder »Kreuzkröte«, um einige Unterbegriffe zu nennen. Liebhaber von Amphibien werden mir da widersprechen, aber ich denke, Sie wissen, worauf ich hinauswill.
- **Quantität:** Der wohl am häufigsten begangene Fehler ist es, Bilder mit unzähligen Schlagwörtern zu versehen. Schnell hat man in ein paar Wochen tausende Schlagwörter angelegt, woraus sich kein Vorteil ziehen lässt. Viel wichtiger als die Quantität ist die Qualität der Schlagwörter, damit Sie ein gesuchtes Foto gut im Archiv wiederfinden.
- **Synonyme:** Auch Synonyme können zu einem Problem werden, wenn Sie zum Beispiel »Fotokamera«, »Kamera« und »Fotoapparat« als Schlagwörter verwenden. Alle drei Schlagwörter bezeichnen dasselbe. Auch hier empfiehlt es sich, sich auf einen Begriff festzulegen. Leider ist es mit Capture One Pro immer noch nicht möglich, Synonyme anzulegen und zu verwalten.

Begriffe und Hierarchie

Wenn Sie eine Schlagwortsammlung anlegen, sollten Sie sich Gedanken über die Begriffe machen, die Sie für Ihre Bilder verwenden wollen. Für mich hat es sich bewährt, eine gewisse Hierarchie zu verwenden. Fangen Sie mit Überbegriffen an, und arbeiten Sie sich dann in die Details vor. Dazu möchte ich noch einige weitere Empfehlungen aussprechen, die sich bei vielen Anwendern bewährt haben. Wie immer gilt, dass es sich nur um Richtlinien und nicht um Regeln handelt.

1. Beschränken Sie die Anzahl der Schlagwörter pro Bild. Dies zwingt Sie, ein wenig genauer über die Schlagwörter nachzudenken. Ich beschränke mich auf eine Anzahl von 5–6 Schlagwörtern pro Bild.
2. Bauen Sie eine Schlagwortsammlung nach Themen oder auch Überbegriffen auf. Dies können Begriffe wie »Landschaft«, »Architektur«, »Personen«, »Tiere«, »Pflanzen«, »Reise« oder »Feier« sein.
3. Die Hierarchie der Schlagwortsammlung sollten Sie dann ebenfalls beschränken. Eine Hierarchie von 3–4 Ebenen dürfte genug sein. Zum Beispiel »Tiere« > »Insekten« > »Schmetterling«, »Personen« > »Frau« > »Heidi« oder »Modelshooting« > »Studio« > »Akt«.
4. Generell verwende ich fast immer ein Schlagwort für den Aufnahmeort. Mir reicht dabei in der Regel die Stadt aus. Wenn es detaillierter werden soll, dann verwende ich eine Struktur wie »München« > »Theresienwiese« oder »Mexico« > »Oaxaca« > »Juchitan«.
5. Verwenden Sie, wenn es möglich ist, vorhandene Schlagwörter oder zumindest eine vorhandene Schlagwortsammlung, und führen Sie nur dann neue Schlagwörter ein, wenn es wirklich nötig ist.

Ich denke, Sie finden in diesem Exkurs einige nützliche Anregungen dazu, wie Sie die Verschlagwortung von Bildern sinnvoll einsetzen können. Ich selbst habe das Thema eine ziemlich lange Zeit ignoriert und recht wild viele Schlagwörter verwendet. Mit meinen mir selbst auferlegten Regeln fahre ich inzwischen ganz gut. Trotzdem muss ich natürlich auch erwähnen, dass die Pflege und die Einhaltung der Verschlagwortung eine gewisse Selbstdisziplin erfordern.

In Capture One finden Sie die Verschlagwortung im Reiter Metadaten ① mit Schlüsselwörter und Schlüsselwortbibliothek vor.

Bilder verschlagworten

Bilder mit Schlüsselwörtern versehen

Schlüsselwörter sind Metadaten, die den Inhalt eines Bildes beschreiben sollten, damit Sie es später bei Bedarf einfacher finden können. Schlüsselwörter können Sie, wie andere Metadaten auch, in der Bilddatei oder in proprietären Raw-Formaten in einer XMP-Filialdatei (auch als »Sidecar-Datei« bekannt) speichern. Solche Schlüsselwörter können dann von anderen Anwendungen, die XMP-Metadaten unterstützen, auch gelesen werden. Für Bilder ohne Verschlagwortung lege ich intelligente Alben an (siehe Seite 96).

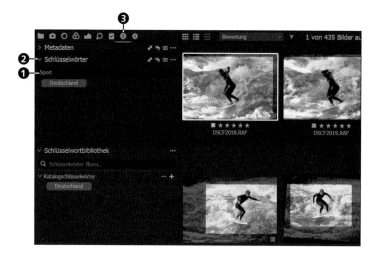

1 Schlüsselwörter hinzufügen

Das SCHLÜSSELWÖRTER-Werkzeug ❷ finden Sie im METADATEN-Register ❸. Für das Bild, das im Viewer angezeigt wird, bzw. für die Bilder, die Sie im Browser ausgewählt haben, können Sie im Textfeld ❶ des SCHLÜSSELWÖRTER-Werkzeugs die Schlüsselwörter eingeben und diese mit ⏎ zuweisen. Mehrere Schlüsselwörter trennen Sie mit einem Komma. Die zugewiesenen und bereits vorhandenen Schlüsselwörter des oder der ausgewählten Bilder werden unterhalb des Textfeldes aufgelistet.

2 Schlüsselwörter gruppieren

Bei Katalogen sammeln sich mit der Zeit viele Schlüsselwörter an, sodass es sinnvoll ist, diese zu gruppieren. So würde sich ein Begriff wie »Surfen« oder »Wellenreiten« gut unterhalb von »Sport« machen. Direkt bei der Eingabe können Sie das Zeichen »>« für die Gruppierung verwenden. Mit »Sport > Surfen« wird »Surfen« unterhalb von »Sport« gruppiert, wie Sie dies im Werkzeug SCHLÜSSELWORTBIBLIOTHEK unter KATALOGSCHLÜSSELWÖRTER ❹ bzw. SITZUNGSSCHLÜSSELWÖRTER auch erkennen.

3 Schlüsselwörter mehreren Bildern zuweisen

Wenn Sie mehreren Bildern dieselben Schlüsselwörter zuweisen wollen, wählen Sie zuerst das Bild mit den vorhandenen Schlüsselwörtern ❻ und dann mit gehaltener `Strg`/ `cmd`-Taste die weiteren Bilder aus, denen Sie diese Schlüsselwörter ebenfalls zurodnen wollen. Klicken Sie auf das ZUWEISEN-Icon ❺ im Werkzeug SCHLÜSSELWÖRTER. Es öffnet sich ein Dialog, in dem Sie die Schlüssel- bzw. Stichwörter ❼ durch ZUWEISEN/ANWENDEN ❽ allen markierten Bildern hinzufügen können.

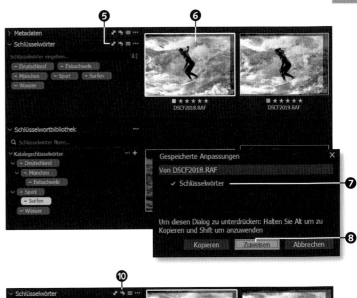

4 Schlüsselwörter entfernen

Einzelne Schlüsselwörter von ausgewählten Bildern können Sie mit dem kleinen × ❾ hinter dem Schlüsselwort entfernen. Löschen Sie ein Schlüsselwort, das einen Unterausdruck enthält, wird der Unterausdruck auch gelöscht. »Architektur« z. B. enthält »Wolkenkratzer«. Löschen Sie »Architektur«, wird »Wolkenkratzer« auch gelöscht. Löschen Sie hingegen den Unterausdruck »Wolkenkratzer«, bleibt »Architektur« erhalten. Um alle Schlüsselwörter der ausgewählten Bilder auf einmal zu entfernen, klicken Sie auf das ZURÜCKSETZEN-Icon ❿.

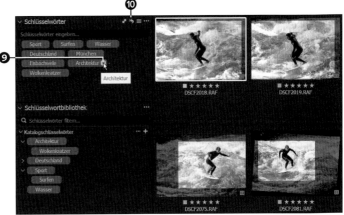

5 Schlüsselwortbibliothek verwenden

Vergebene Schlüsselwörter werden unter KATALOGSCHLÜSSELWÖRTER bzw. SITZUNGS-SCHLÜSSELWÖRTER gesammelt und können hier auch einzelnen oder mehreren ausgewählten Bildern durch Anklicken zugewiesen werden. Vorhandene Schlüsselwörter ausgewählter Bilder werden grau ⓬ und nicht vorhandene schwarz ⓫ hinterlegt. Entfernen können Sie Schlüsselwörter wie in Schritt 4 über das kleine × ⓭.

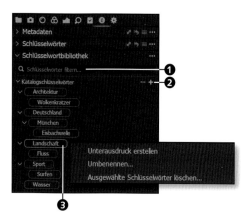

6 Schlüsselwortbibliothek verwalten

Über die SCHLÜSSELWORTBIBLIOTHEK können Sie Schlüsselwörter auch unabhängig von den ausgewählten Bildern verwalten. Neue Schlüsselwörter fügen Sie dort über das Plussymbol ❷ hinzu. Mit einem rechten Mausklick auf ein Schlüsselwort ❸ können Sie dieses umbenennen oder auch komplett aus der Bibliothek löschen. Auch Drag & Drop zum nachträglichen Verschachteln von Schlüsselwörtern ist hier problemlos möglich. Ein Suchfeld ❶ hilft Ihnen bei der Suche nach Schlüsselwörtern in dieser Bibliothek.

7 Schlüsselwörter exportieren

Schlüsselwortbibliotheken können Sie auch ex- und importieren, was durchaus hilfreich ist, wenn Sie Bilder in Sitzungen oder mehreren Katalogen verwalten wollen und einen gewissen Stamm an Schlüsselwörtern ohnehin immer verwenden. Exportieren können Sie die Schlüsselwörter als Textdatei über die drei Punkte ❹ beim Werkzeug SCHLÜSSELWORTBIBLIOTHEK mit dem Befehl SCHLÜSSELWORTBIBLIOTHEK EXPORTIEREN ❺. Es ist auch möglich, diese Textdatei mit einem Texteditor zu öffnen und zu editieren.

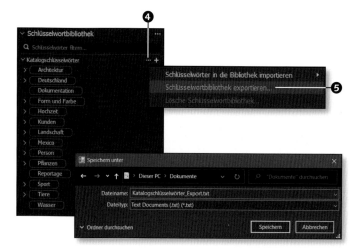

8 Schlüsselwörter importieren

Wollen Sie Schlüsselwörter importieren, wählen Sie über die drei Punkte ❼ und SCHLÜSSELWÖRTER IN DIE BIBLIOTHEK IMPORTIEREN die entsprechende Datei aus. Wählen Sie z.B. die in Arbeitsschritt 7 exportierte Textdatei aus, werden die enthaltenen Schlüsselwörter zu den aktuellen Katalog- oder Sitzungsschlüsselwörtern hinzugefügt. Wollen Sie hingegen die Schlüsselwörter als weitere Schlüsselwortbibliothek einfügen, müssen Sie diese Datei über die drei Punkte ❻ beim Werkzeug SCHLÜSSELWORTBIBLIOTHEK mit dem entsprechenden Befehl hinzufügen.

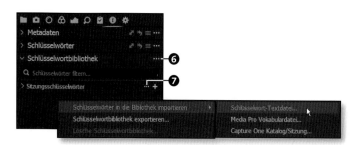

9 Bilder anhand von Schlüsselwörtern ausfiltern

Wenn Sie Ihre Bilder fleißig mit sinnvollen Schlüsselwörtern versehen haben, werden Sie damit belohnt, dass Ihre Suche schnell zum Erfolg führt. Wechseln Sie im BIBLIOTHEK-Register ❽ in den Bereich FILTER, können Sie Schlüsselwörter aktivieren ❿, um alle Bilder des aktiven Albums, die mit dem ausgewählten Schlüsselwort versehen sind, im Browser auflisten zu lassen. Komfortabler geht es über die Suchleiste ❾, mit der Sie per Eingabe nach Schlüsselwörtern suchen können.

10 Schlüsselwörter über »Filter«-Werkzeug

Um bereits vorhandene Schlüsselwörter anderen Bildern zuzuweisen, müssen Sie nicht in das METADATEN-Register wechseln, sondern können auch im BIBLIOTHEK-Register im FILTER-Werkzeug bleiben. Wählen Sie Bilder im Browser aus, die Sie mit einem bereits vorhandenen Schlüsselwort versehen wollen, und lassen Sie sie per Drag & Drop mit gedrückt gehaltener Maustaste auf dem entsprechenden Schlüsselwort ⓫ im FILTER-Werkzeug fallen.

11 Schlüsselwörter beim Import

Wollen Sie Ihren Bildern schon beim Import spezielle Schlüsselwörter zuweisen, müssen Sie nur ein Bild mit bestimmten Schlüsselwörtern ⓬ versehen und diese bei VOREINSTELLUNGEN ⓭ mit BENUTZERVOREINSTELLUNGEN SICHERN ⓮ speichern. Die Benutzervoreinstellungen können Sie im Importdialog über ANPASSUNGEN bei STILE unter BENUTZERVOREINSTELLUNGEN ⓯ verwenden, womit diese Schlüsselwörter allen zu importierenden Bildern zugewiesen werden.

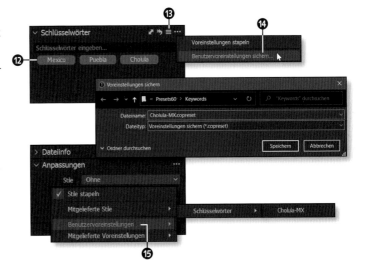

Metadaten

Von Exif, IPTC, Schlüsselwörtern und XMP-Dateien

Metadaten sind nichtvisuelle Informationen, die ein Bild enthält. Das können Informationen sein wie der Dateiname, wann das Bild erstellt wurde, wer auf dem Bild abgebildet ist, wer der Eigentümer des Fotos ist oder wie die Verwendungsrechte dafür ausgelegt sind. Beim Import konnten Sie beispielsweise schon die Metadaten für das Copyright festlegen.

Exif-Daten

Exif-Daten werden vorwiegend von Ihrer Kamera hinzugefügt und umfassen Kamerainformationen und -einstellungen. Auch Kameras von z. B. Smartphones oder Tablets fügen Exif-Informationen zum aufgenommenen Bild hinzu. In den Exif-Einträgen finden Sie zahlreiche Aufnahmeparameter wie Datum, Uhrzeit, Brennweite, Blendeneinstellung, ISO-Wert, die geografischen Koordinaten, Kameramarke, Bildausrichtung oder Bildgröße. Es gibt nur wenige Exif-Daten, die Sie nachträglich ändern können (z. B. Sternebewertung oder Farbmarkierung).

IPTC-Daten

Die IPTC-Daten haben Sie vielleicht bereits beim Import in Capture One verwendet. Mit ihnen können Sie dem Bild weitere nützliche Informationen hinzufügen, wie eine Bildbeschreibung, Urheber, die Internetadresse der Website oder eben die Urheberrechte. Gerade wenn Sie für Fotografen-, Bild- und Nachrichtenagenturen arbeiten und Ihre Bilder verkaufen wollen, sollten Sie sich gründlich mit der Pflege der IPTC-Metadaten befassen. Wenn Metadaten in Capture One geändert oder hinzugefügt werden, dann sind hiermit meistens die IPTC-Metadaten gemeint.

Schlüsselwörter bzw. Stichwörter

Eine weitere Form von Metadaten, die ein Bild mit sinnvollen textuellen Informationen ausstatten, sind die Schlüsselwörter, die streng genommen ebenfalls zu den IPTC-Daten gehören. Andere Raw-Konverter nennen sie auch Stichwörter. Solche Schlüsselwörter können sehr hilfreich bei der Suche nach Bildern sein.

Metadatenverwaltung in Capture One

Wenn Sie IPTC-Daten oder Schlüsselwörter zum Raw-Bild hinzufügen, speichert Capture One diese Daten nicht in den Originaldateien, sondern in der Sitzungs- bzw. Katalogdatei. Das kommt daher, dass zum einen die Originaldatei niemals angerührt wird. Zum anderen will Capture One kein Risiko eingehen und diese Dateien nicht beschädigen. Es gibt zu viele verschiedene herstellerspezifische Raw-Formate. Wollen Sie Metadaten wie IPTC oder Schlüsselwörter mitsamt der Raw-Datei weitergeben, dann müssen Sie diese Daten in einer separaten XMP-Datei (auch *XMP-Sidecar* genannt) mit der Raw-Datei weiterreichen.

Metadaten weitergeben (XMP-Datei)

Jetzt wissen Sie, dass es mit den Metadaten Exif, IPTC und den Schlüsselwörtern mehrere Formen von Metadaten gibt, die, abgesehen von den kamerainternen Exif-Daten und einigen IPTC-Daten, alle zunächst in der Katalog- oder Sitzungsdatei gesichert sind. Wenn Sie Ihre Bilder ausschließlich mit Capture One verwalten wollen, dann brauchen Sie sich hier keine Gedanken mehr darum zu machen, weil Capture One die Verwaltung der Metadaten für Sie bereits mit einem Katalog oder einer Sitzung übernimmt. Wenn Sie aber eine Raw-Datei mitsamt Metadaten weitergeben wollen, dann stellt Ihnen Capture One eine Option zur Verfügung, diese Daten in einer eigenen XMP-Datei zu speichern und in einer anderen Anwendung, wie beispielsweise Lightroom, zu verwenden.

XMP steht für *eXtensible Metadata Platform* und wurde von Adobe für die Verwaltung von Metainformationen entwickelt. Es wird nicht nur für Bilddokumente verwendet. XMP ist ein Standard, daher können Sie sich darauf verlassen, dass die darin gesicherten Daten auch von anderen Anwendungen gelesen werden können, die diesen Standard unterstützen. Die Dateiendung für XMP-Dateien lautet ».xmp«. Die Datei hat denselben Namen und liegt in demselben Verzeichnis wie die Raw-Datei selbst.

DSCF8035.RAF   DSCF8035.xmp

▲ Bei der Weitergabe von Metadaten für eine Raw-Datei benötigen Sie eine separate XMP-Sidecar-Datei, in der die Metadaten gesichert sind.

Das Speichern der Metadaten in einer gesonderten XMP-Datei ist hier nur auf proprietäre Raw-Formate bezogen. Für alle anderen Formate wie JPEG, DNG oder TIFF werden die XMP-Metadaten in diese Dateien selbst geschrieben und benötigen daher keine XMP-Datei. Da bei proprietären Raw-Formaten die Dateistruktur nicht eindeutig ist, weil jeder Hersteller sein eigenes Raw-Süppchen kocht, wäre die Gefahr einer Dateibeschädigung groß, wenn die XMP-Metadaten einfach in eine solche Raw-Datei geschrieben würden.

Metadaten in Capture One bearbeiten

Die Metadaten können Sie in Capture One im Metadaten-Register ❶ betrachten und bearbeiten. Darin finden Sie neben den Werkzeugen zum Hinzufügen von Anmerkungen ❺, der Vergabe von Schlüsselwörtern ❸ und der Schlüsselwortbibliothek ❹ auch das Werkzeug Metadaten ❷ vor, in dem Sie die Informationen zu den Exif- und IPTC-Daten einsehen und speziell die verschiedenen IPTC-Daten bearbeiten können.

Metadaten verwenden

Informationen zu Bildern ermitteln und hinzufügen

Metadaten sind textuelle Informationen zum Inhalt eines Bildes. Neben kameraspezifischen Exif-Daten und den Schlüsselwörtern dürften die IPTC-Daten von besonderem Interesse sein, mit deren Hilfe Sie auch die Kontaktdaten zum Besitzer des Bildes und weitere Informationen ermitteln bzw. hinzufügen können.

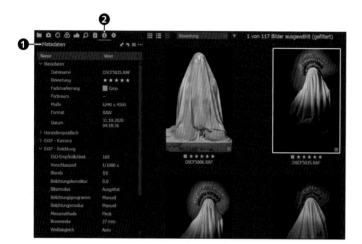

1 Infos zu den Exif-Daten

Die kameraspezifischen Exif-Daten finden Sie im METADATEN-Register ❷ im Bereich METADATEN ❶. Neben den üblichen Basisdaten der Datei, wo Sie die Bewertung und Farbmarkierung ändern können, sehen Sie die herstellerspezifischen Daten, die Exif-Daten der Kamera, die Einstellungen der Kamera (EXIF – BELICHTUNG) und, abhängig davon, ob vorhanden bzw. von der Kamera unterstützt, die GPS-Koordinaten, an denen das Bild aufgenommen wurde.

2 Infos zu den IPTC-Daten

Unterhalb der Exif-Daten finden Sie die IPTC-Daten, in denen Sie gewöhnlich Kontaktinformationen zum Besitzer des Bildes und häufig auch Informationen zum Inhalt finden. Wenn Sie für Fotografen-, Bild- und Nachrichtenagenturen arbeiten und Ihre Bilder verkaufen wollen, sollten Sie sich unbedingt mit der Pflege der IPTC-Metadaten befassen. Wenn mit einer Software die Metadaten geändert oder hinzugefügt werden, sind meistens, neben den Schlüsselwörtern, die IPTC-Metadaten gemeint.

3 IPTC-Daten bearbeiten

Auf jeden Fall sollten Sie die Kontaktdaten zu Ihren Bildern bei IPTC – KONTAKT ❸ hinzufügen. Wie viel Sie hierbei angeben wollen, bleibt Ihnen selbst überlassen. Ich verwende mindestens den Namen des Erstellers, die E-Mail-Adresse und die Website.

Die Daten können Sie hinzufügen, indem Sie in das entsprechende Textfeld klicken und die Daten mit der Tastatur eingeben.

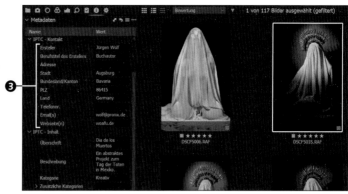

4 Auf mehrere Bilder anwenden

Die Vergabe von IPTC-Daten für einzelne Bilder ist mühsam. Wählen Sie daher das Bild ❺, dem Sie zuvor Ihre IPTC-Daten hinzugefügt haben. Markieren Sie mit gehaltener ⌈Strg⌉/⌈cmd⌉-Taste weitere Bilder, denen Sie diese Metadaten hinzufügen wollen, und klicken Sie auf den Doppelpfeil ❹. Im sich öffnenden Dialog finden Sie eine Übersicht der Metadaten des ausgewählten Bildes, in der Sie einzelne IPTC-Daten per Häkchen ab-/anwählen können. Mit ZUWEISEN/ANWENDEN ❻ werden die Metadaten auf alle markierten Bilder angewendet.

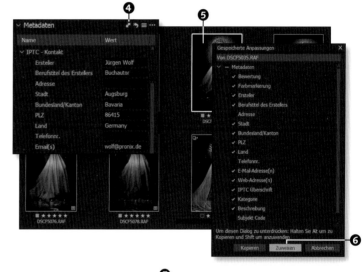

5 IPTC-Daten entfernen

Einzelne Metadaten können Sie aus den Bildern entfernen, indem Sie das entsprechende Textfeld der IPTC-Daten auswählen und den Text darin entfernen. Wollen Sie alle Metadaten eines oder mehrerer Bilder entfernen, wählen Sie das oder die Bilder im Browser aus und klicken auf die ZURÜCKSETZEN-Schaltfläche ❼ im METADATEN-Werkzeug. Mit FORTFAHREN werden die IPTC-Daten aus den ausgewählten Bildern entfernt.

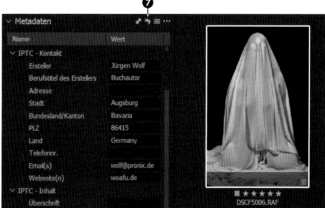

Vorlage für Metadaten erstellen

Benutzervoreinstellungen für Metadaten

Da Sie bestimmte IPTC-Daten, wie z. B. die Kontaktdaten, vermutlich grundsätzlich auf jedes Bild anwenden wollen, können Sie dies auch als Benutzervoreinstellung speichern und diese Daten mit einem Mausklick oder direkt beim Import den Bildern zuweisen.

1 Metadaten bearbeiten

Bevor Sie spezielle Voreinstellungen der IPTC-Daten sichern können, müssen Sie ein Bild auswählen, das die IPTC-Daten enthält, die Sie als Vorlage speichern wollen. Enthält das Bild noch keine entsprechenden IPTC-Daten, dann können Sie die einzelnen Textfelder durch Anklicken editieren. Wie bereits im Workshop zuvor erwähnt, sollten Sie zumindest die IPTC-Daten für den Kontakt ❶ ausfüllen. Diese Kontaktdaten dürften Sie gewöhnlich immer für Ihre Bilder verwenden wollen.

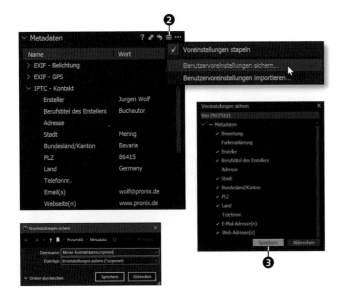

2 Voreinstellungen speichern

Vorgenommene Einstellungen können Sie über VOREINSTELLUNGEN ❷ im METADATEN-Werkzeug über den Befehl BENUTZERVOREIN-STELLUNGEN SICHERN speichern. Im folgenden Dialog können Sie einzelne Einstellungen, die Sie zu den Voreinstellungen hinzufügen oder daraus entfernen wollen, per Häkchen an- oder abwählen. Klicken Sie auf SPEICHERN ❸, öffnet sich ein Dialog, in dem Sie die Einstellungen mit der Endung »*.copreset« speichern können. Verwenden Sie auch hier einen aussagekräftigen Namen.

3 Benutzervoreinstellungen anwenden

Einmal gespeicherte Einstellungen können Sie jetzt schnell einzelnen oder mehreren ausgewählten Bildern zuweisen, indem Sie im METADATEN-Werkzeug über die VOREINSTELLUNGEN ➎ die gespeicherten Benutzervoreinstellungen ➍ anklicken. Löschen können Sie eine Benutzervoreinstellung von Metadaten jederzeit wieder, indem Sie über die VOREINSTELLUNGEN ➎ im Untermenü BENUTZERVOREINSTELLUNGEN LÖSCHEN die entsprechende Benutzervoreinstellung wählen.

4 Benutzervoreinstellungen beim Import verwenden

Zwar konnten Sie den Bildern im Importdialog unter METADATEN ➏ bereits einzelne Angaben hinzufügen, viel war das aber nicht. Wollen Sie beim nächsten Import von Bildern allen Bildern die in Schritt 2 gespeicherten Benutzervoreinstellungen von Metadaten zuweisen, erreichen Sie das über ANPASSUNGEN bei STILE ➐ unter BENUTZERVOREINSTELLUNGEN • METADATEN und per Auswahl der gespeicherten Voreinstellung.

5 Metadaten bei der Weitergabe

Zwar ist das Thema »Weitergabe von Bildern in einem Format wie JPEG oder TIFF« ein Thema, das ich erst später in diesem Buch behandeln werde, aber trotzdem soll hier schon kurz erwähnt werden, wo Sie darauf Einfluss nehmen können, ob und welche Metadaten Sie weitergeben wollen. Sie finden diese Einstellungen im AUSGABE-Register ➒ bei VERARBEITUNGSVORGABE ➑ unter dem Reiter METADATEN ➓. Hier können Sie über das Setzen der Häkchen vor entsprechenden Metadaten die Weitergabe dieser Daten beeinflussen.

XMP-Datei für Drittanwendungen

Metadaten synchronisieren

Für die Weitergabe einer Raw-Datei mitsamt den Metadaten, speziell den IPTC-Daten und den Schlüsselwörtern, benötigen Sie eine separate XMP-Datei. In dieser XMP-Datei werden die Metadaten gespeichert, sodass Sie diese auch in anderen Anwendungen einlesen können. Umgekehrt gilt dasselbe: Wenn Sie aus einem anderen Raw-Konverter die Raw-Datei mitsamt Metadaten weitergeben wollen und diese Metadaten in einer XMP-Datei gespeichert haben, können Sie diese Metadaten, dank dieser Datei, auch in Capture One einlesen und verwenden.

1 Metadaten bearbeiten

Zur Demonstration habe ich im nebenstehenden Bild die IPTC-Kontaktdaten ❶ bearbeitet und verschiedene Schlüsselwörter ❷ hinzugefügt: beides Dinge, deren Anwendung Sie bereits in Workshops zuvor kennengelernt haben. Hier zeige ich, wie Sie dem Raw-Bild diese Daten in einer separaten XMP-Datei mitgeben und in einer anderen Anwendung einlesen und ebenfalls bearbeiten können.

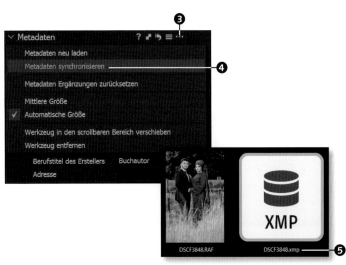

2 XMP manuell synchronisieren

Wählen Sie nur die Bilder im Browser aus, die Sie mit den Metadaten weitergeben wollen. Klicken Sie im METADATEN-Werkzeug auf die drei Punkte ❸, und wählen Sie META-DATEN SYNCHRONISIEREN ❹ aus. Jetzt finden Sie in dem Verzeichnis, in dem die Bilder gespeichert sind, eine Datei je Bild mit dem gleichen Namen wie das Bild, nur mit der Endung ».xmp« ❺. Darin sind die Metadaten zu den ausgewählten Bildern gespeichert.

3 XMP automatisch synchronisieren

Wollen Sie eine XMP-Datei nicht für einzelne Bilder über die manuelle Synchronisation erzeugen, können Sie sie über die Einstellungen auch für alle Bilder vorgeben. Hierzu setzen Sie im Dialog BEARBEITEN/CAPTURE ONE 21 • VOREINSTELLUNGEN im Reiter BILD ❻ die entsprechende Option bei METADATEN auf VOLLE SYNCHRONISATION (Windows) ❼ bzw. SYNCHRONISATION VOLLSTÄNDIG (Mac). Jetzt wird jede Änderung der Metadaten automatisch in einer XMP-Datei synchronisiert.

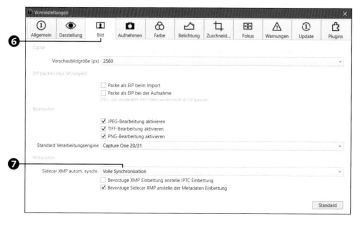

4 Bilder in Drittanwendung betrachten

Wenn Sie nun die Bilder in einem anderen Raw-Konverter, wie hier im Beispiel mit Adobe Lightroom Classic, öffnen, finden Sie dank dieser XMP-Sidecar-Datei auch die Schlüsselwörter ❽ und IPTC-Daten ❾ dort wieder.

5 Metadaten aktualisieren

Wenn Sie die Metadaten als XMP-Datei in einer anderen Anwendung geändert oder erstellt haben und diese Daten in Capture One aktualisieren wollen, dann können Sie dies über das METADATEN-Werkzeug bei den drei Punkten mit METADATEN NEU LADEN (Windows) ❿ bzw. METADATEN LADEN (Mac) machen. Das Bild oder die entsprechenden Bilder müssen im Browser natürlich markiert sein. Automatisch aktualisiert werden diese XMP-Daten, wenn Sie in Schritt 3 die entsprechende Option aktiviert haben.

Bilder umbenennen

Bilder mit einem neuen Namen versehen

Wenn Sie den Dateinamen der Bilder ändern wollen, stehen Ihnen mehrere Möglichkeiten zur Verfügung. Neben der manuellen Möglichkeit finden Sie auch eine Stapelverarbeitung, die mehrere Bilder auf einmal umbenennt. Alternativ bietet es sich an, eine Vorlage zu erstellen und sie gleich beim Import auf die Bilder anzuwenden.

1 Bilder manuell umbenennen

Einzelne Bilder können Sie ganz einfach im Browser umbenennen. Klicken Sie hierzu unterhalb der Miniaturvorschau auf den Namen ❶, und der Dateiname wird editierbar. Ändern Sie jetzt den Dateinamen, und bestätigen Sie mit ⏎. Für das Umbenennen von Bildern gilt, dass die Bilder nicht offline sein dürfen und die Festplatte, auf der sich das Bild befindet, angeschlossen sein muss. Auf die Offlinebearbeitung gehe ich ab Seite 228 genauer ein.

2 Stapelumbenennen verwenden

Wählen Sie die Bilder im Browser aus, die Sie umbenennen wollen. Klicken Sie rechts auf eines der ausgewählten Bilder, und wählen Sie STAPELUMBENENNUNG. Bei der METHODE ❷ können Sie zwischen TEXT UND ELEMENTE, womit Sie jedes ausgewählte Bild nach dem vorgegebenen Format umbenennen, und dem klassischen SUCHEN UND ERSETZEN wählen, womit Sie bestimmte Dateinamen suchen und durch einen anderen Namen ersetzen. Im Beispiel habe ich TEXT UND ELEMENTE gewählt.

3 Eigenes Format erstellen

Wenn Ihnen das vorgegebene Format nicht zusagt, klicken Sie auf die drei Punkte ❸. Im Dialog können Sie unter VOR-EINSTELLUNG ❹ eine Vorlage auswählen. Das BEISPIEL der Auswahl finden Sie immer bei ❼. Ansonsten können Sie Ihr eigenes Format zusammenstellen. Mit Entf/← können Sie die einzelnen Einträge in ❺ entfernen und im Bereich ELEMENTE ❻ durch Anklicken wieder hinzufügen. Ebenso können Sie in ❺ auch eigenen Text über die Tastatur hinzufügen.

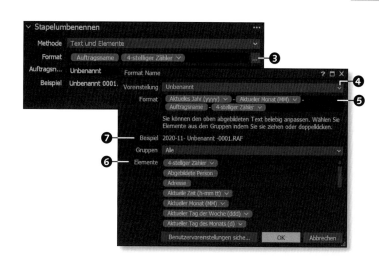

4 Format speichern und anwenden

Über VOREINSTELLUNG • BENUTZERVOR-EINSTELLUNGEN SICHERN ❽ speichern Sie die Vorlage unter einem bestimmten Namen, den Sie im sich öffnenden Dialog angeben. Klicken Sie auf OK ❾, finden Sie das erstellte Format in ❿ wieder und können alle ausgewählten Bilder nach dem erstellten Format mit der Schaltfläche UMBENENNEN ⓬ umbenennen. Das BEISPIEL ⓫ zeigt Ihnen auch hier vorher, wie das Ergebnis aussehen würde. Die Bilder werden umbenannt, wie Sie im Browser anschließend selbst beurteilen können.

5 Vorlage beim Import verwenden

Die erstellte und gespeicherte Vorlage können Sie künftig verwenden, indem Sie sie bei den BENUTZERVOREINSTELLUNGEN auswählen. Ebenso können Sie diese Voreinstellungen im Dialog zum Importieren der Bilder bei BENENNUNG in FORMAT über die drei Punkte ⓭ im Dialog neben VOREINSTEL-LUNG ⓮ auswählen. Beachten Sie allerdings, wenn Sie einen digitalen Zähler mit fortlaufender Nummer wählen (0001, 0002 usw.) und Sie eventuell noch Bilder aussortieren, dass die fortlaufende Nummer dann nicht mehr stimmt bzw. es Lücken gibt.

Nach Bildern suchen

Die mächtige Bildersuche mit dem »Filter«-Werkzeug

Wenn Sie Ihre Bilder fleißig mit nützlichen Metadaten wie Schlüsselwörtern, Farbmarkierungen, Sternebewertungen und IPTC-Daten versehen haben, wird es zum Kinderspiel, nach bestimmten Bildern zu suchen oder, wie es in Capture One heißt, zu filtern.

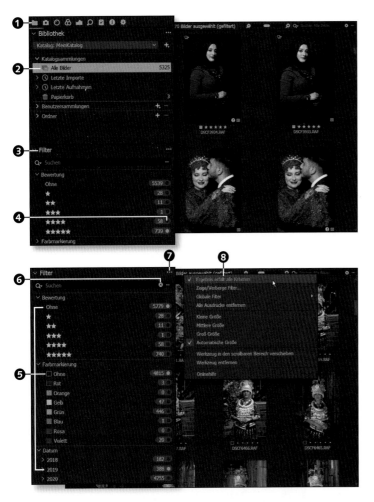

1 »Filter«-Werkzeug verwenden

Das FILTER-Werkzeug ❸ finden Sie im BIBLIOTHEK-Register ❶. Die Suche bezieht sich immer auf das aktuell ausgewählte Album oder den selektierten Ordner. Wollen Sie im gesamten Katalog oder in einer Sitzung suchen, wählen Sie bei den KATALOGSAMMLUNGEN bzw. den Sitzungsalben ALLE BILDER ❷ aus. Wählen Sie hier, wonach Sie suchen wollen, indem Sie Einträge wie BEWERTUNG, FARBMARKIERUNG oder SCHLÜSSELWÖRTER aufklappen. Aktivieren können Sie einen Filter, indem Sie auf die Zahl klicken ❹, woraufhin das Lämpchen orange »leuchtet«.

2 Mehrere Filter verwenden

Im Beispiel möchte ich Bilder auf meiner Festplatte suchen, die nie beachtet wurden. Ich wähle hier mit gedrückt gehaltener Strg/cmd-Taste die Filter »ohne Bewertung« und »ohne Farbmarkierung« ❺ aus dem Jahr 2019 aus. Damit das Ergebnis alle Kriterien erfüllt, muss über ❼ die entsprechende Option ❽ aktiviert sein. Dies ist praktisch für das Aussortieren und Organisieren des Bildarchivs. Zurücksetzen können Sie die aktuelle Filterung mit dem x-Symbol ❻ in der Suchleiste.

3 »Filter«-Werkzeug anpassen

Das FILTER-Werkzeug ist nicht auf die vorhandenen Einträge wie BEWERTUNG oder FARBMARKIERUNG beschränkt, sondern kann über die drei Punkte ❿ und den entsprechenden Befehl ⓫ angepasst werden. Im sich öffnenden Dialog können Sie Filter durch Setzen oder Entfernen eines Häkchens hinzufügen oder verbergen. Ich verwende gerne den Filter VERARBEITET ❾, um so noch nicht bearbeitete Bilder auszufiltern. Über GLOBALE FILTER ⓬ können Sie außerdem festlegen, welche Dateitypen angezeigt oder ausgeblendet werden sollen.

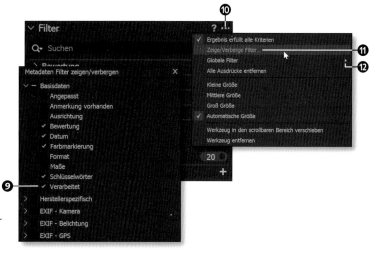

4 Erweiterte Suche verwenden

Einen Dialog zur erweiterten Suche können Sie über die drei Punkte ⓭ im Suchfeld des FILTER-Werkzeugs oder im Browser ⓮ aufrufen. Der Dialog entspricht dem der intelligenten Alben, bei dem Sie mehrere Suchkriterien mit dem logischen »Und« oder »Oder« verknüpfen können. Der Dialog bietet zudem an, aus den gefundenen Bildern der Suchkriterien über die entsprechenden Schaltflächen ein intelligentes ⓰ oder normales Album mit den aktuellen Bildern ⓯ zu erstellen.

5 Suche im Textfeld

Eine umfassende Suche nach Metadaten, wie Schlüsselwörtern oder Exif- und IPTC-Daten, können Sie außerdem über die Eingabefelder ⓱ im FILTER-Werkzeug oder im Browser ⓳ durchführen. Wie viele Bilder bei der Ausfilterung gefunden wurden, erkennen Sie oben ⓲ im Browser, wo neben der Anzahl der Bilder auch (GEFILTERT) steht. Wie immer können Sie einen Filter über das × in den Suchfeldern zurücksetzen.

Globale Filter verwenden

So können Sie bestimmte Bildformate verbergen oder anzeigen

Gerne nehme ich meine Fotos gleichzeitig im Raw- und JPEG-Format auf. Das JPEG kann ich ohne Verarbeitung gleich weitergeben, und die Raw-Datei kann ich später bei Bedarf nachbearbeiten, um noch mehr aus dem Bild herauszuholen. Wollen Sie hierbei nach dem Import oder in einer Sitzung in Capture One das JPEG und/oder die Raw-Datei im Browser sehen, können Sie den globalen Filter dafür zu Hilfe nehmen.

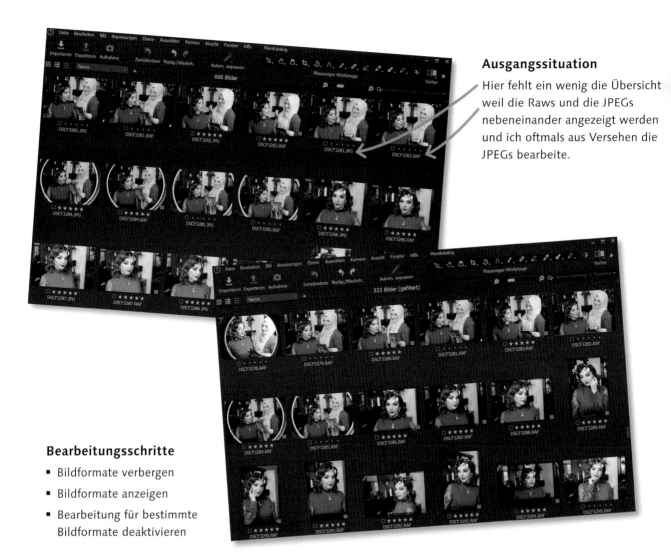

Ausgangssituation

Hier fehlt ein wenig die Übersicht weil die Raws und die JPEGs nebeneinander angezeigt werden und ich oftmals aus Versehen die JPEGs bearbeite.

Bearbeitungsschritte

- Bildformate verbergen
- Bildformate anzeigen
- Bearbeitung für bestimmte Bildformate deaktivieren

1 Bildformate verbergen

Wenn Sie Bilder gerne im JPEG- und Raw-Format gleichzeitig fotografieren und nicht wollen, dass beide Formate nebeneinander im Browser angezeigt werden, können Sie das über das FILTER-Werkzeug bei den Optionen ❶ im Untermenü GLOBALE FILTER mit JPG IMMER VERBERGEN ❷ ändern. Des Weiteren finden Sie hier globale Filter, die PNG-, TIFF-, Raw- oder Videodateien verbergen. Sie können mehrere globale Filter gleichzeitig verwenden.

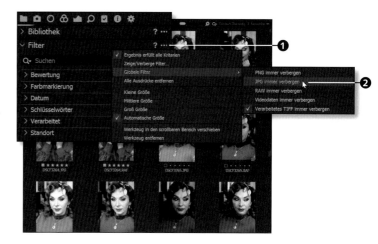

2 Bildformate anzeigen

Ebenso einfach wie das Verbergen von bestimmten Bildformaten ist es, sie über das FILTER-Werkzeug im Untermenü GLOBALE FILTER wieder einzublenden, indem Sie das Häkchen ❸ vor einem ausgeblendeten Dateiformat durch Auswählen des Befehls deaktivieren. Die Bildformate, vor denen ein Häkchen gesetzt ist, werden ausgeblendet. In diesem Beispiel werden keine JPEG- und verarbeiteten TIFF-Dateien angezeigt. Auf die Frage »Hilfe, wo sind meine JPEGs?« finden Sie hier häufig die Antwort.

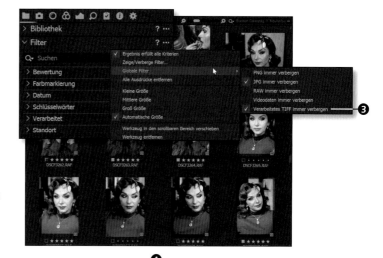

3 Bearbeitung deaktivieren

Wollen Sie Ihre JPEGs oder verarbeiteten TIFF-Bilder (oder auch PNGs) schützen, um sie nicht aus Versehen anstelle der Raws zu bearbeiten, dann bietet Capture One über BEARBEITEN/CAPTURE ONE 21 · VOREINSTELLUNGEN im Register BILD ❹ unter BEARBEITEN mit den Optionen [Bildformat]-BEARBEITUNG AKTIVIEREN ❺ eine Lösung an. Deaktivieren Sie z. B. das Häkchen vor JPEG-BEARBEITUNG AKTIVIEREN, können Sie JPEG-Bilder nicht mehr aus Versehen in Capture One ändern. Die Schieberegler sind in dem Fall einfach ausgegraut, und im Browser sehen Sie ein entsprechendes Symbol ❻.

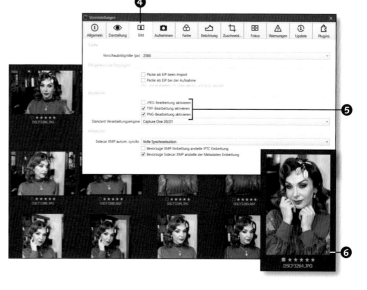

Anmerkungen hinzufügen

Versehen Sie Bilder mit Anmerkungen

Sie können zu den Bildern bei Bedarf noch Anmerkungen in Form von handschriftlichen Notizen oder Zeichnungen hinzufügen. Dies kann recht nützlich sein, wenn Sie auf dem Bild Hinweise für bisherige oder künftige Arbeiten hinzufügen wollen. Sie können diese Anmerkungen im Bild bei Bedarf an Photoshop oder Programme, die mit PSD-Dateien umgehen können, als separate Ebene weitergeben.

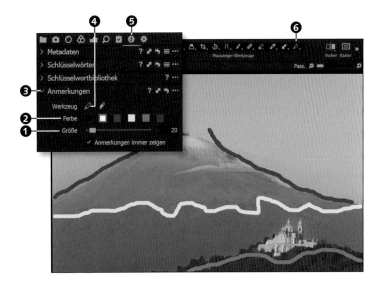

1 Anmerkungen hinzufügen (1/2)

Das ANMERKUNGEN-Werkzeug ❸ finden Sie im METADATEN-Register ❺. Hier können Sie das ANMERKUNGEN ZEICHNEN-Werkzeug ❹ auswählen. Selbiges finden Sie auch in der Werkzeugleiste ❻ zur Auswahl oder erreichen es mit dem Tastenkürzel Ⓘ. Wählen Sie anschließend die FARBE ❷ und GRÖSSE ❶ für die Pinselspitze der Anmerkung aus. Mit gedrückter Maustaste können Sie nun anfangen, Notizen und Hinweise auf das Bild zu malen. Besser sehen die Anmerkungen natürlich aus, wenn Sie ein Grafiktablett nutzen.

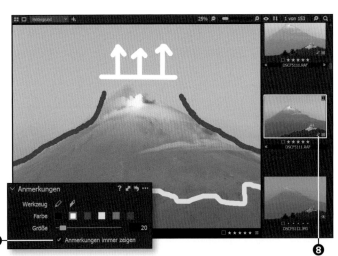

2 Anmerkungen hinzufügen (2/2)

Mit gehaltener ⇧-Taste können Sie gerade Linien zeichnen. Dies funktioniert sowohl beim Zeichnen mit gedrückter Maus- und gehaltener ⇧-Taste wie auch beim Setzen eines Punktes mit dem Werkzeug; dann halten Sie die ⇧-Taste gedrückt und setzen erneut einen Punkt an einer anderen Stelle. Jetzt werden die beiden Punkte mit einer geraden Linie verbunden. Anhand des Stiftsymbols ❽ erkennen Sie im Browser die Bilder mit Anmerkungen. Wollen Sie Anmerkungen im Viewer anzeigen, müssen Sie die entsprechende Option ❼ dafür aktivieren.

3 Anmerkungen entfernen

Zum Entfernen einzelner Anmerkungen finden Sie im ANMERKUNGEN-Werkzeug ❾ oder in der Werkzeugleiste ⓫ das ANMER-KUNGEN LÖSCHEN-Werkzeug, das Sie auch mit Ⓨ aktivieren können. Klicken Sie damit auf eine Anmerkung, wird der angeklickte Pinsel-strich komplett entfernt. Alle Anmerkungen auf einmal entfernen Sie, indem Sie auf die ZURÜCKSETZEN-Schaltfläche ❿ des ANMERKUN-GEN-Werkzeuges klicken.

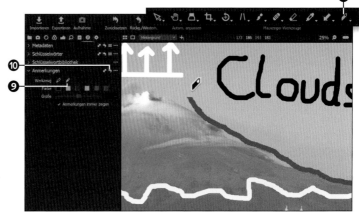

4 Anmerkungen weitergeben

Klicken Sie bei den VERARBEITUNGS-VORGABEN ⓰ im AUSGABE-Register ⓱ auf das Plussymbol ⓯, um eine neue Verarbeitungs-vorgabe zu erstellen. Benennen Sie diese pas-send. Dann wählen Sie im VERARBEITUNGSVOR-GABEN-Werkzeug im Register BASISDATEN als FORMAT ⓭ PSD und setzen bei METADATEN ein Häkchen vor ANMERKUNGEN (ALS EBENE) ⓲. Bei AUSGABEORDNER (MAC: AUSGABEORT) ⓬ legen Sie zudem fest, wo die Datei gespei-chert wird. Klicken Sie anschließend auf VERARBEITEN ⓮.

5 Anmerkungen in Photoshop öffnen

Öffnen Sie Photoshop, Photoshop Elements oder ein anderes Programm, das mit PSD-Dateien umgehen kann, und laden Sie die in Schritt 4 erstellte PSD-Datei mit den An-merkungen. Wenn Sie die EBENEN-Palette betrachten, finden Sie eine gesonderte Ebene von Capture One mit den Anmerkungen ⓴ vor, die Sie über das Augensymbol ⓳ ein-/ ausblenden können. Haben Sie in Schritt 4 ein anderes Dateiformat als PSD verwendet, dann wurden die Anmerkungen fest im Bild gespei-chert und können nicht mehr entfernt oder ausgeblendet werden.

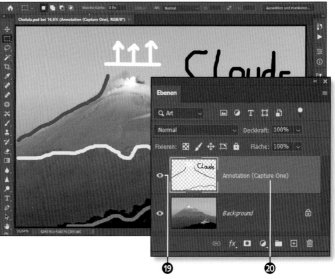

Kapitel 6
Objektivkorrekturen und Bildaufbau

Der Bildaufbau kann auch vor der eigentlichen Korrektur als erster Schritt im Workflow erfolgen, bevor Sie überhaupt die allgemeinen Korrekturen am Bild vornehmen. Zum Bildaufbau gehören Dinge wie das Gerade-Ausrichten von Bildern, die Korrektur von stürzenden Linien, das Festlegen des richtigen Bildausschnitts oder auch das Drehen und Spiegeln von Bildern. Als Hilfsmittel stellt Capture One Hilfslinien und Raster zur Verfügung, die beim Anpassen des Bildaufbaus sehr hilfreich sein können.

Allgemeine Objektivkorrekturen
So bekommen Sie Verzeichnungen in den Griff 128

Chromatische Aberrationen
Unschöne Farbsäume beheben 130

Raster und Hilfslinien verwenden
Hilfsmittel für den Bildaufbau 133

Schiefen Horizont ausrichten
So rücken Sie Ihre Bilder gerade 136

Bilder spiegeln und drehen
Einfache Funktionen schnell ausgeführt 138

Bilder zuschneiden
So legen Sie den optimalen Bildausschnitt fest 140

Stürzende Linien beheben
Ändern der Perspektive des Bildes 144

Überlagerungen
Hilfsmittel zur Bildkomposition 148

Basismerkmale anpassen
Die Grundlage für die Entwicklung schaffen 150

Allgemeine Objektivkorrekturen

So bekommen Sie Verzeichnungen in den Griff

Es gibt Fehler, die im Zusammenhang mit einem Objektiv auftreten können. In diesem Workshop erfahren Sie, wie Sie kissen- oder tonnenförmige Verzeichnungen, einen Schärfeabfall oder einen Helligkeitsabfall zum Rand mit Capture One korrigieren können. Bei gängigen Objektiven sollten diese Korrekturen bereits mit Arbeitsschritt 1 automatisch behoben sein. Für alle anderen Fälle finden Sie eine kurze Beschreibung in den Arbeitsschritten 2 bis 5.

1 Objektivkorrektur mit Profil

Die meisten Objektivprofile kennt Capture One und korrigiert die Objektivfehler daher bereits automatisch. Wird Ihr Objektiv bei PROFIL ❶ noch nicht angezeigt, finden Sie es mit großer Wahrscheinlichkeit im Dropdownmenü zum Auswählen vor. Wenn nicht, steht Ihnen mit GENERIC das Profil eines virtuellen Objektivs zur Verfügung, um die Objektivfehler zu beheben. Ein besseres Ergebnis, gerade bei Verzeichnungen, erzielen Sie allerdings immer mit einem passenden Profil.

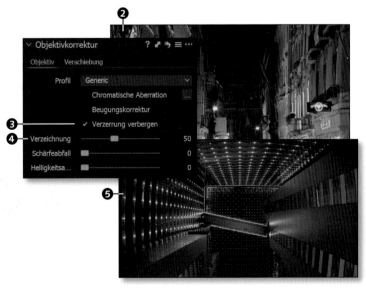

2 Verzeichnung korrigieren

Bei Teleobjektiven haben Sie häufig eine kissenförmige Verzeichnung ❷, wodurch das Motiv schmaler abgebildet wird, als es ist. Bei weitwinkligen Objektiven kommt es eher zur tonnenförmigen Verzeichnung ❺, bei der die Kanten des Motivs mehr nach außen gewölbt sind und wie aufgeblasen wirken. Für solche Verzeichnungen ist der Regler VERZEICHNUNG ❹ im OBJEKTIVKORREKTUR-Werkzeug zuständig. Die Checkbox VERZERRUNG VERBERGEN ❸ sollten Sie aktivieren, weil das Bild damit automatisch beschnitten wird, wenn eine Entzerrung erfolgt ist.

3 Schärfe- und Helligkeitsabfall

Bei mit einem Weitwinkelobjektiv fotografierten Bildern ist die Schärfe in der Mitte häufig am besten und nimmt zum Rand hin ab. Um das gegebenenfalls zu beheben, können Sie mit dem Regler SCHÄRFEABFALL **9** die Randschärfe erhöhen. Das Gleiche gilt bei Weitwinkelobjektiven für den Helligkeitsabfall, der ebenfalls zum Rand der Bilder hin zunimmt **6**, wodurch sich eine leichte Vignette bildet. Wenn diese Vignettierung an den Rändern stört, können Sie sie mit Erhöhung des Reglers HELLIGKEITSABFALL **8** reduzieren **7** bzw. beseitigen.

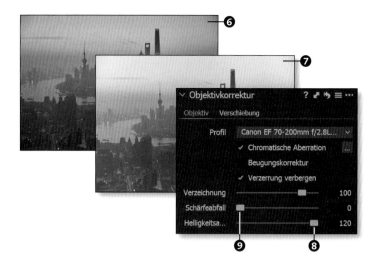

4 Verschiebung für Tilt-Shift-Objektive

Das zweite Register im OBJEKTIVKORREKTUR-Werkzeug, VERSCHIEBUNG **10**, bezieht sich auf sogenannte *Tilt-Shift-Objektive*. Dies sind Objektive, die man z. B. häufig in der Architekturfotografie einsetzt, um stürzende Linien auszugleichen. Bei der OBJEKTIVKORREKTUR können Sie im Reiter OBJEKTIV die entsprechenden Werte für BRENNWEITE, BLENDE und vor allem die VERSCHIEBUNG in X und Y angeben, und Capture One berücksichtigt dann diese Werte.

5 LCC-Profil erstellen

Wenn Ihr Objektiv in der Liste der vorhandenen Profile im OBJEKTIVKORREKTUR-Werkzeug nicht enthalten ist, können Sie theoretisch ein eigenes Profil über das LCC-Werkzeug anlegen. LCC steht für *Lens Cast Calibration*. Hierzu klicken Sie auf LCC ERSTELLEN **11**. In der Praxis sind die so erstellten LCC-Profile allerdings keine echten Alternativen zu den angebotenen Objektivprofilen.

Chromatische Aberrationen

Unschöne Farbsäume beheben

In diesem Workshop erfahren Sie, wie Sie viele kleinere Unschönheiten im Bild entfernen können, die Sie häufig vielleicht gar nicht richtig wahrnehmen und die oftmals erst bei genauerem Hinsehen auffallen. Konkret erfahren Sie, wie Sie chromatische Aberrationen und Farbsäume (auch »Purple Fringing« genannt) beheben können.

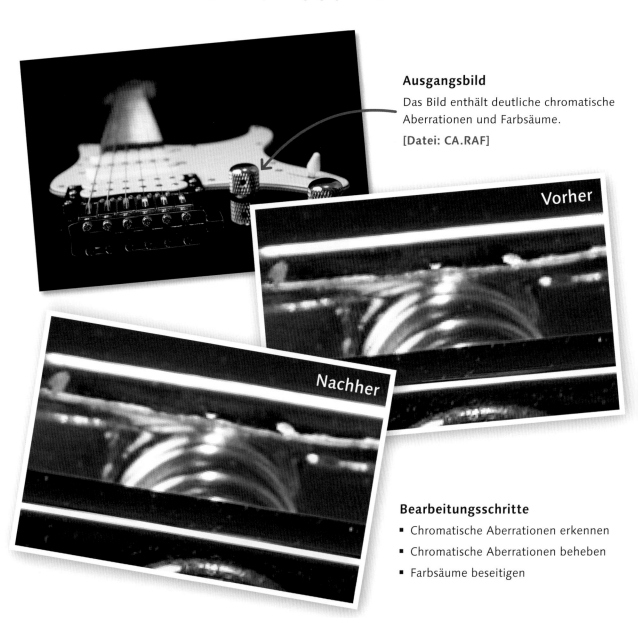

Ausgangsbild

Das Bild enthält deutliche chromatische Aberrationen und Farbsäume.

[Datei: CA.RAF]

Bearbeitungsschritte

- Chromatische Aberrationen erkennen
- Chromatische Aberrationen beheben
- Farbsäume beseitigen

1 Bildgröße einstellen

Chromatische Aberrationen (kurz CA) oder Farbsäume in einem Bild sind oft nicht direkt zu erkennen. Um ein Bild auf CA zu untersuchen, müssen Sie an den entsprechenden Kanten meistens auf 200 bis 400 % in das Bild hineinzoomen. Ich bevorzuge wieder das FOKUS-Werkzeug mit einer mindestens 200 %-igen Ansicht eines bestimmten Bildbereichs im Viewer, wo ich das Bild in eingepasster Form belasse. Im Beispiel verwende ich eine 400 %-Ansicht.

2 CA entfernen

Wenn bei kontrastreichen Kanten in einem Bild auf einmal rote, grüne oder lilafarbene ① Lichthöfe zu erkennen sind, dann handelt es sich gewöhnlich um eine CA. Solche durch fehlgeleitete Lichtstrahlen entstandenen Lichthöfe können Sie im OBJEKTIV-Register mit dem OBJEKTIVKORREKTUR-Werkzeug beheben, indem Sie ein Häkchen vor CHROMATISCHE ABERRATION ② setzen. Erkennt Capture One Ihr Objektiv, ist es in PROFIL ③ ausgewählt, und das Häkchen ist automatisch gesetzt.

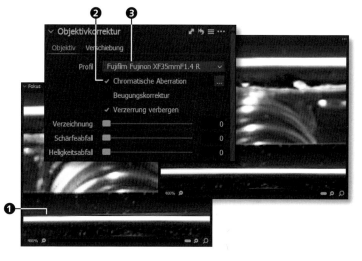

3 Mehrere Bilder auf CA analysieren

Wollen Sie mehrere Bilder auf CA analysieren lassen, müssen Sie nur die entsprechenden Bilder im Browser auswählen, im OBJEKTIV-KORREKTUR-Werkzeug hinter der Checkbox von CHROMATISCHE ABERRATION auf die Schaltfläche mit den drei Punkten klicken und ANALYSIEREN ④ auswählen. Ein Dialog informiert Sie anschließend über den Fortschritt der Analyse und behebt für gewöhnlich auch automatisch eine CA, falls nötig.

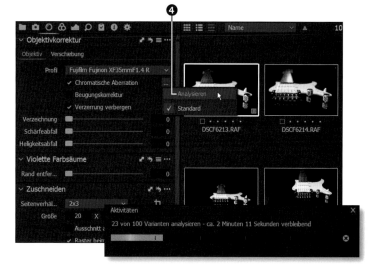

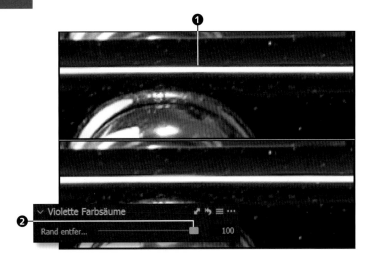

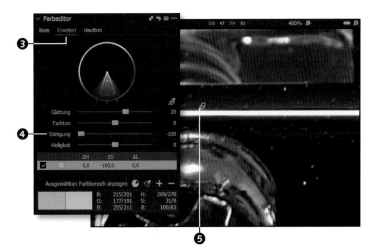

4 Farbsäume entfernen

Farbsäume treten gelegentlich bei Kanten mit besonders hohen Kontrasten wie z. B. bei Ästen vor einem hellen Himmel auf. Auch bei Oberflächen aus Metall führt starkes Licht zu solchen Reflexionen, die sich dann als unschöner Farbsaum ❶ an den Kanten zeigen. Diesen Fehler können Sie, unabhängig vom PROFIL, über das OBJEKTIV-Register im VIOLETTE FARBSÄUME-Werkzeug mit dem entsprechenden Regler ❷ beheben, indem Sie den Wert erhöhen. Wird das Objektiv von Capture One erkannt, werden diese Informationen bei der Beseitigung mit verwendet.

5 Im Notfall hilft der »Farbeditor«

Wenn Sie mit dem Korrekturergebnis nicht zufrieden sind, können Sie im FARBEDITOR zum Modus ERWEITERT ❸ wechseln, die entsprechende Stelle mit der Pipette auswählen ❺ und dann die SÄTTIGUNG ❹ für die betroffene Stelle reduzieren. Bearbeiten Sie diesen Bereich mit einer lokalen Anpassung über eine Ebene, damit nicht andere lilafarbene, rote oder grüne Bereiche davon beeinflusst werden, die ebendiese Farben haben und kein Bildfehler sind.

6 Grenzen der Korrektur

Sie kennen jetzt die Möglichkeiten, die Farbsäume loszuwerden. Trotzdem ist es nicht immer möglich, diese restlos zu entfernen. Auch die manuellen Methoden mit dem FARBEDITOR-Werkzeug können Sie nicht ohne Bedenken auf jedes Bild anwenden, ohne eventuell auch gleiche, aber richtige Farben zu entfernen. Am Ende des Tages können solche »Fehler« Ihrem Bild auch einen gewissen Charakter verleihen.

Raster und Hilfslinien verwenden

Hilfsmittel für den Bildaufbau

Wenn Sie Bilder gerade ausrichten, zuschneiden oder eventuell die Perspektive mit der Trapez-korrektur anpassen wollen, dann kann es hilfreich für die nachträgliche Komposition sein, sich hierfür Raster- und/oder Hilfslinien einblenden zu lassen.

Ausgangsbild

Verschiedene Raster und Hilfslinien verwenden

Bearbeitungsschritte

- Raster einblenden und verwenden
- Hilfslinien einblenden und verwenden
- Raster und Hilfslinien anpassen

1 Rasterlinien einblenden

Rasterlinien blenden Sie mit `Strg`/
`cmd`+`G` oder einem Klick auf das entsprechende Icon ❶ ein und aus. Standardmäßig wird das Raster angezeigt, das Sie im OBJEKTIV-Register ❷ im Werkzeug RASTER ❸ eingestellt haben. Wie viele Linien angezeigt werden, geben Sie bei LANGE KANTE und KURZE KANTE an, und die FARBE wählen Sie im entsprechenden Farbfeld von RASTER aus. Im Beispiel wird ein 3 × 3-Raster in weißer Farbe verwendet.

2 Rastertyp verwenden

Das Raster ist hilfreich beim Zuschneiden, Geraderichten und bei der TRAPEZKORREKTUR. Meistens dürfte allerdings die Unterstützung beim Zuschneiden die wichtigste Funktion des Rasters sein. Bei TYP ❹ können Sie zwischen verschiedenen Rastern wie GOLDENER SCHNITT oder FIBONACCI SPIRALE wählen. Die Fibonacci-Spirale können Sie über die Optionen UHRZEIGERSINN und SPIEGELN in vier verschiedenen Ausrichtungen einsetzen.

3 Raster anpassen

Wollen Sie das Raster auf dem Bild unabhängig vom zugeschnittenen Bildausschnitt anzeigen lassen, dann deaktivieren Sie die Option AUSSCHNITT BERÜCKSICHTIGEN ❺. Jetzt erstreckt sich das Raster immer über das komplette Bild. Möchten Sie das Raster beim Zuschneiden des Bildes vorübergehend ausblenden, deaktivieren Sie die Option ANZEIGEN ❻.

4 Hilfslinien verwenden

Ist Ihnen das Raster zu starr, können Sie auch Hilfslinien verwenden. Diese lassen sich über ANSICHT • HILFSLINIEN (de-)aktivieren. Hilfslinien hinzufügen können Sie über das Menü ANSICHT • HILFSLINIEN ANPASSEN, wobei Sie horizontale oder vertikale Hilfslinien ergänzen können. Neue Hilfslinien werden mittig hinzugefügt und können mit gedrückt gehaltener Maustaste und dem AUSWÄHLEN-Werkzeug ❼ verschoben werden ❽. Eine Maßangabe zeigt die exakte Position an.

5 Hilfslinien verwalten

Die Farben für die Hilfslinien können Sie über das Menü ANSICHT • HILFSLINIEN ANPASSEN • FARBE DER HILFSLINIEN ändern. Die Maßeinheiten der Hilfslinien werden durch die Einstellung im OBJEKTIV-Register ❾ im ZUSCHNEIDEN-Werkzeug bei GRÖSSE ❿ bestimmt. Um die sichtbaren Hilfslinien zu entfernen, gehen Sie über ANSICHT • HILFSLINIEN ANPASSEN und wählen dort HILFSLINIEN ZURÜCKSETZEN.

6 Raster oder Hilfslinien?

Meistens werden Sie wohl eher das Raster verwenden wollen, um Ihre Bildkomposition besser im Überblick zu haben. Ich verwende meistens ein 3 × 3- oder 6 × 4-Raster. Das hängt auch vom Bildmaterial ab. Manchmal ist es hilfreich, mehrere Rasterlinien zu verwenden, um etwas gerade auszurichten. Hilfslinien sind auch recht hilfreich, wenn Sie etwas anhand einer bestimmten Linie im Bild ausrichten oder zuschneiden wollen. Bei der Anzeige von Hilfslinien wird übrigens immer nur der aktuelle Bildausschnitt berücksichtigt.

Schiefen Horizont ausrichten

So rücken Sie Ihre Bilder gerade

Nicht immer ist es möglich, die Kamera bei der Aufnahme gerade zu halten. In diesem Workshop erfahren Sie, wie Sie einen schiefen Horizont oder eine Vertikale in einem Bild gerade ausrichten.

Ausgangsbild

Das Bild ist leicht schief.

[Datei: Schief.RAF]

Bearbeitungsschritt

Gerade ausrichten

1 »Gerade richten«-Werkzeug

Das Werkzeug zum Drehen von Bildern finden Sie im OBJEKTIV-Register ❷ unter DREHUNG & SPIEGELUNG ❸ oder bei den Mauszeiger-Werkzeugen ❶. Wählen Sie hier das GERADE RICHTEN-Werkzeug aus, und gehen Sie damit über das Bild mit dem schiefen Horizont. Klicken Sie auf den Anfang ❺ und mit dem zweiten Punkt auf das Ende ❹ der horizontal oder vertikal auszurichtenden Ebene. Eine Linie zwischen den beiden Punkten hilft Ihnen bei der Orientierung. Wenn Sie die Maustaste loslassen, wird das Bild entsprechend ausgerichtet.

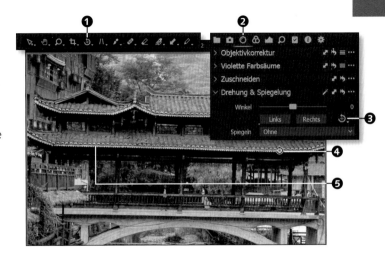

2 Winkel-Regler

Eine zweite Möglichkeit, ein Bild gerade zu richten oder nach Schritt 1 feinzujustieren, bietet der Schieberegler ❻, mit dem Sie den Drehwinkel des im Viewer angezeigten Bildes ändern. Fein einstellen können Sie diesen Wert dann über das Textfeld ❼, wo Sie mit den ⬆-und ⬇-Tasten den Wert um jeweils 0,01° drehen können. Halten Sie ⇧ gedrückt, drehen Sie in 0,1°-Schritten. Ebenso können Sie den Wert mit der Tastatur eingeben. Raster- und Hilfslinien erleichtern das Ausrichten.

3 Freihanddrehen

Eine dritte Möglichkeit ist das FREIHANDDREHEN-Werkzeug, das Sie ebenfalls mit einem Rechtsklick über das GERADE RICHTEN-Werkzeug in DREHUNG & SPIEGELUNG ❿ oder in den Mauszeiger-Werkzeugen ❽ wählen können. Klicken Sie anschließend direkt auf das Bild im Viewer, und drehen Sie es mit gedrückt gehaltener Maustaste. Durch Bewegung der Maus in die entsprechende Richtung richten Sie das Bild mithilfe der Rasterlinien aus. Das Feintuning können Sie auch hier nachträglich über das Textfeld ❾ wie in Schritt 2 vornehmen. Auch hier sind Raster- und Hilfslinien hilfreich.

Bilder spiegeln und drehen

Einfache Funktionen schnell ausgeführt

Wollen Sie Bilder um 90° nach links oder rechts drehen oder eine horizontale oder vertikale Spiegelung erzielen? Auch das geht leicht mit den Funktionen in Capture One.

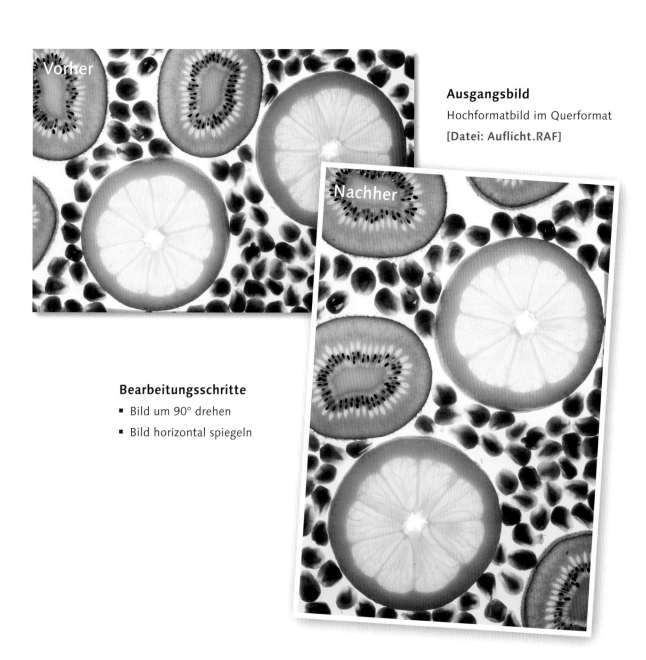

Ausgangsbild

Hochformatbild im Querformat

[Datei: Auflicht.RAF]

Bearbeitungsschritte

- Bild um 90° drehen
- Bild horizontal spiegeln

1 Bild im Viewer um 90° drehen

Haben Sie ein Bild im Hochformat fotografiert, es wird aber im Querformat angezeigt (oder umgekehrt), dann können Sie das im Viewer angezeigte Bild schnell mit den Tastenkombinationen Strg/cmd+Alt+R bzw. Strg/cmd+Alt+R um 90° nach rechts bzw. links drehen. Dasselbe erreichen Sie auch im Objektiv-Register über die Schaltflächen Links oder Rechts ❶ im Drehung & Spiegelung-Werkzeug.

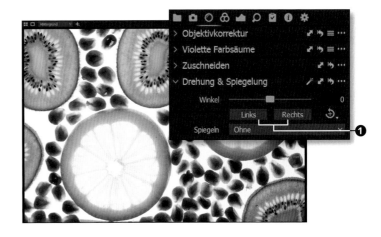

2 Bilder im Browser um 90° drehen

Sind mehrere Bilder im Hoch- oder Querformat falsch ausgerichtet, können Sie den Viewer mit G verbergen und die Werkzeuge Nach links drehen oder Nach rechts drehen im Drehung & Spiegelung-Werkzeug ❸ oder bei den Mauszeiger-Werkzeugen ❷ auswählen. Jetzt müssen Sie nur noch die entsprechenden Bilder im Browser mit dem Werkzeug anklicken ❹, und sie werden entsprechend gedreht. Natürlich funktioniert das Werkzeug auch im Viewer.

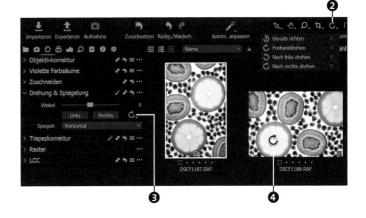

3 Bild spiegeln

Auch die horizontale und vertikale Spiegelung ❺ finden Sie im Drehung & Spiegelung-Werkzeug wieder, wo die Standardeinstellung Ohne lautet. Beachten Sie allerdings, dass Text in einem z. B. horizontal gespiegelten Bild dann auch spiegelverkehrt zu sehen ist.

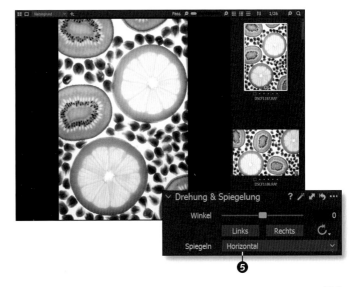

Bilder zuschneiden

So legen Sie den optimalen Bildausschnitt fest

Wenn sich störende Objekte oder Personen am Rand des Bildes befinden, das Hauptmotiv im Bild etwas verloren wirkt oder Sie etwas mehr Nähe oder Harmonie im Bild erzielen wollen, können Sie mit Capture One im Handumdrehen den Bildausschnitt ändern

Vorher

Ausgangsbild

- Unschöner Hintergrund ist sichtbar.
- Die Models wirken verloren im Bild.
- Dem Bild fehlt es an Nähe.

[Datei: Folclorico-Infantil.RAF]

Bearbeitungsschritte

- Richtigen Zuschnitt ermitteln
- Seitenverhältnis anpassen
- Bild zuschneiden

Nachher

1 Vorkehrungen treffen

Zunächst sollten Sie gegebenenfalls die Verarbeitungsvorgabe ❶ im AUSGABE-Register deaktivieren. Die dort gewählte Ausgabegröße wird sonst auch beim ZUSCHNEIDEN-Werkzeug als festes Rezept verwendet ❷ und nicht die Originalgröße des Bildes. Diese Verarbeitungsvorgabe ist zwar nützlich, weil Sie gleich eine feste Maßeinheit vorgeben können, aber vielleicht nicht das, was Sie an dieser Stelle haben wollen. Wenn das ZU-SCHNEIDEN-Werkzeug nicht funktioniert wie erwartet, liegt es häufig an einer aktiven Verarbeitungsvorgabe.

2 Zuschnittsmaske anpassen

Die Zuschnittsmaske können Sie über BEARBEITEN/CAPTURE ONE 21 • VOREINSTELLUN-GEN • ZUSCHNEIDEN ändern. Mit DECKKRAFT und HELLIGKEIT können Sie den Bereich ❸ deutlicher hervorheben. Ich verstärke hier gewöhnlich die DECKKRAFT und HELLIGKEIT, weil mir die Standardvorgabe nicht zusagt. Wollen Sie einen Zuschnittsrahmen ❹ immer anzeigen, erreichen Sie dies mit RAHMEN ANZEIGEN. Mit BESCHRIFTUNGEN ANZEIGEN wird die Größe des Zuschnitts angezeigt.

3 Seitenverhältnis anpassen

Das ZUSCHNEIDEN-Werkzeug finden Sie im OBJEKTIV-Register ❻, wo Sie ein SEITEN-VERHÄLTNIS ❺ für den Zuschnitt auswählen können. Mit der Standardeinstellung ORIGINAL wird das Seitenverhältnis des Bildes beibehalten. Wollen Sie kein festes Seitenverhältnis, dann wählen Sie UNBESCHRÄNKT aus. Damit können Sie den Zuschnitt in einem beliebigen Verhältnis durchführen. Ansonsten können Sie aus den unterschiedlichen Vorgaben wie 2×3 oder 3×4 wählen. Alternativ können Sie ein eigenes SEITENVERHÄLTNIS HINZUFÜGEN ❼ und speichern.

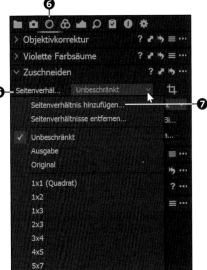

4 Bild zuschneiden (Möglichkeit 1)

Wählen Sie das ZUSCHNEIDEN-Werkzeug über ❶, in den Mauszeiger-Werkzeugen ❷ oder mit C aus. Gehen Sie mit der Maus an eine der Ecken ❸, und der Cursor wird zu einem Doppelpfeil. Ziehen Sie den Zuschnittsrahmen nach innen. Wenn Sie ORIGINAL als SEITENVERHÄLTNIS gewählt haben, können Sie den Zuschnittsrahmen nur über die Ecken ändern. Bei UNBESCHRÄNKT stehen Ihnen neben den vier Ecken auch die vier Kanten zur Verfügung. Klicken Sie außerhalb des Zuschnittsrahmens, wird der Rahmen aufgehoben.

5 Bild zuschneiden (Möglichkeit 2)

Alternativ können Sie auch mit dem ZUSCHNEIDEN-Werkzeug mit gedrückt gehaltener Maustaste einen Zuschnittsrahmen aufziehen. Im Beispiel habe ich von der linken oberen Ecke ❹ einen Zuschnittsrahmen mit gedrückt gehaltener Maustaste zur rechten unteren Ecke ❺ aufgezogen. Lassen Sie die Maustaste los, und Sie haben den Zuschnittsrahmen erstellt. Auch hier orientiert sich der Zuschnittsbereich auf das im ZUSCHNEIDEN-Werkzeug eingestellte SEITENVERHÄLTNIS.

6 Bild zuschneiden (Möglichkeit 3)

Es gibt noch eine dritte Möglichkeit, einen Zuschnittsrahmen zu erstellen, und zwar über die manuelle Eingabe in den beiden Textfeldern von GRÖSSE ❻ im ZUSCHNEIDEN-Werkzeug. Wenn das SEITENVERHÄLTNIS auf ORIGINAL oder ein anderes festes Seitenverhältnis (also nicht UNBESCHRÄNKT) eingestellt ist, wird bei einer Eingabe der Höhe die Breite proportional angepasst. Umgekehrt gilt natürlich dasselbe.

7 Zuschnittsbereich verschieben

Eher selten dürfte der aufgezogene oder erstellte Zuschnittsbereich auf Anhieb perfekt sein. Gehen Sie daher mit dem Mauszeiger auf eine Stelle innerhalb des Zuschnittsrahmens, wodurch der Cursor zu einem Pfeil in vier Richtungen ❼ wird. Jetzt können Sie mit gedrückt gehaltener Maustaste die Position des Rahmens verschieben. Den Zuschnittsrahmen können Sie außerdem jederzeit über die Ecken bzw. Seiten, wenn Sie ähnlich wie in Arbeitsschritt 4 ein unbeschränktes Seitenverhältnis vorgegeben haben, nachträglich anpassen.

8 Hoch- und Querformat ändern

Sie können das Hoch- oder Querformat bei einem festen Seitenverhältnis jederzeit ändern, indem Sie den Rahmen an einer Ecke ❽ einfach mit gedrückt gehaltener Maustaste über die kürzere Kante des Zuschnittsrahmens ziehen. Anschließend können Sie den Zuschnittsrahmen wieder entsprechend verschieben und anpassen oder auf demselben Weg wieder vom Hochformat ins Querformat wechseln.

9 Bild zuschneiden

Der Zuschnitt wird ausgeführt, wenn Sie zu einem anderen Mauszeiger-Werkzeug wechseln. Natürlich bleibt das Originalbild so, wie es ist, und was Sie im Viewer sehen, ist natürlich nur wieder das Bild in dem Format, wie es aussehen würde, würden Sie es in einem Format wie JPEG oder TIFF exportieren. Die GRÖSSE wird im entsprechenden Bereich ❿ angezeigt. Der Zuschnittsrahmen wird im Browser immer angezeigt, und im Viewer können Sie ihn einblenden, um mit aktiviertem ZUSCHNEIDEN-Werkzeug ❾ daran weiterzuarbeiten.

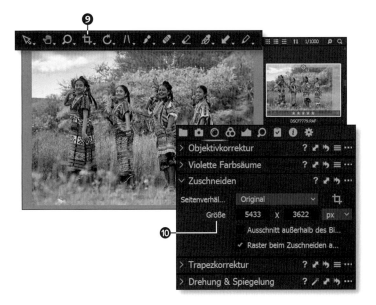

Stürzende Linien beheben

Ändern der Perspektive des Bildes

Eine ganz wichtige Korrektur fehlt noch: das Anpassen der Perspektive. Gerade bei Aufnahmen hoher Gebäude von unten oder von oben scheinen diese häufig nach innen oder außen zu kippen. Und wenn Sie dabei ein sehr weitwinkliges Objektiv verwenden, dann wirkt dieser Effekt oft noch stärker. Mit der Trapezkorrektur bietet Capture One ein sehr gutes Werkzeug an, das solche Verzerrungen korrigiert.

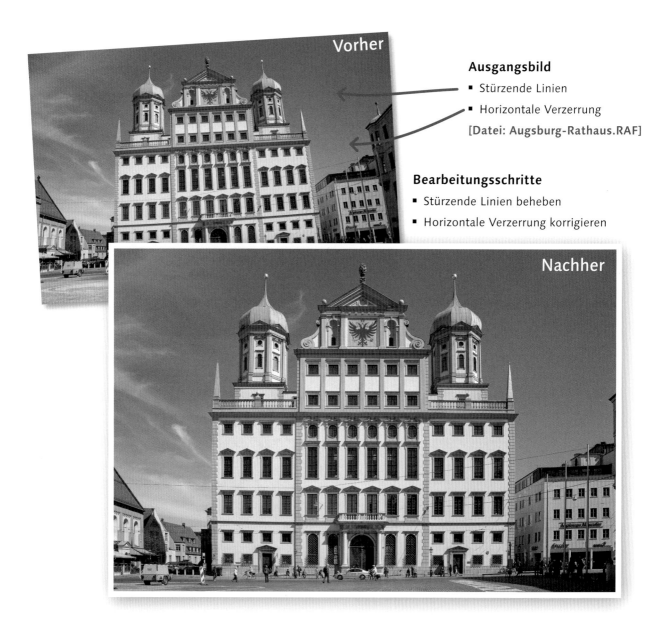

Vorher

Ausgangsbild
- Stürzende Linien
- Horizontale Verzerrung
[Datei: Augsburg-Rathaus.RAF]

Bearbeitungsschritte
- Stürzende Linien beheben
- Horizontale Verzerrung korrigieren

Nachher

1 Bildanalyse

Bei diesem Bild habe ich das wunderschöne Rathaus von Augsburg in Bayern von unten nach oben fotografiert, wodurch die Linien nach innen kippen. In diesem Workshop erfahren Sie, wie Sie diese stürzenden Linien korrigieren. Beachten Sie allerdings, dass Sie bei einem extremen Fall nach der Korrektur nicht mehr das komplette Bild vor sich haben, da es an den Seiten beschnitten wird. Berücksichtigen Sie das schon bei der Aufnahme. Als Hilfsmittel können Sie Raster oder Hilfslinien einblenden.

2 Trapezkorrektur verwenden

Wählen Sie im OBJEKTIV-Register oder in den Mauszeiger-Werkzeugen das TRAPEZKOR-REKTUR-Werkzeug ❶ zur vertikalen Trapezkorrektur ❹ aus. Ziehen Sie die beiden vertikalen Hilfslinien mithilfe der vier kreisförmigen Griffe ❷ so auf das Bild, dass vertikale Linien mit den Bildlinien übereinstimmen, die Sie gerade richten wollen. Ein tieferes Einzoomen hilft dabei, etwas genauer zu arbeiten. Mit einem Klick auf ZUWEISEN (Windows) ❸ bzw. ANWENDEN (Mac) wird die Korrektur angewendet. Genauso funktioniert die horizontale Trapezkorrektur.

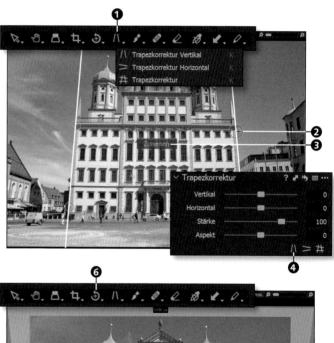

3 Bild gerade richten

Nach der Trapezkorrektur kann es sein, dass Sie das Bild noch gerade ausrichten müssen. Im Beispiel verwende ich hierfür das GERADE RICHTEN-Werkzeug ❻ in den Mauszeiger-Werkzeugen oder das DREHEN & SPIEGELUNG-Werkzeug ❽ und gehe damit über das Bild. Klicken Sie auf den Anfang ❺ der horizontal auszurichtenden Linie auf dem Dach und mit dem zweiten Punkt auf das Ende ❼. Wenn Sie die Maustaste loslassen, wird das Bild gerade ausgerichtet.

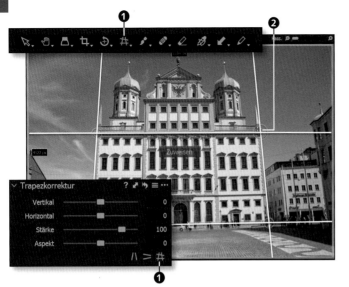

4 Horizontal/vertikal anpassen

Hier führt die vertikale Ausrichtung allein nicht ganz zum gewünschten Ergebnis. Daher sollten Sie die TRAPEZKORREKTUR ❶ für beide Korrekturen (horizontal und vertikal) verwenden. Die vertikalen Linien passen Sie wie gehabt über die Griffe ❷ an die Bildlinien an, die Sie vertikal begradigen wollen. Dasselbe machen Sie mit der horizontalen Linie, die Sie über die Griffe mit den Bildlinien horizontal gerade ausrichten wollen. Je genauer Sie arbeiten, umso besser wird das Ergebnis. Mit ZUWEISEN wird die Korrektur ausgeführt.

5 Korrektur mit Reglern

Auch mit den Reglern ❸ im TRAPEZ-KORREKTUR-Werkzeug können Sie stürzende Linien ausgleichen oder die zuvor gemachten Anpassungen im Viewer nachjustieren. Mit VERTIKAL reparieren Sie die stürzenden Linien. HORIZONTAL bearbeitet die horizontalen Verzerrungen. Wie kräftig VERTIKAL und HORIZONTAL angewendet werden sollen, geben Sie mit STÄRKE an. Mit ASPEKT können Sie das Bild im Anschluss an die Trapezkorrektur noch strecken oder stauchen.

6 Hilfslinien für das Feintuning

Für das Feintuning mit den Reglern im TRAPEZKORREKTUR-Werkzeug verwende ich gewöhnlich mehrere Hilfslinien, die ich an verschiedenen waagerechten und senkrechten Kanten auf dem Bild hinzufüge. Anschließend versuche ich über die verschiedenen Regler im TRAPEZKORREKTUR-Werkzeug und den Regler WINKEL im Werkzeug DREHEN & SPIEGELUNG, das Bild anhand der Hilfslinien auszurichten. Die Hilfslinien beschreibe ich auf Seite 135.

7 Zuschnitt außerhalb des Bildbereiches

Bei der Trapezkorrektur wird das Bild automatisch passend zugeschnitten. Dennoch werden Sie das Bild häufig nachträglich mit dem ZUSCHNEIDEN-Werkzeug anpassen, da die Trapezkorrektur selten direkt den perfekten Zuschnitt erzeugt. Im ZUSCHNEIDEN-Werkzeug finden Sie die Option AUSSCHNITT AUSSERHALB DES BILDES ❹. Aktivieren Sie sie, erlauben Sie Capture One, den Zuschnitt über die Bildränder hinaus zu legen ❺. Und können diesen transparenten Bereich z. B. in Photoshop inhaltsbasiert füllen.

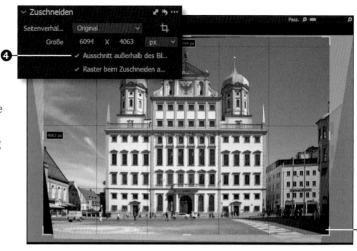

8 Bild nachschärfen

Häufig wird durch das Korrigieren der stürzenden Linien auch das Bild unschärfer, weil die Pixel der Rohdaten geändert werden müssen. Daher können Sie am Ende etwas nachschärfen. Das SCHÄRFUNG-Werkzeug ❻ befindet sich im DETAILS-Register ❼. Im Beispiel habe ich den Regler STÄRKE etwas erhöht. Zum Schärfen von Bildern finden Sie noch einen gesonderten Workshop im Buch (Seite 204).

9 Weitere Hinweise

Ihnen sollte klar sein: Je stärker die Trapezkorrektur ausfällt, desto mehr geht das zulasten der Bildqualität. Manchmal ist es daher sinnvoll, den Regler STÄRKE im TRAPEZKORREKTUR-Werkzeug etwas zu reduzieren. Auch Bilder, die nicht zu 100 % gerade sind und leichte stürzende Linien enthalten, haben ihren Reiz. Bei der Korrektur sollten Sie außerdem immer tief in das Bild hineinzoomen, um wirklich genau mit der Trapezkorrektur arbeiten zu können.

Überlagerungen

Hilfsmittel zur Bildkomposition

Das »Überlagerung«-Werkzeug wird gerne beim Tethered Shooting eingesetzt. Mit dem Werkzeug können Sie beispielsweise ein Layout einblenden, während Sie gerade ein Foto machen. So lässt sich abschätzen, wie ein Bild mit einem bestimmten Layout wirkt, und Sie können auch gleich die nötigen Vorarbeiten und Bildanpassungen (Seitenverhältnis, Größe usw.) mit Capture One durchführen. Bei Bedarf können Sie die Überlagerung als neue Ebene in einer PSD-Datei speichern und weitergeben. Den Export beschreibe ich allerdings erst später in Kapitel 12, »Bilder weitergeben und exportieren«.

Ausgangsbild

Transparentes Layout für ein Magazin

[Datei: Cover-mit-Icon.png]

Bearbeitungsschritte

- Layout für die Überlagerung erstellen (beispielsweise in Photoshop)
- Bild für Überlagerung auswählen
- Ideales Bild für Layout finden

1 Bild für die Überlagerung

Öffnen Sie im Register AUFNEHMEN den Bereich ÜBERLAGERUNG. Ziehen Sie mit gedrückt gehaltener Maustaste ein Bild ❸ für die Vorlage aus dem Browser auf die Ablagefläche ❷, und lassen Sie es dort fallen. Alternativ können Sie ein Bild über ❹ laden, indem Sie im sich öffnenden Dialog ein Bild auswählen. Ideal geeignet ist ein Bild mit einer transparenten Hintergrundebene. Im transparenten Bereich wird dann im nächsten Schritt das Bild unter der Vorlage angezeigt. Aktivieren Sie die Checkbox ANZEIGEN ❶.

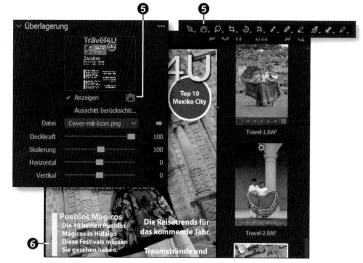

2 Bild hinter der Überlagerung

Jetzt können Sie beliebige Bilder auswählen oder verkabelt fotografieren, und die Bilder werden unterhalb des in Schritt 1 gewählten Überlagerungsbildes angezeigt. Da unser Layout transparente Bereiche enthält, können Sie hier die DECKKRAFT auf 100 % setzen. Das Layout können Sie außerdem mit den Reglern SKALIERUNG, HORIZONTAL und VERTIKAL anpassen. Mit dem ÜBERLAGERUNG-Werkzeug ❺ können Sie das Layout im Viewer ❻ mit gedrückter Maustaste verschieben.

3 Bild bearbeiten

Die Überlagerung gilt für alle Bilder im Browser. So können Sie durchaus mehrere Bilder mit ⌨Strg/⌨cmd im Browser auswählen, sodass sie im Viewer mit der Überlagerung angezeigt werden. Ausblenden können Sie die Überlagerung mit ANZEIGEN ❼. Gelöscht wird die Funktion über die drei Punkte ❽ des Werkzeugs mit ÜBERLAGERUNG LÖSCHEN. Bevor Sie das Bild weitergeben und dafür mit Photoshop oder einer anderen Software zusammenmontieren, können Sie es entsprechend mit Capture One anpassen und so die anschließende Compositing-Arbeit in einer anderen Software reduzieren.

Basismerkmale anpassen

Die Grundlage für die Entwicklung schaffen

Bevor Sie mit der Bearbeitung der Bilder, wie der Belichtung oder Farbe, beginnen, möchten Sie vielleicht noch einen Blick auf das »Basismerkmale«-Werkzeug von Capture One werfen. Das zunächst recht unscheinbare Werkzeug hat es durchaus in sich, und Sie haben damit viele Bearbeitungsmöglichkeiten, um eine Basis für die Bildentwicklung zu schaffen.

Ausgangsbilder

Bilder mit einer geeigneten Kurve als Basis für die weitere Bearbeitung versehen

1 ICC-Profil auswählen

Das BASISMERKMALE-Werkzeug ❷ finden Sie im Register FARBE ❶ vor. Zunächst legen Sie über ICC-PROFIL ❸ fest, wie Capture One je nach Kamera die Farben wiedergibt. Sinnvollerweise wählen Sie natürlich die Kamera, mit der das Bild aufgenommen wurde. Abhängig von der Kamera finden Sie hier weitere Profile wieder, die sich bei der Wiedergabe der Farbe unterscheiden. Für einige Kameras können Sie neben dem allgemeinen Profil der Kamera auch ein PROSTANDARD-Profil ❹ auswählen.

2 ProStandard-Profil

Mit dem PROSTANDARD-Profil werden die Farben bei der Anpassung noch natürlicher gerendert. Dabei werden sowohl Farben bei den Kontrastverläufen, als auch Schatten und Lichter berücksichtigt. Auch der Übergang zwischen verschiedenen Farbtönen wird damit verbessert. PROSTANDARD-Profile eignen sich besonders gut bei sehr satten oder schwierigen Farben wie Orange oder Neonfarben, wie sie z. B. in der Porträt- oder Produktfotografie häufig anzutreffen sind.

3 Kurve auswählen

Passend zum ICC-Profil können Sie je nach Kamera die Einstellung der KURVE ❺ wählen, die je nach Wahl stärker auf die Schatten oder den Kontrast wirkt. Sie können die einzelnen Kurven testen, indem Sie mit dem Mauszeiger darüber stehen bleiben und die Auswirkungen auf das Bild und das Histogramm beobachten. Sehr nützlich ist die Kurve LINEARE WIEDERGABE ❻, weil Sie damit das »echte« Raw-Bild ohne eine Kurvenkorrektur sehen. Besitzer von Fujifilm-Kameras finden hier die beliebten Fujifilm-Filmsimulationen zur Auswahl vor.

Kapitel 7
Grundlagen zur Entwicklung von Bildern

Nach der Verwaltung Ihrer Bilder können Sie mit der Bearbeitung beginnen. Für einen optimalen Workflow zeige ich Ihnen hier auch den Umgang mit Varianten, wie Sie eine Vorher-Nachher- bzw. Vergleichsansicht verwenden und wie Sie Anpassungen mehreren Bildern zuweisen.

GRUNDLAGENEXKURS: Wie Sie das Histogramm lesen
Das Histogramm deuten und verstehen 154

GRUNDLAGENEXKURS: Der Weißabgleich
Warum Sie als ersten Schritt den Weißabgleich vornehmen sollten ... 156

Den Weißabgleich durchführen
Neutralisieren Sie die Farben in Ihrem Bild 158

Die Vorher-Nachher-Funktion
Die Anpassungen eines Bildes vergleichen 160

Mit Varianten arbeiten
So verwenden Sie mehrere Fassungen eines Bildes 162

Belichtung und Kontraste anpassen
Wie Sie Ihr Bild ins richtige Licht rücken 164

Tonwertumfang anpassen
Die hellsten und dunkelsten Bereiche im Bild festlegen 166

Dunst entfernen
Bilder mit flachem Kontrast verbessern 170

Einen Farbstich beheben
Farbstich erkennen und Möglichkeiten der Korrektur 172

Details aus den Schatten retten
So korrigieren Sie dunkle Stellen im Bild 174

Überbelichtung ausgleichen
So holen Sie Details aus den hellsten Stellen zurück 176

Automatische Korrekturen
So verwenden Sie die automatischen Anpassungen 178

Global einzelne Farben anpassen
Einführung in den »Farbeditor« von Capture One 180

Die Gradationskurve
Feintuning und Tausendsassa 184

Das HDR-Werkzeug verwenden
So verwenden Sie das HDR-Werkzeug optimal 188

Schnellbearbeitung durchführen
Einzelne Anpassungen ohne die Werkzeugleiste machen 190

Anpassungen wiederverwenden
So weisen Sie Anpassungen mehreren Bildern zu 192

Benutzervoreinstellungen speichern
Immer wiederkehrende Aufgaben einzelner Werkzeuge sichern 194

Wie Sie das Histogramm lesen

Das Histogramm deuten und verstehen

In den folgenden Workshops mache ich Sie mit den Grundlagen der Bildentwicklung und den dafür benötigten Werkzeugen vertraut. Viele dieser Werkzeuge haben Auswirkungen auf das Histogramm. Vermutlich kennen Sie das Histogramm bereits aus Ihrer Kamera, wo es angezeigt wird, wenn Sie mehr Informationen zum Bild anzeigen lassen.

Werkzeuge mit Histogramm

In Capture One finden Sie das Histogramm zweimal zur Kontrolle vor: einmal für die direkte Aufnahme mit der Kamera im AUFNEHMEN-Register mit dem Werkzeug BELICHTUNGSBEURTEILUNG ❶ und ein zweites Mal im BELICHTUNG- und FARBE-Register mit dem Werkzeug HISTOGRAMM ❷. Zudem ist dieses

Diagramm zwei weitere Male im BELICHTUNG-Register in den Werkzeugen TONWERTE ❸ und GRADATIONSKURVE bzw. KURVE ❹ enthalten, wo Sie Einfluss auf die Tonwertverteilung nehmen können. Bei beiden Werkzeugen können Sie neben den Tonwerten des gesamten Bildes auch auf die einzelnen Kanäle ROT, GRÜN und BLAU zugreifen.

Histogramm im Detail

Das Histogramm zeigt die Verteilung der Helligkeitswerte oder auch Tonwerte im Bild an. Die Balken bzw. Kurven im Histogramm bilden die Tonwerte aller im Bild vorhandenen Pixel ab. Ganz links ❺ finden Sie die schwarzen Pixel und auf der rechten Seite ❼ die hellsten Töne bis hin zum Weiß. Dazwischen finden Sie die Mitteltöne ❻, die von links nach rechts von den dunklen bis zu den hellen Tönen verlaufen.

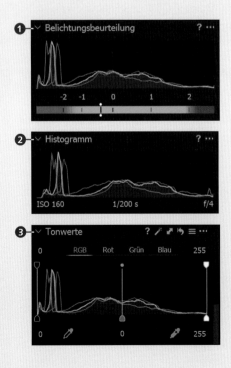

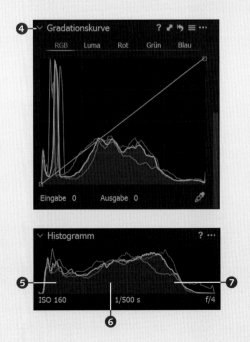

Die Höhe des Balkens oder der Kurve zeigt an, wie häufig dieser Tonwert im Bild vorhanden ist. Je höher der Balken ist, desto häufiger kommt dieser Tonwert im Bild vor. Umgekehrt gilt: Je niedriger der Balken, desto weniger ist der Tonwert im Bild vorhanden. Neben dem ausgefüllten grauen Diagramm finden Sie im HISTOGRAMM-Werkzeug ein rotes, grünes und blaues Diagramm vor, in dem Sie jeweils die Werte der einzelnen Kanäle ROT, GRÜN und BLAU sehen, aus denen sich insgesamt das ausgefüllte graue Diagramm ergibt.

Wenn Sie die Maus über dem Bild bewegen, werden oberhalb des Bildes die Tonwertanteile für das entsprechende Pixel angezeigt. Hierbei werden jeweils einzeln der Rot-, Grün-, und Blauwert ❾ und am Ende der komplette RGB-Wert ❿ angegeben. Entsprechend zeigt auch ein Balken ❽ im HISTOGRAMM diese Position an.

Kontrastarme Bilder: Ist das HISTOGRAMM ohne echte helle und dunkle Tonwerte ⓯ bzw. befinden sich die hellsten Lichter und dunkelsten Tiefen vorwiegend in der Mitte des Histogramms, hat das Bild häufig nur wenig Kontrast. Meistens entsteht der Eindruck eines Grauschleiers, der über dem Bild zu liegen scheint.

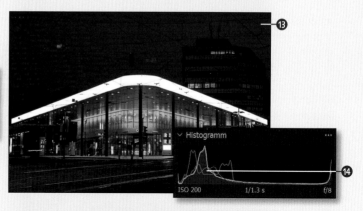

Helle Bilder: Ein Beispiel mit hellen Tonwerten ⓫. Hier laufen die hellen Tonwerte im HISTOGRAMM weit über den rechten Rand ⓬ hinaus. Die hohen Balken im rechten Bereich ergeben sich aus dem überstrahlten Bereich. Daher müssen Sie hier mit Zeichnungsverlusten im Lichterbereich rechnen.

Dunkle Bilder: Die Balken bei diesem Bild ⓭ türmen sich am linken Rand der dunklen Tonwerte ⓮. Der hohe Berg auf der linken Seite kommt von dem vielen Schwarz und den dunklen Farben im Bild.

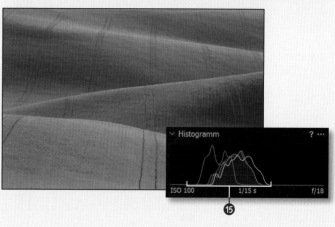

Der Weißabgleich

Warum Sie als ersten Schritt den Weißabgleich vornehmen sollten

Der Weißabgleich ist für eine Bildverbesserung essenziell, da von der eingestellten Farbtemperatur auch die restlichen Farben des Fotos abhängen und nur so eine ordentliche Farbkorrektur überhaupt möglich wird. Der Weißabgleich dient somit als Grundlage für die noch folgenden Anpassungen im Bild.

Während das menschliche Auge keine Probleme hat, zu erkennen, wann etwas weiß ist, tut sich die Kamera dabei etwas schwerer. Wenn Sie beispielsweise ein Buch am Tag in der Sonne oder am Abend unter einer Glühlampe lesen, erscheinen Ihnen die weißen Buchseiten wirklich weiß. Die Kamera wird sich etwas schwerer tun und vermutlich die Buchseiten unter einer Glühlampe leicht gelblich darstellen. Ihre Kamera muss daher eine

Farbanpassung durchführen, was als *Weißabgleich* (englisch: *White Balance* oder kurz WB) bezeichnet wird.

Abhängig von der Tageszeit und den Wetterverhältnissen (Sonnenaufgang, Tageslicht, Bewölkung, Sonnenuntergang, Nacht usw.) sowie dem vorhandenen Umgebungslicht (Kerzenlicht, Glühlampe, Halogenlampe, Leuchtstofflampe, LED-Lampe usw.) haben Sie somit unterschiedliche Farbtemperaturen, die sich gravierend auf die Stimmung des Bildes auswirken können.

Weißabgleich in der Kamera

Schon beim Fotografieren haben Sie folgende Möglichkeiten, auf den Weißabgleich Einfluss zu nehmen:

▶ Viermal dasselbe Bild mit jeweils einer anderen Farbtemperatur, die mit einer Änderung des Weißabgleichs erzielt wurde, wodurch jedes Bild eine andere Stimmung erhält.

[Model: Victoria Lee, Instagram: @victoria_lee_weiss]

- **Automatischer Weißabgleich:** Hierbei verlassen Sie sich auf die Automatik Ihrer Kamera, die von großen hellen Flächen annimmt, dass diese weiß oder grau seien, und anhand ebendieser Flächen die Farbtemperatur des Bildes anpasst. Bei guten und einheitlichen Lichtverhältnissen funktioniert diese Methode relativ gut. Wenn die Lichtverhältnisse schlechter werden oder es keine weißen oder grauen Flächen im Bild gibt, liegt die Automatik mit dem Abgleich häufig daneben.

- **Halbautomatischer Weißabgleich:** Hier legen Sie die Farbtemperatur gleich manuell in der Kamera fest. In der Regel finden Sie Vorgaben wie TAGESLICHT, SCHATTEN, BEWÖLKT, GLÜHLAMPE, LEUCHTSTOFFLAMPE usw. vor.

- **Manueller Weißabgleich:** Wollen Sie auf Nummer sicher gehen und haben Sie ausreichend Zeit, dann können Sie den Weißabgleich manuell einstellen. Gewöhnlich stellen Sie Ihre Kamera auf Spotmessung um und halten eine weiße oder graue Fläche vor die Kamera. Ein beliebtes Mittel von Fotografen ist eine sogenannte *Graukarte*. Das Bild mit der Graukarte wird als Referenz für den Weißabgleich festgelegt, und die jetzt folgenden Bilder sollen mit dieser Farbtemperatur aufgenommen werden. In der Praxis bedeutet das allerdings auch, dass Sie für neue Szenen wieder einen manuellen Weißabgleich durchführen müssen.

Weißabgleich mit Capture One

Capture One bietet Ihnen mit dem WEISSABGLEICH-Werkzeug im FARBE-Register drei Möglichkeiten, den Weißabgleich nachträglich anzupassen:

- **Weißabgleich mit »Modus«:** Wenn Sie das Aufklappmenü neben MODUS ❶ öffnen, finden Sie ähnliche Weißabgleichvorgaben wie in der Kamera vor. Die Standardeinstellung ist AUFNAHME, wobei der Weißabgleich übernommen wird, mit dem die Kamera die Aufnahme gemacht hat.

- **Weißabgleich mit den Reglern:** Über die Schieberegler KELVIN ❷ und FARBTON ❸ können Sie entweder die Vorgaben des Aufklappmenüs verfeinern oder die allgemeine Farbstimmung im Bild anpassen. Wenn Sie den Regler KELVIN nach rechts ziehen, stellen Sie eine wärmere Farbtemperatur ein. Ziehen Sie den Regler nach links, bekommt das Bild eine kühlere Farbtemperatur. Die Einheit wird in Kelvin angegeben. Der Regler FARBTON erlaubt es Ihnen, den Weißabgleich zu verfeinern, um einen Grün- oder Magentastich im Bild auszugleichen. Alternativ könnten Sie den Regler auch verwenden, um einem Bild mit Absicht eine Grün- oder Magentatonung zu verleihen, wofür Sie den Regler einfach etwas nach links bzw. rechts ziehen.

- **Weißabgleich mit der Pipette:** Eine Möglichkeit, den Weißabgleich direkt »im Bild« genau einzustellen, finden Sie mit der Pipette ❹. Das Werkzeug können Sie auch mit der Taste ⌨W⌨ aktivieren.

Es macht sich außerdem bezahlt, wenn Sie in einem Raw-Format fotografiert haben, weil Sie damit den Weißabgleich so gut wie verlustfrei nachträglich durchführen können und nicht zwangsweise vor Ort vornehmen müssen. Bei JPEG-Bildern müssen Sie hingegen mit Qualitätsverlusten rechnen, wenn Sie den Weißabgleich nachträglich anpassen.

Nicht immer bewirkt eine Anpassung bzw. Neutralisierung der Farbtemperatur mit dem Weißabgleich auch eine geeignete Stimmung. Es gibt Bilder, wie etwa von einem Sonnenuntergang oder Sonnenaufgang, bei denen Sie mit einer Neutralisierung der Farbtemperatur die komplette Atmosphäre des Bildes zerstören würden.

Den Weißabgleich durchführen

Neutralisieren Sie die Farben in Ihrem Bild

Gewöhnlich ist mein erster Schritt bei der Bearbeitung meiner Bilder die Anpassung des Weißabgleichs. Passt der Weißabgleich, sind weitere Farbkorrekturen kein Problem mehr. In diesem Workshop werde ich auch noch kurz das »Basismerkmale«-Werkzeug besprechen, das ebenfalls eine wichtige Bedeutung bei der Entwicklung von Raw-Bildern hat.

[Datei: Autumn.CR2]

1 Basismerkmale festlegen

Im FARBE-Register ❶ finden Sie oben das BASISMERKMALE-Werkzeug, mit dem Sie festlegen, wie Capture One die Rohdaten entwickeln soll. Gewöhnlich finden Sie bei ICC-PROFIL ❷ das Profil Ihrer Kamera vor bzw. wählen es aus. Bei KURVE ❸ können Sie aus vier Gradationskurven wählen, womit Sie vorgeben, wie die Rohdaten verrechnet werden. Den natürlichsten Eindruck dürften Sie mit der Standardeinstellung AUTO (= Film-Standard) erzielen. Ansonsten können Sie hier bei Bedarf bei einzelnen Bildern eine andere Kurve testen.

2 Basismerkmale speichern

Natürlich können Sie bei den Basismerkmalen mit den verschiedenen ICC-Profilen Ihrer oder einer fremden Kamera experimentieren und so herausfinden, welches Profil (oder welcher Look) Ihnen zusagt. Allerdings gilt: Erst mit einem passenden Kameraprofil kann Capture One optimal mit Ihren Bildern arbeiten. Haben Sie ein passendes ICC-Profil gefunden, können Sie diese Einstellungen über die drei Punkte ❹ künftig mit dem entsprechenden Befehl ❺ als Standardvorgabe für die entsprechende Kamera sichern.

3 Neutrale Farbe suchen

Wählen Sie die Pipette **❾** im WEISS-ABGLEICH-Werkzeug, in den Mauszeiger-Werkzeugen **❽** oder mit W. Bewegen Sie die Pipette in den Bereich des Fotos mit einer neutralen Zielfarbe mit Grau- oder Weißwerten. Das Ziel ist es, den Rot-, Grün- und Blauwert über dem Bild **❼** möglichst auf einen gleichen Wert zu bringen. Im Beispiel ist das weiße Kleid **❻** ein geeigneter Bereich für den Weißabgleich. Durch den sandsteinfarbigen Hintergrund im Bild ist gelbstichig, weshalb die Gegenfarbe Blau zu niedrig ist.

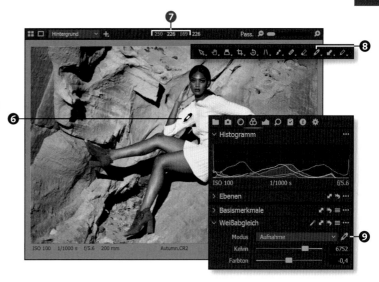

4 Weißabgleich durchführen

Wenn Sie eine passende Zielfarbe zum Neutralisieren gefunden haben und mit der Maus darüber innehalten, können Sie mit einem Mausklick den Weißabgleich durchführen. Sie können auch mehrmals auf passende Stellen klicken und unbegrenzt häufig einen Weißabgleich durchführen, bis Sie mit dem Ergebnis zufrieden sind. Rückgängig machen können Sie einen Schritt wieder mit Strg/cmd+Z. Zurücksetzen können Sie alle Schritte mit dem kleinen Icon **❿** im WEISS-ABGLEICH-Werkzeug.

[Model: Autumn Russell, autumnrussell.com]

5 Weitere Einstellungen

Sind Sie mit dem Ergebnis nicht zufrieden, können Sie bei MODUS **⓮** andere Vorgaben anwenden und ausprobieren. Mit AUF-NAHME stellen Sie den Originalzustand wieder her. Ebenso können Sie manuell mit den Reglern KELVIN **⓬** und FARBTON **⓫** nachjustieren. Wollen Sie Capture One erlauben, den Weißabgleich für Sie anzupassen, müssen Sie nur auf das kleine Icon mit dem Zauberstab **⓭** im Werkzeug klicken. In diesem Beispiel ist das Ergebnis der Automatik ebenfalls recht gut geeignet.

Die Vorher-Nachher-Funktion

Die Anpassungen eines Bildes vergleichen

Eine Vorher-Nachher-Ansicht ist unverzichtbar bei der Bearbeitung von Bildern, um sich die vorgenommenen Änderungen anzeigen zu lassen. Capture One bietet hierfür zwei Modi, die Vergleichsansicht im Splitmodus mit einem Schieberegler und die Einzelbild-Ansicht. Der Splitmodus bietet eignet sich auch hervorragend, um Stile und Voreinstellungen zu vergleichen.

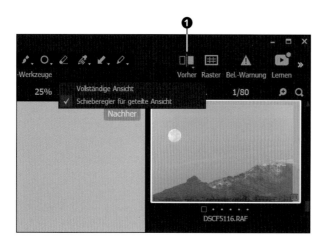

1 Vorher-Nachher-Funktion aktivieren

Die Vorher-Nachher-Funktion können Sie über die Schaltfläche ❶ aktivieren; alternativ drücken Sie die Taste Ⓨ. Drücken Sie länger mit der Maustaste auf die VORHER-NACHHER-Schaltfläche, können Sie im Dropdownmenü neben der Funktion SCHIEBEREGLER FÜR GE-TEILTE ANSICHT auch die VOLLSTÄNDIGE ANSICHT wählen. So können Sie durch Drücken von Ⓨ oder ⓐ+Ⓨ in der Vollansicht zwischen Vorher und Nachher wechseln.

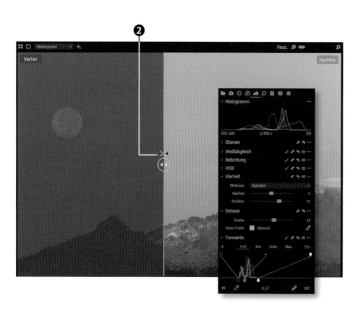

2 Während der Bearbeitung

Die Bilder können Sie in der Vorher-Nachher-Ansicht weiterbearbeiten. Das ist sehr praktisch, weil Sie so sehr schön im geteilten Bildschirm die Änderungen sehen können. Sollten Sie bei der Bearbeitung die VORHER-Ansicht in der Vollansicht verwenden, wird diese Vorher-Nachher-Ansicht automatisch deaktiviert, um sicherzustellen, dass immer der aktuelle Bearbeitungszustand des Bildes angezeigt wird. Mit gedrückter Maustaste können Sie den Splitscreen über die weiße Trennline ❷ verschieben. Die Vorher-Nachher-Ansicht funktioniert in jeder Zoomstufe.

3 Mehrere ausgewählte Bilder

Die Vorher-Nachher-Ansicht wird auf alle im Browser ausgewählten Bilder angewendet. Wenn Sie dabei den Schieberegler bei einem der ausgewählten Bilder verschieben, wird er auch bei allen anderen ausgewählten Bildern entsprechend verschoben.

4 Bilder nebeneinander

Die Vergleichsansicht eines Bildes, also die VORHER- und die NACHHER-Ansicht nebeneinander, können Sie über Varianten einblenden. Hierzu erzeugen Sie eine neue Variante des Bildes mit F7 / F2 oder durch einen rechten Mausklick auf das Bild und die Auswahl von NEUE VARIANTE. Jetzt haben Sie eine virtuelle Kopie des Ursprungsbildes ohne Anpassungen gemacht. Zum Vergleich können Sie die Bilder im Viewer betrachten, indem Sie die beiden Varianten ❹ im Browser auswählen. Achten Sie darauf, dass die Mehrfachansicht ❸ aktiviert ist.

5 Zurücksetzen und rückgängig machen

Wollen Sie nur die Anpassungen einzelner Werkzeuge in einer Vorher-Nachher-Ansicht betrachten, klicken Sie im Werkzeug die entsprechende ZURÜCKSETZEN-Schaltfläche ❺ an. Halten Sie dabei Alt und die Maustaste gedrückt, wird das Bild ohne die Anpassungen des entsprechenden Werkzeuges angezeigt. Einzelne Arbeitsschritte hingegen machen Sie mit ❼ oder Strg / cmd + Z rückgängig. Einen Schritt wiederholen können Sie mit Strg / cmd + Y bzw. ❽. Mit ZURÜCKSETZEN ❻ bringen Sie das Bild zurück in den Originalzustand.

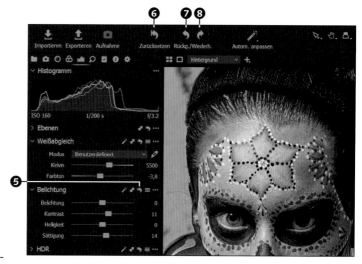

Mit Varianten arbeiten

So verwenden Sie mehrere Fassungen eines Bildes

Wollen Sie von einem Bild mehrere Fassungen erstellen, bietet Capture One Varianten an, mit denen Sie z. B. eine Farb- und eine Schwarzweißfassung eines Bildes erzeugen können. Bei einer Variante handelt es sich nicht um eine »echte« Kopie einer Raw- oder JPEG-Datei, sondern um eine virtuelle Kopie des Bildes. In diesem Workshop zeige ich Ihnen, wie Sie mit verschiedenen Varianten eines Fotos arbeiten und sie verwalten können.

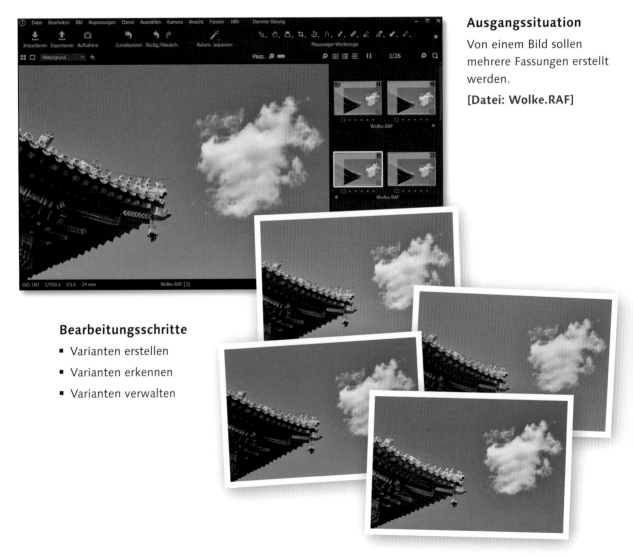

Ausgangssituation

Von einem Bild sollen mehrere Fassungen erstellt werden.

[Datei: Wolke.RAF]

Bearbeitungsschritte

- Varianten erstellen
- Varianten erkennen
- Varianten verwalten

1 Varianten erstellen

Um eine neue Variante eines Bildes zu erstellen, wählen Sie es aus und betätigen F7/F2, oder klicken Sie mit der rechten Maustaste auf das Bild und wählen NEUE VARIANTE ❶ aus. Hierbei wird eine Kopie des Originalbildes ohne Anpassungen erstellt. Wollen Sie von einer bereits angepassten Variante einen Klon erstellen, um weitere Anpassungen daran vorzunehmen, dann wählen Sie das Bild aus und betätigen F8/F3, oder führen Sie einen rechten Mausklick darauf aus und wählen VARIANTE KLONEN aus.

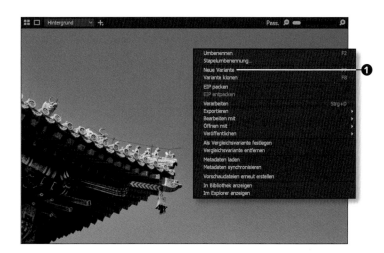

2 Varianten erkennen

Einen geschlossenen Stapel mit Varianten erkennen Sie links oben am entsprechenden Symbol ❷. Sie können sie durch Anklicken aufklappen. Die Varianten in einer Gruppe sind aufsteigend durchnummeriert. Alle Gruppen von Varianten des Katalogs oder der Sitzung können Sie über BILD • ALLE EINBLENDEN oder BILD • ALLE AUSBLENDEN auf- bzw. zuklappen. Am Dateinamen ❸ erkennen Sie, dass es sich um dieselbe Datei handelt. Im Viewer wird dabei neben dem Dateinamen die Nummer ❹ der Variante angezeigt.

3 Varianten verwalten

Die Reihenfolge der Varianten können Sie komfortabel per Drag & Drop ❺ im Browser ändern. Bei einem geschlossenen Stapel wird die Variante mit der Nummer 1 angezeigt. Mit einem rechten Mausklick über dem Bild und dem Befehl VARIANTE AUSWÄHLEN erklären Sie eine Variante zur Nummer 1. Einzelne Bilder einer Variante können Sie wie gewöhnlich löschen, wenn der Stapel aufgeklappt ist. Löschen Sie hingegen einen geschlossenen Stapel, der Varianten enthält, löschen Sie das ausgewählte Bild mitsamt den darin enthaltenen Varianten!

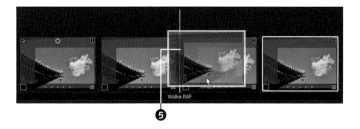

Belichtung und Kontraste anpassen

Wie Sie Ihr Bild ins richtige Licht rücken

Im folgenden Beispiel zeige ich Ihnen das »Belichtung«-Werkzeug in der Praxis. Bedenken Sie allerdings, dass dieser Workshop nur eine Anregung darstellt. Ich gehe hier außerdem davon aus, dass Sie den Weißabgleich des Bildes bereits angepasst haben.

Ausgangsbild

Bild ist zu dunkel und recht trüb.

[Datei: Huichol.RAF]

Bearbeitungsschritte

- Belichtung anpassen
- Belichtungswarnung überwachen
- Kontrast anpassen

1 Belichtung anpassen

Aktivieren Sie die Belichtungswarnung ❶, um diejenigen Bereiche im Bild in roter Farbe anzeigen zu lassen, die möglicherweise überbelichtet sind. Wechseln Sie in das BELICHTUNG-Register. Am HISTOGRAMM erkennen Sie bei den Lichtern ❸, dass es dem Bild daran mangelt. Ziehen Sie den Regler BELICHTUNG ❷ nach rechts auf den Wert 0,75, um die Belichtung zu erhöhen. Achten Sie darauf, dass Sie keine Bereiche überbelichten. Der Regler ist so eingestellt, dass er einen Bereich von +/–4 Blendenstufen, ähnlich wie bei einer Kamera, bietet.

2 Weitere Anpassungen

Jetzt kommen die anderen Regler ❹ ins Spiel. Ziehen Sie den Regler KONTRAST nach rechts, dadurch werden die Tonwerte gespreizt. Achten Sie im HISTOGRAMM darauf, dass die Balken nicht außen über die Schatten oder Lichter hinauslaufen. HELLIGKEIT wirkt sich auf die Mitteltöne aus. Ziehen Sie diesen Regler nach rechts, werden die Schatten aufgehellt, und der Kontrast wird reduziert. Ziehen Sie ihn nach links, wird das Bild dunkler, und es erhöht sich der Kontrast. Mit SÄTTIGUNG erhöhen oder verringern Sie die Farbsättigung im Bild.

3 Nützliche Hinweise

Den KONTRAST-Regler sollten Sie niemals überreizen, weil es schnell zu einer Tonwertbeschneidung in Schatten und Lichtern kommt. Als Alternative bietet sich das KLARHEIT-Werkzeug ❺ an. Ein flaues Bild können Sie auch mit dem TONWERTE-Werkzeug ❻ verbessern. Verlorene Details von Lichtern oder Schatten können Sie über das HDR-Werkzeug ❼ wiederherstellen. Wollen Sie auch die unterbelichteten Bereiche in Blau ❾ einblenden, schalten Sie diese Option unter BEARBEITEN/CAPTURE ONE 21 • VOREINSTELLUNGEN • BELICHTUNG • TIEFEN-WARNUNG AKTIVIEREN ❽ ein.

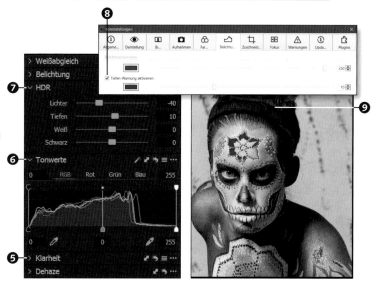

Tonwertumfang anpassen

Die hellsten und dunkelsten Bereiche im Bild festlegen

Den Tonwertumfang von den Schatten über die Mitteltöne bis zu den Lichtern können Sie mit dem »Tonwerte«-Werkzeug anpassen. Damit legen Sie die hellsten (Weißpunkt bzw. Spitzlichter) und dunkelsten Bereiche (Schwarzpunkt bzw. Schatten) im Bild fest. Voraussetzung für diesen Workshop ist, dass Sie das Histogramm deuten können. Verlorene oder nicht vorhandene Tonwerte kann das Werkzeug jedoch auch nicht mehr hervorzaubern.

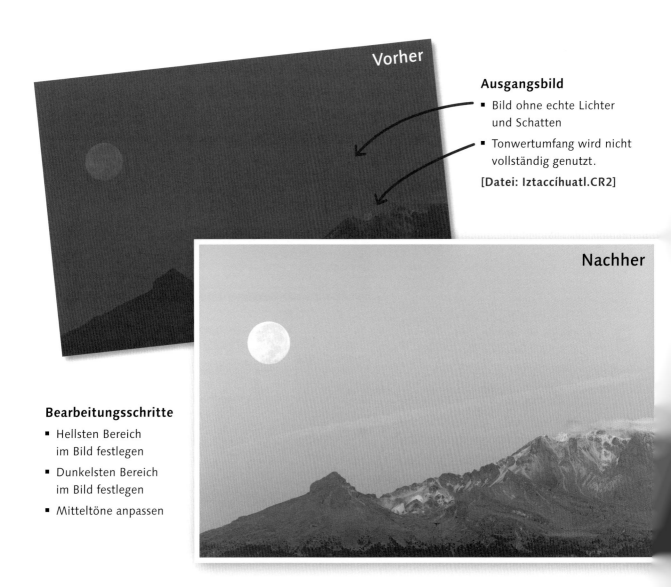

Ausgangsbild

- Bild ohne echte Lichter und Schatten
- Tonwertumfang wird nicht vollständig genutzt.

[Datei: Iztaccíhuatl.CR2]

Bearbeitungsschritte

- Hellsten Bereich im Bild festlegen
- Dunkelsten Bereich im Bild festlegen
- Mitteltöne anpassen

1 Bild beurteilen

Wechseln Sie in das BELICHTUNG-Register. Wenn Sie das Histogramm zum Bild betrachten, fällt auf, dass hier keine Lichter und Tiefen vorhanden sind. Da im Bild nicht der komplette Tonwertumfang verwendet wird, wirkt es trüb. Hier könnten Sie zwar mit dem KONTRAST-Regler nachhelfen, womit die Mitteltöne ❶ gespreizt und nach außen in die Lichter und Tiefen geschoben würden, aber eine zu starke Verwendung des Reglers wirkt häufig unnatürlich und macht das Bild eher kaputt. Hier können Sie mit dem TONWERTE-Werkzeug viel genauer arbeiten.

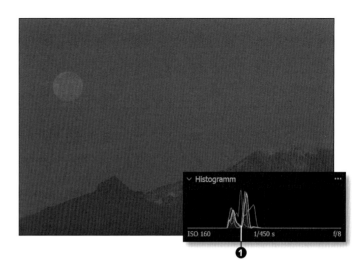

2 Hellsten Bereich festlegen

Den hellsten Bereich im Bild können Sie auf der rechten Seite über die Werteingabe ❸, die Pipette ❹ oder den Regler ❷ festlegen. Der hellste Bereich wird häufig auch als *Lichterbereich* oder *Spitzlichter* bezeichnet. Wenn Sie die Pipette dafür verwenden, klicken Sie im Bild den hellsten Spitzlicht-Tonwertpunkt an. Nicht immer ist es einfach, den hellsten Punkt im Bild zu finden. Im Beispiel verwende ich den Regler ❷ und ziehe ihn an den Anfang des Hügels beim HISTOGRAMM.

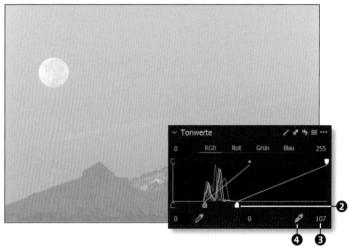

3 Dunkelsten Bereich festlegen

Wie beim hellsten Bereich in Schritt 2 verfahren Sie jetzt mit dem dunkelsten Bereich, dem Schatten-Tonwert, im Bild. Auch hier stehen Ihnen die Möglichkeiten als Werteingabe ❺, mit der Pipette ❼ oder dem Regler ❻ zur Verfügung. Hier lässt sich der dunkelste Punkt schwer ermitteln, weshalb ich auch hier wieder den Regler an den Anfang des Hügels im Histogramm ziehe. Damit spreize ich die Tonwerte von 45 (dunkelster Punkt) nach 107 (hellster Punkt) auseinander auf den gesamten Tonwertbereich von 0 bis 255, was den Kontrast deutlich anhebt.

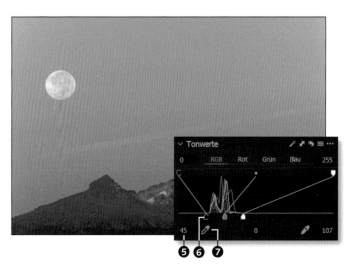

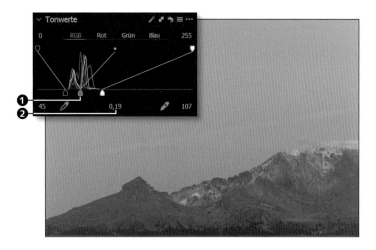

4 Mitteltöne anpassen

Die Mitteltöne und somit den Helligkeitsanstieg der Tonwerte von Schwarz bis Weiß können Sie mit dem mittleren Regler anpassen. Hierfür stehen Ihnen die Werteingabe ❷ und der Regler zur Verfügung. Der mittlere Regler ❶ wandert bei den Korrekturen in Arbeitsschritt 2 und 3 mit und bildet die Mitte zwischen dem weißen und schwarzen Regler. Schieben Sie den Regler nach links, wird das Bild heller und flauer. Schieben Sie ihn nach rechts, wird das Bild dunkler und kontrastreicher.

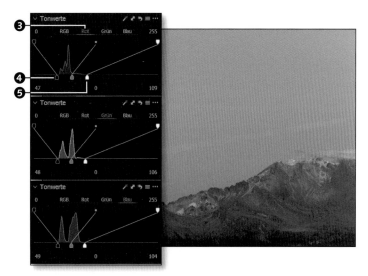

5 Kanalweise anpassen

Ebenso können Sie die Anpassungen über die Kanäle Rot, Grün und Blau machen. Wählen Sie den roten Kanal ❸, und ziehen Sie jeweils den Regler für den dunkelsten ❹ und hellsten ❺ Tonwert auf den Anfang des Hügels im Histogramm. Wiederholen Sie diesen Vorgang mit dem grünen und blauen Kanal, dann haben Sie die dunkelsten und hellsten Bildbereiche mit den einzelnen Kanälen festgelegt. Das Ergebnis sieht häufig unterschiedlich aus, und das Werkzeug funktioniert bei einigen Bildern besser als bei anderen.

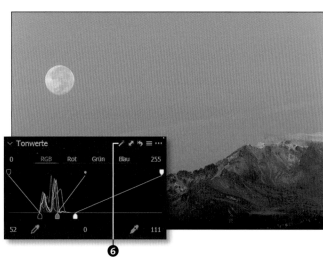

6 Automatische Tonwertkorrektur

Als weitere Möglichkeit, die Tonwerte im Bild anzupassen, können Sie es mit der Automatik versuchen. Die Automatik von Capture One führen Sie im Tonwerte-Werkzeug mit dem kleinen Zauberstab-Icon ❻ aus. Capture One korrigiert den Tonwertumfang dann, wie in Arbeitsschritt 2 und 3 beschrieben wurde, indem es jeweils die hellsten und dunkelsten Bereiche ermittelt und die Regler an die entsprechende Position an den Anfang des Hügels setzt. In manchen Fällen ist die Automatik ausreichend.

7 Weiter mit der Gradationskurve

Die vorgenommenen Einstellungen im TONWERTE-Werkzeug werden auch an das GRADATIONSKURVE- (Windows) bzw. KURVE-Werkzeug (Mac) weitergegeben, und ich arbeite häufig noch gerne am Bild weiter, indem ich z. B. mit einer S-Kurve ❼ den Kontrast erhöhe. Mit einer solchen Kontrasterhöhung wirkt das Bild deutlich verbessert und auch wesentlich schärfer, ohne dass wir wirklich nachgeschärft haben. Die GRADATIONSKURVE werde ich noch in einem Extra-Workshop (Seite 184) behandeln.

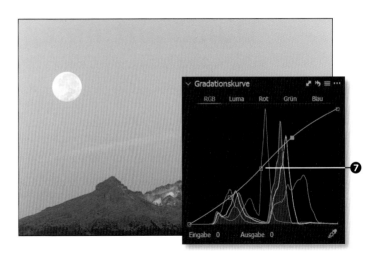

8 Tonwertumfang reduzieren

Zwar dürfte dies wohl eher seltener der Fall sein, aber Sie können den Tonwertumfang auch reduzieren. Hierzu müssen Sie lediglich die Werte oben für die Schatten ❽ erhöhen oder den Regler ❾ nach innen ziehen. Reduzieren Sie dann den Wert für die Lichter ⓫, oder ziehen Sie den Regler ❿ ebenfalls nach innen. Dadurch wird der Tonwertumfang reduziert, und das Bild wirkt flauer. Manchmal wird bewusst der Tonwertumfang reduziert, um Effekte wie in der Low- oder High-Key-Fotografie zu erzielen.

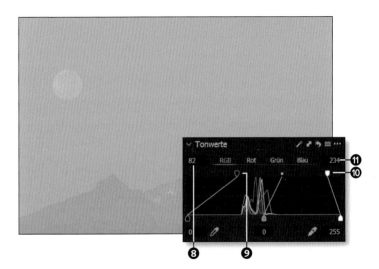

9 Zusammenfassung

Das TONWERTE-Werkzeug ist sehr vielseitig. Neben einer Tonwertspreizung, mit der Sie die hellsten und dunkelsten Bereiche im Bild festlegen (was auch den Kontrast verbessert, Schritt 2 und 3 oder 5), können Sie es auch für die Anpassung der Helligkeit mit dem mittleren Regler (Schritt 4) verwenden. Auch der Tonwertumfang lässt sich damit bei Bedarf reduzieren, womit der Kontrast abgeschwächt wird (Schritt 8). Einen Farbstich können Sie damit ebenfalls beheben, wie Sie im übernächsten Workshop erfahren werden.

Dunst entfernen

Bilder mit flachem Kontrast verbessern

Mit dem »Dehaze«-Werkzeug bietet Capture One eine Lösung an, Dunst im Bild zu entfernen und die Sättigung bei flachem Kontrast zu verbessern. Dieses Werkzeug erspart den einen oder anderen Umweg einer Maskierung und Anpassung auf einer Ebene und kann den Workflow beschleunigen.

Vorher

Ausgangsbild

Das Bild enthält im Hintergrund deutlichen Dunst mit flachem Kontrast.

[Datei: Dunst.RAF]

Bearbeitungsschritte

- Dunst erkennen
- Dunst automatisch entfernen
- Dunst gezielt entfernen

Nachher

1 Dunst erkennen

Bei diesem Bild ist der Dunst des Vulkans im Hintergrund recht deutlich, im Gegensatz zur Kirche im Vordergrund. Eine klassische Tonwertkorrektur würde daher nur teilweise helfen. Eine Alternative wäre eine gezielte Anpassung mithilfe einer Maskierung des Bereiches mit dem Vulkan. Auch das Histogramm zeigt deutlich die fehlenden Bereiche in den Lichtern und Tiefen, was sich als grauer Schleier im Bild bemerkbar macht. Dem Dunst wollen wir in diesem Beispiel mit dem DEHAZE-Werkzeug begegnen.

2 Automatische Dunstentfernung

Das DEHAZE-Werkzeug finden Sie im BELICHTUNG-Register. Wenn Sie den STÄRKE-Schieberegler ❶ nach rechts ziehen, wird die Dunst-Umgebungsfarbe automatisch von Capture One erkannt und der Dunst entfernt. Natürlich können Sie den Regler auch nach links ziehen, um (mehr) Dunst zu einem Bild hinzufügen und so dem Bild einen nebelartigen Effekt zu verleihen. In diesem Beispiel mag die automatische Erkennung der Dunstfarbe (SHADOW TONE) nicht so recht überzeugen.

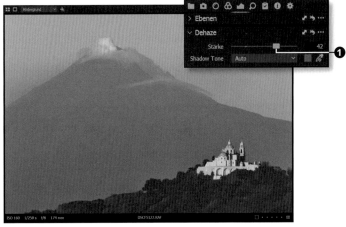

3 Dunst gezielt entfernen

Wenn Sie mit dem Ergebnis der automatischen Erkennung der Dunst-Umgebungsfarbe nicht zufrieden sind, bietet sich das selektive HAZE-FARBE AUSWÄHLEN-Werkzeug ❹ dafür an, das Sie auch bei den Mauszeiger-Werkzeugen ❷ vorfinden. Klicken Sie damit ❺ auf die Dunstfarbe im Bild. Die gewählte Farbe wird im Farbplättchen ❸ des DEHAZE-Werkzeuges angezeigt. Über den Regler STÄRKE können Sie nun die ausgewählte Dunstfarbe bzw. den flachen Kontrast dieser Farbe verbessern, indem Sie den Regler nach rechts ziehen, bis Sie mit dem Ergebnis zufrieden sind.

Einen Farbstich beheben

Farbstich erkennen und Möglichkeiten der Korrektur

Bei der Verschiebung einer Farbe zu einer anderen Farbvalenz, was z.B. bei einer zu dunklen oder künstlichen Beleuchtung und/oder einem falschen Weißabgleich in der Kamera auftritt, entsteht ein Farbstich. Nachträglich können Sie einen Farbstich häufig mit einem Weißabgleich in Capture One korrigieren. Hier will ich Ihnen zeigen, wie Sie einen etwas schwierigeren Farbstich mit dem »Tonwerte«- und »Gradationskurve«-Werkzeug beseitigen können.

Ausgangsbild

Farben sind durch ein Baustrahlerlicht durcheinandergeraten.

[Datei: Gelbstich.CR2]

[Model: Tabea Bernier]

Bearbeitungsschritte

- Farbstich erkennen
- Mit »Tonwerte«-Werkzeug beheben
- Mit Gradationskurve beheben

1 Komplementärfarben erkennen

Um einen Farbstich über einen der ROT-, GRÜN- oder BLAU-Kanäle zu beheben, müssen Sie die Komplementärfarben kennen. Der Gegenspieler von Rot ist Cyan, derjenige von Grün ist Magenta, und der von Blau ist Gelb. Das bedeutet, dass Sie z. B. einen Gelbstich mit dem BLAU-Kanal beheben können. Auch ohne eine Messung mithilfe der Werte ❶ – die angezeigt werden, wenn Sie mit einem der Mauszeiger-Werkzeuge über dem Bild stehen – können Sie feststellen, dass dieses Bild zu viel Gelb enthält.

2 Farbstich mit Tonwerte-Werkzeug beheben

Wählen Sie im TONWERTE-Werkzeug im BELICHTUNG-Register den blauen Kanal aus, und ziehen Sie den mittleren Regler ❷ nach links in die blaue Farbe, um das Gelb im Bild zu reduzieren. Genauso machen Sie es mit dem roten Kanal, der hier auch etwas dominanter ist, nur ziehen Sie den Regler nach rechts ❸. Sie müssen also nur die Komplementärfarben kennen und den Regler in die entsprechende Richtung ziehen, dann ist die Behebung von schwierigeren Farbstichen leicht.

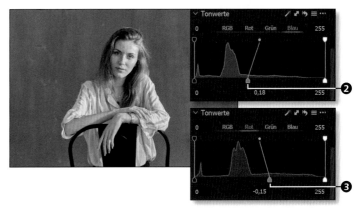

3 Farbstich mit Gradationskurve beheben

Dasselbe können Sie mit dem GRADATIONSKURVE-Werkzeug machen. Auch hier wählen Sie den blauen Kanal aus. Legen Sie jetzt in der Mitte der Gradationskurve durch einen Mausklick einen neuen Punkt an ❹, und ziehen Sie hier die Linie nach links oben, bis der Gelbstich verschwunden ist und Sie mit dem Ergebnis zufrieden sind. Ebenso machen Sie es beim roten Kanal, nur ziehen Sie den Punkt jetzt nach unten ❺.

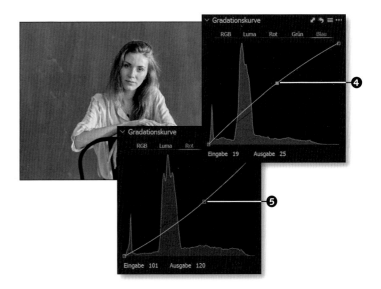

Details aus den Schatten retten

So korrigieren Sie dunkle Stellen im Bild

Wenn das Licht von hinten kommt oder Sie in einer schattigen Umgebung oder gar nachts fotografieren, verschwinden viele Dinge in den Schatten und sind zum Teil kaum zu erkennen. Solange diese Bereiche nicht komplett schwarz sind, lässt sich mit Capture One häufig noch einiges aus den Schatten hervorholen und das Bild reparieren.

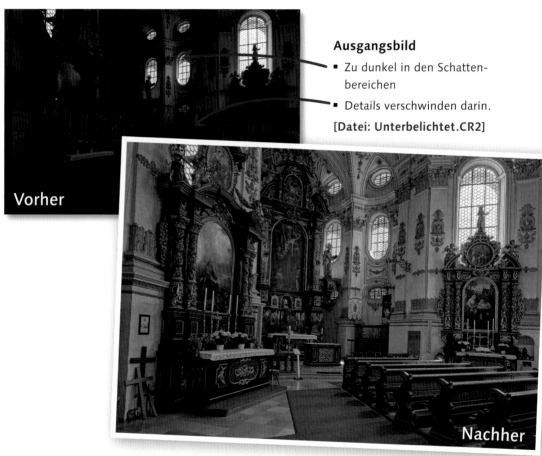

Ausgangsbild

- Zu dunkel in den Schatten-bereichen
- Details verschwinden darin.

[Datei: Unterbelichtet.CR2]

Vorher

Nachher

Bearbeitungsschritte

- Dunkle Schatten aufhellen
- Details in den Fokus rücken

1 Bildanalyse

Das Bild wurde freihändig in einer Kirche gemacht und aufgrund falscher Einstellungen unterbelichtet. Wenn Sie BELICHTUNGSWARNUNG ANZEIGEN ❶ aktivieren, stellt Capture One die hinsichtlich Unterbelichtung gefährdeten Stellen in Blau dar. Die Belichtungswarnung für unterbelichtete Bereiche müssen Sie gegebenenfalls unter BEARBEITEN/ CAPTURE ONE 21 • VOREINSTELLUNGEN • BELICHTUNG mit ❸ aktivieren. Sind Sie mit der Standardeinstellung der Empfindlichkeit nicht zufrieden, können Sie mit ❷ anpassen.

2 Anpassungen machen

Bei diesem Bild habe ich bereits den Weißabgleich vorgenommen. Die BELICHTUNG im BELICHTUNG-Werkzeug habe ich leicht erhöht, wie auch die HELLIGKEIT. Generell sollten Sie immer zuerst die Belichtungsanpassungen gemacht haben, bevor Sie mit Schritt 3 und dem HDR-Werkzeug fortfahren und gezielt die Schatten (oder Lichter) anpassen. Eventuell sollten Sie auch ein Augenmerk auf die dunklen Stellen im Bild werfen, wenn das Bild mit einem hohen ISO-Wert aufgenommen wurde und eine Aufhellung das vorhandene Bildrauschen verstärkt.

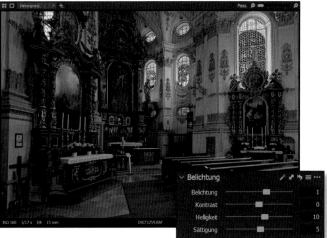

3 Schatten aufhellen

Um die dunklen Schatten im Bild aufzuhellen, ziehen Sie im BELICHTUNG-Register den Regler TIEFEN ❹ des HDR-Werkzeugs nach rechts. Ist das Bild noch zu dunkel, können Sie mit dem Regler SCHWARZ ❺ noch den Schwarzwert etwas nach rechts verschieben. Hierbei sollten Sie allerdings die dunklen, jetzt aufgehellten Bereiche in einer 100 %-Ansicht betrachten, da es beim Aufhellen von Schatten zu einem unschönen Bildrauschen kommen kann. Im vorliegenden Beispiel ist das Bildrauschen noch verschmerzbar.

Überbelichtung ausgleichen

So holen Sie Details aus den hellsten Stellen zurück

Nicht immer gelingt es, die richtige Belichtung einzustellen. Gerade wenn das Umgebungslicht zu hell ist oder im Bild viele weiße Stellen vorhanden sind, kann es sein, dass die Details in den hellen Tonwerten verschwinden. Wenn Sie allerdings im Raw-Format fotografieren, lässt sich noch vieles reparieren. Natürlich gilt auch hier: Wo nichts vorhanden ist, lässt sich auch nichts hinzaubern. Ein totales Weiß wird keine Details mehr enthalten.

Vorher

Ausgangsbild

Teile des Bildes sind komplett überbelichtet.

[Datei: Licht-und-Schatten.RAF]

Bearbeitungsschritte

- Belichtung anpassen
- Überbelichtung ausgleichen

Nachher

1 Bildanalyse

Das HISTOGRAMM im BELICHTUNG-Register zeigt, dass bei diesem Foto viele Details
über den Tonwertbereich der Lichter hinaus-
gelaufen sind ❷. Die Belichtungswarnung
zeigt relativ deutlich, dass der Hintergrund ❶
überbelichtet wurde. Die Überbelichtung ist
aufgrund einer Gegenlichtsituation entstanden, und Sie müssen damit rechnen, dass
nicht mehr alle Details in den Lichtern geret-
tet werden können. Trotzdem lässt sich noch
einiges aus dem Bild herausholen.

2 Belichtung anpassen

Nach einem Weißabgleich habe ich
im BELICHTUNG-Werkzeug die BELICHTUNG
auf −0,5 reduziert. Die HELLIGKEIT habe ich
zudem leicht erhöht und die SÄTTIGUNG reduziert, weil das Bild sonst zu gesättigt wirken
würde, wenn Sie anschließend mit dem HDR-
Werkzeug fortfahren. Nach wie vor bleiben
einige Lichterbereiche im Bild überbelichtet
und werden von der Belichtungswarnung angezeigt.

3 Details in den Lichtern zurückholen

Die Details in den Lichtern, sofern noch vorhanden, können Sie mit dem HDR-Werkzeug
über den Regler LICHTER ❸ retten, indem Sie
ihn nach links ziehen, bis die Belichtungswarnung keine oder kaum noch rote Bereiche
anzeigt. Auch die dunklen Bereiche können
Sie bei Bedarf über den Regler TIEFEN ❹ etwas aufhellen. Da es bei der Reduzierung der
Lichter zu einer Trübung in diesem Bereich
kommen kann, erhöhe ich den Regler WEISS
❺ leicht, um damit einen natürlichen hellen
Bereich im Bild zu haben. Bei diesen Arbeiten
habe ich stets das Histogramm im Auge.

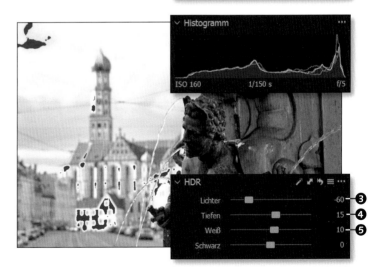

Automatische Korrekturen

So verwenden Sie die automatischen Anpassungen

Auch wenn sie wohl eher selten zum Einsatz kommen, bietet Capture One Automatiken an. Manchmal ist es recht interessant, einfach eine Variante eines Bildes zu erstellen, um zu sehen, was die Automatik daraus macht, oder einfach auf Basis dieser Automatik weiter am Bild zu arbeiten. Ob Sie sie verwenden wollen oder nicht, bleibt natürlich Ihnen überlassen. Ich zeige Ihnen mit diesem Workshop, wie Sie sie einsetzen können.

Ausgangsbild

- Bild zu flau und zu dunkel
- Falscher Weißabgleich

[Datei: Tradition.RAF]

Bearbeitungsschritte

- Automatische Anpassungen einrichten
- Automatische Anpassungen auf ein Bild anwenden

1 Automatik in den Werkzeugen

Einige Werkzeuge von Capture One enthalten oben rechts ein kleines Zauberstab-Icon ❶, mit dem Sie eine automatische Korrektur durch das entsprechende Werkzeug durchführen lassen können. Klicken Sie beispielsweise im WEISSABGLEICH- oder BELICHTUNG-Werkzeug auf das Zauberstab-Icon, versucht Capture One, selbst den optimalen Weißabgleich oder eben die Belichtung einzustellen. Nicht immer ist das Ergebnis perfekt, aber oftmals ist es ein Anfang, auf dem Sie aufbauen und den Sie weiter anpassen können.

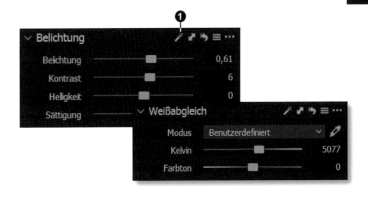

2 Automatische Anpassungen einstellen

Mit dem großen Zauberstab-Icon können Sie mehrere automatische Anpassungen durchführen. Welche Korrekturen durchgeführt werden, stellen Sie ein, wenn Sie die Maustaste länger auf dem großen Zauberstab-Icon in der Symbolleiste ❷ gedrückt halten. Die Einstellungen (de-)aktivieren Sie mit einem Mausklick durch Entfernen bzw. Setzen von Häkchen. Diese Einstellungen können Sie auch über das Menü ANPASSUNGEN • AUTOMATISCHE ANPASSUNGEN KONFIGURIEREN ändern.

3 Automatische Anpassungen ausführen

Die aktivierten Einstellungen aus Schritt 2 wenden Sie als automatische Anpassung auf die ausgewählten Bilder mit ANPASSUNGEN • AUTOMATISCH ANPASSEN, mit der Tastenkombination Strg/cmd+L oder durch Anklicken des Zauberstab-Icons ❹ an. Der Vorgang wird in einem Rutsch ausgeführt, weshalb Sie den Schritt mit Strg/cmd+Z oder dem entsprechenden Icon ❸ rückgängig machen können.

Global einzelne Farben anpassen

Einführung in den »Farbeditor« von Capture One

Der »Sättigung«-Regler im »Belichtung«-Werkzeug hebt oder reduziert gewöhnlich die Sättigung von allen Farben im Bild. Wesentlich selektiver kontrollieren und steuern können Sie die einzelnen Farben im Bild mit dem »Farbeditor«-Werkzeug. Hierbei empfehle ich, dass Sie bereits den Weißabgleich im Bild durchgeführt haben, weil anschließende Farbanpassungen darauf aufbauen. Den »Farbeditor« können Sie auf verschiedene Art und Weise verwenden, und Sie werden ihm im Verlauf des Buches noch des Öfteren begegnen.

Ausgangssituation

Einzelne Farben sollen gezielt zum Strahlen gebracht werden.

[Datei: Farben.CR2]

Bearbeitungsschritte

- Einzelne Farben auswählen
- Farbübergang anpassen
- Einzelne Farben anpassen

1 Farbe auswählen

Zunächst soll der FARBEDITOR im Modus BASIS ❸ verwendet werden. Den FARBEDITOR finden Sie im Standardmodus im FARBE-Register. Zum Auswählen einer Farbe rufen Sie das DIREKTER FARBEDITOR-Werkzeug bei ❺, in den Mauszeiger-Werkzeugen ❶ oder mit `D` auf und klicken damit im Bild auf den farbigen Bereich ❷, den Sie anpassen wollen. Dieser Schritt aktiviert ein Farbfeld im Editor ❹. Natürlich können Sie die Farbe auch direkt über ein Farbfeld auswählen.

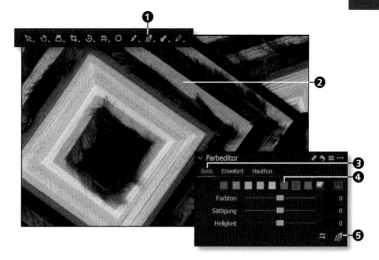

2 Farbübergang einstellen

Klicken Sie zur Bearbeitung des Farbbereichs auf die drei Punkte ❻. Den sanften Übergang zu anderen Farben regulieren Sie, indem Sie den Regler GLÄTTUNG ❽ ändern. Je höher der Wert, umso weiter wirkt sich die Auswahl auf Farben in die angrenzenden Segmente aus. Des Weiteren können Sie mit gedrückter Maustaste den Farbbereich mit der Tortenteilungen ❼ anpassen. Lassen Sie zur Kontrolle AUSGEWÄHLTEN FARBBEREICH ANZEIGEN ❾ aktiviert. Ich habe einen Blauton ausgewählt, wobei ich Bereiche ausgelassen habe, die in den Cyan-Bereich gehen.

3 Farbe anpassen

Haben Sie den Farbbereich ausgewählt, können Sie die Farbe anpassen. Mit FARBTON ⓫ können Sie den Farbton in einen anderen Bereich des Farbkreises ziehen. Mit SÄTTIGUNG ⓬ können Sie die Farbe noch satter machen oder reduzieren und mit der HELLIGKEIT ⓭ die Farbe aufhellen oder abdunkeln. Welche Farbe gerade angepasst wird, erkennen Sie am aktiven Farbplättchen ⓾, das ebenfalls entsprechend der Anpassung seine Farbe ändert. An dieser Stelle arbeiten Sie nach persönlichem Empfinden.

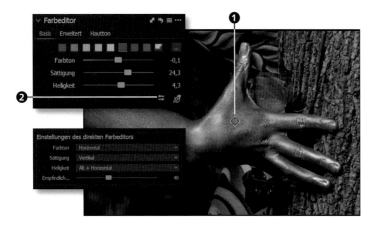

4 Farbe direkt anpassen

Halten Sie mit dem DIREKTER FARBEDITOR-Werkzeug die Maustaste über der Farbe ❶ gedrückt, die Sie ändern wollen, können Sie auch mit einer Mausbewegung die Werte anpassen. Den FARBTON ändern Sie, indem Sie die Maus horizontal bewegen. Die SÄTTIGUNG hingegen steuern Sie mit einer vertikalen Mausbewegung. Halten Sie `Alt` gedrückt und bewegen Sie die Maus horizontal, wird die HELLIGKEIT angepasst. Diese Einstellungen können Sie über ❷ ändern.

5 Gezielter Farben auswählen

Im Modus ERWEITERT ❹ können Sie eine eigene Liste von Farbtonbereichen zusammenstellen und anpassen. Hier habe ich das FARBEDITOR-Werkzeug herausgelöst und vergrößert, damit der Bearbeitungsbereich etwas größer dargestellt wird. Auswählen können Sie einen Farbbereich über das FARBKORREKTUR AUSWÄHLEN-Werkzeug ❸ oder ❺, indem Sie im Bild auf den entsprechenden Bereich klicken. Der Farbbereich wird in der Liste ❻ aufgelistet und kann angepasst werden wie in den Schritten 2 bis 4.

6 Farbsegmente anpassen

Anpassungen der einzelnen Farbsegmente können Sie, neben den Schiebereglern im BASIS-Modus, direkt im Farbkreis vornehmen. Der ausgewählte Farbbereich wird mit einem Punkt ❼ angezeigt. Der Umfang der Sättigung des Farbkreises nimmt von innen nach außen zu. Das Zentrum ist weiß und ohne Sättigung, und ganz außen wird die volle Sättigung verwendet. Den Umfang des Farbbereichs können Sie gezielt festlegen, indem Sie die Breite des Farbkreis-Tortenstücks anpassen. Lassen Sie zur Kontrolle AUSGEWÄHLTEN FARBBEREICH ANZEIGEN ❽ aktiviert.

7 Spezielle Optionen

Im Modus ERWEITERT finden Sie zwei weitere Optionen. Mit FARBSEGMENT UMKEHREN ⓭ kehren Sie die zuvor gewählte Auswahl ⓽ um, und Sie ändern die Farbbereiche, die Sie zuvor nicht (!) ausgewählt haben, also das Gegenteil der zuvor gemachten Auswahl. Mit SÄTTIGUNGSBEREICH AUFSPANNEN ⓬ erweitern Sie die Auswahl vom Zentrum des Kreises ⓾ (nicht gesättigt; weiß) bis hin zur vollen Sättigung ⓫. Mit den Farbplättchen unten könnten Sie die ausgewählte Farbe (links) mit der veränderten Farbe (rechts) vergleichen ⓮.

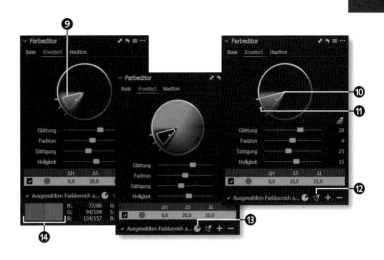

8 Weitere Farbbereiche hinzufügen

Wie in den Schritten 5 bis 7 können Sie jetzt bis zu 30 weitere Farbsegmente im ERWEITERT-Modus hinzufügen und anpassen. Über das Plussymbol ⓱ können Sie einen kompletten Farbkreis mit allen Farben hinzufügen und den Farbkreis z. B. im Farbton drehen oder die allgemeine Sättigung anpassen. Hierbei stehen nur die Regler FARBTON und SÄTTIGUNG zur Verfügung. Einzelne Einträge in der HSL-Liste ⓯ können Sie mit einem Mausklick auswählen und mit dem Minussymbol ⓰ löschen.

9 Analyse

Der FARBEDITOR ist ein mächtiges Werkzeug. Anstelle von großen Farbbereichen sollten Sie mehrere kleine wählen, wie ab Schritt 5 beschrieben, weil so die Natürlichkeit erhalten bleibt. In diesem Workshop haben sie global auf das komplette Bild gewirkt. Sie können den FARBEDITOR auch für Anpassungen von bestimmten Bildbereichen verwenden. Wie das geht, erfahren Sie, wenn lokale Anpassungen das Thema sind (Kapitel 9, »Lokale Anpassungen vornehmen«).

Die Gradationskurve

Feintuning und Tausendsassa

Die Anwendungsmöglichkeiten der Gradationskurve sind vielfältig: Sie können mit ihr den Kontrast verbessern, ein Bild aufhellen, abdunkeln, den Tonwertumfang begrenzen oder den Weiß- und Schwarzpunkt verschieben. Und auch vor den Farbkanälen macht die Kurve nicht halt. Jeden der drei Kanäle Rot, Grün und Blau können Sie einzeln bearbeiten, um spezielle Effekte zu simulieren oder etwa einen Farbstich zu entfernen.

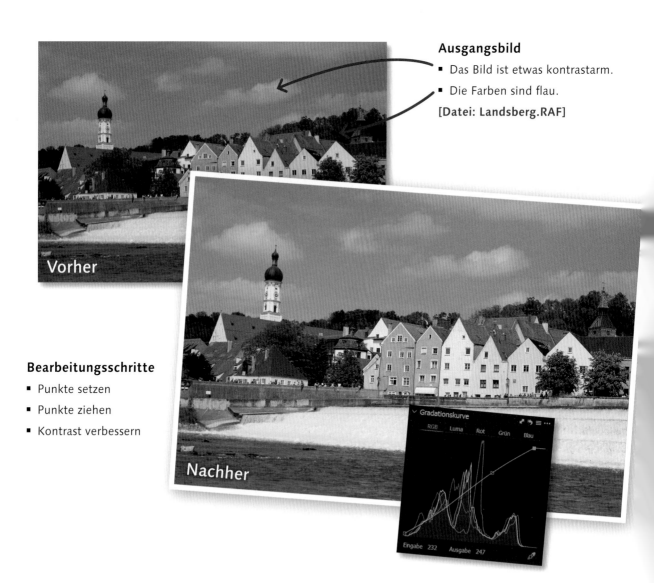

Ausgangsbild

- Das Bild ist etwas kontrastarm.
- Die Farben sind flau.

[Datei: Landsberg.RAF]

Bearbeitungsschritte

- Punkte setzen
- Punkte ziehen
- Kontrast verbessern

1 Gradationskurve-Werkzeug

Die GRADATIONSKURVE finden Sie im BELICHTUNG-Register. Hier sehen Sie ein Histogramm in einer gerasterten Fläche und eine weiße Linie ❶, die linear von links unten nach rechts oben verläuft. Links unten befinden sich die dunklen Tonwerte, und je weiter Sie nach rechts oben gehen, desto heller werden die Tonwerte. Je nachdem, wie Sie diese Linie verändern, können Sie ein Bild aufhellen, abdunkeln, den Kontrast steigern oder reduzieren, den Schwarz- und Weißpunkt verschieben usw.

2 Punkt setzen

Navigieren Sie mit der Maus auf die weiße Linie. Klicken Sie an der gewünschten Stelle, und es wird ein erster Punkt ❷ in der Linie hinzugefügt. Einschließlich Anfangs- und Endpunkt können Sie insgesamt 18 Punkte verwenden. Für kreative Zwecke könnte dies interessant sein. In der Praxis dürften Sie allerdings mit ein bis sechs Punkten auskommen.

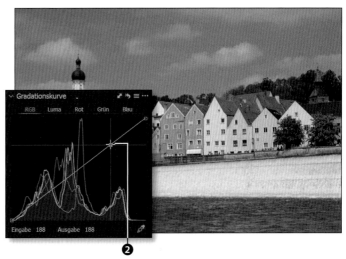

3 Punkt ziehen

Gehen Sie erneut mit dem Mauszeiger auf diesen Punkt ❸, wodurch der Cursor zu einem Fadenkreuz wird. Wenn Sie die Maustaste gedrückt halten, können Sie die Gradationskurve nach oben oder nach unten ziehen. Im Beispiel habe ich diesen Bereich nach oben gezogen, wodurch die helleren Töne noch etwas heller wurden. Sie können diesen Punkt ebenfalls entlang der Gradationskurve weiter in die Tiefen oder Lichter verziehen.

4 Weitere Punkte setzen

Wiederholen Sie gegebenenfalls die Schritte 2 und 3. Im Beispiel habe ich einen weiteren Punkt unterhalb ❶ hinzugefügt und ihn ein wenig nach unten gezogen, um die dunkleren Töne noch etwas dunkler zu machen. Jetzt haben Sie die klassische S-Kurve erstellt, die den Kontrast eines Bildes erhöht. Je stärker die S-Kurve, desto stärker der Kontrast. Eine umgekehrte S-Kurve hingegen würde den Kontrast reduzieren. Einen Punkt entfernen können Sie mit einem rechten Mausklick darauf und auf AUSGEWÄHLTE ENT-FERNEN im Kontextmenü.

5 Auswahlwerkzeug für Tonwerte

Ebenso steht Ihnen hier ein TONWERT-PUNKT AUSWÄHLEN-Werkzeug ❹ zur Verfügung (auch mit der Taste U), mit dem Sie direkt im Bild einen ausgewählten Tonwert durch einen Klick mit der Maustaste an der entsprechenden Stelle ❷ in der Gradationskurve hinzufügen und dann anpassen können. Das Werkzeug finden Sie auch in den Mauszeiger-Werkzeugen ❸, wobei mit einer rechten Maustaste über dem Bild das KURVE-Werkzeug eingeblendet wird und Sie so nicht zwangsläufig die Werkzeugleiste benötigen.

6 Luma-Kanal verwenden

Wenn Sie die Kurve über den RGB-Kanal ❺ anpassen, wird gewöhnlich auch die Farbsättigung beeinflusst. Das ist nicht immer erwünscht. Alternativ steht Ihnen der LUMA-Kanal ❻ zur Verfügung, mit dem Sie ebenfalls die Kontraste verbessern können, ohne allerdings die Farbsättigung zu beeinflussen. Sie ändern lediglich die Helligkeit der einzelnen Bildbereiche. Im oberen Bild habe ich den Kontrast im RGB-Kanal geändert und im unteren Bild dieselbe Kurve im LUMA-Kanal verwendet, wobei die Farbsättigung nicht wie im oberen Bild erhöht wurde.

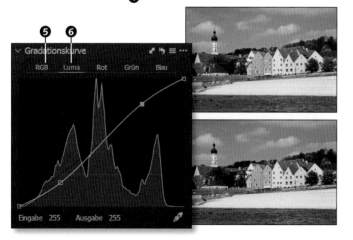

7 Aufhellen und abdunkeln

Ziehen Sie einen Punkt ❼ in der Mitte nach unten, wird das Bild abgedunkelt. Das Gegenteil bewirken Sie, wenn Sie einen Punkt in der Mitte nach oben ziehen, wodurch das Bild aufgehellt wird. Auch hier können Sie anstelle des RGB-Kanals den Luma-Kanal verwenden, der die Farbsättigung nicht beeinflusst.

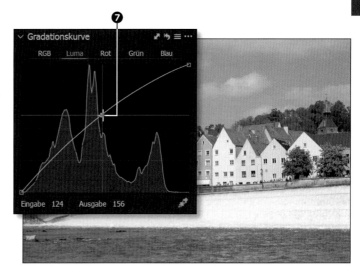

8 Lichter und Schatten anpassen

Gibt es keine dunklen und hellen Tonwerte im Histogramm, können Sie über den Anfangspunkt ❽ und den Endpunkt ❾ den Weiß- und/oder Schwarzpunkt verändern, was abhängig vom Ausgangsbild den Kontrast verbessern kann. Diese Korrektur kennen Sie bereits vom Tonwerte-Werkzeug. Ebenso können Sie den Tonwertumfang beschneiden (❿ und ⓫), was nützlich beim Ausdrucken sein kann, wenn in den Tiefen oder Lichtern auf dem Papier keine Strukturen zu sehen sind.

9 Benutzervoreinstellungen

Über die Voreinstellungen ⓬ finden Sie vordefinierte Gradationskurven zur Auswahl. Hier reicht es, mit der Maus über eine Kurve zu fahren, um im Viewer zu sehen, wie das Bild mit diesen Einstellungen aussehen würde. Erst wenn Sie mit der Maustaste auf eine Voreinstellung klicken, wird diese angewendet, und Sie können gegebenenfalls über die einzelnen Punkte nachjustieren oder weitere Punkte hinzufügen. Eigene Kurven können Sie auf diesem Weg jederzeit über die Voreinstellungen mit dem Befehl Benutzervoreinstellungen sichern ⓭ speichern und künftig für andere Bilder verwenden.

Das HDR-Werkzeug verwenden

So verwenden Sie das HDR-Werkzeug optimal

Beim »HDR«-Werkzeug von Capture One erwecken die Regler »Schwarz« und »Weiß« den Eindruck, dass es sich hierbei um einen Schwarzpunkt- bzw. Weißpunktregler handelt, wie Sie sie vielleicht von Lightroom her kennen. Das ist aber nicht der Fall. Das »HDR«-Werkzeug dient vielmehr der Anpassung und dem Finetuning der Lichter und Schatten des Bildes. Für den Schwarz- und Weißpunkt müssen Sie zuerst mit dem »Tonwerte«-Werkzeug arbeiten.

Vorher

Nachher

Ausgangsbild
- Bild zu flau
- Kein Schwarz oder Weiß
  [Datei: KeinBW.CR2]

Bearbeitungsschritte
- Schwarz- und Weißpunkt festlegen
- Lichter und Schatten anpassen

1 Schwarz-/Weißpunkt setzen

Am Histogramm können Sie sehr deutlich erkennen, dass dieses Bild keine weißen ❷ oder schwarzen ❶ Bereiche enthält. Daher ist es sehr flau. Um das zu ändern, können Sie für den Weiß- und/oder Schwarzpunkt das TONWERTE-Werkzeug verwenden. Ich ziehe dafür den schwarzen Regler ❸ nach rechts auf den Anfang des Histogrammhügels und lege damit meinen Schwarzpunkt fest. Dasselbe mache ich auf der anderen Seite mit dem weißen Regler ❹ für den Weißpunkt.

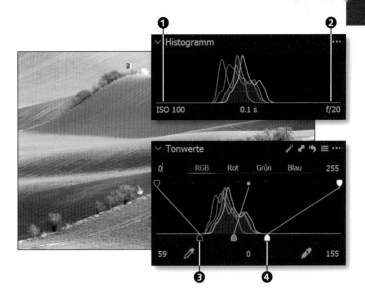

2 Tiefen und Lichter anpassen

Im nächsten Schritt können Sie die TIEFEN- und LICHTER-Regler des HDR-Werkzeugs verwenden, um die Lichter und Schatten im Bild anzupassen. Ein Blick in das Histogramm ist hierbei sehr hilfreich. Aber auch das persönliche Empfinden spielt bei diesen Einstellungen eine Rolle. Im Beispiel habe ich die LICHTER ❺ auf −55 reduziert und die TIEFEN ❻ auf 40 erhöht. Anschließend habe ich erneut den Schwarzpunkt ❽ und Weißpunkt ❼ beim TONWERTE-Werkzeug nachjustiert.

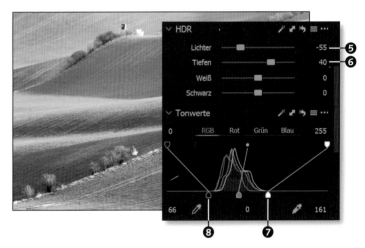

3 Schwarz und Weiß anpassen

Wenn Sie den Schwarzpunkt, Weißpunkt, Lichter und Schatten angepasst haben, können Sie die hellen Bereiche mit dem Regler WEISS und die dunklen Bereiche mit dem Regler SCHWARZ feinjustieren. Im Beispiel habe ich den Regler WEISS ❾ auf 90 und den Regler SCHWARZ ❿ auf 30 gestellt. Sie können sehr schön erkennen, dass die beiden Regler keine Wiederholung des TONWERTE-Werkzeugs mit dem schwarzen und weißen Regler darstellen bzw. dasselbe tun, was Umsteiger vielleicht von diesen beiden Reglern von Lightroom her kennen.

Schnellbearbeitung durchführen

Einzelne Anpassungen ohne die Werkzeugleiste machen

Vermutlich verwenden Sie mit der Zeit immer wieder dieselben Werkzeuge bzw. Schieberegler beim persönlichen Workflow. Dabei kann es lästig sein, ständig zwischen den Registern und Werkzeugen zu wechseln, um dann einzelne Anpassungen vorzunehmen. Hier kommen die neuen Schnelleinstellungen von Capture One ins Spiel. Damit können Sie die Schieberegler verwenden, ohne das Werkzeug in der Werkzeugleiste auswählen zu müssen.

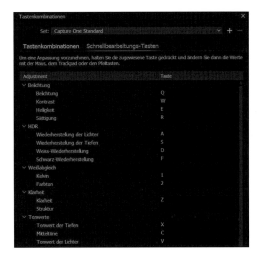

1 Schnellbearbeitungs-Tastenkürzel

Eine Übersicht der Tastenkürzel für die Schnellbearbeitung finden Sie über das Menü BEARBEITEN • TASTENKOMBINATIONEN BEARBEITEN im Register SCHNELLBEARBEITUNGS-TASTEN. Halten Sie in der Standardeinstellung z. B. die Taste Q gedrückt, können Sie den Schieberegler BELICHTUNG verwenden. Mit W verwenden Sie den KONTRAST-Regler, mit E den HELLIGKEIT-Regler, mit R den SÄTTIGUNG-Regler usw.

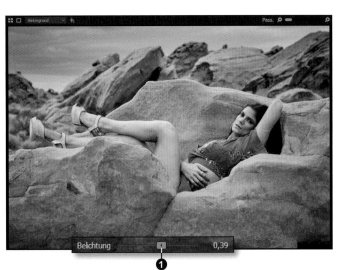

2 Schnellbearbeitung durchführen

Um eine Schnellbearbeitung durchzuführen, halten Sie die gewünschte Taste gedrückt. Im Beispiel halte ich die Q-Taste gedrückt, wodurch unter dem Bild der BELICHTUNG-Regler ❶ eingeblendet wird. Die Anpassung können Sie durch Scrollen des Mausrades, mit gedrückt gehaltener Maustaste im Viewer und Ziehen der Maus oder mit den Pfeiltasten der Tastatur vornehmen. Das Gedrückthalten der entsprechenden Schnellbearbeitungstaste ist dabei obligatorisch.

3 Mehrere Bilder anpassen

Die Schnellbearbeitungsfunktion können Sie auch auf mehrere im Browser markierte Bilder bzw. Varianten auf einmal anwenden. Hierbei werden die Anpassungen gleichzeitig angewendet, wenn Sie z. B. das Mausrad drehen oder mit gedrückter Maustaste im Viewer die Maus ziehen. Im Beispiel verwende ich dies, indem ich bei gehaltener ⌶-Taste den KELVIN-Wert mehrerer Bilder derselben Szene gleichzeitig anpasse. Auch hier wird der entsprechende Regler unterhalb des Bildes mit dem aktuellen Wert angezeigt.

4 Anpassungen mit Ebenen

Ebenen und Masken werde ich noch gesondert ab Seite 234 behandeln, aber es sollte hier schoneinmal erwähnt werden: Wenn Sie mehrere selektierte Bilder mit der Schnellbearbeitungsfunktion gleichzeitig anpassen, wirken sich die Änderungen ausschließlich auf die HINTERGRUND-Ebene ❸ aus. Bei einzelnen Bildern hingegen wirkt sich die Schnellbearbeitung auf die ausgewählte Ebene ❷ des Bildes aus.

5 Einstellungen für die Schnellbearbeitung

Die Tastenkürzel für die Schnellbearbeitung können Sie über das Menü BEARBEITEN • TASTENKOMBINATIONEN BEARBEITEN im Register SCHNELLBEARBEITUNGS-TASTEN ändern. Dafür müssen Sie ein neues Set erstellen, weil das Vorgabeset nicht überschrieben werden kann. Für die Anpassungen der Tastenkombinationen finden Sie ab Seite 360 einen separaten Workshop. Die Schnellbearbeitung komplett deaktivieren oder die Empfindlichkeit beim Anpassen der Werte ändern ❺ können Sie über CAPTURE ONE 21/BEARBEITEN • VOREINSTELLUNGEN im Register ALLGEMEIN ❹.

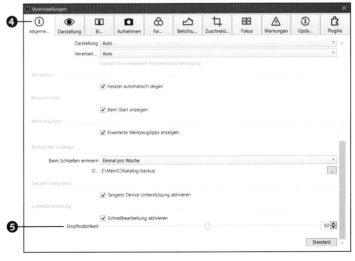

Anpassungen wiederverwenden

So weisen Sie Anpassungen mehreren Bildern zu

Gerade bei Serien- oder Studioaufnahmen will man häufig dieselben Anpassungen für mehrere Bilder verwenden. Dasselbe gilt, wenn Sie Ihren Bildern einen bestimmten Look verleihen wollen. Dieser Workshop zeigt, wie Sie so etwas mit Capture One realisieren können.

1 Einzelne Anpassungen zuweisen

Im Beispiel wähle ich ein Bild ❶ aus, bei dem ich die Belichtung angepasst habe. Markieren Sie mit gehaltener Strg/cmd-Taste weitere Bilder, denen Sie die Belichtungsanpassungen zuweisen wollen. Klicken Sie jetzt auf ❷ im BELICHTUNG-Werkzeug. Im Dialog steht, von welchem Bild ❸ welche Anpassungen verwendet werden. Über die Checkboxen können Sie einzelne Anpassungen (de-)aktivieren. Mit ZUWEISEN bzw. ANWENDEN ❹ werden die Anpassungen von Bild ❶ den anderen ausgewählten Bildern zugewiesen.

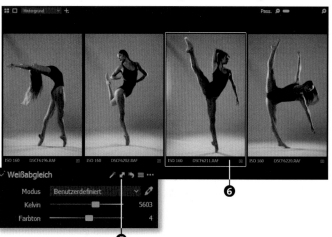

2 Einzelne Anpassungen ohne Dialog zuweisen

Eine direkte Zuweisung von Anpassungen einzelner Werkzeuge ohne den Dialog aus Schritt 1 realisieren Sie, indem Sie wie gehabt das Bild ❻ mit der Anpassung auswählen und dann mit gehaltener Strg/cmd-Taste die Bilder selektieren, denen Sie diese Anpassung zuweisen wollen. Klicken Sie jetzt mit gehaltener ⇧-Taste auf ❺, werden den ausgewählten Bildern die Anpassungen des entsprechenden Werkzeugs von Bild ❻ sofort, ohne Dialog, zugewiesen.

3 Alle Anpassungen kopieren

Wollen Sie alle Anpassungen von allen Werkzeugen, die Sie bei einem Bild gemacht haben, auf andere Bilder anwenden, ist das ohne Probleme möglich. Alle Anpassungen eines Bildes können Sie mit dem entsprechenden Werkzeug ❼ oder als Icon-Werkzeug mit ❽ kopieren. Auch die Tastenkombination ⌈Strg⌉/⌈cmd⌉+⌈⇧⌉+⌈C⌉ sowie das Menü ANPASSUNGEN • ANPASSUNGEN KOPIEREN führen zu demselben Ziel.

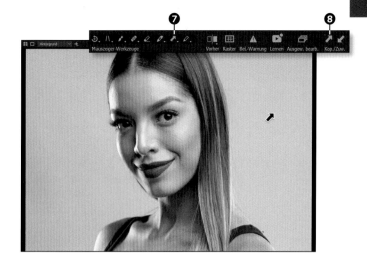

4 Alle Anpassungen zuweisen

Die in Schritt 3 kopierten Anpassungen weisen Sie den ausgewählten Bildern mit ❾ zu. Das Gleiche geht mit dem Mauszeiger-Werkzeug ❿, mit dem Sie die kopierten Anpassungen im Browser den Bildern per Mausklick zuweisen. Für ein direktes Zuweisen mit Dialog wählen Sie das Bild ⓫ mit den Anpassungen aus und selektieren dann mit gehaltener ⌈Strg⌉/⌈cmd⌉-Taste die Bilder, auf die Sie diese Anpassungen mit ANPASSUNGEN • ANPASSUNGEN KOPIEREN UND ZUWEISEN oder ⌈Strg⌉/⌈cmd⌉+⌈Alt⌉+⌈⇧⌉+⌈C⌉ übertragen wollen.

5 Gespeicherte Anpassungen verwenden

Wenn Sie eine einzelne Anpassung eines ausgewählten Bildes durch Klicken mit gehaltener ⌈Alt⌉-Taste auf das entsprechende Icon ⓯ eines Werkzeugs kopieren oder wie in Schritt 3 alle Anpassungen kopieren, finden Sie die kopierten Einstellungen auch im ANPASSUNGEN-Register ⓭ unter GESPEICHERTE ANPASSUNGEN vor, wo Sie diese Anpassungen ausgewählten Bildern mit ZUWEISEN ⓮ bzw. ANWENDEN zuweisen oder Anpassungen mit den Häkchen (de-)aktivieren können. Welche Anpassungen welcher Bilder dort enthalten sind, erkennen Sie am Bildernamen ⓬.

Benutzervoreinstellungen speichern

Immer wiederkehrende Aufgaben einzelner Werkzeuge sichern

Die Einstellungen oder Anpassungen sind Werte, die Sie mit einem einzelnen Werkzeug vornehmen. Wenn Sie z. B. im »Belichtung«-Werkzeug den Regler »Helligkeit« verschieben, haben Sie eine Anpassung im »Belichtung«-Werkzeug vorgenommen. Derartige Einstellungen können Sie als Benutzervoreinstellung speichern und bei Bedarf wiederverwenden.

Ausgangssituation

Verschiedene Aufnahmen
in Capture One

Bearbeitungsschritte

- Anpassungen vornehmen
- Benutzervoreinstellungen speichern
- Benutzervoreinstellungen verwenden

1 Anpassungen vornehmen

Wählen Sie ein Werkzeug, dessen Anpassungen Sie künftig häufiger wiederverwenden wollen. Ich verwende im Beispiel das BELICHTUNG-Werkzeug aus dem BELICHTUNG-Register, bei dem ich den Regler BELICHTUNG auf 1, den KONTRAST auf 5, die HELLIGKEIT auf 5 und die SÄTTIGUNG auf 10 stelle, wodurch das Bild aufgehellt wird und lebendiger wirkt.

2 Benutzervoreinstellung sichern

Zum Speichern der in Schritt 1 gemachten Anpassungen können Sie über die VOREINSTELLUNGEN ❷ mit BENUTZERVOREINSTELLUNGEN SICHERN ❶ zunächst über einen Dialog auswählen, welche der Werkzeugeinstellungen ❸ Sie mitspeichern wollen. Alle wichtigen Werkzeuge bieten diesen Dialog zur Auswahl einzelner Einstellungen eines Werkzeugs an. Wenn Sie auf SICHERN bzw. SPEICHERN klicken, öffnet sich ein Dialog, in dem Sie den Namen der Voreinstellung (hier: »Lebendig«) mit der Endung »*.copreset« sichern können.

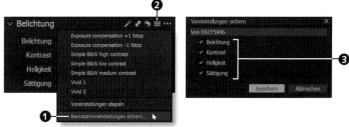

3 Benutzervoreinstellung verwenden

Um die in Schritt 2 gespeicherte Benutzervoreinstellung auf andere Bilder anzuwenden, müssen Sie nur die entsprechenden Bilder auswählen und auf ❹ klicken. Hier finden Sie die gespeicherte Benutzervoreinstellung unter dem in Schritt 2 vergebenen Namen ❺ wieder. Wenn Sie mit der Maus darüber stehenbleiben, sehen Sie im Viewer (oder im Browser) eine Vorschau auf das entsprechende Ergebnis. Klicken Sie auf die Benutzervoreinstellung, wird sie auf die ausgewählten Bilder angewendet.

Kapitel 8
Details verbessern

In diesem Kapitel konzentrieren wir uns auf die kleineren Details wie das Bildrauschen, Flecken, Staub oder Filmkorn, die Sie für gewöhnlich erst ab der 1:1-Ansicht wahrnehmen. Das Thema »Bildschärfe« darf hier natürlich auch nicht fehlen.

GRUNDLAGENEXKURS: Bildschärfe
Was macht den Schärfeeindruck aus? 198

Bild (vor-)schärfen
So verbessern Sie die Bildschärfe 204

Mehr Pep für die Mitteltöne
So werden Ihre Bilder knackiger (oder softer) 208

GRUNDLAGENEXKURS: Woher kommt das Bildrauschen?
Die technische Seite des Bildrauschens verstehen 210

Bildrauschen reduzieren
Wie Sie das Bildrauschen reduzieren 212

Flecken und Staub entfernen
Hilfe bei Sensorflecken und Staub im Foto 216

Filmkorn hinzufügen
Ein klassisches Filmkorn für digitale Bilder hinzufügen 220

Moiré entfernen
So entfernen Sie den Moiré-Effekt aus Fotos 222

Vignettierung hinzufügen
Eine Vignettierung als Stilmittel verwenden 224

Pixelfehler beheben
So werden Sie störende Bildpixel los 226

GRUNDLAGENEXKURS: Offline- und Vorschaudateien
Anpassungen ohne Originaldateien vornehmen 228

Bearbeitung von Offlinebildern
Wenn die Originaldateien einmal nicht vorhanden sind 230

Bildschärfe

Was macht den Schärfeeindruck aus?

Wenn Sie Ihre Bilder in einem Raw-Format fotografieren, werden sie – anders als beim JPEG-Format – nicht schon in der Kamera geschärft. Sie übernehmen mit Capture One und dem SCHÄRFUNG-Werkzeug im DETAILS-Register selbst die Kontrolle über die Schärfe.

Auch wenn das SCHÄRFUNG-Werkzeug gute Dienste leistet: Zaubern kann es nicht – ein Bild zum Nachschärfen muss bereits bei der Aufnahme scharf gestellt gewesen sein. Wenn der Autofokus der Kamera beispielsweise eine Person nicht erfasst und stattdessen etwas anderes im Vorder- oder Hintergrund scharf gestellt bzw. fokussiert hat, dann können Sie dies nicht mehr über die SCHÄRFUNG in Capture One ausgleichen. Verwechseln Sie daher nicht das Scharfstellen per Autofokus der Kamera mit dem Nachschärfen in der Kamera oder einer Software. Beim Schärfen mit der Software kann nur ein gewisser Grad an Unschärfe verbessert werden. Eine falsche Fokussierung gehört nicht dazu.

Was ist Schärfe?

Kameraseitig ist die Schärfe eines Bildes abhängig vom Objektiv, vom Bildsensor und vom Prozessor. Je leistungsfähiger diese Kom-

ponenten sind und je besser sie harmonieren, desto bessere Ergebnisse werden Sie erzielen. Der Schärfeeindruck beim Betrachten eines Bildes hängt im hohen Maße vom Kontrast ab. Je größer die Helligkeitsunterschiede bei feinen Details und Strukturen sind, desto schärfer wirkt das Bild für das Auge. Daher können Sie mit einer einfachen Kontrast-anhebung mehr Details ans Licht bringen, die zuvor nicht wahrnehmbar waren. Somit ist diese Schärfung nichts anderes als eine Anhebung des Kontrasts, nur dass Sie die Grenzen zwischen den Kanten mit den Reglern steuern können. Somit können Sie bereits allein durch eine Kontrastanhebung, wie etwa über eine S-Kurve mit der Gradationskurve, einen verbesserten Schärfeeindruck erzielen.

(Vor-)Schärfen!?

Damit Sie es nicht falsch verstehen: Das SCHÄRFUNG-Werkzeug von Capture One ist nicht zu vergleichen mit Werkzeugen für nachträgliche Bildschärfungen z. B. in Photoshop (UNSCHARF MASKIEREN oder Luminanz-schärfen). Wie bereits erwähnt wird eine Aufnahme im Raw-Format im Gegensatz zu JPEG-Bildern nicht in der Kamera geschärft,

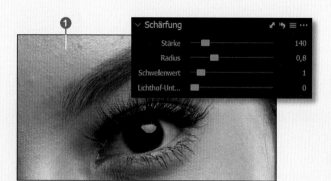

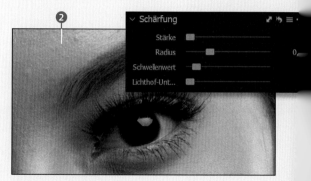

sondern Sie übernehmen das nachträglich selbst mit dem Raw-Konverter. In der Standardeinstellung wendet Capture One bereits beim Importieren der Bilder eine Grundschärfung an, sprich, der STÄRKE-Regler im SCHÄRFUNG-Werkzeug steht nicht auf 0. Im linken Bild ❶ habe ich die Standardeinstellung von Capture One bei einer leichten Vorschärfung belassen. Im rechten Bild ❷ habe ich den STÄRKE-Regler zum Vergleich auf 0 gesetzt, die standardmäßige Vorschärfung also zurückgenommen.

Trotzdem können und sollten Sie die (Vor-) Schärfung natürlich in Capture One vornehmen, aber die optimale Schärfung hängt immer von der Bildgröße ab. Wenn Sie Bilder in unterschiedlichen Größen exportieren, wirkt sich die Schärfung auf jede Größe anders aus. Hinzu kommt Ihr subjektiver Eindruck und ob Sie für den Bildschirm oder Druck schärfen. Sie kommen nicht um das Experimentieren für die richtige Schärfeeinstellung in den verschiedenen Bildgrößen herum. Alternativ verwenden Sie für das Nachschärfen ein Bildbearbeitungsprogramm wie Photoshop (Elements) oder Sharpener Pro (Nik Collection). Eine zu starke Schärfeeinstellung führt bei Weitergabe von kleineren Bildgrößen aber schnell zu einer unnatürlichen Überschärfung.

Fehler beim Schärfen

Wenn Sie es mit dem Schärfen übertreiben, kann sich die Qualität des Bildes verschlechtern. Bei überschärften Bildern werden schnell unerwünschte Artefakte mit auffälligem Bildrauschen sichtbar oder ein weißer Saum um die Kontrastgrenzen (*Halo-Effekt* bzw. *Lichthof*). Dies führt möglicherweise sogar zu einer falschen Darstellung von Farben, wie auch in den Fotos rechts zu sehen ist: Das erste Bild oben ❸ ist unbehandelt; das Bild darunter ❹ habe ich normal geschärft; das nächste Bild ❺ ist überschärft, wodurch unerwünschte Artefakte sichtbar wurden; das letzte Bild unten ❻ habe ich extrem überschärft, was den un-

erwünschten weißen Saum (Lichthöfe) und falsche Farben hervorruft.

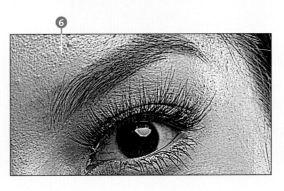

3-Phasen-Schärfung von Capture One

Mit Capture One können Sie den Workflow zum Schärfen in drei Phasen aufteilen: das Schärfen nach der Aufnahme (beispielsweise beim Tethered Shooting) bzw. nach dem Import des Bildes mithilfe einer Objektivkorrektur, das klassische Schärfen mit dem SCHÄRFUNG-Werkzeug und das Schärfen bei der Weitergabe. Nachfolgend erläutere ich die drei Phasen etwas genauer.

1. Phase: Beugungsunschärfe beheben

Die Option BEUGUNGSKORREKTUR ❶ finden Sie im OBJEKTIV-Register als Checkbox im OBJEKTIVKORREKTUR-Werkzeug wieder. Wenn Sie diese Option aktivieren ❷, wird automatisch eine Korrektur der Beugungsunschärfe durchgeführt. Diese kann als Nebeneffekt im Zusammenhang mit dem Objektiv entstehen, wenn zu stark abgeblendet wird. Die Beugungsunschärfe, auch *Diffraktion* genannt, ist ein Abbildungsfehler, der durch die Ränder der Blende hervorgerufen wird, wodurch es am Blendenrand zu einer Beugung der Lichtstrahlen kommen kann. Aufgrund dieser Beugung treffen die Lichtstrahlen nicht dort auf den Sensor auf, wo ein scharfes Bild erzeugt werden soll, sondern sie verteilen sich über den gesamten Sensor.

Neuere Kameras mit schnelleren Prozessoren versuchen, diese Beugungsunschärfe bereits intern zu bearbeiten. Die Beugungsunschärfe wird mit einer Dekonvolution teilweise herausgerechnet. Dies gilt allerdings nicht mehr, wenn Sie die Bilder im Raw-Format machen. Und genau hierfür bietet Capture One im OBJEKTIVKORREKTUR-Werkzeug mit ❷ eine Option an, die die Beugungsunschärfe auch im Raw-Format herausrechnet. In der Praxis bedeutet dies allerdings auch, dass die Verarbeitungszeit erhöht wird, wenn die Einstellung aktiviert ist. Die Beugungskorrektur werden Sie, im Gegensatz zu einem traditionellen Nachschärfeverfahren, nicht so ohne Weiteres erkennen bzw. in manchen Bildern gar nicht feststellen. Ein Einzoomen auf 100 % oder gar 400 % in das Bild ist obligatorisch.

Das Ausführen dieser Korrektur hat den Vorteil, dass eine bekannte Unschärfe beseitigt wird, die später beim Nachschärfen durch Überschärfen zu Artefakten führen könnte. Zusätzlich können Sie die feinen Details aus kontrastarmen Bereichen retten, die nach einer klassischen Unscharfmaskierung nicht mehr vorhanden wären.

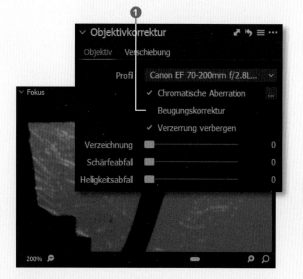

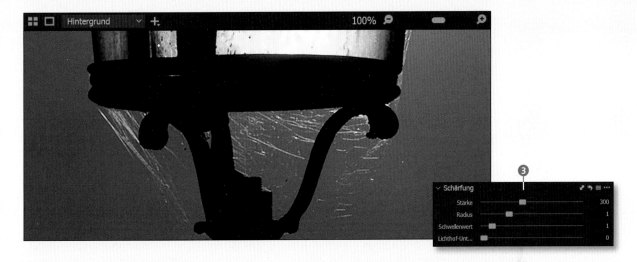

2. Phase: Kreatives Nachschärfen

Auf die zweite Phase, die Schärfung der Bilder mit dem SCHÄRFUNG-Werkzeug ❸, bin ich bereits zu Beginn dieses Exkurses eingegangen. Das Werkzeug finden Sie neben dem DETAILS-Register auch im Register LOKALE ANPASSUNGEN, wo Sie damit ganz gesondert einzelne Bereiche im Bild schärfen. Dieses Werkzeug bietet mehrere Regler an, die Sie unabhängig voneinander ändern können und mit denen sich die Schärfe des Bildes anpassen lässt. Eine 100%-Ansicht des Bildes ist beim Nachschärfen mit dem SCHÄRFUNG-Werkzeug immer ratsam.

3. Phase: Ausgabeschärfung

Als letzte mögliche Phase finden Sie im VER-ARBEITUNGSVORGABE-Werkzeug ❺ unter dem Register ANPASSUNGEN ❻ mit SCHÄRFUNG ❼ eine Option für jedes Ausgaberezept vor, mit der Sie eine Schärfung für die Ausgabe der Datei festlegen können. Zur Auswahl stehen eine Schärfung für den Bildschirm ❽ und eine für den Druck ❾. Je nach Auswahl finden Sie daraufhin weitere Einstellungen, mit denen Sie die Ausgabeschärfe manuell regulieren können. Um diese Ausgabeschärfe auch kontrollieren zu können, sollten Sie ANSICHT • PROOF NACH VERARBEITUNGSVORGABE AKTIVIEREN ❹ einstellen ❹.

Hilfsmittel für die Details

Es wird empfohlen, Arbeiten mit feinen und kleineren Details in einer 1:1-Ansicht durchzuführen. Dafür bietet Capture One Werkzeuge im DETAILS-Register an, mit denen Sie die Ansicht bzw. den Bildausschnitt schnell entsprechend auf 100 % oder mehr anpassen können.

Navigator-Werkzeug

Das NAVIGATOR-Werkzeug im DETAILS-Register ist hilfreich, wenn Sie tiefer ins Bild hineinzoomen, um sich zu orientieren. Wenn Sie in das Bild hineinzoomen, finden Sie hier einen weißen Rahmen ❶, mit dem Sie den im Viewer angezeigten Bildbereich ❸ bei gedrückt gehaltener Maustaste verschieben können. Über das Aktionsmenü mit den drei Punkten ❷ können Sie verschiedene Zoomstufen für den Viewer auswählen.

Fokus- bzw. Schärfewerkzeug

Das FOKUS-Werkzeug im DETAILS-Register ist ebenfalls recht hilfreich, wenn Sie einen bestimmten Bereich des Bildes im Viewer ❿ eingepasst lassen, aber im FOKUS-Werkzeug ❹ etwas genauer in einer höheren Zoomstufe betrachten wollen. Damit haben Sie im FOKUS-Werkzeug kritische Details im Überblick

und im Viewer das gesamte Bild. Das ist recht nützlich bei der Korrektur von feinen Details. Die Zoomstufe können Sie hier mit dem Regler ❻ von 25 bis 400 % einstellen. Ein Klick auf ❺ verwendet eine Zoomstufe von 25 % und ein Klick auf ❼ von 100 %. Das Bild innerhalb des FOKUS-Werkzeugs ❹ können Sie mit gedrückt gehaltener Maustaste verschieben. Den genauen Fokuspunkt legen Sie mit dem Lupenwerkzeug ❽, über das Mauszeiger-Werkzeug ❾ oder mit ⨍ fest, indem Sie den gewünschten Bereich im Viewer anklicken. Das Lupenwerkzeug für den Fokuspunkt funktioniert auch im Browser, und der gewählte Fokuspunkt bleibt erhalten, wenn Sie zu anderen Bildern wechseln.

Fokusmaske

Eine Hilfe bei der Suche nach Bildern, die in den richtigen Bereichen scharf geworden sind, finden Sie mit ANSICHT • SCHÄRFEMASKE bzw. FOKUSMASKE (Mac). So werden beispielsweise bei einer Porträtaufnahme die Augen fokussiert. Diese Funktion überprüft die Bilder auf Kontraste und zeigt starke Kontrastunterschiede in grüner Farbe an. Wie stark die Kontrastunterschiede sein sollen, können Sie über BEARBEITEN/CAPTURE ONE 21 • VOREINSTELLUNGEN im Register FOKUS ⓫ mit

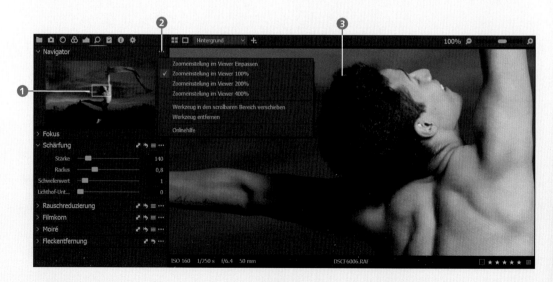

SCHWELLENWERT ändern. Auch die grüne FARBE, die die Fokusmaske visuell darstellt, und ihre DECKKRAFT können Sie hier anpassen. Je höher der SCHWELLENWERT, umso stärker müssen die Kontrastunterschiede sein. Ein idealer Wert hängt von mehreren Faktoren wie etwa der Pixelanzahl oder dem ISO-Wert ab. Sie kommen daher nicht darum herum, einige Einstellungen zu testen. Verwenden Sie dafür ein Bild, bei dem Sie die Blende voll geöffnet hatten und in dem Sie dementsprechend ein hohes Maß an Unschärfe haben. Regeln Sie den SCHWELLENWERT so lange hoch

oder herunter, bis der Schärfebereich Ihren Vorstellungen entspricht. An diesem Punkt werden Sie merken, dass es sich nur um ein Hilfsmittel handelt, mit dem Sie schneller die »schärferen« Bilder in einer Serie von mehreren Aufnahmen finden. Mit ANSICHT • SCHÄRFEMASKE bzw. FOKUSMASKE (Mac) können Sie diese Funktion wieder deaktivieren.

Bild (vor-)schärfen

So verbessern Sie die Bildschärfe

Wenn Sie einem Bild etwas mehr Bildschärfe mit dem »Schärfung«-Werkzeug verleihen wollen, sollten Sie bereits alle anderen Arbeiten am Bild, wie die Beseitigung von Bildstörungen und Flecken, durchgeführt haben, weil Sie diese Details sonst nur noch verstärken würden.

Ausgangsbild

Leichte Unschärfe in den feinen Details

[Datei: Huegel.CR2]

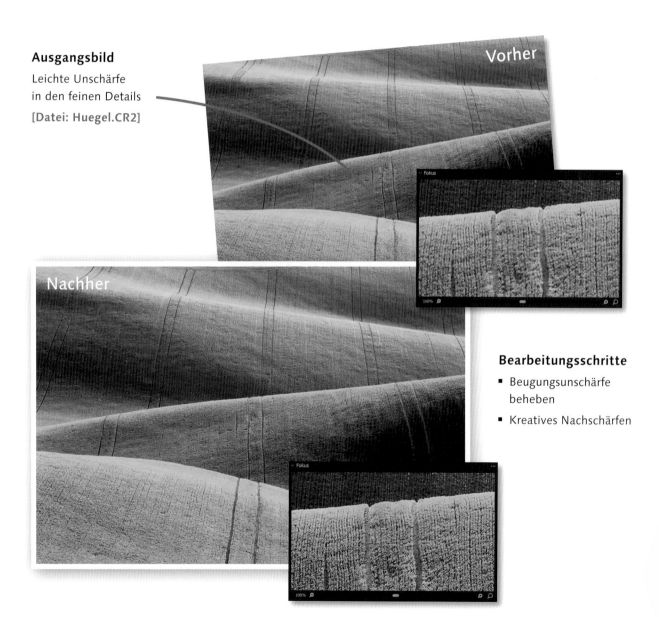

Bearbeitungsschritte

- Beugungsunschärfe beheben
- Kreatives Nachschärfen

1 Ansicht einstellen

Im ersten Schritt sollten Sie eine Zoom-stufe von mindestens 100 % einstellen. Dabei bleibt es Ihnen überlassen, ob Sie die Ansicht im FOKUS-Werkzeug im DETAILS-Register verwenden wollen, oder ob Sie das Bild im Viewer beispielsweise mit ❷ auf 100 % stellen und den Bildausschnitt im NAVIGATOR-Werkzeug ❶ steuern. Ich bevorzuge das FOKUS-Werkzeug, ziehe es aus dem Register als frei schwebendes Fenster heraus und wähle mit ❹ im Viewer ❸ den Bereich, den ich in ❺ sehen will.

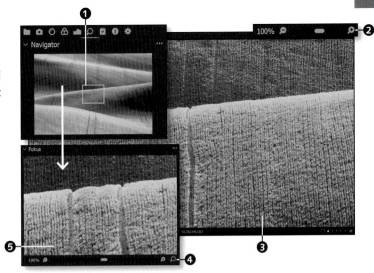

2 Beugungskorrektur durchführen

Dieser Schritt der Objektivkorrektur ist optional und hängt vom Bildmaterial und auch vom Objektiv ab. Im Beispiel habe ich die Blende mit ƒ16 weit ziemlich geschlossen, um eine höhere Schärfentiefe zu erzielen, weshalb eine Beugung des Lichts sehr wahrscheinlich ist. Wenn Sie daher im Beispiel ein Häkchen im OBJEKTIV-Register vor BEU-GUNGSKORREKTUR ❻ setzen, können Sie in der 200 %-Ansicht eine deutliche Verbesserung der feinen Details erkennen.

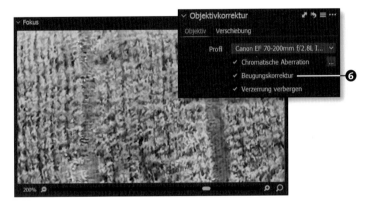

3 Bild schärfen mit »Stärke«

Wechseln Sie zum DETAILS-Register und in das SCHÄRFUNG-Werkzeug. Standardmäßig schärft Capture One die Raw-Bilder von Haus aus schon ein wenig nach. Für mehr Details justieren Sie mit den Reglern STÄRKE und RA-DIUS. Wie stark die Scharfzeichnung erfolgen soll, geben Sie mit STÄRKE ❼ an. Sie regeln hier, wie stark der Kontrast zu den benachbarten Pixeln erhöht werden soll. Die Werte gehen dabei von 0 bis 1 000 und lassen sich somit sehr fein regeln. Je höher der Wert, umso stärker wird dabei vorgegangen. Als Standardwert verwendet Capture One 180 für STÄRKE. Stellen Sie den Wert auf 300.

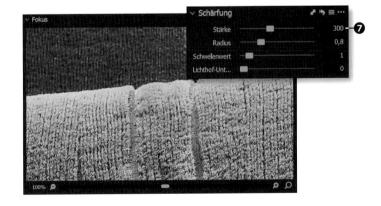

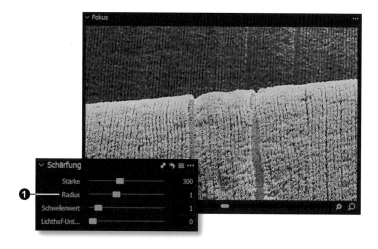

4 Feintuning mit »Radius«

Mit RADIUS ❶ regeln Sie, wie viele Pixel in einem bestimmten Umkreis von der Schärfung betroffen sind bzw. wie weit sich die Schärfung um eine Kontur ausdehnen darf. Als Wert können Sie hier 0,2 bis 2,5 verwenden. Der Standardwert 0,8 ist häufig eine gute Einstellung. Der Regler RADIUS ist eine Art Feinabstimmung in Bezug auf den Regler STÄRKE. Treten z. B. helle Scheine und andere unschöne Details um die Konturen herum auf, können Sie mit einer Reduzierung des RADIUS entgegenwirken. Ich verwende den Wert 1,0.

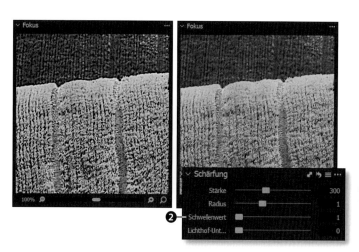

5 Schwellenwert verstehen

Mit dem dritten Regler, SCHWELLEN- WERT ❷, geben Sie an, wie viel Helligkeitsunterschied zwischen den Pixeln bestehen muss, damit der Kontrast erhöht wird. Aber Achtung: Je niedriger dieser Wert ist, desto stärker wird geschärft. Erhöhen Sie den Wert, nimmt der Grad der Schärfung ab. Somit werden Bildfehler wie Bildrauschen und Körnungen verringert, die bei zu starkem Schärfen verstärkt werden. Capture One verwendet als Standardeinstellung den Wert 1. Im Beispiel habe ich den SCHWELLENWERT auf 1 belassen.

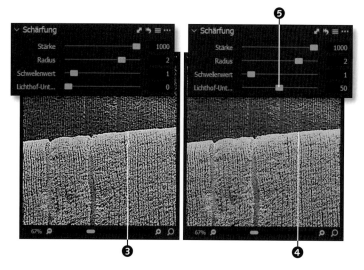

6 Lichthof (Halo) unterdrücken

Zu starkes Schärfen sollten Sie in der Praxis vermeiden, da es sonst bei starken Kontrasten zu Lichthöfen kommen kann. Mit dem Regler LICHTHOF-UNTERDRÜCKUNG können Sie ebendiesen unerwünschten weißen Saum (auch *Halo-Effekt*) reduzieren. Im Beispiel habe ich zur Demonstration im linken Bild ❸ die Schärfung übertrieben, was den unerwünschten weißen Saum recht deutlich hervorgebracht hat. Im rechten Beispiel ❹ habe ich diesen weißen Saum mit dem Regler LICHTHOF-UNTERDRÜCKUNG ❺ etwas reduziert.

7 Lichthöfe gezielt unterdrücken

Häufig treten solche Lichthöfe nicht global im gesamten Bild, sondern nur in einzelnen Bereichen auf. Da Sie das SCHÄRFUNG-Werkzeug auch auf einzelnen Ebenen über das EBENEN-Werkzeug ⑥ anwenden können, lassen sich diese Lichthöfe auch gezielt in einzelnen Bereichen entfernen. Sie sollten diese Regler aber nicht dazu missbrauchen, sämtliche Bilder extrem nachzuschärfen, nur um dann im Falle einer Überschärfung die Lichthöfe wieder zu entfernen. Die lokalen Anpassungen werde ich in Kapitel 9 behandeln.

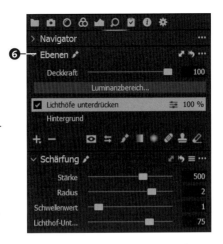

8 Welche Schärfe wofür?

Die jeweils beste Schärfeeinstellung hängt von verschiedenen Faktoren ab: von der Art des Motivs ebenso wie vom Zustand des Bildes (ist Bildrauschen vorhanden?). Auch die Auflösung spielt eine Rolle: Je niedriger das Bild aufgelöst ist, desto geringer sollten Sie den RADIUS einstellen. Ist schon ein Rauschen vorhanden, wird es durch Schärfen noch verstärkt. Über die Vorgaben ⑦ finden Sie außerdem einige fertige Einstellungen und können über ⑧ weitere Benutzervoreinstellungen hinzufügen.

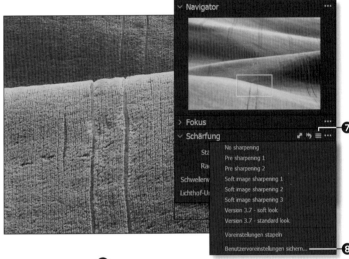

9 Ausgabeschärfung

Zwar werde ich noch gesondert darauf eingehen, aber es sollte hier schon einmal erwähnt werden, damit Sie es im Hinterkopf behalten: Wenn Sie Bilder exportieren und für den Bildschirm oder Druck weitergeben wollen, finden Sie im AUSGABE-Register mit dem VERARBEITUNGSVORGABE-Werkzeug im Register ANPASSUNGEN ⑨ eine weitere Möglichkeit der Schärfung mit Reglern, mit denen Sie die Ausgabeschärfe entsprechend für den Bildschirm oder (wie abgebildet) für den Druck einstellen können.

Mehr Pep für die Mitteltöne

So werden Ihre Bilder knackiger (oder softer)

Das Werkzeug »Klarheit« ist gut geeignet, um einem Bild mehr Kontrast und Schärfe zu verleihen oder einen »weicheren Look« zu verpassen. Im Gegensatz zum Regler »Kontraste« arbeitet die »Klarheit« mehr mit Mitteltönen und schiebt den Tiefen- und Lichterbereich im Histogramm nicht ganz so weit nach außen, wodurch es weniger schnell zu einer Tonwertbeschneidung in den hellen und/oder dunklen Bereichen kommt.

[Dateien für Arbeitsschritt 1: Pattern.CR2; Arbeitsschritt 2: Architektur.CR2; Arbeitsschritt 3: Face.CR2; Arbeitsschritt 4: Waterdrops.CR2; Arbeitsschritt 5: Dragon.RAF]

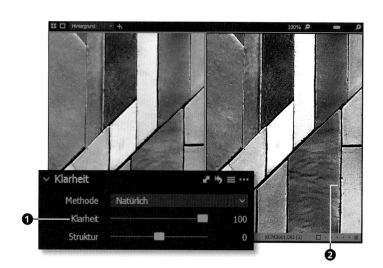

1 Klarheit erhöhen

Den Regler KLARHEIT ❶ finden Sie im gleichnamigen Werkzeug unter dem BELICHTUNG-Register wieder. Je weiter Sie diesen Regler nach rechts ziehen, umso schärfer und knackiger wirkt das Bild. Wenn Sie den Regler zu stark anwenden, wirkt das Bild schnell künstlich. Daher ist es häufig sinnvoll, das Bild z. B. mit Strg/cmd+Alt+0 in einer 100 %-Ansicht zu betrachten. Gerade bei scharfen Kanten oder Wolken kommt es schnell zu unschönen Effekten (Stichwort: Lichthof bzw. Halo) ❷.

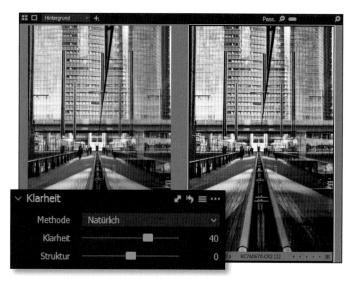

2 Klarheit verbessern

Bei Bildern mit vielen Strukturen, wie Architekturaufnahmen oder Landschaften, lässt eine leichte Erhöhung der KLARHEIT das Bild wesentlich knackiger und häufig auch dramatischer bzw. intensiver wirken. Aber auch hierbei sollten Sie sich vor übertrieben hohen Werten in Acht nehmen. Ebenso nutzt sich der Effekt mit der Zeit ab, wenn man den Regler bei jedem Bild kräftig hochzieht.

3 Klarheit reduzieren

Das Reduzieren der KLARHEIT, indem Sie den Regler nach links ziehen, kann ein Bild etwas weicher machen, sodass es verträumter oder einfach softer wirkt. Bei Porträtaufnahmen lässt sich dieses Weichzeichnen mit dem Regler KLARHEIT dazu verwenden, unschöne Stellen der Haut weicher ➍ zu machen. Dementsprechend werden Sie den Regler bei Porträtaufnahmen eher selten nach rechts ziehen, weil das häufig die unschönen Details ➌ noch mehr hervorhebt und verstärkt.

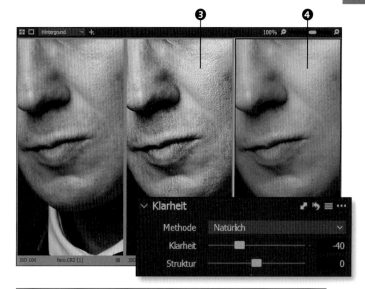

4 Struktur verbessern

Im KLARHEIT-Werkzeug finden Sie noch den Regler STRUKTUR ➓, der sich nicht so stark auf den Kontrast zwischen Hintergrund und Objekt auswirkt, sondern auf die Strukturen des Objekts selbst. Der Vergleich der Varianten ohne Anpassung ➏, mit erhöhter KLARHEIT ➐, nur STRUKTUR ➎ auf den maximalen Wert und am Ende mit beiden Reglern auf einem höheren Wert ➑ demonstriert den Unterschied recht deutlich. Der Regler STRUKTUR ist etwas feiner und arbeitet nicht so hart an den Bildkanten wie der Regler KLARHEIT ➒.

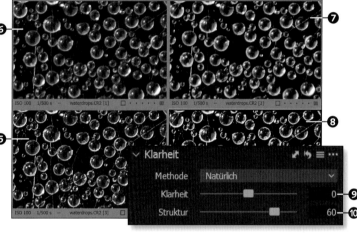

5 Verschiedene Methoden

Wie sich die Regler KLARHEIT und STRUKTUR auf das Bild auswirken, steuern Sie mit METHODE ⓯. Die Standardeinstellung ist NATÜRLICH ⓫, womit der Effekt nicht so stark ausfällt und natürlicher wirken soll. KLASSISCH ⓬ und DURCHSCHLAG ⓭ werden für dramatischere Bilder empfohlen, NEUTRAL ⓮ lässt sich für alle Arten von Bildern verwenden. Entscheidend ist das Bildmaterial und wie stark Sie die Regler einsetzen. DURCHSCHLAG (am stärksten), KLASSISCH und NEUTRAL wirken sich auf die Farbsättigung im Bild aus, was NATÜRLICH überhaupt nicht tut.

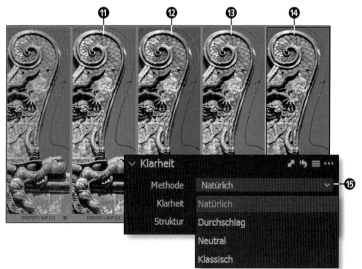

Woher kommt das Bildrauschen?

Die technische Seite des Bildrauschens verstehen

Als *Bildrauschen* bezeichnet man unerwünschte und fehlerhafte Pixel in der Bilddatei, die nicht die korrekte Farbe oder Helligkeit haben. Man unterscheidet zwischen einem *Farbrauschen* und einem *Helligkeitsrauschen*.

Farbrauschen

Das Farbrauschen (auch *Chrominanzrauschen*) entsteht meist in dunklen Bildbereichen, in denen unerwünschte bunte Pixel in Rot, Grün und Blau zu sehen sind, wodurch diese Art des Rauschens besonders deutlich im Bild auffällt. In ❶ sehen Sie den Ausschnitt einer dunklen Aufnahme, bei der ich den Kontrast etwas übertrieben erhöht habe, damit Sie das Farbrauschen bei den dunkleren Stellen in einer 200 %-Ansicht im Druck etwas deutlicher erkennen können.

Helligkeitsrauschen

Das Helligkeitsrauschen oder auch *Luminanzrauschen* hingegen fällt in helleren Bildbereichen nicht ganz so markant auf, weil hier nur helle und dunkle Pixel vorhanden sind, die an das Filmkorn aus analogen Zeiten erinnern. Bei einem blauen Himmel wirkt sich aber auch das Helligkeitsrauschen recht störend auf

das Bild aus. Auch in ❷ habe ich den Kontrast etwas stärker erhöht, damit Sie im Druck das Helligkeitsrauschen besser erkennen können.

Die fototechnische Seite

Von der technischen Seite betrachtet, spielt auch der Bildsensors eine bedeutende Rolle. Je größer der verbaute Bildsensor ist, umso besser ist das Rauschverhalten der Kameras gewöhnlich. Daher sind Bilder, die mit kleinen Kompaktkameras aufgenommen wurden, häufig wesentlich stärker verrauscht als Bilder aus einer Systemkamera. Mit teuren Vollformatkameras lassen sich heutzutage auch bei relativ hohen ISO-Werten sehr gute Bildergebnisse erzielen, in denen man ein Rauschen häufig erst bei einer 100 %-Ansicht erkennen kann. Kameras mit einem größeren Bildsensor sind allerdings häufig auch wesentlich teurer.

Die softwaretechnische Seite

Neben der Möglichkeit, den ISO-Wert beim Fotografieren möglichst gering zu halten oder sich eine technisch hochwertige Kamera mit einem großen Bildsensor zu kaufen, bleibt letztendlich nur noch die softwaretechnische Möglichkeit, die zum Einsatz kommt, wenn das Bild bereits entstanden und verrauscht ist.

Capture One bietet hierzu das RAUSCHRE-DUZIERUNG-Werkzeug ❸ im DETAIL-Register mit den Reglern HELLIGKEIT, DETAIL, FARBE und SINGLE PIXEL an, deren Funktionen Sie im nächsten Workshop kennenlernen. Sie werden gleich bemerken, dass Capture One die Raw-Bilder standardmäßig ein wenig ent-rauscht, was auch erklärt, dass die Regler von HELLIGKEIT, DETAIL und FARBE immer auf 50 eingestellt sind. Im linken Bild ❹ sehen Sie einen Bildausschnitt mit den Standardeinstel-lungen von Capture One; im rechten Bild ❺ habe ich alle Werte der Regler auf 0 gestellt, um zu demonstrieren, dass die Standardwerte durchaus sinnvoll sind.

Wenn Sie das Bildrauschen reduzieren, müssen Sie sich darüber im Klaren sein, dass Sie damit fast immer auch die Bildschärfe reduzieren, zumindest falls Sie die Rausch-reduzierung auf das komplette Bild anwen-den. Überlegen Sie sich also im Voraus, ob Ihnen die Reduzierung des Bildrauschens auch die Reduzierung der Bildschärfe wert ist. Bei einigen Bildern mag das Rauschen wirklich störend wirken. Bei anderen Bildern fällt das Rauschen aber häufig erst bei einer 100%-Ansicht auf.

Alternativ bietet Capture One Ihnen die Möglichkeit an, die Rauschreduzierung lokal auf einzelne Bildbereiche anzuwenden.

Single Pixel (Hotpixel)

Bei schwierigen Lichtverhältnissen gibt es ge-rade bei älteren Sensoren einige Bildpunkte, die in voller Stärke rot, grün, blau oder weiß leuchten. Häufiger treten diese Pixel bei lan-gen Belichtungszeiten und/oder höheren ISO-Werten auf.

Wenn es nur einzelne Punkte sind, fällt das kaum auf, aber bei in die Jahre gekommenen Kameras können es schnell mehrere Pixel sein, was sich störend im Bild auswirkt. Sol-che Pixel werden auch als *Hotpixel* bezeichnet und können in Capture One komplett mit dem Regler SINGLE PIXEL ❻ aus dem Bild ent-fernt werden.

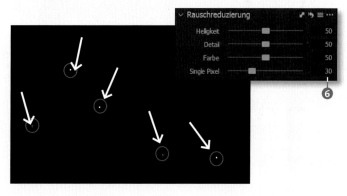

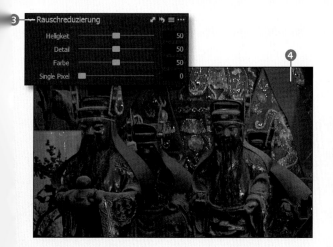

Bildrauschen reduzieren

Wie Sie das Bildrauschen reduzieren

Capture One bietet jeweils eine Variante an, Helligkeitsrauschen und Farbrauschen zu reduzieren bzw. zu entfernen. Allerdings muss einschränkend gesagt werden, dass Sie bei einer starken Rauschunterdrückung immer auch Details aus den Bildern entfernen.

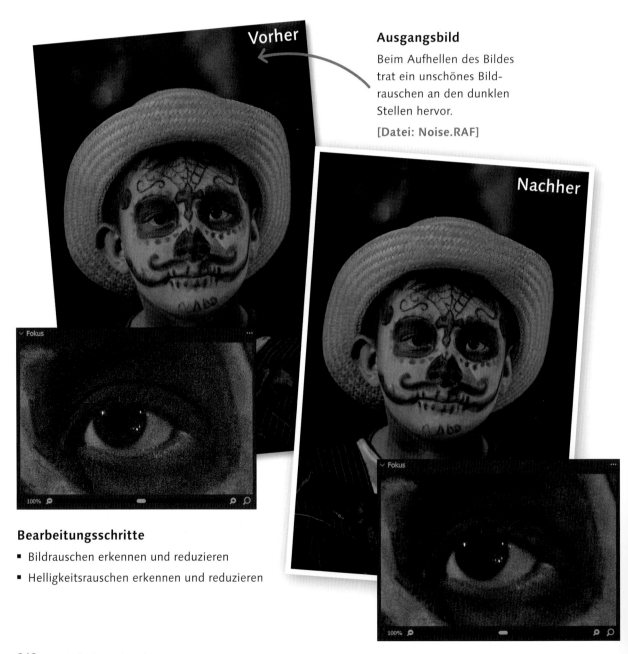

Ausgangsbild

Beim Aufhellen des Bildes trat ein unschönes Bildrauschen an den dunklen Stellen hervor.

[Datei: Noise.RAF]

Bearbeitungsschritte

- Bildrauschen erkennen und reduzieren
- Helligkeitsrauschen erkennen und reduzieren

1 Bildansicht vergrößern

Im ersten Schritt stellen Sie eine Zoom-stufe von mindestens 100 % ein. Hierbei bleibt es Ihnen überlassen, ob Sie die Ansicht im FOKUS-Werkzeug im DETAILS-Register ver-wenden wollen oder ob Sie das Bild lieber im Viewer auf 100 % einzoomen und den Bild-ausschnitt im NAVIGATOR-Werkzeug steuern. Ich bevorzuge wieder das FOKUS-Werkzeug, ziehe es aus dem Register als frei schweben-des Fenster heraus und wähle mit ❶ den Be-reich im Viewer, den ich sehen möchte.

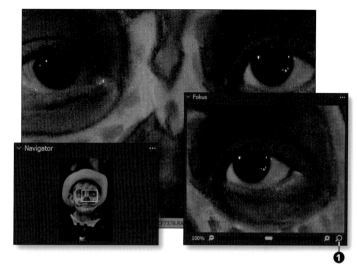

2 Farbrauschen analysieren

Ziehen Sie zur Demonstration den Reg-ler FARBE ❸ im RAUSCHREDUZIERUNG-Werk-zeug ganz nach links auf den Wert 0. Stan-dardmäßig steht dieser Wert auf 50, um ein Farbrauschen zu reduzieren. Im Beispiel wer-den Sie feststellen, dass diese Standardeinstel-lung ein guter Wert ist. Da ich hier den Regler FARBE auf 0 gesetzt haben können Sie im Bild sehr schön das Farbrauschen ❷ erkennen. Zur Demonstration habe ich außerdem auf 200 % in das Bild hineingezoomt, um das Rauschen deutlicher zu zeigen.

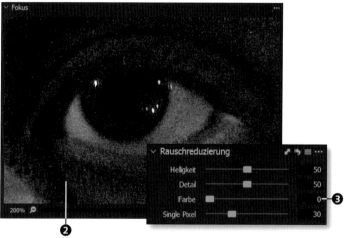

3 Farbrauschen reduzieren

Das Farbrauschen soll im nächsten Schritt wieder entfernt werden, indem Sie den Regler FARBE nach rechts ziehen, bis das Farbrauschen verschwunden ist. Im Beispiel habe ich den Regler FARBE wieder auf den Standardwert 50 zurückgestellt, und die bun-ten Punkte mit dem Farbrauschen sind wieder verschwunden. Meistens ist der Standardwert ausreichend, um das Farbrauschen zu redu-zieren, und muss eventuell nur noch etwas angepasst werden.

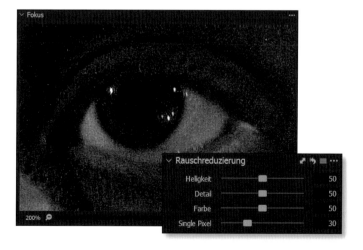

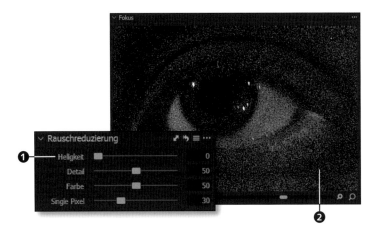

4 Helligkeitsrauschen analysieren

Ziehen Sie auch hier zur Demonstration den Regler HELLIGKEIT ❶ auf den Wert 0, um zu sehen, welche Teile im Bild vom Helligkeitsrauschen betroffen sind. Standardmäßig steht dieser Wert auf 50, um ein Helligkeitsrauschen zu reduzieren. Auch hier ist diese Standardeinstellung ein guter Wert. Da Sie den Regler HELLIGKEIT auf 0 gesetzt haben, können Sie im Bild sehr schön das Helligkeitsrauschen ❷ erkennen. Zur Demonstration habe ich wieder auf 200 % in das Bild hineingezoomt, damit das Rauschen deutlicher zu sehen ist.

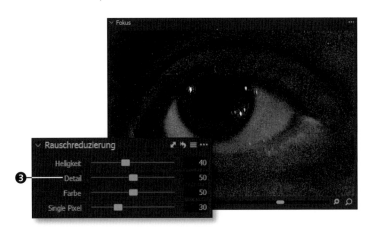

5 Helligkeitsrauschen reduzieren

Im Beispiel habe ich den Regler HELLIGKEIT etwas unter den Standardwert auf 40 gezogen, um das Helligkeitsrauschen auf ein erträgliches Maß zu reduzieren. Je weiter Sie diesen Regler allerdings nach rechts ziehen, umso mehr geht das auf Kosten der Details. Hier müssen Sie selbst entscheiden, was Ihnen wichtiger ist. Die Details, die durch die Reduzierung des Bildrauschens entfernt wurden, können Sie mit dem Regler DETAIL ❸ etwas hervorholen, indem Sie den Wert erhöhen.

6 Proof-Vorschau aktivieren

Damit Sie sich einen Eindruck vom Rauschen und von der Rauschreduzierung machen können, ist es notwendig, die Bilder in voller Größe von 100 % zu betrachten. Wenn Sie z. B. ein Raw-Bild als JPEG exportieren und eventuell auch die Bildgröße ändern, sollten Sie auf jeden Fall die PROOF-Vorschau ❹ über ANSICHT • PROOF NACH VERARBEITUNGSVORGABE AKTIVIEREN einschalten, um zu erkennen, wie stark das Rauschen stört. Dann arbeiten Sie entsprechend nach.

7 Bildrauschen vs. Bildschärfe

Nicht immer ist es sinnvoll, das Bildrauschen mit aller Gewalt und hohen Werten mit Capture One zu reduzieren, da jegliche Rauschreduzierung gleichzeitig eine Reduzierung der Bildschärfe bedeutet. Bei einigen Bildern mag das Rauschen wirklich störend sein; bei anderen Bildern fällt es häufig erst bei einer 100%-Ansicht auf. Sie müssen also immer abwägen, ob Ihnen die Reduzierung des Bildrauschens auch die Reduzierung der Bildschärfe wert ist.

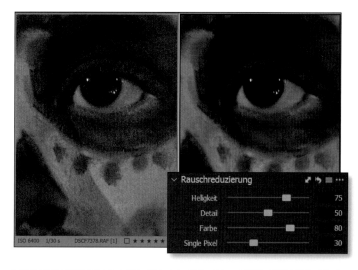

8 Bildrauschen und ISO-Wert

Mit der Version 20 von Capture One wurde das Werkzeug der RAUSCHREDUZIERUNG enorm verbessert, womit deutlich mehr Details erhalten bleiben als zuvor. Auch der Vergleich mit anderen Raw-Konvertern bestätigt die erheblich verbesserte Rauschreduzierung. Den Entwicklern nach arbeitet die Rauschunterdrückung nun auch intelligent und berücksichtigt den bei der Aufnahme eingestellten ISO-Wert ❺. Die Bilder werden während der Rauschreduzierung nun also nicht mehr einfach nur stumpf glattgebügelt.

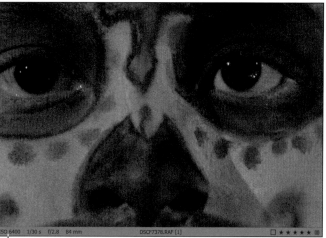

❺

9 Mehr Schärfe durch Filmkorn

Auch wenn man in der Regel versucht, das Bildrauschen schon beim Fotografieren möglichst gering zu halten, kann man einem Bild durch künstliches Bildrauschen einen verbesserten Schärfeeindruck verleihen. Fotos können auf einmal schärfer und detailreicher wirken. Ich verwende diesen Trick gerne bei Nahaufnahmen, wenn der Fokuspunkt nicht exakt gepasst hat. Es eignet sich das FILMKORN-Werkzeug im DETAILS-Register. Am Bildschirm wird das Bild vielleicht nicht besser aussehen, aber im Ausdruck wirkt das Bild durch künstliches Rauschen schärfer.

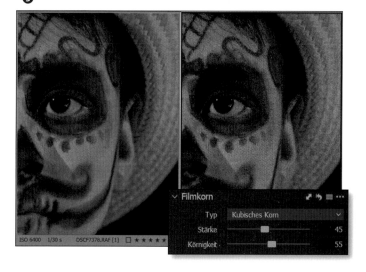

Flecken und Staub entfernen

Hilfe bei Sensorflecken und Staub im Foto

Immer wieder kommt es vor, dass beim Betrachten des Bildes auf dem Bildschirm unschöne Flecken zu erkennen sind, die auf dem kleinen Bildschirm der Kamera nicht zu sehen waren. Diese Flecken entstehen häufig durch Schmutz oder Staub auf dem Sensor oder dem Objektiv. Wie Sie diese Flecken direkt auf mehreren Bildern entfernen, sehen Sie hier.

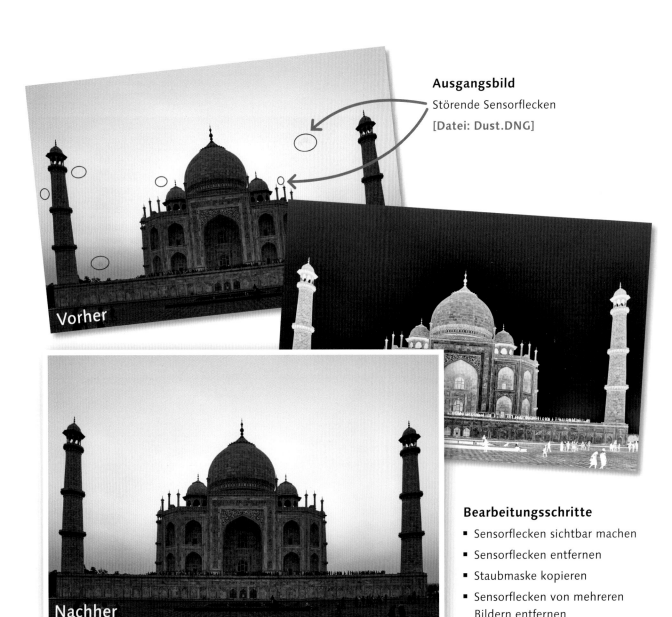

Ausgangsbild

Störende Sensorflecken

[Datei: Dust.DNG]

Bearbeitungsschritte

- Sensorflecken sichtbar machen
- Sensorflecken entfernen
- Staubmaske kopieren
- Sensorflecken von mehreren Bildern entfernen

1 Variante erstellen

Häufig lassen sich Flecken oder Staub mit dem bloßen Auge auf dem Bildschirm erkennen. Trotzdem kommt es vor, dass Sie den Schmutz nicht gleich sehen und er erst in einem anderen Bild auffällt. Gewöhnlich befindet sich solch ein Sensorstaub an derselben Stelle in jedem Bild (bis zur nächsten Sensorreinigung). Um solche Flecken deutlicher zu erkennen, können Sie ein wenig nachhelfen. Erstellen Sie zunächst eine geklonte Variante des Bildes beispielsweise über BILD • VARIANTE KLONEN.

2 Sensorstaub erkennen

Wechseln Sie jetzt bei der geklonten Variante in das BELICHTUNG-Register zum Werkzeug GRADATIONSKURVE, und kehren Sie die Tonwerte um, indem Sie den linken Startpunkt ❶ nach oben und den rechten Endpunkt ❷ nach unten ziehen. Ziehen Sie die SÄTTIGUNG im BELICHTUNG-Werkzeug auf – 100. Auf dem so invertierten Bild dürfte der Sensorstaub deutlicher zu sehen sein. Eventuell ist es auch hilfreich, im HDR-Werkzeug die Regler für LICHTER und/oder TIEFEN hochzusetzen.

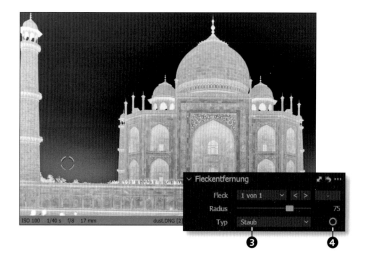

3 Staub entfernen

Im DETAILS-Register wählen Sie jetzt im FLECKENTFERNUNG-Werkzeug das entsprechende Werkzeug ❹, oder drücken Sie Ⓞ, und wählen Sie als TYP STAUB ❸. Gehen Sie damit auf die Sensorflecken. Mit einem rechten Mausklick öffnen Sie ein Werkzeugfenster, in dem Sie über den RADIUS die Größe der Pinselspitze einstellen können. Tupfen Sie jetzt den Sensorstaub im Bild mit einem Mausklick weg. Wiederholen Sie den Vorgang, bis Sie alle Punkte mit Sensorstaub im Bild erfasst haben.

4 Flecken entfernen

Die einzelnen beseitigten Flecken werden im Werkzeug protokolliert ❷, und Sie können dort über die Pfeile ❶ die einzelnen Punkte durchlaufen. Der aktive Punkt wird orangefarben angezeigt. Sie können auch einzelne Punkte mit der Maustaste auswählen, verschieben oder den RADIUS an den Rändern anpassen. Mit dem Minussymbol ❸ im FLECKENTFERNUNG-Werkzeug löschen Sie eine Auswahl bzw. einen Punkt wieder.

5 »Fleck« oder »Staub«

Mit dem TYP STAUB ❹ werden die betroffenen Stellen ausgebessert, indem dieser Bereich unabhängig vom Bild neu analysiert und dann korrigiert wird. Das ist perfekt für Sensorstaub, der sich immer an derselben Stelle befindet. Mit dem TYP FLECK wird mehr nach Farben und Struktur in der Größe des RADIUS analysiert, und das Ergebnis hängt von den Bildteilen drumherum ab. Auf diese Weise werden Sie zwar Pickel oder andere kleinere Unschönheiten im Bild los, aber für Sensorstaub ist dies weniger gut geeignet.

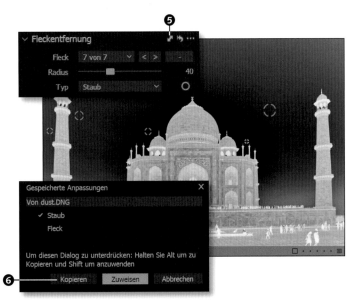

6 Staubmaske kopieren

Da das FLECKENTFERNUNG-Werkzeug alle verbesserten Bereiche schön protokolliert, entsteht so eine Art »Staubmaske«, die Sie prima wiederverwenden können. Über den ANPASSUNG-Doppelpfeil ❺ im FLECKENTFERNUNG-Werkzeug können Sie im sich öffnenden Dialog alle markierten Staubpunkte mit ❻ in die Zwischenablage kopieren.

7 Staubmaske wiederverwenden

Mit dem ANPASSUNGEN ZUWEISEN-Werkzeug ❼ können Sie im Browser diese Staubmaske jetzt allen Bildern, in denen ebenfalls diese Sensorflecken enthalten sind, durch Anklicken ❽ zuweisen. An dieser Stelle sei angemerkt, dass für das Entfernen von Sensorflecken im Grunde die Schritte 3 und 4 ausreichen würden. Schritt 2 dient nur als Anregung, damit Sie die Flecken einfacher finden, und die Staubmaske ist hilfreich, wenn die Bilder durchgehend Sensorflecken an denselben Stellen haben.

8 Staubmaske als Benutzerstil

Es kann auch sinnvoll sein, die in Schritt 6 in die Zwischenablage kopierte Staubmaske im ANPASSUNGEN-Register ❿ über die drei Punkte ⓫ des GESPEICHERTE ANPASSUNGEN-Werkzeugs als Stil zu speichern ⓬ (am Mac: ZWISCHENABLAGE ALS BENUTZERSTIL SPEICHERN). Über das STILE UND VOREINSTELLUNGEN-Werkzeug dann im Dropdownmenü ❾ können Sie ihn bei Bedarf wieder auswählen. Aber in der Praxis empfehle ich Ihnen doch, dass Sie Ihre Kamera säubern oder den Sensor von einem Fachmann reinigen lassen.

9 Alternativen

Das FLECKENTFERNUNG-Werkzeug ist ein praktisches Hilfsmittel, um kleinere, immer an derselben Stelle vorhandene Sensorflecken zu entfernen. Ich verwende das Werkzeug, wenn es nicht zu viele Flecken sind. Auch für Hautunreinheiten kann es nützlich sein. Aber für größere Flecken ist es eher nicht so gut geeignet. In dem Fall führen Sie besser lokale Anpassungen mit einer Klon- oder Reparaturebene durch.

Filmkorn hinzufügen

Ein klassisches Filmkorn für digitale Bilder hinzufügen

Das »Filmkorn«-Werkzeug fügt nicht einfach Bildrauschen hinzu, sondern das Korn wird anhand der Bildinformationen berechnet, was bei richtiger Anwendung zu einer wesentlich realistischeren Darstellung einer Filmkörnung für digitale Bilder führt. Bei besonders glatten Bildern oder Bildbereichen können Sie hiermit sogar noch die Details verbessern.

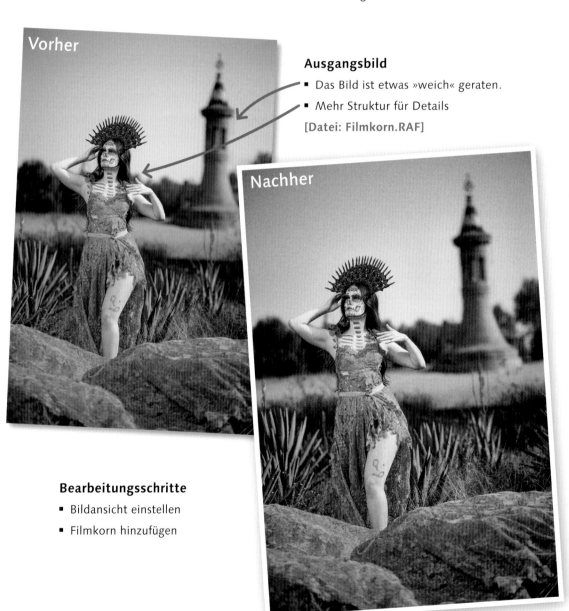

Ausgangsbild

- Das Bild ist etwas »weich« geraten.
- Mehr Struktur für Details

[Datei: Filmkorn.RAF]

Bearbeitungsschritte

- Bildansicht einstellen
- Filmkorn hinzufügen

1 Bildgröße einstellen

Sie sollten eine Zoomstufe von mindestens 100 % einstellen, um die Wirkung des Filmkorns einschätzen und die Typen ausprobieren zu können. Ich bevorzuge das FOKUS-Werkzeug als frei schwebendes Werkzeug mit einer 100 %-Ansicht eines bestimmten Bildbereichs im Viewer, wo ich das Bild in der eingepassten Form belasse. Wechseln Sie gegebenenfalls in das DETAILS-Register, in dem Sie das FILMKORN-Werkzeug vorfinden.

2 Körnung hinzufügen

Mit KÖRNIGKEIT ❷ stellen Sie ein, wie grob das Korn werden soll, und mit STÄRKE ❶, wie stark bzw. deutlich die Körnung im Bild zu sehen sein soll. Capture One berechnet dann den Bildinhalt anhand von Informationen wie der Helligkeit und den Kontrasten und fügt ein Filmkorn hinzu. Sehr gut lässt sich bei Schwarzweißbildern erkennen, dass hier kein einfaches Bildrauschen über das Bild gelegt wird, weil komplett weiße oder schwarze Bereiche ohne hinzugefügtes Rauschen erhalten bleiben.

3 Körnungstypen

In der Kombination mit den beiden Reglern STÄRKE und KÖRNIGKEIT stehen Ihnen außerdem verschiedene Körnungstypen zur Verfügung ❸. Mit dem TYP legen Sie fest, wie das Korn aussehen soll. In der Abbildung sehen Sie von links oben nach rechts unten die Körnungstypen FEINES KORN, SILBERREICH, WEICHES KORN, KUBISCHES KORN, FLACHES KORN und RAUES KORN im Vergleich.

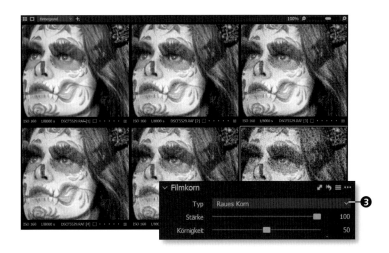

Moiré entfernen

So entfernen Sie den Moiré-Effekt aus Fotos

Unschöne Wellen oder Farbmuster im Bild können auftreten, wenn regelmäßige Raster oder Muster in einem unterschiedlichen Winkel übereinanderliegen und sich dabei gegenseitig beeinflussen, z. B. bei fein gewebten Gardinen oder wenn Sie den Bildschirm fotografieren. Solche Interferenzen können auch als Farbmoiré auftreten, das durch Fehler bei der Farbinterpolation entsteht. Wie Sie diese Bildfehler beheben können, lernen Sie hier.

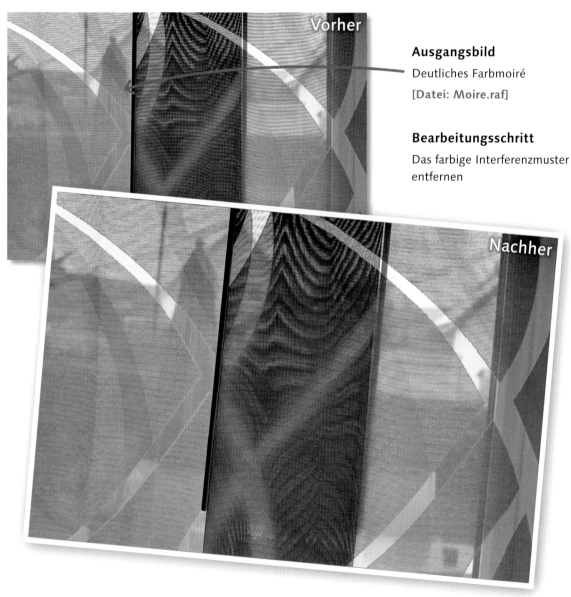

Ausgangsbild
Deutliches Farbmoiré
[Datei: Moire.raf]

Bearbeitungsschritt
Das farbige Interferenzmuster entfernen

1 Bildgröße einstellen

Je tiefer Sie in das Bild hineinzoomen, umso besser können Sie eine Interferenz im Bild erkennen. Ich bevorzuge das FOKUS-Werkzeug in einer frei schwebenden Form mit einer Ansicht von mindestens 100 % eines bestimmten Bildbereichs im Viewer. Dort belasse ich das Bild in der eingepassten Form für eine bessere Gesamtbeurteilung. Der farbige Moiré-Effekt ist im Bild deutlich ❶ sichtbar.

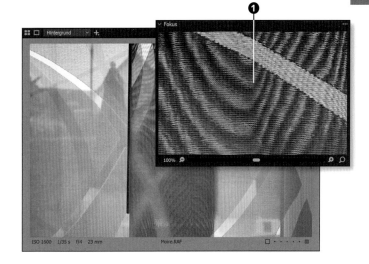

2 Moiré entfernen

Kameras versuchen selbst, diesen Moiré-Effekt zu reduzieren, aber nicht immer gelingt das. In Capture One können Sie den Effekt mit dem MOIRÉ-Werkzeug im Register DETAILS über die Regler STÄRKE ❷ und MUSTER ❸ beheben. Im Beispiel habe ich den Effekt behoben, indem ich den Wert von STÄRKE auf 80 und den von MUSTER auf 50 gestellt habe. Um sicherzugehen, dass Sie mit der Korrektur nicht andere Bildbereiche beeinflussen, nutzen Sie das Werkzeug über eine Anpassungsebene (siehe Kapitel 9).

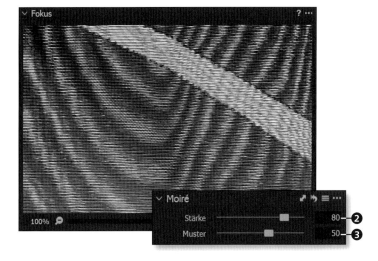

3 Lilafarbene Farbsäume entfernen

In diesem Bild finden Sie auch lilafarbene Farbsäume vor, wenn Sie ganz tief hineinzoomen. Im Beispiel habe ich diesen Saum mit dem VIOLETTE FARBSÄUME-Werkzeug aus dem OBJEKTIV-Register entfernt, indem ich den Regler RAND ENTFERNEN ❹ auf 75 hochgezogen habe. Dasselbe hätten Sie im OBJEKTIV-Register mit dem OBJEKTIVKORREK-TUR-Werkzeug erreicht, und zwar mit einem Häkchen vor CHROMATISCHE ABERRATION. Auf Farbsäume und die chromatischen Aberrationen bin ich bereits in Kapitel 6, »Objektivkorrekturen und Bildaufbau«, eingegangen.

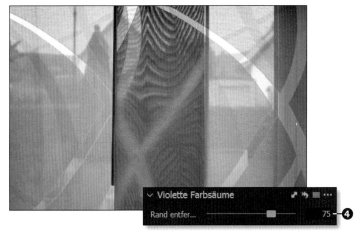

Vignettierung hinzufügen

Eine Vignettierung als Stilmittel verwenden

Auf Seite 129 haben Sie erfahren, wie Sie den Helligkeitsabfall in Bildern mit dem »Objektiv-korrektur«-Werkzeug beheben können. Manchmal will man einen solchen Helligkeitsabfall an den Rändern aber absichtlich als Stilmittel oder Randverzierung hinzufügen, um die Aufmerksamkeit des Betrachters noch mehr auf das Motiv zu lenken oder um die Stimmung im Bild etwas zu ändern.

Vorher

Nachher

Ausgangsbild

Der Fokus soll stärker auf die Person gelenkt werden.

[Datei: Flamenco.RAF; Echte-Vignette.RAF]

Bearbeitungsschritt

Vignettierung hinzufügen

1 Vignettierung hinzufügen

Um einem Bild eine Vignette hinzuzufügen, verwenden Sie im BELICHTUNG-Register das VIGNETTIERUNG-Werkzeug. Wenn Sie den Regler STÄRKE nach links auf einen Wert von 0 bis maximal −4 ziehen, fügen Sie dunkle Ränder hinzu. Alternativ können Sie auch helle Ränder hinzufügen, indem Sie den Regler nach rechts auf einen positiven Wert ziehen. Entscheidend ist auch die ausgewählte ME-THODE ❶, bei der Sie eine kreisförmige oder elliptische Form auswählen können.

2 Vignettierung beheben

Das Werkzeug können Sie auch verwenden, um eine Vignettierung zu beheben, indem Sie den Regler STÄRKE ❷ nach rechts, von 0 bis maximal +4, ziehen. Das kann z. B. nützlich sein, wenn das OBJEKTIVKORREKTUR-Werkzeug mit dem Regler HELLIGKEITSABFALL nicht das gewünschte Ergebnis gebracht hat. Auch hierbei hängt das Ergebnis u. a. von der gewählten METHODE ab.

3 Vignettierung und Zuschneiden

Der Clou beim VIGNETTIERUNG-Werkzeug ist, dass die gemachten Einstellungen immer auf den aktuellen Bildausschnitt angewendet werden. Wenn Sie also das Bild z. B. mit ZUSCHNEIDEN ❸ [C] ändern, wird die Vignettierung an den Rändern nicht abgeschnitten, sondern für den neu erstellten Bildausschnitt angepasst und bereits beim Aufziehen der Zuschnittsmaske angezeigt. Bei der Korrektur mit dem Regler HELLIGKEITSABFALL im OBJEKTIVKORREKTUR-Werkzeug werden beim Zuschnitt auch eventuell vorhandene Vignettierungen abgeschnitten.

Pixelfehler beheben

So werden Sie störende Bildpixel los

Hotpixel, Pixelfehler oder auch Dead Pixel sind kleine störende Bildpixel, die heller leuchten, als sie sollten. Solche Pixelfehler können bei längeren Belichtungszeiten und hohen ISO-Werten im Bild auftreten. Capture One bietet hierfür glücklicherweise eine Option, diese Fehlerpixel zu beheben.

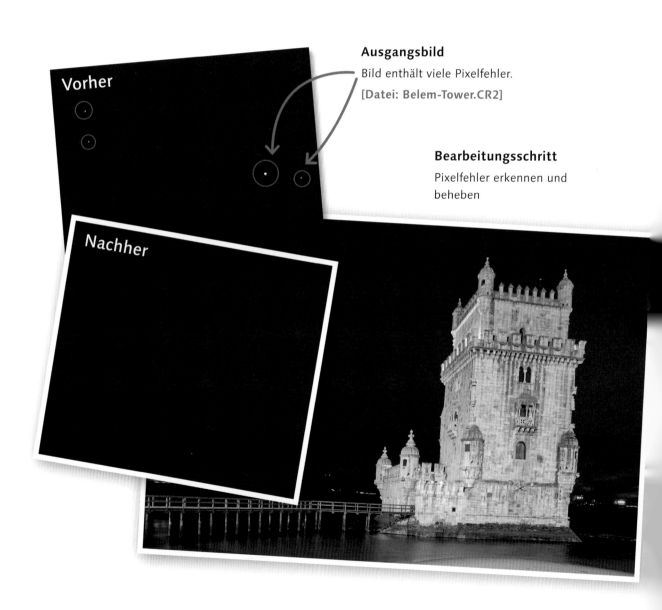

Ausgangsbild

Bild enthält viele Pixelfehler.

[Datei: Belem-Tower.CR2]

Bearbeitungsschritt

Pixelfehler erkennen und beheben

Vorher

Nachher

1 Bild analysieren

Wenn Sie Probleme mit Hotpixeln haben, dann meistens bei Bildern mit einer längeren Belichtung und/oder einer höheren ISO-Zahl. Besonders auffällig und ärgerlich sind diese Pixelfehler bei Nachtaufnahmen. Am besten erkennen Sie solche hell leuchtenden Pixelfehler bei einer Ansicht von mindestens 100 %. Das, was im vorliegenden Beispiel auf den ersten Blick wie ein Sternenhimmel aussieht, sind leider alles kleine Pixelfehler. In der entsprechenden Nacht waren zudem keine Sterne zu sehen.

2 Pixelfehler automatisch beheben

Solche Pixelfehler lassen sich mit Capture One in der Regel mit einem Handgriff beheben. Hierzu müssen Sie lediglich im DETAILS-Register den SINGLE PIXEL-Schieberegler ❶ vom RAUSCHREDUZIERUNG-Werkzeug nach rechts ziehen, bis die Hotpixel im Bild verschwunden sind. Auch hierbei empfehle ich Ihnen, mindestens eine 100 %-Ansicht zu verwenden. Im vorliegenden Beispiel habe ich mit diesem Schieberegler fast alle Hotpixel entfernt.

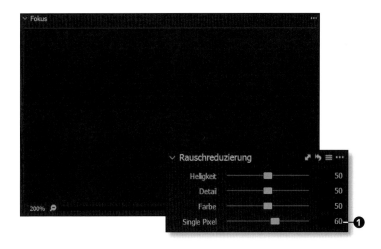

3 Pixelfehler manuell beheben

Sollte es nicht mit dem Schieberegler SINGLE PIXEL geklappt haben oder sind noch einzelne Pixelfehler übrig geblieben, steht Ihnen als Alternative der Pinsel ❸ vom FLECK-ENTFERNUNG-Werkzeug im Register DETAILS zur Verfügung, mit dem Sie einfach einen passenden RADIUS für die Pinselspitze einstellen und die Pixelfehler wegstempeln ❷. Damit beseitigen Sie die Pixelfehler garantiert, aber der manuelle Weg ist auch zeitaufwendiger und mühsamer, wenn es im Bild gegebenenfalls nur so von Hotpixeln wimmelt.

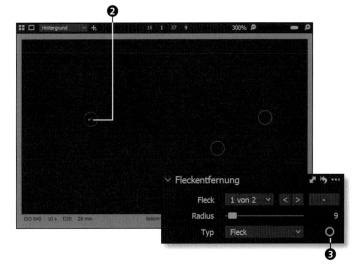

Offline- und Vorschaudateien

Anpassungen ohne Originaldateien vornehmen

Capture One verwendet für die Vorschau niemals das eingebettete JPEG-Vorschaubild, das im Original-Raw-Bild der Kamera neben den Metadaten gespeichert ist. Stattdessen generiert Capture One beim Importieren bzw. Durchlaufen der Ordner mit Bildern immer eigene Vorschaubilder aus den Rohdaten. Sie werden es vermutlich beim Importieren der Bilder in einen Katalog schon gesehen haben, dass während des Imports auch die Vorschaudateien erstellt ❶ werden.

Je nachdem, welche Größe für die Vorschauen eingestellt ist, und je nach Umfang der Bilder kann dieser Vorgang eine Weile dauern. Bei Sitzungen werden die Vorschauen automatisch beim Durchlaufen der Ordner erstellt. Wenn die Vorschaubilder erzeugt wurden, werden sie von Capture One entsprechend den Entwicklungseinstellungen stets aktualisiert, sodass Sie immer den aktuellen Entwicklungsstand auf dem Bildschirm sehen.

Die kleinen Thumbnail-Bilder im Browser werden von Capture One im COT-Format erzeugt. Die größeren Versionen im Viewer, die Sie beim Entwickeln von Bildern zu sehen bekommen, liegen in einer COF- und in einer COP-Datei vor, aus denen sich das Vorschaubild ergibt. Bei allen Dateiformaten handelt es sich um Capture-One-eigene Formate; sie können daher nicht direkt oder nur eingeschränkt außerhalb von Capture One betrachtet oder verwendet werden.

Die Größe der Vorschauen können Sie selbst über BEARBEITEN/CAPTURE ONE 21 • VOREINSTELLUNGEN unter BILD ❸ mit VORSCHAUBILDGRÖSSE (PX) ❷ einstellen. Standardmäßig lautet dieser Wert 2 560 Pixel. Hierbei geht es um die Vorschaubilder, die Capture One im Ordner CACHE/PREVIEWS bei einem Katalog bzw. CACHE/PROXIES bei einer Sitzung speichert. Ein höherer Wert bedeutet (logischerweise), dass ein höher aufgelöstes Vorschaubild erzeugt wird. Allerdings bedeutet das auch, dass mehr Festplattenspeicher für diese Vorschaubilder benötigt wird. Kataloge und Sitzungen können dabei ziemlich umfangreich werden, wenn Sie sehr große Vorschaubilder verwenden.

Die Wahl einer sinnvollen Vorschaugröße hängt neben dem verwendeten Bildschirm davon ab, ob Sie die Bilder auch im Offlinemodus verwenden wollen oder nicht.

In den Offlinemodus gehen Sie z. B., wenn Sie Ihre Bilder auf einer externen Festplatte verwalten, diese aber gerade nicht mit dem Computer verbunden haben. Hierbei können Sie trotzdem Änderungen an den Bildern

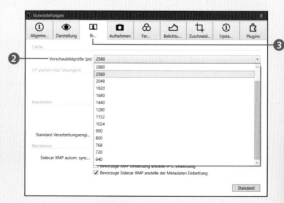

durchführen, ohne dass eine physische Verbindung zur Festplatte besteht. Die visuellen Änderungen werden an den Vorschaubildern ausgeführt. Bilder im Offlinemodus erkennen Sie am Fragezeichen ❺ im Browser und an der Beschriftung OFFLINE ❹ im Viewer.

Für die meisten Ansichten im Browser und im Viewer greift Capture One auf die Vorschaubilder zurück. Wenn Sie weiter in das Bild hineinzoomen, um die Details zu bearbeiten (etwa bei der 100 %-Ansicht), erstellt Capture One diese Ansicht erst dann neu, wenn sie benötigt wird. Vorausgesetzt natürlich, Sie verwenden nicht den Offlinemodus und es besteht eine physische Verbindung zwischen den Vorschaubildern und den Originalbildern. In diesem Fall brauchen Sie keine so großen Vorschaubilder und sparen Platz. Wenn Sie also nicht im Offlinemodus arbeiten, würde es ausreichen, wenn Sie für die Vorschaudateigröße in etwa die horizontale Breite Ihres Bildschirms verwendeten – oder vielleicht sogar eine Stufe darunter. Sobald Sie allerdings in den Offlinemodus gehen, verwendet Capture One nur noch die Vorschaubilder, da die Originaldateien zum Lesen nicht mehr vorhanden sind.

Wenn Sie die feinen Details von Bildern im Offlinemodus bearbeiten wollen, sollten Sie eine höhere Auflösung verwenden – wenn nicht gar die höchste Auflösung. Eine höhere Auflösung für die Vorschaubilder zu verwenden, kann auch dann sinnvoll sein, wenn Sie einen hochauflösenden Bildschirm verwenden wie Retina oder 4K. Die Vorschaubilder im Offlinemodus haben folgende Vorteile:

- Die Vorschaubilder haben eine wesentlich geringere Dateigröße als die Originalbilder.
- Sie können die Vorschauen Ihrer Bilder jederzeit bearbeiten, ohne dass das Gerät, das die Originaldatei enthält, angeschlossen sein muss.
- Sobald Sie das Gerät mit den Originaldaten an den Computer anschließen, werden Änderungen an den Vorschaubildern auch für die Originalbilder eingelesen.

Bearbeitung von Offlinebildern

Wenn die Originaldateien einmal nicht vorhanden sind

Wenn Sie Ihre Bilder auf verschiedenen externen Festplatten gesichert und von dort in einen Katalog von Capture One importiert haben, muss nicht zwangsläufig die entsprechende Festplatte angeschlossen sein, um ein Bild zu bearbeiten. Das ist sehr praktisch, wenn Sie z. B. unterwegs sind und nicht alle Ihre Festplatten dabeihaben.

1 Offlinebilder erkennen

Bilder ohne Verbindung zu den Originalbildern werden im Viewer mit einem Fragezeichen und dem Text OFFLINE ❹ bzw. im Browser nur mit einem Fragezeichen ❺ angezeigt. Klicken Sie das Bild mit der rechten Maustaste an, und wählen Sie IN BIBLIOTHEK ANZEIGEN, wird Ihnen in ORDNER ❸ das Verzeichnis mit einem Warnzeichen ❶ angezeigt, was bedeutet, dass das Laufwerk nicht verfügbar ist. Ein grüner Balken zeigt an, dass das Laufwerk angeschlossen ist, und bei einem roten Balken ❷ ist es nicht angeschlossen.

2 Offlinebilder bearbeiten

Auch wenn Sie die Festplatte für das Bild nun nicht parat haben, können Sie es offline so bearbeiten, als wenn es vorhanden wäre. Die Anpassungen mit den Werkzeugen werden dabei am Vorschaubild gemacht und in die Katalogdatei geschrieben. Neben Anpassungen können Sie auch die Metadaten von Offlinebildern bearbeiten. Wollen Sie beispielsweise Schlüsselwörter hinzufügen und die IPTC-Daten anpassen, dann ist dies mit Offlinebildern auch problemlos möglich.

3 Was nicht geht!

Sie können Offlinebilder nicht als JPEG- oder TIFF-Bild exportieren und weitergeben. Hierzu muss die Originaldatei vorhanden sein. Auch bei der Bearbeitung von Details wie Schärfe oder Bildrauschen oder bei größeren Bearbeitungen sollten Sie mit angeschlossenem Original arbeiten, weil Sie hierbei von der erstellten Vorschaugröße des Bildes abhängig sind und dabei eine 100%-Ansicht gewöhnlich nicht ganz scharf ist ❻. Auch für das Synchronisieren von Metadaten benötigen Sie das Speichermedium mit dem Originalbild.

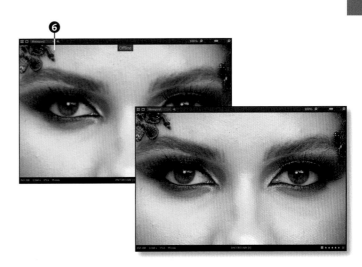

4 Offlinesuche

Für die Suche nach Bildern mit dem FILTER-Werkzeug benötigen Sie nicht die Originalbilder. Sie können praktisch alle Bilder im Katalog auch offline durchsuchen, da die dazu nötigen Metadaten ohnehin in der Katalogdatei gespeichert sind. Als Ergebnis der Suche werden Ihnen die Vorschaubilder aller gefundenen Dateien angezeigt, was auch Offlinedateien einschließt.

5 Vorschaubilder aktualisieren

Sobald Sie das externe Speichermedium wieder anschließen, verschwindet das Offlinesymbol bei der Vorschau im Viewer und im Browser, und die Originaldaten können wieder gelesen werden. Auch das Warndreieck beim entsprechenden Ordner ist verschwunden, und der Balken für das entsprechende Laufwerk ist jetzt grün ❼. Die Aktualisierung läuft automatisch.

Kapitel 9
Lokale Anpassungen vornehmen

Capture One ist ein Raw-Verarbeitungsprogramm und will auch gar kein Bildbearbeitungsprogramm sein. Trotzdem bietet die Software interessante Möglichkeiten an, einzelne Bildteile mithilfe von Anpassungsebenen, Masken und unterschiedlichen Werkzeugen zu bearbeiten. Das Reparatur- und Klonwerkzeug leistet z. B. gute Dienste bei einfacheren Retuschearbeiten. Für komplexere Retuschearbeiten mit mehreren Ebenen oder Text usw. benötigen Sie allerdings nach wie vor Bildbearbeitungsprogramme wie Photoshop, Photoshop Elements oder Affinity Photo.

GRUNDLAGENEXKURS: Ebenen, Masken und Pinsel
Grundlagen zu Ebenen, Masken und Pinseln in Capture One 234

Linearen Verlaufsfilter verwenden
Mit dem Verlaufsfilter Landschaftsfotos verbessern 244

Radiale Verlaufsmaske verwenden
So bearbeiten Sie runde Bildbereiche mit einer
radialen Verlaufsmaske 250

Einzelne Bereiche nachbearbeiten
Anpassungen an unterschiedlichen Bildbereichen 254

Störende Elemente entfernen
Bildbereiche mit dem Reparatur-Werkzeug retuschieren 258

Bildbereiche klonen
Bildbereiche mit dem »Klonmaske zeichnen«-Werkzeug kopieren 261

Gezielt einzelne Farben anpassen
So verändern oder verbessern Sie Farben einzelner Bildbereiche 264

GRUNDLAGENEXKURS: Luminanzbereich verwenden
Grundlagen zum Luminanzbereich in Capture One 266

Helle und dunkle Bereiche anpassen
So bearbeiten Sie Bilder gezielt nach Helligkeitsinformationen 270

Dunkle Bildbereiche anpassen
So fügen Sie gezielt Schattenbereiche zu einem Bild hinzu 274

Luminanzbereich und Masken
So kombinieren Sie Masken mit dem Luminanzbereich 276

Eine einfache Porträtretusche
So holen Sie noch mehr aus einer Porträtaufnahme heraus 278

Bilder normalisieren
So verleihen Sie einem Bild immer denselben Look 282

Hautton verbessern
So erstellen Sie einen gleichmäßigeren Hautton 284

Ebenen, Masken und Pinsel

Grundlagen zu Ebenen, Masken und Pinseln in Capture One

Mit Capture One können Sie bestimmte Bereiche eines Bildes mit den vorhandenen Werkzeugen korrigieren oder kreativ anpassen. Für solche lokalen Anpassungen stehen Ihnen Ebenen, Masken und verschiedene Pinsel zur Verfügung.

Ebenen

Lokale Anpassungen werden in Capture One über Masken realisiert, die in Ebenen im EBENEN-Werkzeug ❻ jeweils in den Registern FARBE, BELICHTUNG und DETAILS ❼ organisiert werden. Bei allen drei Registern handelt es sich um dasselbe EBENEN-Werkzeug. Immer aufgeführt wird die Ebene HINTERGRUND ❺, die das im Viewer angezeigte Bild repräsentiert, an dem Sie bisher die allgemeinen Anpassungen durchgeführt haben.

Eine neue Ebene wird angelegt, wenn außer dem Hintergrund noch keine Ebene existiert und Sie eines der Werkzeuge unter ❽ verwenden. Wenn Sie das Werkzeug nicht

wechseln, wird jede weitere Aktion immer auf derselben Ebene ausgeführt. Weitere Arbeitsschritte mit demselben Werkzeug erfolgen also auf derselben Ebene. Möchten Sie für eine neue Aktion eine weitere neue Ebene anlegen, erfolgt das über das Plussymbol im EBENEN-Werkzeug ❸ oder oberhalb des Viewers ❿. Es ist durchaus möglich und auch empfehlenswert, mehrere Ebenen mit Masken miteinander zu kombinieren bzw. mehrere lokale Anpassungen auf mehreren Ebenen durchzuführen. Eine Ebene löschen können Sie jederzeit mit dem Minussymbol ❹, wenn Sie eine Ebene im EBENEN-Werkzeug ausgewählt haben.

Masken

Eine leere Ebene ist zunächst nichts anderes als ein leerer transparenter Bereich, der anfangs noch gar nichts bewirkt. Eine Maske ist ein selektiv ausgewählter Bereich auf einer Ebene, auf den sich die Anpassungen mit den

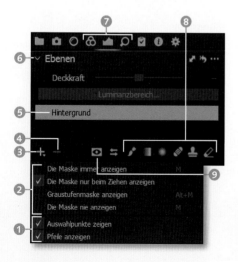

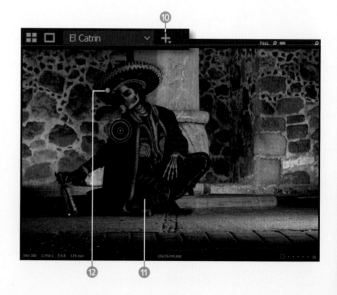

Werkzeugen von Capture One auswirken. Ebenen sind somit dazu da, diese Masken zu verwalten. Um lokale Bereiche einer Ebene anzupassen, zu reparieren oder zu klonen, zeichnen Sie eine Maske mit einem entsprechenden Pinsel oder Werkzeug von ❽ darauf. Die Pinsel oder Werkzeuge sind an einen bestimmten Ebenentyp gebunden.

Das passende Werkzeug für den Ebenentyp

Entsprechend der Funktion kann das Werkzeug Reparaturmaske zeichnen ⓱ (Tastenkürzel: Q) nur auf Reparaturebenen und Klonmaske zeichnen ⓲ (Tastenkürzel: S) nur auf Klonebenen angewendet werden. Für die Anpassungsebenen können Sie das Maske zeichnen-Werkzeug ⓮ (Tastenkürzel: B), das Lineare Verlaufsmaske zeichnen-Werkzeug ⓯ (Tastenkürzel: L) und das Radiale Verlaufsmaske zeichnen-Werkzeug ⓰ (Tastenkürzel: T) verwenden. Sobald Sie ein entsprechendes Werkzeug wie Reparaturmaske zeichnen, Klonmaske zeichnen, Maske zeichnen, Lineare Verlaufsmaske zeichnen oder Radiale Verlaufsmaske zeichnen verwenden, wird, wenn vorhanden, automatisch der passende Ebenentyp ausgewählt. Existiert noch keine passende Ebene dazu, wird eine angelegt. Sie können trotzdem jederzeit explizit über das Plussymbol ❸ des Ebenen-Werkzeuges neue Anpassungs-, Reparatur- oder Klonebenen anlegen und verwenden, bis (mit 16) das Limit von Ebenen erreicht wurde. Das Maske löschen-Werkzeug ⓳ hingegen ist universell und kann auf Anpassungs-, Reparatur- und Klonebenen verwendet werden.

Das nachträgliche Ändern des Ebenentyps ist seit Version 20.1 nicht mehr möglich.

Maskeneinstellungen

Um das Menü mit den Maskeneinstellungen anzuzeigen, klicken Sie mit der linken Maustaste auf ❾. Standardmäßig wird die Maske beim Zeichnen in einer durchsichtigen roten Farbe ⓫ angezeigt. Wenn Sie die Maustaste loslassen, wird bei aktiviertem Masken-Werkzeug gewöhnlich ein Auswahlpunkt ⓬ (bei Anpassungsebene) oder ein Pfeil zum Bereich für die Reparatur bzw. das Klonen (Reparaturebene, Klonebene) ⓴ über dem Bild angezeigt. Wird der Auswahlpunkt bzw. der Pfeil zum Bereich nicht angezeigt, können Sie diese Option über Auswahlpunkte zeigen bzw. Auswahlpunkte anzeigen (Mac) oder Pfeile anzeigen ❶ bzw. Pfeile anzeigen für Reparieren und Klonen (de-)aktivieren. Wann (und wie) die Maske angezeigt wird, stellen Sie über die Optionen ❷ ein. Schneller ein-/ ausblenden können Sie die Maske mit M.

Pinseleinstellungen

Zum Zeichnen oder Entfernen einer Maske wird ein Pinselwerkzeug verwendet, das Sie über ⓭ oder einen rechten Mausklick mit aktivem Pinselwerkzeug über dem Bild einstellen können. Sie können die Grösse, Härte, Deckkraft und den Fluss des Pinselwerkzeugs zum Aufmalen der Maske festlegen. Via Schnellzugriff können Sie die vier Werte Grösse, Härte, Deckkraft und Fluss auch mit einer Kombination aus Tastenkürzel und Maus anpassen. In dem Fall werden die Werte alternativ mit

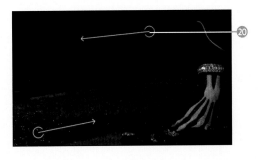

einem kleinen Dialog ❸ angezeigt. Folgende Einstellmöglichkeiten ❶ stehen Ihnen für eine Pinselspitze zur Verfügung:

- GRÖSSE: Damit stellen Sie die Größe der Pinselspitze ein. **Schnellzugriff:** `Alt` + rechte Maustaste + Maus nach links oder rechts bewegen (Windows) bzw. `ctrl` + `alt` + linke Maustaste + Maus nach links oder rechts bewegen (Mac).
- HÄRTE: Hiermit steuern Sie den weichen Rand der Pinselspitze, der mit dem äußeren Kreis angezeigt wird. Stellen Sie den Wert auf 100, verschwindet der äußere Ring um den Pinsel, und Sie verwenden eine harte Kante. **Schnellzugriff:** `Alt` + rechte Maustaste + Maus nach oben oder unten bewegen bzw. `ctrl` + `alt` + linke Maustaste + Maus nach oben bzw. unten bewegen.
- DECKKRAFT: Damit legen Sie die Deckkraft fest. **Schnellzugriff:** `⇧` + rechte Maustaste + Maus nach links oder rechts bewegen bzw. `⇧` + `ctrl` + `alt` + linke Maustaste + Maus nach links oder rechts bewegen.

- FLUSS: Diese Option bestimmt, wie viel Farbe die Pinselspitze bei einem Pinselstrich verwendet. Standardmäßig wird mit 100 die volle Deckkraft verwendet. Reduzieren Sie den Wert auf 10, wird eine Farbstärke von 10 % verwendet. Malen Sie erneut einen Pinselstrich an der gleichen Stelle, steigt die Farbstärke auf 20 %. **Schnellzugriff:** `⇧` + rechte Maustaste + Maus nach oben oder unten bewegen bzw. `⇧` + `ctrl` + `alt` + linke Maustaste + Maus nach oben oder unten bewegen.

Weitere Pinseloptionen

Neben den Einstellungen der Pinselspitze über den Schieberegler finden Sie je nach verwendetem Werkzeug MASKE ZEICHNEN, REPARATURMASKE ZEICHNEN, KLONMASKE ZEICHNEN und MASKE LÖSCHEN vier weitere Checkboxen ❷ als Pinseloptionen vor. Folgende drei Optionen sind bei allen Pinselwerkzeugen vorhanden:

- AIRBRUSH: Damit zeichnen Sie eine Maske mit sanften Übergängen auf, weil die Pinsel-

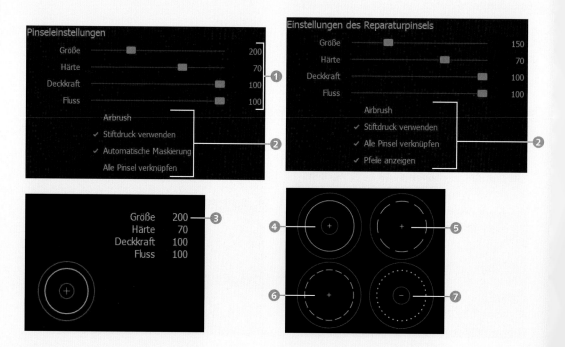

deckkraft kontinuierlich erhöht wird, wenn Sie die Maustaste gedrückt halten.

- STIFTDRUCK VERWENDEN: Die Einstellung können Sie aktivieren, wenn Sie mit einem Tablet arbeiten und den Druck mit dem Stift auf das Tablet berücksichtigen wollen. Je stärker der Druck, umso mehr Deckkraft bzw. Härte wird verwendet.

- ALLE PINSEL VERKNÜPFEN: Wenn Sie bei der Arbeit häufiger zwischen den Pinseln wechseln, kann es nervig sein, wenn die Pinsel unterschiedlich groß sind und Sie jedes Mal via rechten Mausklick die Einstellungen anpassen müssen. Verwende ich z. B. das RE-PARATURMASKE ZEICHNEN-Werkzeug und will mit dem MASKE LÖSCHEN-Werkzeug einen Bereich davon wieder löschen, dann hängt es davon ab, wie groß das MASKE LÖSCHEN-Werkzeug beim letzten Einsatz eingestellt war. Mit dem Aktivieren der Option ALLE PINSEL VERKNÜPFEN gelten dann die Einstellungen des gerade aktiven Pinsels für alle Pinselwerkzeuge. Beachten Sie allerdings, dass dies neben der Pinselgröße auch für die anderen Parameter wie HÄRTE, DECK-KRAFT und FLUSS gilt.

Die Option AUTOMATISCHE MASKIERUNG steht nur für das MASKE ZEICHNEN- und MASKE LÖSCHEN-Werkzeug zur Verfügung. Damit wählt Capture One anhand der Helligkeit, Farben und Kontraste automatisch die Kante zwischen dem maskierten und dem nicht maskierten Bereich aus.

Für die Werkzeuge REPARATURMASKE ZEICH-NEN und KLONMASKE ZEICHNEN hingegen steht stattdessen die Option PFEILE ANZEIGEN zur Verfügung, womit die Pfeile zum ausgewählten Reparatur- bzw. Klonbereich angezeigt werden.

Die einzelnen Pinselspitzen bei der Verwendung unterscheiden sich auch visuell. Die Pinselspitze ❹ zeigt das MASKE ZEICHNEN-Werkzeug. Rechts daneben ❺ sehen Sie das REPARATURMASKE ZEICHNEN-Werkzeug, gefolgt

links unten ❻ vom KLONMASKE ZEICHNEN-Werkzeug. Bei der vierten Pinselspitze rechts unten ❼ wird das MASKE LÖSCHEN-Werkzeug verwendet.

Maskenfarbe

Standardmäßig wird die Maske in einer roten Farbe ❿ angezeigt. Abhängig vom Bildmaterial ist diese Farbe allerdings nicht immer optimal sichtbar. Sie können die Farbe über BEARBEITEN/CAPTURE ONE 21 • VOREINSTELLUN-GEN im Register DARSTELLUNG ❽ im Bereich EBENEN ❾ ändern.

Lineare Verlaufsmaske zeichnen

Mit dem LINEARE VERLAUFSMASKE ZEICHNEN-Werkzeug ❶ können Sie eine bestimmte Bildfläche über eine gesamte Breite oder Höhe anpassen. In der Praxis ist das hilfreich, um z. B. bei Landschaftsaufnahmen den Himmel oder den Vordergrund selektiv anzupassen. Professionelle Landschaftsfotografen verwenden hierfür beispielsweise gerne einen Grauverlaufsfilter (auch GND-Filter genannt), der vor das Objektiv geklemmt wird. Mithilfe eines solchen GND-Filters wird die Überbelichtung des Himmels vermieden. Mit der Verlaufsmaske können Sie diesen Filter nachträglich mit Capture One simulieren. Das Werkzeug für eine lineare Verlaufsmaske ❶ finden Sie unten im EBENEN-Werkzeug oder bei den Icon-Werkzeugen ❺ wieder. Alternativ können Sie das Werkzeug für die lineare Verlaufsmaske auch mit L aufrufen.

Lineare Verlaufsmaske anpassen

Die lineare Verlaufsmaske können Sie jederzeit nachträglich verschieben, drehen oder in der Höhe bzw. Breite anpassen. Die Höhe der linearen Verlaufsmaske passen Sie mit

gedrückt gehaltener Maustaste an einer der äußeren beiden Begrenzungslinien ❷ an. Halten Sie hierbei die ⬙-Taste gedrückt, dann wird die Höhe symmetrisch zur Mittellinie geändert. Wollen Sie hingegen eine der äußeren beiden Begrenzungslinien unabhängig voneinander asymmetrisch anpassen, dann tun Sie dies mit gehaltener Alt-Taste. Mit gedrückt gehaltener Maustaste auf der Mittellinie ❸ hingegen drehen Sie den linearen Verlauf. Mit gehaltener ⬙-Taste führen Sie diese Drehung in 45°-Schritten durch. Verschieben können Sie die lineare Verlaufsmaske mit gedrückt gehaltener Maustaste auf dem Ebenen-Ankerpunkt ❹ der Mittellinie oder innerhalb der Linien. Ziehen Sie eine der äußeren Begrenzungslinien zur Mittellinie und dann darüber hinaus, wird die lineare Verlaufsmaske invertiert.

Radiale Verlaufsmaske zeichnen

Mit einer radialen Verlaufsmaske können Sie eine ovale Form auf einer bestimmten Fläche anpassen. Die Anwendungsmöglichkeiten dafür sind recht vielfältig. Dank der Möglichkeit, eine weiche Kante zwischen dem zu bear-

beitenden und dem nicht zu bearbeitenden Bereich zu verwenden, lässt sich ein unauffälliger runder Übergang zwischen diesen Bereichen erstellen. Sie können dabei neue Beleuchtungseffekte, eine Vignettierung, einen Übergang zwischen Schärfe und Unschärfe und vieles mehr auf den ovalen Bereich anwenden. Das Werkzeug für eine radiale Verlaufsmaske ⑥ finden Sie im EBENEN-Werkzeug oder bei den Icon-Werkzeugen ⑩ wieder. Schneller können Sie das Werkzeug für eine radiale Verlaufsmaske mit [T] aufrufen.

Radiale Verlaufsmaske anpassen

Alles innerhalb des inneren Kreises ⑦ der radialen Verlaufsmaske ist der nicht maskierte Bereich. Der mittlere Kreis ⑧ regelt den weichen Übergang vom inneren ⑦ zum äußeren Kreis ⑨. Alles außerhalb des äußeren Kreises ⑨ ist dann maskiert. Mit den vier Punkten ⑪ im mittleren Kreis können Sie diesen unproportional in der Höhe und Breite verändern. Halten Sie hierbei die [⇧]-Taste gedrückt, dann erfolgt die Anpassung proportional. Wollen Sie einen gleichmäßig runden Kreis

aufziehen, halten Sie beim Erstellen einer neuen radialen Verlaufsmaske die [⇧]-Taste gedrückt. Halten Sie bei der Anpassung des mittleren Kreises über einen der vier Punkte hingegen die Tasten [⇧]+[Alt] gedrückt, wird der Kreis ebenfalls proportional geändert, aber als Ausgang der Änderung wird der gegenüberliegende Punkt verwendet.

Auch den inneren und äußeren Kreis können Sie mit gedrückter Maustaste verändern. Der mittlere Kreis wird dabei mittig zwischen den beiden anderen Kreisen gehalten. Halten Sie dabei hingegen die [⇧]-Taste gedrückt, werden der innere und äußere Kreis symmetrisch angepasst.

Drehen können Sie eine radiale Verlaufsmaske mit gedrückter Maustaste auf der Linie des mittleren Kreises ⑧ und verschieben über den orangefarbenen Ebenen-Ankerpunkt ⑫.

Ziehen Sie außerdem mit gedrückter Maustaste den äußeren Kreis zum mittleren und weiter in das Innere der Maske, wird die Verlaufsmaske invertiert.

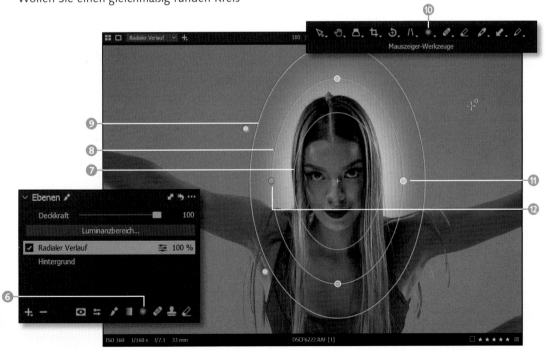

Lineare bzw. radiale Verlaufsmaske rastern

Wenn Sie eine lineare oder radiale Verlaufsmaske mit MASKE ZEICHNEN, MASKE LÖSCHEN, MASKE VERFEINERN usw. nachträglich anpassen wollen, erscheint ein Dialog, der darauf hinweist, dass diese Maske vorher gerastert werden muss. Das bedeutet, dass die nötigen Informationen einer linearen und radialen Verlaufsmaske verworfen werden und somit keine nachträglichen Anpassungen mit den Werkzeugen LINEARE VERLAUFSMASKE ZEICHNEN oder RADIALE VERLAUFSMASKE ZEICHNEN mehr gemacht werden können. Aus der linearen und radialen Verlaufsmaske wird nach dem Rastern eine gewöhnliche Maske erstellt.

Typen von Ebenen

Was beim Zeichnen einer Maske passiert und was Sie mit einer Ebene machen können, hängt davon ab, was für eine Ebene Sie angelegt haben. Über das Plussymbol von ❷ oder ❺ wird standardmäßig eine leere *Anpassungsebene* angelegt. Wenn Sie länger mit

der Maustaste auf das Plussymbol drücken, können Sie auch andere Typen von Ebenen anlegen. In Capture One gibt es mit einer leeren oder gefüllten Anpassungsebene (ANPASSUNG), Klonebene (KLONEN) und Reparaturebene (REPARIEREN) drei verschiedene Typen von Ebenen. Maximal können Sie derzeit 16 Ebenen anlegen. Eine neue Anpassungsebene wird automatisch angelegt, wenn noch keine Ebene außer dem Hintergrund existiert und Sie die Werkzeuge MASKE ZEICHNEN B, LINEARE VERLAUFSMASKE ZEICHNEN L oder RADIALE VERLAUFSMASKE ZEICHNEN T ❶ auf die Hintergrundebene anwenden. Das Gleiche gilt für REPARATURMASKE ZEICHNEN Q und KLONMASKE ZEICHNEN S ❸, wo beim Zeichnen mit diesen Werkzeugen ebenfalls automatisch eine neue Reparaturebene bzw. Klonebene erzeugt wird, wenn noch keine entsprechende Ebene existiert.

Anpassungsebene

Mit einer *Anpassungsebene* können Sie alle grundlegenden Korrekturen durchführen, die Sie bisher bei den Workshops im Buch mit den Werkzeugen kennengelernt haben. Allerdings erfolgen diese Korrekturen bzw. Anpassungen eben jetzt lokal auf der gezeichneten Maske der Ebene. Verwenden können Sie fast alle Werkzeuge in den Registern Farbe, Belichtung und Details ❹. Lediglich die Werkzeuge Basismerkmale, Schwarz & Weiss, Vignettierung, Filmkorn und Fleckentfernung bleiben (sinnvollerweise) dem Hintergrund(-Bild) vorbehalten. Die Anpassungsebenen können Sie komplett leer oder komplett gefüllt erstellen. Eine leere Ebene enthält zunächst noch keine Maske; bei einer gefüllten Ebene ist bereits alles vollständig maskiert, und Anpassungen mit einem Werkzeug wirken sich dann auf das komplette Bild aus.

Klonebene

Auf einer Klonebene wird der maskierte Bereich von einem Bild in einen anderen Bereich dupliziert. Dies kann nützlich für das Duplizieren von Objekten im Bild sein oder auch für das Entfernen von störenden Objekten durch Verdecken mit anderen geklonten Bereichen aus dem Bild. Hierbei können Sie beliebig viele Klonbereiche auf einer Klonebene verwenden.

Reparaturebene

Die Reparaturebene können Sie für viele kleinere Arbeiten wie das Entfernen von Flecken, Staub oder störenden Elementen, für die Porträtretusche zur Beseitigung von Hautunreinheiten oder zum Verschönern der Haut verwenden. Zwar funktionieren Klon- und Reparaturebenen recht ähnlich, der Unterschied liegt aber darin, dass bei einer Klonebene die Bildinhalte kopiert werden und bei der Reparaturebene der maskierte Bereich mit der Quelle verrechnet wird. Auf einer Reparatur-

ebene können Sie beliebig viele Reparaturbereiche verwenden.

Ebenentyp erkennen

Der Typ der Ebene wird auf der rechten Seite mit einem entsprechenden Symbol angezeigt. Eine Anpassungsebene erkennen Sie am Symbol mit den Reglern ❾, eine Klonebene am Stempelsymbol ❼ und eine Reparaturebene am entsprechenden Reparatursymbol ❽.

Deckkraft und Benennung von Ebenen

Für jede einzelne Ebene können Sie die Deckkraft über den entsprechenden Regler ❻ ändern, um die Intensität und Wirkung der vorgenommenen Anpassungen zu steuern. Auch umbenennen können Sie eine Ebene. Klicken Sie dafür ihren Namen an, wodurch dieser editierbar wird. Das Gleiche funktioniert über einen rechten Mausklick mit dem entsprechenden Befehl im Kontextmenü. Es ist immer ratsam, bei mehreren Ebenen einen aussagekräftigen Namen zu verwenden. Auf der Hintergrundebene ist das Anpassen der Deckkraft und das Umbenennen der Ebene nicht möglich.

Luminanzbereich

Mit der Schaltfläche LUMINANZBEREICH ❸ erstellen Sie eine Maske abhängig von der Helligkeit der Pixel im Bild. Um diese Funktion nutzen zu können, muss eine Anpassungsebene mit einer Maske vorhanden sein. Mit dem sich öffnenden Dialog können Sie den gewünschten Helligkeitsbereich einstellen, der maskiert werden soll. Auf diese Funktion werde ich in einem gesonderten Exkurs (Seite 276) eingehen.

Anordnung und Übersicht

Die Reihenfolge der einzelnen Ebenen können Sie ebenfalls bequem per Drag & Drop umsortieren. Ob Sie mit einer Ebene arbeiten oder dem Hintergrund, erkennen Sie anhand eines Pinselsymbols ❹ bei den Werkzeugen. Dieses Symbol wird dort nur dann angezeigt, wenn Sie mit einer Ebene arbeiten. Beim Hintergrund ist das Symbol nicht zu sehen. Eine Übersicht, welche Ebene Sie gerade bearbeiten, finden Sie über dem Viewer in der entsprechenden Dropdownliste ❶. Eine Ebene

wählen Sie zum Bearbeiten über Anklicken des EBENEN-Werkzeugs ❷ oder eben über die Dropdownliste ❶ oberhalb des Viewers.

Maskenfunktionen

Für erstellte Masken einer Ebene finden Sie über die drei Punkte ❼ beim EBENEN-Werkzeug oder einen rechten Mausklick auf der Ebene weitere Funktionen ❻ zum Bearbeiten der Maske. Die einzelnen Funktionen sind:

- MASKE LÖSCHEN: Damit wird eine vorhandene Maske auf der aktiven Ebene gelöscht, sodass eine leere Ebene vorliegt.
- MASKE UMKEHREN: Kehrt die mit der Maske erstellte Auswahl um, sodass die nicht maskierten Bereiche maskiert und die maskierten Bereiche nicht maskiert sind.
- MASKE FÜLLEN: Wenn Sie mit dem Pinselwerkzeug einen geschlossenen Bereich maskiert haben, wird der innere Teil der Auswahl gefüllt. Rufen Sie diesen Befehl hingegen auf einer leeren Ebene auf, wird die komplette Ebene maskiert.

- RASTERN: Rastert die Informationen einer linearen bzw. radialen Verlaufsmaske und erstellt eine gewöhnliche Maske daraus.
- WEICHE MASKENKANTE: Zeigt einen Dialog an, mit dem Sie die Kanten der Maske glatter machen können. Je höher Sie dabei den Wert von RADIUS ziehen, umso weicher wird die Kante der Maske.
- MASKE VERFEINERN: Gerade in Verbindung mit der Option AUTOMATISCH MASKIEREN können Sie mit dieser Funktion noch präzisere Ergebnisse erzielen, um feinste Details wie Haare vom Hintergrund zu trennen. Auch hier wird ein Dialog mit einem Schieberegler RADIUS ❽ eingeblendet, wo Sie die Verfeinerung steuern können.
- VON MASKE KOPIEREN: Wenn Sie eine neue leere Ebene erstellt haben, können Sie hiermit die Maske einer vorhandenen Ebene kopieren und damit weiterarbeiten.

Diese Maskenfunktionen gelten allerdings nur für Anpassungsebenen. Für Reparatur- und Klonebenen stehen nur die Maskenfunktionen MASKE LÖSCHEN und MASKE KOPIEREN zur Verfügung.

Graustufenmaske

Bei Masken mit feineren Details, wo Sie beispielsweise mit der Option AUTOMATISCH MASKIEREN gearbeitet haben und die Details jetzt mit MASKE VERFEINERN verbessern wollen und den Luminanzbereich verwenden, ist die transparente farbige Maske (standardmäßig in Rot) nicht mehr optimal. Für eine visuell deutlichere Darstellung bietet sich die Graustufenmaske an ❾, die Sie bei den Werkzeugen ❺ über den entsprechenden Befehl vorfinden. Schneller können Sie die Graustufenmaske mit Alt + M ein-/ausschalten. Bei der Graustufenmaske werden die ausgewählten Bereiche in Weiß und die nicht ausgewählten Bereiche in Schwarz angezeigt. Für die Erstellung einer Maske auf einer Anpassungsebene verwenden Sie idealerweise zunächst die transparente farbige Maske, und für die Verfeinerung der Maske empfiehlt es sich dann, die Graustufenmaske zu verwenden.

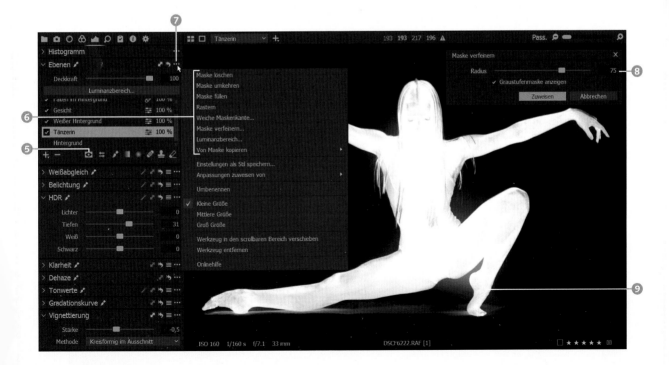

Linearen Verlaufsfilter verwenden

Mit dem Verlaufsfilter Landschaftsfotos verbessern

In diesem Workshop sollen sowohl der Vordergrund als auch der Hintergrund des Fotos mit der Verlaufsmaske verbessert werden. In der Praxis werden Sie häufig entweder nur den Vordergrund oder den Hintergrund wie z. B. einen Himmel auf diese Weise korrigieren müssen. Zu Demonstrationszwecken werden wir hier jedoch beides verbessern und mehrere Masken einsetzen.

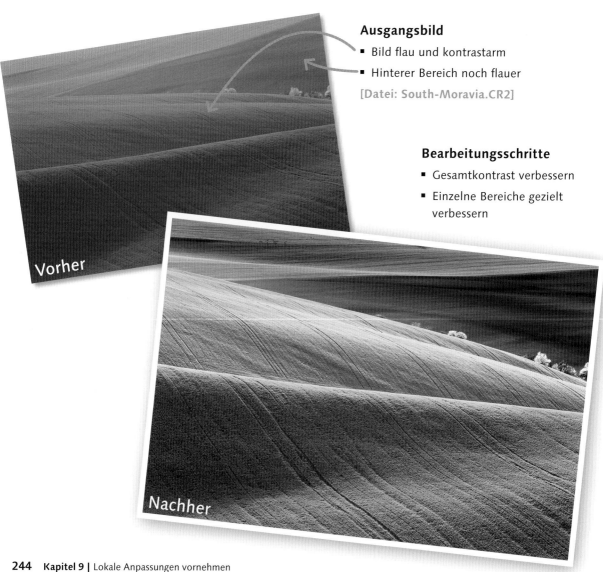

Ausgangsbild

- Bild flau und kontrastarm
- Hinterer Bereich noch flauer

[Datei: South-Moravia.CR2]

Bearbeitungsschritte

- Gesamtkontrast verbessern
- Einzelne Bereiche gezielt verbessern

1 Grundlegende Anpassungen

Bevor Sie sich den lokalen Anpassungen widmen, sollten Sie die grundlegenden Einstellungen am Bild auf der Hintergrundebene ❶ vornehmen. Neben dem WEISSABGLEICH habe ich im vorliegenden Beispiel den Kontrast mit dem TONWERTE-Werkzeug angepasst. Auch die LICHTER und die KLARHEIT habe ich erhöht. Zur Sicherheit, damit ich die Werte nicht zu extrem hochreiße, habe ich die Belichtungswarnung ❷ eingeschaltet. Primär ging es mir zunächst darum, die zu hellen Bildpartien im Auge zu behalten.

2 Verlaufsmaske hinzufügen

Aktivieren Sie im EBENEN-Werkzeug die Verlaufsmaske ❹ mit einem Mausklick oder mit L. Klicken Sie damit an die obere Bildkante, und ziehen Sie mit gedrückter Maustaste einen Verlauf auf. Achten Sie darauf, dass die mittlere Linie am Ende des Hügels ❸ aufliegt. Ziehen Sie unter der Begrenzungslinie mit gedrückter Alt-Taste in die Nähe der Mittellinie. Jetzt sollte der hintere Bereich der drei Hügelebenen ausgewählt sein. Blenden Sie die Maske mit M zur Kontrolle ein und aus.

3 Verlaufsmaske verfeinern

Für die Verlaufsmaske habe ich eine neue Ebene ❻ über der Hintergrundebene angelegt. Klicken Sie auf den Text, um sie zu benennen. Bevor Anpassungen gemacht werden, soll die Maske verfeinert werden. Schalten Sie die Graustufenmaske mit Alt+M ein, und wählen Sie über die drei Punkte ❺ den Befehl MASKE VERFEINERN. Dadurch wird alles, was weiß ist, maskiert. Ich ziehe den Regler von RADIUS ❼ auf 140 und bestätige die Maske mit ZUWEISEN bzw. ANWENDEN. Ein Hinweis zeigt an, dass die Verlaufsmaske gerastert wird. Drücken Sie Alt+M, um die Graustufenmaske wieder zu deaktivieren.

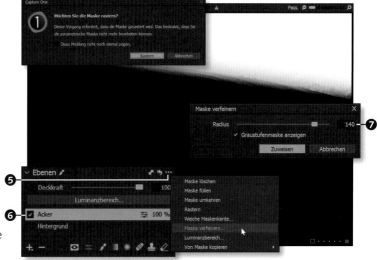

4 Anpassungen vornehmen

Um Anpassungen am Ackerbereich durchzuführen, müssen Sie diese Ebene ❶ auswählen, und das Häkchen muss aktiviert sein. Jetzt können Sie beliebig Anpassungen mit den Werkzeugen der Register FARBE, BELICHTUNG und DETAILS ❷ vornehmen. Im Beispiel habe ich den LICHTER-Regler des HDR-Werkzeugs auf 50 und den Regler KLARHEIT des KLARHEIT-Werkzeugs auf 35 erhöht. Die BELICHTUNG habe ich auf −1 reduziert. Dadurch wurde der flaue Bereich ❸ deutlich kontrastreicher. Auch das DEHAZE-Werkzeug ist hier sehr gut geeignet.

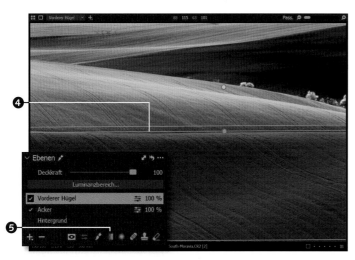

5 Neue Ebene für den Vordergrund

Für den Vordergrund legen Sie eine weitere Ebene über das Plussymbol an und benennen sie. Aktivieren Sie im EBENEN-Werkzeug die lineare Verlaufsmaske ❺ via Mausklick oder mit Ⓛ. Klicken Sie auf die untere Bildkante, und ziehen Sie mit gedrückt gehaltener Maustaste einen waagerechten Verlauf auf, etwa bis dort, wo der vordere Hügel endet ❹, indem Sie die ⟨⇧⟩-Taste gedrückt halten. Blenden Sie auch hier zur Kontrolle mit Ⓜ die Maske ein und aus. Mit gehaltener ⟨Alt⟩-Taste ziehen Sie die obere Begrenzungslinie etwas näher zur Mittellinie.

6 Vordergrundmaske verfeinern

Schalten Sie die Graustufenmaske mit ⟨Alt⟩+Ⓜ ein, und wählen Sie über die drei Punkte ❻ den Befehl MASKE VERFEINERN. Alles in weißer Farbe wird maskiert. Ich ziehe den Regler von RADIUS ❼ auf 120 und bestätige die Maske mit ZUWEISEN bzw. ANWENDEN. Drücken Sie erneut ⟨Alt⟩+Ⓜ, um die Graustufenmaske wieder zu deaktivieren. Das Verfeinern der Maske ist immer optional, aber ich finde, dass Sie so eine noch passgenauere Maske erstellen können. Beachten Sie aber, das hierdurch die Verlaufsmaske gerastert wird.

7 Vordergrund anpassen

Um Anpassungen am Vordergrund durchzuführen, müssen Sie die entsprechende Ebene ❽ auswählen, und das Häkchen muss aktiviert sein. Im Beispiel habe ich beim BELICHTUNG-Werkzeug kleinere Anpassungen gemacht und den Regler LICHTER im HDR-Werkzeug auf 40 und die TIEFEN auf 15 erhöht. Außerdem habe ich die KLARHEIT im KLARHEIT-Werkzeug leicht erhöht. Auch den WEISSABGLEICH im FARBE-Register habe ich etwas angepasst und damit dem Vordergrund ❾ mehr Wärme verliehen.

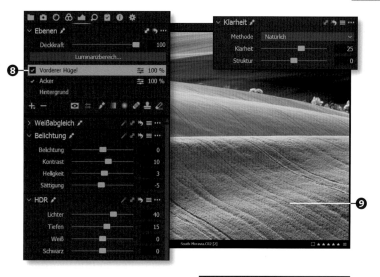

8 Mittleren Hügel auswählen

Im Beispiel sind die Bereiche beim mittleren Hügel noch etwas flau. Klicken Sie auf das Plussymbol ❿, und legen Sie eine neue Ebene an. Benennen Sie sie entsprechend (hier HÜGEL-2). Wählen Sie den Pinsel MASKE ZEICHNEN ⓫, oder drücken Sie B. Klicken Sie mit der rechten Maustaste ins Bild, und stellen Sie den Pinsel ein. Im Beispiel habe ich die GRÖSSE auf 300 und die HÄRTE auf 50 gestellt. Blenden Sie die Maske beim Aufmalen mit M ein (bzw. wieder aus).

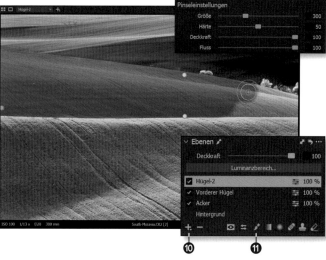

9 Mittleren Hügel verfeinern

Um die grobe Auswahl zu verfeinern, empfehle ich Ihnen wieder, die Graustufenmaske mit Alt+M zu verwenden und über die drei Punkte im EBENEN-Werkzeug den Befehl MASKE VERFEINERN aufzurufen. Hier stelle ich den Wert des Reglers RADIUS auf 110, und die Maske kann sich sehen lassen. Haben Sie den Dialog mit ANWENDEN bestätigt, können Sie die Graustufenmaske mit Alt+M wieder deaktivieren.

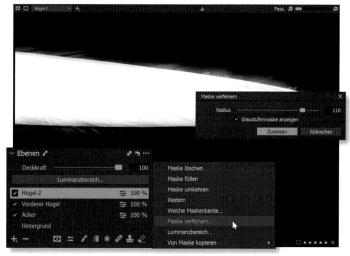

10 Mittleren Hügel aufhellen

Um dem mittleren Hügel mehr Dynamik zu geben, achten Sie darauf, dass Sie diese Ebene ausgewählt haben und das Häkchen davor aktiviert ist ❶. Im Beispiel habe ich u. a. die BELICHTUNG leicht reduziert, den KONTRAST verstärkt und den Regler LICHTER im HDR-Werkzeug auf 90 erhöht. Auch die KLARHEIT habe ich stark angehoben. Zusätzlich kam hier das DEHAZE-Werkzeug zum Einsatz. Dann habe ich auch hier dem Hügel über das WEISSABGLEICH-Werkzeug eine wärmere Farbe verliehen.

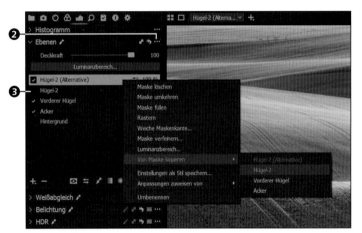

11 Details bearbeiten

Sie können natürlich noch weitere – maximal 16 – Ebenen mit Masken anlegen und aufmalen sowie kleinere lokale Anpassungen vornehmen. Einzelne Masken können Sie über die Häkchen (de-)aktivieren ❸ und so eine Vorher-Nachher-Ansicht der einzelnen Masken verwenden. Oder Sie kopieren eine Maske über die drei Punkte ❷ mit MASKE KOPIEREN VON auf eine andere Ebene, um dort andere Anpassungen mit derselben Maske auszuprobieren. Über die Häkchen können Sie dann entscheiden, was Ihnen besser gefällt.

12 Einheitlichen Bildlook verwenden

Als Feinschliff soll das Bild einen einheitlichen Bildlook erhalten. Halten Sie hierzu die Maustaste auf dem Plussymbol ❹ im EBENEN-Werkzeug gedrückt, und wählen Sie NEUE GEFÜLLTE ANPASSUNGSEBENE aus. Bei dieser neuen Ebene wurde somit auch gleich der komplette Bildbereich maskiert, wovon Sie sich durch Drücken von [M] selbst überzeugen können. Hier weise ich beispielsweise dem Bild über das FARBBALANCE-Werkzeug im Register FARBE einen vorgefertigten Farblook über die drei Balken ❺ zu und passe diesen Look über das FARBBALANCE-Werkzeug nachträglich an.

13 Deckkraft reduzieren

Mit dem Hinzufügen eines einheitlichen Looks wie im Arbeitsschritt zuvor wird in der Praxis häufig eine partielle Anpassung bzw. Manipulation vertuscht. Häufig will man aber einen solchen Bildlook nicht so stark auftragen. Für diesen Zweck müssen Sie nur die entsprechende Ebene ❼ auswählen und die DECKKRAFT über den Regler ❻ reduzieren. Das Reduzieren der Deckkraft können Sie natürlich auch auf jeder anderen Ebene anwenden. Ist Ihnen beispielsweise die Aufhellung der Berge zu stark, können Sie dies mit dem Regler DECKKRAFT etwas zurücknehmen.

14 Auswahlpunkte verwenden

Haben Sie eine Maske erstellt, finden Sie, wenn Sie die Option AUSWAHLPUNKTE ZEIGEN ❽ aktiviert haben, einen Auswahlpunkt bei Ebenen mit einer Maske vor. Haben Sie ein Werkzeug zur Überarbeitung der Maske aktiviert, wird bei mehreren Ebenen der Punkt der aktiven Ebene orangefarben angezeigt ❿ und der der nicht aktiven Ebene in Grau ❾. Durch Anklicken eines Auswahlpunkts wechseln Sie zur entsprechenden Ebene. Mit gedrückt gehaltener Maustaste können Sie diese Maske verschieben.

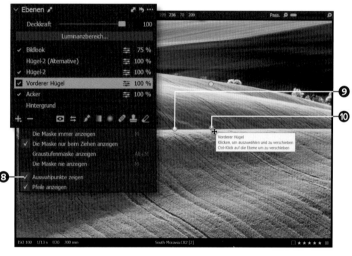

15 Analyse

In diesem einfachen Beispiel haben Sie schon sehr schön gesehen, wie Sie mit lokalen Anpassungen einzelne Bereiche eines Bildes anpassen können. Sie sollten noch wissen, dass Sie die aufgezogenen Verlaufsmasken auch jederzeit mit den Werkzeugen MASKE ZEICHNEN mit ⃞B⃞ oder MASKE LÖSCHEN mit ⃞E⃞ nachbearbeiten können. Wie Sie diese Werkzeuge verwenden, erfahren Sie etwas detaillierter im übernächsten Workshop. Allerdings wird auch hierbei die lineare Verlaufsmaske gerastert.

Radiale Verlaufsmaske verwenden

So bearbeiten Sie runde Bildbereiche mit einer radialen Verlaufsmaske

Alles, was Sie eben mit der linearen Verlaufsmaske gesehen haben, können Sie recht ähnlich auch mit der radialen Verlaufsmaske machen, nur, dass Sie mit dieser Maske eben eine ovale Form auf das Bild aufziehen und bearbeiten. Damit lassen sich z. B. Beleuchtungseffekte, Vignettierungen, ein Übergang zwischen Schärfe und Unschärfe und noch einiges mehr auf ovale Bereiche anwenden.

Vorher

Nachher

Ausgangsbild

- Hintergrund ist dunkel und trüb.
- Person geht unter.

[Datei: La-Catrina.RAF]

Bearbeitungsschritte

- Radiale Maske aufziehen
- Dem Gesicht der Person mehr Glanz verleihen

1 Grundlegende Anpassungen

Bevor Sie die lokalen Anpassungen machen, sollten Sie noch die grundlegenden Anpassungen an der Hintergrundebene vornehmen. Im Beispiel habe ich neben dem WEISSABGLEICH die BELICHTUNG im BELICHTUNG-Werkzeug sowie die LICHTER und TIEFEN im HDR-Werkzeug angepasst. Auch die Schärfe habe ich mit dem SCHÄRFUNG-Werkzeug im DETAILS-Register angepasst. Viele dieser grundlegenden Anpassungen sind natürlich eine Geschmacksfrage.

2 Radiale Verlaufsmaske erstellen

Aktivieren Sie im EBENEN-Werkzeug die radiale Verlaufsmaske ❶ per Mausklick oder mit ⊤. Klicken Sie damit in der Mitte des Gesichtes auf das Bild, und ziehen Sie mit gedrückter Maustaste einen runden Verlauf nach außen auf. Im Beispiel achte ich darauf, dass der Kopf ungefähr mit dem inneren Kreis erfasst wird. Blenden Sie die Maske mit ⋈ zur Kontrolle ein und aus. Tipp: Mit gehaltener ⇧-Taste können Sie bei Bedarf einen gleichmäßig runden Kreis aufziehen.

3 Radialen Bereich anpassen

Passen Sie als Nächstes den inneren, nicht maskierten Bereich der radialen Verlaufsmaske an, indem Sie die Begrenzungslinie ❷ mit gedrückt gehaltener Maustaste verschieben. Im Beispiel habe ich diesen Bereich etwas vergrößert, wodurch die weiche mittlere Verlaufsmaske etwas verkleinert wurde. Wollen Sie die Maske verschieben, dann können Sie das mit gedrückter Maustaste innerhalb der Begrenzungslinien tun. Auch hier empfiehlt es sich, zur Kontrolle die Maske mit ⋈ ein- und auszublenden.

4 Übergang anpassen

Wie weich der Übergang der radialen Verlaufsmaske sein soll, können Sie nun mit der äußeren radialen Begrenzungslinie ❶ anpassen. Je weiter Sie diesen Kreis mit gedrückter Maustaste nach außen ziehen, umso weicher wird der Verlauf ausgehend vom inneren Kreis. Zusätzlich habe ich an den Griffpunkten der mittleren Linie ❷ den Kreis etwas ovaler gemacht und an den Kopf angepasst. Ebenso können Sie die radiale Verlaufsmaske bei Bedarf über die mittlere Linie mit gedrückter Maustaste drehen.

5 Anpassungen vornehmen

Jetzt können Sie die Anpassungen am äußeren maskierten radialen Bereich vornehmen. Im Beispiel habe ich die BELICHTUNG im BELICHTUNG-Werkzeug erhöht, den Weißabgleich wärmer gemacht und im HDR-Werkzeug die TIEFEN aufgehellt, wodurch das Hauptobjekt, die Person, deutlich mehr in den Vordergrund rückt, weil der Hintergrund abgesoftet und leicht aufgehellt wird. Die radiale Verlaufsmaske können Sie jederzeit mit RADIALE VERLAUFSMASKE ZEICHNEN anpassen.

6 Verlaufsmaske invertieren

Im Beispiel soll auch das Hauptmotiv mit einer radialen Maske bearbeitet werden. Legen Sie hierzu eine neue Ebene über das Plussymbol an, und benennen Sie sie gleich entsprechend. Anstatt erneut eine radiale Maske aufzuziehen, kopieren Sie die vorhandene radiale Verlaufsmaske über die drei Punkte mit VON MASKE KOPIEREN auf die neue Ebene und wählen dann, ebenfalls über die drei Punkte im EBENEN-Werkzeug, den Befehl MASKE UMKEHREN. Die so kopierte radiale Maske können Sie jetzt mit RADIALE MASKE ZEICHNEN bei Bedarf anpassen.

7 Anpassungen vornehmen

Jetzt können Sie die Anpassungen am Hauptmotiv vornehmen. Im Beispiel erhöhe ich den Kontrast im BELICHTUNG-Werkzeug. Auch den Weißabgleich mache ich etwas wärmer. Über das KLARHEIT-Werkzeug mache ich das Gesicht und die Krone knackiger und schärfe das Hauptmotiv mit dem SCHÄRFUNG-Werkzeug im Register DETAILS etwas nach. Da Ihnen hier immer noch eine radiale Verlaufsmaske zur Verfügung steht, können Sie sie jederzeit nachträglich ändern. Jetzt wird das Gesicht der Person im Bild deutlicher hervorgehoben.

8 Maske rastern

Wenn Sie eine radiale Maske mit MASKE ZEICHNEN bzw. MASKE LÖSCHEN oder Funktionen wie WEICHE MASKENKANTE oder MASKE VERFEINERN nacharbeiten wollen, dann müssen Sie diese Ebene vorher rastern. Sofern Sie eines der eben erwähnten Werkzeuge oder Funktionen auf eine Ebene mit einer radialen Maske anwenden, erscheint ein Dialog, der Sie darüber informiert. Alternativ können Sie diese Rasterung auch über die drei Punkte des EBENEN-Werkzeugs mit dem Befehl RASTERN durchführen.

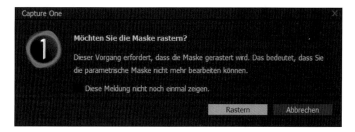

9 Analyse

Mit der radialen Verlaufsmaske haben Sie ein weiteres sehr hilfreiches Werkzeug, wenn Sie lokale runde Bildbereiche anpassen wollen. Zwar habe ich in diesem Beispiel ausschließlich das Werkzeug für radiale Masken gezeigt, aber Sie können es natürlich auch zum Beispiel mit linearen Verlaufsmasken (auf einer weiteren Ebene) kombinieren. Hier empfehle ich Ihnen, die verschiedenen Möglichkeiten mit verschiedenen Kombinationen zu testen.

Einzelne Bereiche nachbearbeiten

Anpassungen an unterschiedlichen Bildbereichen

Masken auf Ebenen können Sie mithilfe des Pinselwerkzeugs ganz gezielt auf einzelne Bereiche im Bild aufmalen. So können Sie beispielsweise an einzelnen Stellen den Weißabgleich anpassen, bestimmte Bereiche schärfen oder das Bildrauschen entfernen.

Ausgangsbild

- Tänzerin geht etwas unter.
- Dem Bild fehlt das Drama.

[Datei: Azul.RAF]

Bearbeitungsschritte

- Person stärker hervorheben
- Hintergrund etwas abdunkeln

1 Neue Ebene für die Person

Klicken Sie auf das Plussymbol ❸, und legen Sie eine neue Ebene an. Benennen Sie sie entsprechend (hier: PERSON). Wählen Sie den Pinsel MASKE ZEICHNEN ❷, oder drücken Sie B. Klicken Sie mit der rechten Maustaste ins Bild, und stellen Sie den Pinsel ein. Im Beispiel habe ich die GRÖSSE auf 200 und die HÄRTE auf 50 gestellt. Aktivieren Sie die AUTOMATISCHE MASKIERUNG ❶. Blenden Sie die Maske beim Aufmalen mit M ein (bzw. wieder aus). Im Beispiel wähle ich zunächst nur die Ränder der Person aus.

2 Details bearbeiten

Um den Rest der Maske auszufüllen, klicken Sie mit der rechten Maustaste auf die Ebene ❹ und wählen MASKE FÜLLEN ❼. Zoomen Sie tiefer ins Bild, und fahren Sie die Kanten mit dem Werkzeug MASKE ZEICHNEN ❺ durch Drücken von B nach bzw. entfernen zu viel Gemaltes mit MASKE LÖSCHEN ❻ (per Drücken von E). Hilfreich ist es, die PINSELEINSTELLUNGEN wie GRÖSSE, HÄRTE und DECKKRAFT entsprechend anzupassen. Beachten Sie, dass Sie die Maske mit dem Pinselwerkzeug jederzeit nachbearbeiten können.

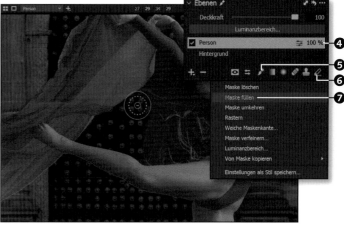

3 Details verfeinern

Neben der Möglichkeit, die Maske mit dem Pinselwerkzeug mithilfe von MASKE LÖSCHEN und MASKE ZEICHNEN zu erstellen, bietet sich zusätzlich MASKE VERFEINERN an, weil diese Funktion gerade bei Haaren und feinen Details sehr gut arbeitet. Schalten Sie hierfür die Graustufenmaske mit Alt+M ein, und wählen Sie über die drei Punkte ❾ den Befehl MASKE VERFEINERN ❽. Im Beispiel habe ich den Regler von RADIUS ❿ auf 95 gestellt. Bestätigen Sie die Maske mit ANWENDEN. Mit der Graustufenmaske können Sie auch hier mit MASKE LÖSCHEN und MASKE ZEICHNEN erneut die Details verfeinern.

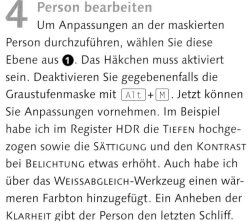

4 Person bearbeiten

Um Anpassungen an der maskierten Person durchzuführen, wählen Sie diese Ebene aus ❶. Das Häkchen muss aktiviert sein. Deaktivieren Sie gegebenenfalls die Graustufenmaske mit [Alt]+[M]. Jetzt können Sie Anpassungen vornehmen. Im Beispiel habe ich im Register HDR die TIEFEN hochgezogen sowie die SÄTTIGUNG und den KONTRAST bei BELICHTUNG etwas erhöht. Auch habe ich über das WEISSABGLEICH-Werkzeug einen wärmeren Farbton hinzugefügt. Ein Anheben der KLARHEIT gibt der Person den letzten Schliff.

5 Ebene für den Hintergrund

Um eine Maske vom Hintergrund der Person zu erstellen, klicken Sie auf das Plussymbol ❷ und benennen diese neue Ebene gleich passend (hier: KULISSE). Klicken Sie dann die Ebene mit der rechten Maustaste an, und wählen Sie mit VON MASKE KOPIEREN die Ebene PERSON aus. Klicken Sie die Ebene erneut mit rechts an, und wählen Sie MASKE UMKEHREN, womit Sie eine exakte Gegenmaske zur Personenmaske haben. Überzeugen Sie sich selbst davon, indem Sie die Maske als Graustufenmaske mit [Alt]+[M] einblenden.

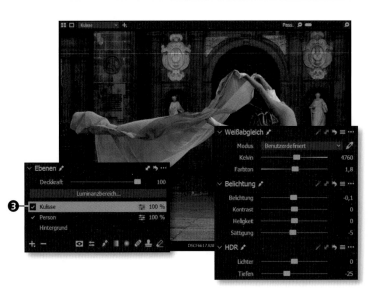

6 Hintergrund anpassen

Der Hintergrund ist mir zu hell. Deaktivieren Sie gegebenenfalls wieder die Graustufenmaske mit [Alt]+[M]. Ich wähle daher die Ebene ❸ aus und mache meine Anpassungen im Register BELICHTUNG. Ich reduziere die BELICHTUNG und SÄTTIGUNG leicht. Darüber hinaus reduziere ich die TIEFEN im HDR-Werkzeug, damit der Hintergrund etwas dunkler wirkt. Auch beim WEISSABGLEICH-Werkzeug habe ich etwas nachjustiert, bis mir die Farbstimmung des Hintergrundes gefallen hat. Im Beispiel habe ich ihn kühler gemacht.

7 Anpassungen direkt aufmalen

Sie können Anpassungen mit MASKE ZEICHNEN $\boxed{B}$ auch direkt auf das Bild malen. Im Beispiel habe ich hierzu eine neue Ebene über das Plussymbol angelegt und den Regler KLARHEIT vom KLARHEIT-Werkzeug reduziert. Anschließend male ich mit dem Pinselwerkzeug ❹ auf diese Ebene ❻ auf den Beinen der Person, um die Haut weichzuzeichnen. Um den Effekt nicht gleich zu stark aufzumalen, können Sie den Regler FLUSS ❺ in den PINSELEINSTELLUNGEN reduzieren und mit jedem erneuten Übermalen verstärken. Das Gleiche können Sie mit MASKE LÖSCHEN $\boxed{E}$ machen.

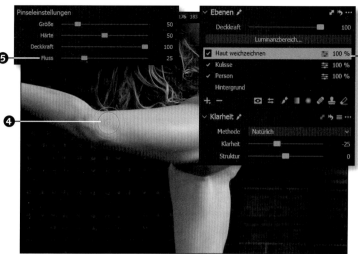

8 Arbeiten mit Graustufenmaske

Beim Nacharbeiten mit den Pinselwerkzeugen MASKE ZEICHNEN und MASKE LÖSCHEN oder der Funktion MASKE VERFEINERN ist neben der gewöhnlichen Maske $\boxed{M}$ die Graustufenmaske mit $\boxed{Alt}$+$\boxed{M}$ extrem hilfreich, um detailliert zu arbeiten. Gerade bei feinsten Bildbereichen wie Haaren oder Tierfell lässt sich dank MASKE VERFEINERN deutlich sichtbar machen, wo die Maske genau ist. Auch ist es mit aktiver Graustufenmaske allein möglich, mit MASKE ZEICHNEN $\boxed{B}$ und MASKE LÖSCHEN $\boxed{E}$ nachträglich an der Maske zu arbeiten.

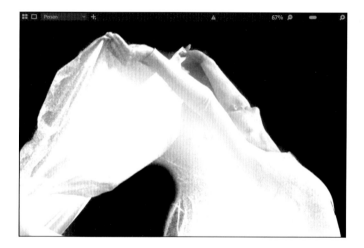

9 Zusammenfassung

Sie werden bereits festgestellt haben, dass es mithilfe der Pinselwerkzeuge und der Option AUTOMATISCH MASKIEREN, der Funktion MASKE VERFEINERN und der Graustufenmaske recht einfach ist, eine sehr genaue Maske zu erstellen. Soll der Effekt einer Maske nicht stark aufgetragen werden, dann können Sie entweder gleich von vornherein mit der Pinseloption FLUSS dafür sorgen, oder Sie schwächen die Ebene nachträglich über eine Maske mit dem Regler DECKKRAFT ab.

Störende Elemente entfernen

Bildbereiche mit dem Reparatur-Werkzeug retuschieren

Capture One ist nicht nur auf kreisrunde Bereiche zum Wegtupfen mit dem »Fleckentfernung«-Werkzeug beschränkt. Mit dem »Reparaturmaske zeichnen«-Werkzeug lassen sich auch störende Elemente aus dem Bild entfernen. So können Sie beispielsweise störende Stromkabel in einer Landschaftsaufnahme oder Falten bei einem Porträt ganz einfach wegmalen.

Vorher

Ausgangsbild

Die Laterne auf der linken Seite stört.

[Datei: Ivan.RAF]

Bearbeitungsschritte

- Störenden Bereich auswählen
- Bildbereich reparieren
- Weitere Reparaturbereiche hinzufügen

Nachher

1 »Reparaturmaske zeichnen«-Werkzeug einstellen

Aktivieren Sie das REPARATURMASKE ZEICHNEN-Werkzeug im EBENEN-Werkzeug ❶, in der Werkzeugleiste ❷ oder mit der Taste [Q]. Im Bild befindet sich eine störende Laterne auf der linken Seite. Mit der rechten Maustaste klicke ich zunächst ins Bild, um die Parameter GRÖSSE, HÄRTE, DECKKRAFT und den FLUSS für die Pinselspitze einzustellen.

2 Reparaturmaske zeichnen

Nun male ich mit dem Pinsel einen Bereich um die Laterne im Himmel ❸, wo sie stört. Wenn Sie die Maustaste loslassen, versucht Capture One, einen passenden Bereich für die Reparatur für eine saubere Überblendung zu finden. Außerdem wird dabei automatisch eine Reparaturebene ❹ im EBENEN-Werkzeug angelegt. Ein Kreis ❺ mit einem Pfeil zeigt Ihnen im Bild, welcher Bereich für die Reparatur verwendet wurde.

3 Reparaturbereich verschieben

Sind Sie nicht mit dem Bereich zufrieden, den Capture One für Sie zur Reparatur ausgewählt hat, können Sie den weißen Kreis mit gedrückter Maustaste jederzeit verschieben ❼. Alternativ können Sie auch die Pfeiltasten der Tastatur verwenden, um den in oranger Farbe markierten Quellbereich noch etwas feiner zu verschieben. Wollen Sie einen Quellpunkt löschen, klicken Sie ihn an und drücken die [Entf]- bzw. [←]-Taste. Die komplette Reparaturebene können Sie wie gewohnt mit dem Minussymbol ❻ des EBENEN-Werkzeuges löschen.

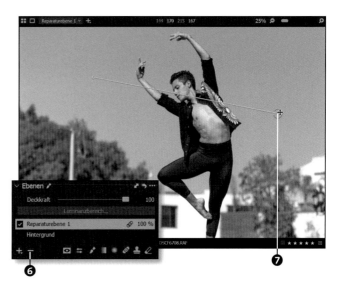

4 Reparaturmaske nacharbeiten

Neben der Möglichkeit, die Reparaturmaske zu verschieben, können Sie diesen Bereich jederzeit auch nacharbeiten. Auch hierzu aktivieren Sie den entsprechenden Kreis mit dem Reparaturbereich, womit der Kreis orangefarben ❸ wird. Mit dem REPARATURMASKE ZEICHNEN-Werkzeug ❶ fügen Sie nun Bereiche hinzu, und mit dem MASKE LÖSCHEN-Werkzeug ❷ können Sie Reparaturbereiche löschen. Es ist häufig hilfreich, die Maske mit Ⓜ einzublenden.

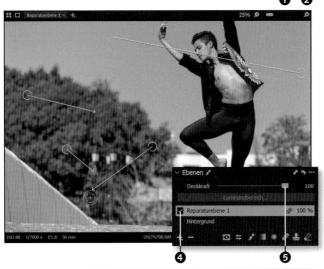

5 Schritt 2 wiederholen

Wiederholen Sie Schritt 2 an verschiedenen Stellen, bis Sie mit dem Ergebnis zufrieden sind. Für jeden Bereich, den Sie bearbeiten wollen, passen Sie mit einem rechten Mausklick bei Bedarf den Pinsel an. Großartig ist, dass Sie auf einer Reparaturebene beliebig viele Reparaturen vornehmen können. Über das EBENEN-Werkzeug haben Sie nach wie vor die Kontrolle über die reparierten Bereiche und können über das Häkchen ❹ jederzeit alle Bereiche ein- und ausblenden. Auch die DECKKRAFT ❺ können Sie jederzeit reduzieren.

6 Weitere Reparaturebenen

Sie sind nicht gezwungen alle Reparaturen auf einer Reparaturebene zu machen. Wollen Sie gezielt bestimmte Bildbereiche reparieren, können Sie jederzeit eine weitere über das Plussymbol ❻ anlegen und verwenden. In dem Fall wird immer die zuletzt angelegte Reparaturebene verwendet, wenn Sie das REPARATURMASKE ZEICHNEN-Werkzeug benutzen und keine Reparaturebene im EBENEN-Werkzeug explizit ausgewählt haben.

Bildbereiche klonen

Bildbereiche mit dem »Klonmaske zeichnen«-Werkzeug kopieren

Das »Klonmaske zeichnen«-Werkzeug funktioniert von der Anwendung her recht ähnlich wie das gerade beschriebene »Reparaturmaske zeichnen«-Werkzeug. Im Gegensatz zu diesem arbeitet das »Klonmaske zeichnen«-Werkzeug aber nicht automatisch, und die umgebenden Pixel werden nicht mehr berücksichtigt bzw. schön überblendet. Beim Klonen wird der ausgewählte Quellpunkt kopiert.

Vorher

Ausgangsbild

Störendes Element im Hintergrund.

[Datei: Matthias.RAF]

Bearbeitungsschritte

- Bereich zum Klonen auswählen
- Bildbereich klonen
- Weitere Klonbereiche hinzufügen

Nachher

1 »Klonmaske zeichnen«-Werkzeug einstellen

Aktivieren Sie das KLONMASKE ZEICHNEN-Werkzeug im EBENEN-Werkzeug ❶, in der Werkzeugleiste ❷ oder mit der Taste ⓢ. Im Bild befindet sich ein störender Rand auf der oberen Seite. Anstatt das Bild zu beschneiden, soll dieser Bereich mit dem KLONMASKE ZEICHNEN-Werkzeug verbessert werden. Mit der rechten Maustaste klicke ich zunächst ins Bild, um die Parameter GRÖSSE, HÄRTE, DECKKRAFT und den FLUSS für die Pinselspitze einzustellen.

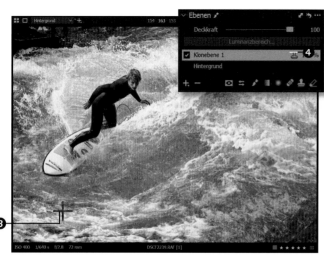

2 Bereich zum Klonen auswählen

Um mit dem Werkzeug klonen zu können, müssen Sie zuvor einen Bereich mit gehaltener ⎇-Taste auswählen. Dabei wird die Pinselspitze zu einem kleinen Kreuz ❸. Sobald Sie mit gehaltener ⎇-Taste einen Quellpunkt zum Klonen ausgewählt haben, erstellt Capture One eine neue Klonebene ❹ im EBENEN-Werkzeug, wenn eine solche noch nicht existiert. Tipp: Eine weichere Pinselspitze (HÄRTE) lässt den geklonten Bereich nicht wie eingeklebt wirken.

3 Bildbereich klonen

Wenn Sie anfangen zu zeichnen, werden die Pixel des ausgewählten Quellbereichs kopiert. Ein Kreis ❺ mit einem Pfeil zeigt Ihnen im Bild, welcher Bereich für das Klonen verwendet wird. Sollte der Klonbereich jetzt noch nicht optimal sein, so macht dies nichts, weil Sie auch hier nachträglich an der Klonmaske arbeiten können. Zur Anpassung können Sie wie gehabt die DECKKRAFT ❼ der Klonebene reduzieren oder die geklonten Bereiche über das Häkchen ❻ im EBENEN-Werkzeug ein- und ausblenden.

4 Klonbereich verschieben

Sind Sie mit dem Ergebnis des geklonten Bereichs nicht zufrieden, können Sie den weißen Kreis mit gedrückter Maustaste jederzeit verschieben ❽. Alternativ können Sie auch die Pfeiltasten der Tastatur verwenden, um den orange markierten Quellbereich noch etwas feiner zu verschieben. Wollen Sie einen Quellpunkt löschen, klicken Sie ihn an und drücken die `Entf`- bzw. `←`-Taste. Die komplette Klonebene können Sie wie gewohnt mit dem Minussymbol ❾ des EBENEN-Werkzeuges löschen.

5 Klonmaske nacharbeiten

Neben der Möglichkeit, die Klonmaske zu verschieben, können Sie diesen Bereich auch nacharbeiten. Auch hierzu aktivieren Sie den entsprechenden Kreis mit dem Reparaturbereich, womit der Kreis orangefarben ❿ wird. Mit dem KLONMASKE ZEICHNEN-Werkzeug ⓫ fügen Sie nun Bereiche hinzu, und mit dem MASKE LÖSCHEN-Werkzeug ⓬ können Sie einen Bereich löschen. Hierbei ist es häufig hilfreich, die Maske mit `M` einzublenden.

6 Klonbereiche hinzufügen

Wiederholen Sie bei Bedarf Schritt 2 an verschiedenen Stellen, bis Sie mit dem Ergebnis zufrieden sind. Sie können auf einer Klonebene beliebig viele Kopien erstellen. Sie sind auch nicht gezwungen, alle Klonarbeiten auf einer Ebene zu machen. Sie können jederzeit eine weitere Klonebene über das Plus-Symbol ⓭ anlegen und verwenden. Dann wird immer die zuletzt angelegte Klonebene verwendet, wenn Sie das KLONMASKE ZEICHNEN-Werkzeug benutzen und keine Klonebene im EBENEN-Werkzeug explizit ausgewählt haben.

Gezielt einzelne Farben anpassen

So verändern oder verbessern Sie Farben einzelner Bildbereiche

Sie haben den »Farbeditor« bereits kennengelernt und ihn auf das gesamte Bild angewendet. Das »Farbeditor«-Werkzeug können Sie aber auch für lokale Anpassungen nutzen. In diesem Workshop gehe ich davon aus, dass Sie den Workshop mit dem »Farbeditor« (Seite 180) bereits durchgearbeitet haben und mit dem Werkzeug vertraut sind.

Vorher

Nachher

Ausgangsbild

Das blaue Kleid wirkt etwas blass.

[Datei: Azul-2.RAF]

Bearbeitungsschritte

- Kleid maskieren
- Farbe auswählen
- Farbe verbessern

1 Bildanalyse

Um das blaue Kleid herauszuarbeiten, ohne die gleichfarbigen Bereiche im Bild mit zu bearbeiten, kommen Sie nicht um eine lokale Anpassung herum. Wählen Sie MASKE ZEICHNEN ❷ B im EBENEN-Werkzeug, und passen Sie die Pinseleinstellungen mit einem rechten Mausklick auf dem Bild an. Aktivieren Sie AUTOMATISCHE MASKIERUNG ❸, und zoomen Sie tiefer in das Bild, um das Kleid ❶ möglichst genau zu maskieren. Die Maske können Sie mit M ein- und ausblenden.

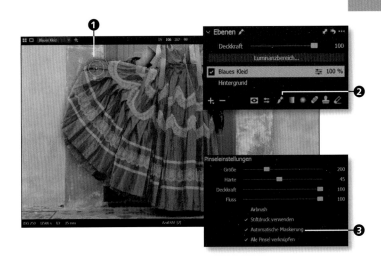

2 Maske verfeinern

Zu viel Maskiertes können Sie mit MASKE LÖSCHEN E wieder entfernen. Eine große Hilfe ist hierbei wieder die Graustufenmaske ❹ mit Alt+M. Wenn die Kanten des blauen Kleides etwas zu hart sind, können Sie sie mit der Funktion WEICHE MASKENKANTE oder MASKE VERFEINERN über die drei Punkte ❺ im EBENEN-Werkzeug verbessern. Ich habe mich wieder für die Funktion MASKE VERFEINERN entschieden und den RADIUS ❻ auf 50 gesetzt.

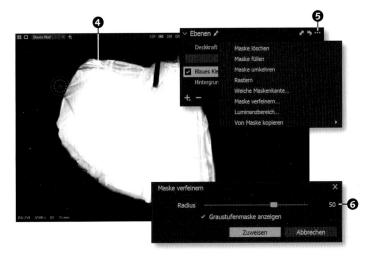

3 Farbe über Ebene ändern

Blenden Sie die Maskierung aus, wählen Sie im Register FARBE im FARBEDITOR unter ERWEITERT das FARBKORREKTUR-Werkzeug ❾, und klicken Sie damit auf das Blau des Kleides ❼. Über die Schieberegler FARBTON, SÄTTIGUNG und HELLIGKEIT können Sie die ausgewählte Farbe ändern. Hier habe ich den FARBTON verändert und die SÄTTIGUNG erhöht. Dasselbe habe ich mit dem rosa Haarband ❽ der Dame gemacht. Auf diese Weise können Sie weitere Farben im Bild maskieren und über neue Ebenen anpassen, ohne andere Bildbereiche mit gleicher Farbe zu ändern.

Luminanzbereich verwenden

Grundlagen zum Luminanzbereich in Capture One

In Capture One gibt es die Möglichkeit, eine Maske anhand der Helligkeitswerte eines Bildes zu erstellen und eben genau nur diesen Bereich anzupassen. Diese Maske anhand der Helligkeitsinformationen kann abhängig vom verwendeten Bild das langwierige Zeichnen einer Maske überflüssig machen.

Voraussetzung

Um überhaupt eine Maske anhand der Helligkeit erstellen zu können, benötigen Sie eine Ebene mit einem bereits maskierten Bereich. Dies kann eine beliebig erstellte Maske sein, die Sie vorher selektiv mit MASKE ZEICHNEN, mit LINEARE VERLAUFSMASKE ZEICHNEN oder RADIALE VERLAUFSMASKE ZEICHNEN erstellt haben. Ebenso können Sie aber auch eine neue gefüllte Ebene anlegen und somit eine Maske anhand der Helligkeitsinformationen des gesamten Bildes erstellen. Das LUMINANZBEREICH-Werkzeug selbst hingegen erzeugt keine Maske, weshalb diese Funktion auf einer leeren Ebene ohne Maske keinen Effekt hat.

Luminanzbereich einstellen

Haben Sie eine Ebene mit einer Maske erstellt und im EBENEN-Werkzeug ausgewählt, können Sie diese Funktion mit der Schaltfläche LUMINANZBEREICH ❶ aufrufen, womit der gleichnamige Dialog geöffnet wird. Den einzustellenden Luminanzbereich finden Sie oberhalb des Dialoges wieder. Den zu maskierenden Helligkeitsbereich können Sie über den schwarzen ❺ und weißen ❻ Regler oberhalb des Luminanzbereiches einstellen. Ziehen Sie zum Beispiel den schwarzen Regler nach rechts ⓫ zum weißen Regler, werden vorwiegend hellere Bildbereiche ❿ bzw. die Lichter entsprechend dem eingestellten Bereich maskiert. Umgekehrt können Sie auch den weißen Regler ⓭ nach links zum schwarzen Regler ziehen, um vorwiegend dunklere Bildbereiche ⓬, also die Tiefen, zu maskieren. Es spricht allerdings auch nichts dagegen, beide Regler in die Mitte ⓯ zu ziehen, um nur die Mitteltöne ⓮ eines Bildes zu maskieren.

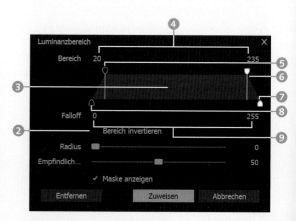

Oberhalb finden Sie den eingestellten Luminanzbereich als Zahlenwert ❹ vor. Der Wertebereich reicht von 0 (komplett schwarz) bis 255 (komplett weiß). Sie können natürlich auch manuell einen Wert eingeben.

Mit dem schwarzen ❽ und weißen ❼ FALL-OFF-Regler unterhalb des Luminanzbereiches können Sie den Übergang der Helligkeitsbereiche einstellen. Je weiter Sie diesen Regler nach außen ziehen, umso mehr breitet sich dieser Helligkeitsbereich in die Nachbarpixel aus. Damit sorgen Sie für einen sanfteren Übergang des ausgewählten Helligkeitsbereiches. Den zum eingestellten Bereich zugehörigen Wert finden Sie bei FALLOFF ❾ als Zahlenwert vor. Hier können Sie ebenfalls manuell einen Wert eingeben. Halten Sie die ⇧-Taste gedrückt, während Sie einen der beiden unteren Regler verschieben, wird der andere Regler gleichmäßig mit verschoben. Diese sanften Übergange bleiben erhalten, wenn Sie den jeweils oberen Regler für den Luminanzbereich verschieben. Wollen Sie diesen FALLOFF-Bereich hingegen fixieren, wenn Sie einen der oberen Regler verschieben, müssen Sie ebenfalls die ⇧-Taste gedrückt halten.

Wollen Sie den gesamten Luminanzbereich verschieben, können Sie dies mit gedrückt gehaltener Maustaste innerhalb des Luminanzbereiches ❸ tun.

Alle vier Regler können Sie durch einen Doppelklick darauf wieder auf den Standardwert zurücksetzen.

Mit der Option BEREICH INVERTIEREN ❷ kehren Sie den erstellten Luminanzbereich um. Diese Funktion bezieht sich rein auf die Umkehrung des Helligkeitsbereiches und sollte nicht mit der Funktion MASKE UMKEH-REN verwechselt werden. Das sind zweierlei Funktionen.

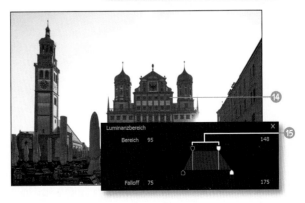

Qualität des Luminanzbereiches verbessern

Um die Helligkeitsmaske des Luminanzbereich-Werkzeuges zu verbessern, finden Sie im Dialog mit Radius ❶ und Empfindlichkeit ❷ zwei Regler vor. Solange der Regler von Radius auf dem Standardwert 0 ist, hat auch der Regler Empfindlichkeit keine Auswirkungen auf die Maske. Wenn Sie den Regler Radius erhöhen, erhalten Sie eine etwas weichere Maske von Helligkeitsbereichen, und mit Empfindlichkeit justieren Sie diesen weichgezeichneten Bereich nach. Mit einem Wert von 0 für die Empfindlichkeit erzeugen Sie eine weiche Maske an den Kanten. Je höher Sie den Wert ziehen, umso genauer und härter wird die Maske an den Kanten erstellt.

Luminanzbereich anzeigen

Um die Maske ❹ des Luminanzbereiches auch im Bild während der Bearbeitung mit dem Luminanzbereich-Dialog anzuzeigen, aktivieren Sie die Option Maske anzeigen ❸. Umgekehrt können Sie die Maske so auch wieder ausblenden. Einen noch etwas genaueren Eindruck

der Maske, die Sie mit dem Luminanzbereich-Werkzeug erstellen, erhalten Sie mit der Graustufenmaske. Um die Graustufenmaske ebenfalls mit dem Luminanzbereich-Werkzeug verwenden zu können, müssen Sie das Werkzeug schließen und die Graustufenmaske über die Werkzeuge im Ebenen-Werkzeug aktivieren ❾. Schneller geht es mit Alt+M. Rufen Sie jetzt erneut die Funktion Luminanzbereich auf, finden Sie im Dialog anstelle der Option Maske anzeigen die Option Graustufenmaske anzeigen ❼ vor. Gerade wenn Sie die Qualität der Maske mit den Reglern Radius und Empfindlichkeit anpassen, zeigt die Graustufenmaske ❻ die Maskierung wesentlich deutlicher, und Sie haben auch eine viel bessere Kontrolle bei den Einstellungen mit dem Luminanzbereich-Werkzeug.

Luminanzbereich bleibt immer erhalten

Eine weitere Besonderheit, die Sie mit einer Ebene mit maskiertem Luminanzbereich haben, ist, dass dieser Bereich immer für diese Ebene gilt. Das bedeutet, wenn Sie zum Bei-

spiel einzelne Luminanzbereiche mit MASKE
LÖSCHEN entfernen, können Sie eben nur diese
Luminanzbereiche jederzeit wieder mit MASKE
ZEICHNEN aufmalen. Umgekehrt bedeutet das
allerdings auch, dass Sie mit MASKE ZEICHNEN
dann keine neuen Bereiche jenseits des eingestellten Luminanzbereichs hinzufügen können.
Wollen Sie eine Maske mit Luminanzbereich
mit MASKE ZEICHNEN erweitern, müssen Sie
die Maske vorher mit RASTERN zu einer gewöhnlichen Maske machen. Ansonsten können Sie auf einer Maske mit Luminanzbereich
alle Werkzeuge und Funktionen ausführen,
ohne diese Ebene vorher rastern zu müssen.

Ob eine Ebene einen Luminanzbereich enthält oder nicht, sehen Sie im EBENEN-Werkzeug an einem kleinen Sonnensymbol ❺.

Um einen Luminanzbereich von einer Ebene
zu entfernen, rufen Sie den Dialog dazu auf
und klicken die Schaltfläche ENTFERNEN ❽ an.
Dadurch wird der Dialog gleichzeitig beendet.
Am fehlenden kleinen Sonnensymbol erkennen Sie, dass die Ebene keinen Luminanzbereich mehr hat.

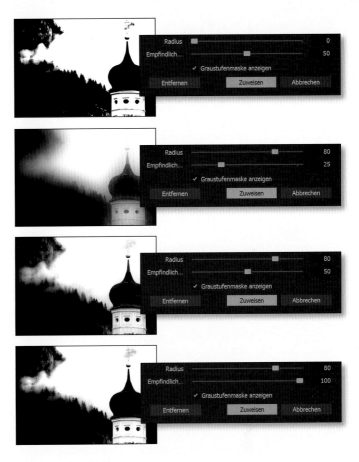

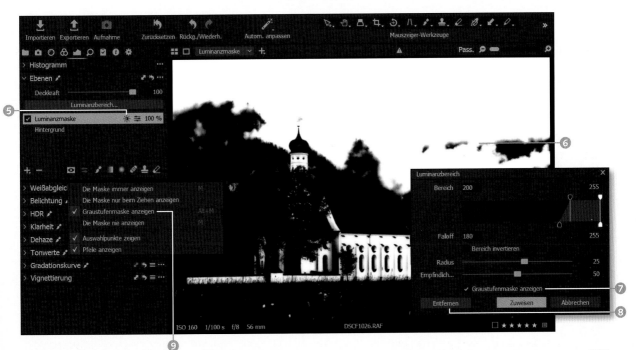

Helle und dunkle Bereiche anpassen

So bearbeiten Sie Bilder gezielt nach Helligkeitsinformationen

Mit dem Werkzeug »Luminanzbereich« können Sie Bildbereiche nach den Helligkeitsinformationen maskieren. Diese Funktion hat ein enormes Potenzial und kann Ihnen das Maskieren mit Capture One enorm erleichtern. In diesem Workshop demonstriere ich, wie Sie einen hellen und einen dunklen Bildbereich separat maskieren und anpassen können.

Vorher

Ausgangsbild

- Hintergrund zu hell
- Vordergrund zu dunkel
- Farben flau

[Datei: Dancing.RAF]

Nachher

Bearbeitungsschritte

- Hintergrund auswählen
- Hintergrund abdunkeln
- Vordergrund auswählen
- Vordergrund aufhellen

1 Grundlegende Anpassungen

Im ersten Schritt mache ich wenn nötig zunächst die grundlegenden Anpassungen. Im Beispiel passe ich zuerst den WEISSABGLEICH im Register FARBE an. Ebenso erstelle ich jetzt bereits meinen Bildausschnitt mit dem ZUSCHNEIDEN-Werkzeug im Register OBJEKTIV. Fügen Sie jetzt eine neue gefüllte Ebene über das Plussymbol ❶ im EBENE-Werkzeug hinzu, und benennen Sie sie gleich entsprechend.

2 Luminanzbereich auswählen

Ich bevorzuge hierfür die Graustufenmaske, weshalb ich sie mit [Alt]+[M] aktiviere. Wählen Sie dann die gefüllte Ebene aus, und klicken Sie auf die Schaltfläche LUMINANZBEREICH ❷ im EBENEN-Werkzeug. Um den hellen Bereich im Bild zu maskieren, ziehen Sie im Dialog den oberen schwarzen Regler ❸ nach rechts (hier bis zum Wert 170). Da ich hier auch komplettes Weiß erfassen will, ziehe ich den weißen Regler ❹ ganz nach rechts auf 255.

3 Luminanzbereich verfeinern

Um die Maske mit dem Luminanzbereich zu verfeinern, können Sie beispielsweise den schwarzen Regler ❺ von FALLOFF etwas verlängern. Zudem verwende ich den Regler RADIUS ❻ und ziehe ihn auf den Wert 100. Mit dem Wert EMPFINDLICHKEIT ❼ stelle ich dann ein, wie hart die Kanten meiner Maske sein sollen. Ein niedriger Wert macht die Kanten weich und ein hoher Wert härter. Ich verwende hier leicht härtere Kanten mit dem Wert 50. Klicken Sie dann auf die Schaltfläche ZUWEISEN bzw. ANWENDEN.

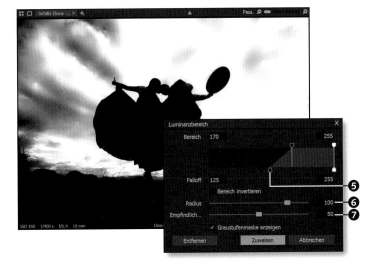

4 Luminanzbereich anpassen

Zunächst deaktiviere ich die Graustufenmaske wieder mit ⌥+Ⓜ. Jetzt können Sie den eingestellten Luminanzbereich bearbeiten. Im Beispiel reduziere ich die LICHTER und WEISS im HDR-Werkzeug. Und im BELICHTUNG-Werkzeug reduziere ich den KONTRAST und erhöhe die SÄTTIGUNG. Damit der Himmel etwas dramatischer wird, habe ich beim KLARHEIT-Werkzeug die KLARHEIT stark und die STRUKTUR leicht erhöht. Mit diesen Einstellungen sollte der Himmel bereits deutlich verbessert sein.

5 Luminanzmaske kopieren

Im nächsten Schritt will ich die tanzenden Personen im Vordergrund aufhellen. Hierzu erstelle ich über das Plussymbol im EBENEN-Werkzeug eine neue leere Ebene und kopiere dann über die drei Punkte ❶, oder mit einem rechten Mausklick, die Ebene mit dem Luminanzbereich mit VON MASKE KOPIEREN (hier: GEFÜLLTE EBENE – HIMMEL). Jetzt ist auf der neuen Ebene (hier: TANZENDE PERSONEN) dieselbe Luminanzmaske enthalten.

6 Luminanzmaske umkehren

Zum Invertieren der Luminanzmaske wählen Sie die Ebene aus ❸ und klicken auf LUMINANZBEREICH ❷. Im Dialog aktivieren Sie jetzt BEREICH INVERTIEREN ❹ und klicken auf ZUWEISEN bzw. ANWENDEN. Aktivieren Sie bei Bedarf zur Kontrolle die Graustufenmaske mit ⌥+Ⓜ. Beachten Sie bitte, dass BEREICH INVERTIEREN vom LUMINANZBEREICH-Dialog nicht dasselbe ist wie die Funktion MASKE UMKEHREN bzw. MASKE INVERTIEREN.

7 Anpassungen machen

Jetzt deaktiviere ich die Graustufenmaske wieder mit ⎇+Ⓜ, um den eingestellten Luminanzbereich mit den tanzenden
Personen anzupassen. Im Beispiel ziehe ich
die BELICHTUNG im BELICHTUNG-Werkzeug auf
+1, die HELLIGKEIT auf +10 und die SÄTTIGUNG
auf −5. Im HDR-Werkzeug hingegen erhöhe
ich die TIEFEN um +20 und SCHWARZ um +10.
Wie immer sind diese Werte auch eine Frage
des persönlichen Geschmackes.

8 Luminanzbereich nacharbeiten

Bei der Luminanzmaske mit den tanzenden Personen wurde auch der Himmel
erfasst und mit aufgehellt. Diesen Bereich
können Sie mit dem Werkzeug MASKE LÖ-
SCHEN ❺ im EBENEN-Werkzeug oder Ⓔ
entfernen. Es ist nicht schlimm, wenn Sie zu
viel von der Maske gelöscht haben, weil Sie
diese Bereiche dank des Luminanzbereichs
mit dem Werkzeug MASKE ZEICHNEN oder mit
Ⓑ jederzeit wiederherstellen können. Eine
aktive Maske hilft Ihnen zur Kontrolle bei
der Nachbearbeitung der Luminanzmaske.

9 Luminanzmaske verfeinern

Die Ebenen mit dem Luminanzbereich
können Sie bei Bedarf weiter verfeinern.
Wählen Sie hierzu die Ebene mit dem Luminanzbereich, und wählen Sie über die drei
Punkte ❻ oder einen rechten Mausklick auf
der Ebene die Funktion MASKE VERFEINERN
aus. Ich habe den Wert von 110 für RADIUS ❼
verwendet. Auch hier kann es hilfreich sein,
sich die Graustufenmaske zur Kontrolle mit
⎇+Ⓜ ein- und auszublenden.

Dunkle Bildbereiche anpassen

So fügen Sie gezielt Schattenbereiche zu einem Bild hinzu

Im Grunde handelt es sich beim Hinzufügen von Schattenbereichen um dasselbe Prinzip wie im Workshop zuvor, in dem Sie die Helligkeit von Bildbereichen gezielt angepasst haben. Allerdings ist die Vorgehensweise leicht anders. Im Beispielbild habe ich bereits alle Basisbearbeitungen vorgenommen. Zwar werden in diesem Workshop die dunklen Bildbereiche behandelt, Sie können dieselben Schritte aber natürlich auch mit allen anderen Luminanzbereichen durchführen.

Ausgangsbild

Dem Motiv würden im Hintergrund mehr Schatten gut stehen.

[Datei: Schatten.RAF]

Bearbeitungsschritte

- Dunkle Bereiche maskieren
- Mehr Schatten hinzufügen

1 Dunklen Bereich maskieren

Aktivieren Sie die Graustufenmaske mit Alt+M. Erstellen Sie eine neue gefüllte Ebene, und rufen Sie die Funktion LUMINANZ-BEREICH über das EBENEN-Werkzeug auf. Um im Bild gezielt Schatten hinzuzufügen, ziehe ich den weißen Regler ❶ nach links auf den Wert 55 und den schwarzen Regler ❷ ganz nach links. Den weißen FALLOFF-Regler ❸ erweitere ich leicht. Den Bereich verfeinere ich noch ein wenig mit RADIUS und EMPFINDLICH-KEIT. Dann schließe ich diese Anpassungen mit ANWENDEN ab.

2 Maskierte Bereiche abdunkeln

Deaktivieren Sie die Graustufenmaske mit Alt+M. Achten Sie darauf, dass die Ebene mit dem Luminanzbereich ausgewählt ist, und ziehen Sie jetzt beim BELICHTUNG-Werkzeug den BELICHTUNG-Regler auf −1 und die HELLIGKEIT auf −20. Alle dunklen maskierten Luminanzbereiche werden jetzt noch mehr abgedunkelt. Leider betrifft dies auch die dunklen Bereiche des Motivs. Darum kümmern wir uns im nächsten Schritt.

3 Luminanzbereich bearbeiten

Die Luminanzbereiche, die Ihnen jetzt zu dunkel geworden sind, können Sie mit MASKE LÖSCHEN ❹ wieder entfernen. Reduzieren Sie gegebenenfalls die DECKKRAFT des Pinsels, dann wirkt der Effekt nicht so hart. Im Beispiel habe ich die Schatten im Gesicht der Dame ❺ und in ihrem Kleid wieder etwas reduziert, weil ich dort keine Details verlieren will. Am Ende habe ich nachträglich die Ebene der Luminanzmaske mit MASKE VERFEI-NERN verfeinert. Natürlich können Sie auch hier jederzeit den Luminanzbereich nachträglich anpassen.

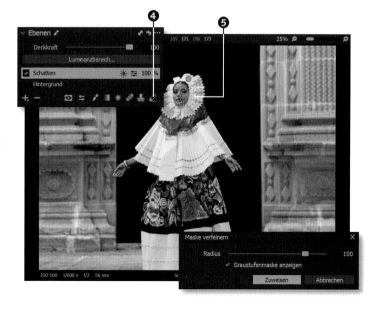

Luminanzbereich und Masken

So kombinieren Sie Masken mit dem Luminanzbereich

Das Tolle am »Luminanzbereich«-Werkzeug ist auch, dass es sich beliebig mit den anderen Werkzeugen und Funktionen kombinieren lässt. Damit stehen Ihnen enorm viele Möglichkeiten zur Verfügung, eine Maske zu erstellen. Eine Möglichkeit mit einer linearen Verlaufsmaske will ich Ihnen in diesem Workshop demonstrieren.

Ausgangsbild

Die Wolken sind eine Spur zu hell geraten.

[Datei: St-Coleman.RAF]

Vorher

Nachher

Bearbeitungsschritte

- Lineare Verlaufsmaske für die Wo ken erstellen
- Lineare Verlaufsmaske mit einem Luminanzbereich verfeinern
- Mehr Details aus den Wolken zurückholen

1 Lineare Maske erstellen

Wählen Sie im EBENEN-Werkzeug bei den Werkzeugen LINEARE VERLAUFSMASKE ZEICHNEN aus ❷, oder drücken Sie Ⓛ. Ziehen Sie den gewünschten Verlauf im Bild auf. Mit gehaltener ⬆-Taste ziehen Sie einen horizontalen Verlauf auf; im Beispiel wähle ich die Wolken aus. Schalten Sie mit Ⓜ die Maske zur Kontrolle ein. Die untere Begrenzungslinie ❶ ziehe ich mit gehaltener Alt-Taste etwas mehr zur Mittellinie hoch.

2 Verlauf mit Luminanzbereich

Ich schalte jetzt die Graustufenmaske mit Alt+Ⓜ ein und klicke dann auf LUMINANZBEREICH ❸. Da ich die Wolken und nicht die Bäume und das Gebirge maskieren will, ziehe ich den schwarzen Regler ❹ nach rechts bis auf den Wert 200. Den schwarzen FALLOFF-Regler ❺ ziehe ich großzügig nach links auf 155. Nach einem Feintuning mit RADIUS und EMPFINDLICHKEIT auf 80 wende ich die Einstellungen über ZUWEISEN auf die lineare Maske an. Jetzt sind fast nur noch die Wolken maskiert.

3 Anpassungen vornehmen

Achten Sie darauf, dass die Ebene mit der linearen Maske und dem Luminanzbereich ausgewählt ist ❻, und nehmen Sie die Anpassungen am Himmel vor. Ich reduziere hier die BELICHTUNG auf −0,5, erhöhe die SÄTTIGUNG und reduziere die LICHTER und das WEISS im HDR-Werkzeug. Das Tolle daran ist, dass Sie nach wie vor die lineare Verlaufsmaske oder den Luminanzbereich ändern können. Auch mit MASKE ZEICHNEN, MASKE LÖSCHEN oder MASKE VERFEINERN können Sie hier nacharbeiten.

Eine einfache Porträtretusche

So holen Sie noch mehr aus einer Porträtaufnahme heraus

Capture One ist mittlerweile bestens dafür ausgestattet, eine komplette Porträt- oder Beauty-Retusche durchzuführen, sodass Sie seltener zu Photoshop und Co. wechseln müssen. Dieser Workshop demonstriert Ihnen einige bildbearbeiterische Alltagssituationen, in denen Sie Personenaufnahmen mit geringem Aufwand verbessern können. Ich gehe davon aus, dass Sie bereits die üblichen Anpassungen wie Weißabgleich und Belichtung vorgenommen haben.

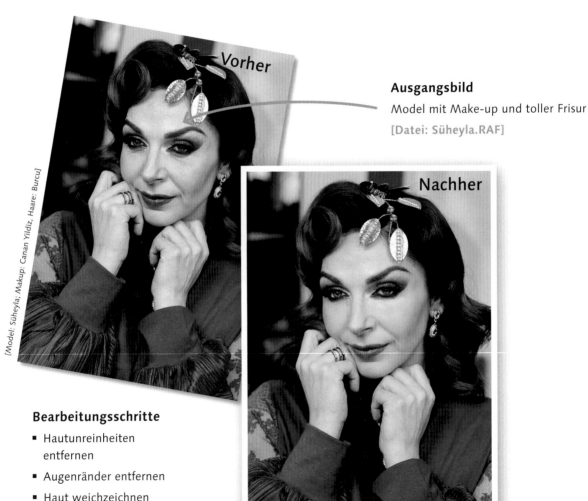

[Model: Süheyla; Makup: Canan Yildiz, Haare: Burcu]

Ausgangsbild

Model mit Make-up und toller Frisur

[Datei: Süheyla.RAF]

Bearbeitungsschritte

- Hautunreinheiten entfernen
- Augenränder entfernen
- Haut weichzeichnen
- Augen betonen
- Lippen bearbeiten
- Hautton anpassen

1 Hautunreinheiten entfernen

Zum Entfernen von kleinen Haut-
unebenheiten, Hautpartikeln, Schminkresten
usw. können Sie zwar auch eine Reparaturebene mit dem REPARATURMASKE ZEICHNEN-
Werkzeug verwenden, aber ich benutze
gerne das FLECKENTFERNUNG-Werkzeug aus
dem DETAILS-Register, weil es hiermit etwas
komfortabler ist. Zoomen Sie hierzu ins Bild
hinein, und wählen Sie FLECK als TYP ❶ aus.
Klicken Sie rechts im Bild, um die Pinselgröße
einzustellen, und tupfen Sie kleinere Hautunreinheiten einfach mit einem Mausklick weg.

2 Haut ausgleichen

Legen Sie beim EBENEN-Werkzeug eine
NEUE REPARATUREBENE ❷ über das Plussymbol
an. Wählen Sie REPARATURMASKE ZEICHNEN ❹,
und zoomen Sie unterhalb der Augen tiefer in
das Bild hinein. Passen Sie die Pinselspitze an.
Malen Sie unterhalb des rechten Auges eine
Maske ❺, und passen Sie anschließend den
Quellbereich ❻ an. Nacharbeiten können Sie
jederzeit mit MASKE LÖSCHEN oder indem Sie
den Pfeil des Quellbereiches verschieben. Bearbeiten Sie so auch die andere Gesichtshälfte.
Reduzieren Sie die DECKKRAFT ❸ der Ebene.

3 Die Haut weichzeichnen

Legen Sie eine Anpassungsebene über
das Plussymbol an, und benennen Sie sie entsprechend ❽. Ziehen Sie im BELICHTUNG-Register im KLARHEIT-Werkzeug den Regler KLAR-
HEIT ❿ auf −100. Wählen Sie einen weichen
Pinsel mit halber DECKKRAFT, reduziertem
FLUSS, und übermalen Sie mit MASKE ZEICHNEN
❼ das Gesicht. Bereiche wie Augen, Lippen,
Nasenlöcher und Haare sollten Sie nicht übermalen. Zu viel Aufgemaltes entfernen Sie mit
MASKE LÖSCHEN (mit Klick auf E). Wie weich
die Haut werden soll, können Sie am Ende
mit dem Regler KLARHEIT oder der DECKKRAFT
❾ der Ebene anpassen.

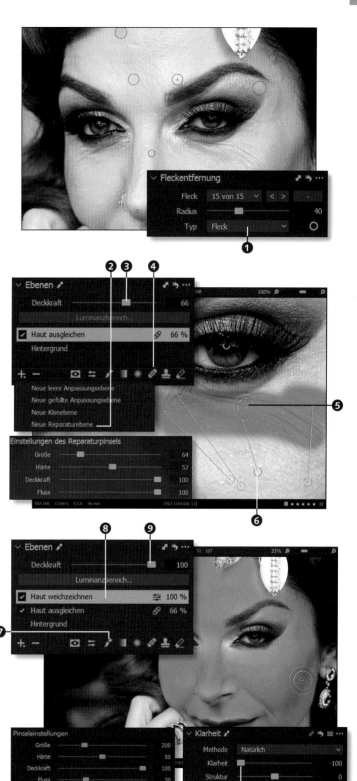

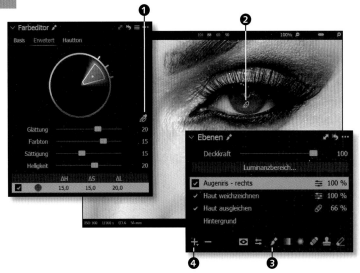

4 Iris verbessern

Zoomen Sie tiefer in das Bild hinein, und erstellen Sie eine neue Anpassungsebene über das Plussymbol ❹. Malen Sie mit MASKE ZEICHNEN ❸ oder B eine Maske über die Iris des Auges. Blenden Sie die Maske mit M ein und aus. Wählen Sie im FARBEDITOR im FARBE-Register mit dem FARBKORREKTUR-Werkzeug ❶ die Iris ❷ aus, und passen Sie die Farbe an. Ich habe die SÄTTIGUNG und die HELLIGKEIT erhöht und den FARBTON verschoben, womit das Auge jetzt wesentlich strahlender wirkt. Wiederholen Sie den Vorgang mit dem anderen Auge.

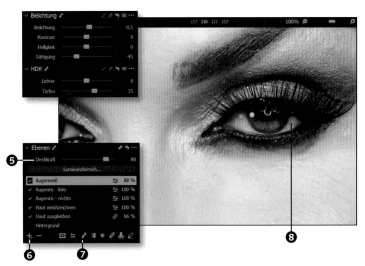

5 Augenweiß verbessern

Erstellen Sie eine neue Anpassungsebene über das Plussymbol ❻, erhöhen Sie im BELICHTUNG-Register die BELICHTUNG auf +0,5, reduzieren Sie die SÄTTIGUNG auf –45, und ziehen Sie den Regler TIEFEN im HDR-Werkzeug auf 35 hoch. Wählen Sie mit MASKE ZEICHNEN ❼ eine weiche kleine Pinselspitze mit geringer DECKKRAFT und reduziertem FLUSS, malen Sie damit ins Weiß der Augen ❽, sodass diese heller werden. Ähnlich können Sie bei Bedarf auch beim Aufhellen von Zähnen vorgehen. Über die DECKKRAFT ❺ der Ebene können Sie den Effekt abmildern.

6 Lippen bearbeiten

Im Beispiel habe ich auch die Lippen auf einer neuen Anpassungsebene angepasst, indem ich eine Maske darauf gezeichnet und im KLARHEIT-Werkzeug die Regler KLARHEIT und STRUKTUR reduziert habe. Die Farbe habe ich hierbei noch über den FARBEDITOR etwas geändert, indem ich den Farbton etwas verschoben und insgesamt die Lippenfarbe etwas abgeschwächt und blasser gemacht habe. Diese Anpassung ist eine reine Geschmacksfrage.

7 Hautton verbessern

Erstellen Sie eine neue Anpassungsebene, um den Hautton anzupassen. Kopieren Sie hierbei über ANPASSUNG • VON MASKE KOPIEREN die Maske, mit der Sie die Haut weichgezeichnet ❾ haben. Wechseln Sie im FARBEDITOR in das Register HAUTTON ❿, und wählen Sie mit HAUTTONKORREKTUR WÄHLEN ⓫ die Gesichtshaut aus. Neben dem Farbtonbereich ⓬ für die Haut können Sie hier auch die HOMOGENITÄT ⓭ der Haut anpassen, wodurch das Gesicht perfekt ausgeglichen, aber dennoch natürlich wirken soll.

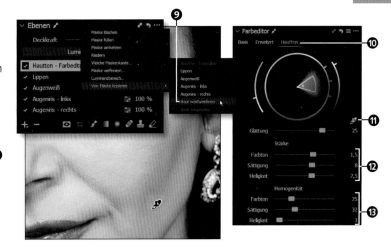

8 Rote Wangen hinzufügen

Durch die Hauttonkorrektur in Schritt 7 ist das Gesicht zu einheitlich geworden. Die roten Wangen sollen etwas zurückgeholt werden. Erstellen Sie eine neue Anpassungsebene, und maskieren Sie die Wangen mit einem weichen Pinsel mit geringer DECKKRAFT. Wählen Sie im FARBEDITOR die Wangen mit ⓮ aus, und verschieben Sie den FARBTON mit ⓯ nach links, damit die Farbe auf den Wangen zurückkommt. Passen Sie die Maske mit MASKE LÖSCHEN E und MASKE ZEICHNEN B bei Bedarf nachträglich an, bis Sie mit dem Ergebnis zufrieden sind.

9 Selektive Schärfung

Zum Schluss können Sie noch eine selektive Schärfung der Augen vornehmen. Legen Sie eine neue Anpassungsebene an, und ziehen Sie den Regler STÄRKE ⓰ im SCHÄRFUNG-Werkzeug nach rechts. Wählen Sie jetzt einen weichen Pinsel mit passender Größe und geringerer Deckkraft, und malen Sie damit die Schärfe auf die Augen und die Augenbrauen. Blenden Sie bei Bedarf die Maske mit M ein und aus. Sie können die Schärfe nachträglich anpassen. Auch mit den beiden Reglern im KLARHEIT-Werkzeug können Sie den Augen noch mehr Kraft verleihen.

Bilder normalisieren

So verleihen Sie einem Bild immer denselben Look

Das »Normalisierung«-Werkzeug eignet sich ganz gut, um für mehrere Bilder einen bestimmten Farbton festzulegen. Das Werkzeug funktioniert ähnlich wie bei einem Weißabgleich, nur eben ohne einen Abgleich auf Grau durchzuführen, sondern auf eine beliebige Farbe. Das kann nützlich sein, wenn Sie einer Bildserie denselben Look verpassen wollen und der Weißabgleich nicht zum Ziel führt. Am besten funktioniert das Werkzeug, wenn Sie dasselbe Objekt oder dieselbe Person in einer ähnlichen Umgebung fotografiert haben.

Ausgangsbilder

- Unterschiedlicher Hautton
- Uneinheitlicher Look

[Dateien: Normalisieren-1.RAF, Normalisieren-2.RAF, Normalisieren-3.RAF]

Bearbeitungsschritte

- Weißabgleich und Belichtung anpassen
- Farbe für die Normalisierung auswählen
- Farbe einheitlich auf andere Bilder anwenden

1 Quellbild anpassen

Zunächst müssen Sie sich ein Quellbild aussuchen, anhand dessen Sie die anderen Bilder mit dem NORMALISIERUNG-Werkzeug anpassen wollen. Ich habe im Beispiel drei Bilder ausgewählt und verwende das linke Bild ❶ als Quellbild. Bei diesem Bild habe ich gleich Anpassungen mit dem WEISSABGLEICH- und BELICHTUNG-Werkzeug durchgeführt. Beide Werte werden vom NORMALISIERUNG-Werkzeug berücksichtigt. Für die Normalisierung werden also der Farbton und die Belichtung des Quellbildes verwendet.

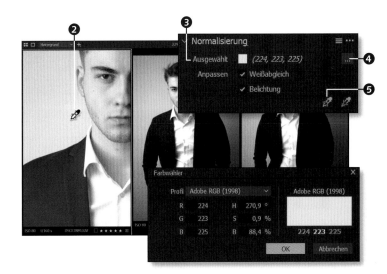

2 Farbton auswählen

Wechseln Sie in das Register FARBE zum NORMALISIERUNG-Werkzeug. Aktivieren Sie das Werkzeug FARBE FÜR NORMALISIERUNG AUSWÄHLEN ❺ (auch mit N), und wählen Sie jetzt im Quellbereich den Farbton bzw. den Bereich aus, den Sie anschließend auf das oder die Zielbilder übertragen wollen. Im Beispiel habe ich den Bereich ❷ ausgewählt. Der entsprechende Farbwert wird bei AUSGE-WÄHLT ❸ angezeigt. Dort können Sie über ❹ einen FARBWÄHLER-Dialog aufrufen, wo Sie diese Farbe noch gezielter über RGB- oder HSB-Werte anpassen können.

3 Farbe zuweisen

Wählen Sie die Bilder aus, denen Sie den eben ausgewählten Farbton zuweisen wollen. Aktivieren Sie NORMALISIERUNG ZU-WEISEN ❼, oder halten Sie die Alt-Taste gedrückt. Klicken Sie auf einen geeigneten Bereich im Zielbild. Hier habe ich denselben Bereich neben der Person ❻ ausgewählt, wodurch Capture One den Weißabgleich und die Belichtung auf das Bild umrechnet und angleicht. Das NORMALISIERUNG-Werkzeug funktioniert natürlich auch bei anderen Arten von Bildern. Es kann den Workflow beschleunigen und einfacher machen.

Hautton verbessern

So erstellen Sie einen gleichmäßigeren Hautton

Das »Luminanzbereich«-Werkzeug ist auch extrem hilfreich, wenn Sie den Hautton einer Person verbessern wollen. Zwar funktioniert das auch ohne einen Luminanzbereich, aber wie bei vielen anderen Dingen macht das »Luminanzbereich«-Werkzeug den Vorgang wesentlich einfacher und genauer. Ganz besonders hilfreich wird der Luminanzbereich dann, wenn Sie denselben Hautton in mehreren Bildern verbessern wollen.

Vorher

Ausgangsbild

Die Haut ist ziemlich blass.

[Dateien: Hautton-1 bis Hautton-4.CR2]

Nachher

Bearbeitungsschritte

- Luminanzbereich wählen
- Farbe für Hautton auswählen
- Hautton verbessern
- Gleichmäßigere Hautfarbe einstellen

[Model: Heather Denise, Instagram: @heatherdenisehd]

1 Luminanzbereich einstellen

Erstellen Sie eine gefüllte Ebene über das Plussymbol, und benennen Sie sie gleich passend. Aktivieren Sie die Graustufenmaske mit Alt+M, und klicken Sie auf LUMINANZ-BEREICH ❶. Im LUMINANZBEREICH-Dialog stellen Sie den Bereich für den Hautton des Models ein. Hierzu ziehen Sie den schwarzen ❷ und weißen ❸ Regler zusammen, bis vorwiegend nur noch die Haut des Models in weißer Farbe maskiert ist. Mit den FALLOFF-Reglern, RADIUS und EMPFINDLICHKEIT können Sie diesen Bereich noch feintunen.

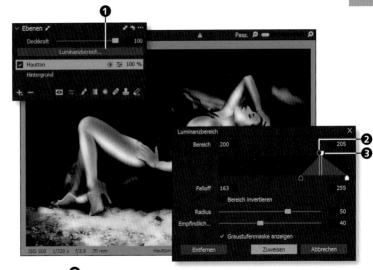

2 Hautpartie auswählen

Wechseln Sie in das HAUTTON-Register ❾ im FARBEDITOR-Werkzeug, und klicken Sie mit der Pipette ❺ auf eine gleichmäßige Hautfläche ❿. Wie Sie es vom ERWEITERT-Modus des FARBEDITOR-Werkzeugs auf Seite 183 bereits kennen, können Sie auch hier den ausgewählten Hauttonbereich über die Breite ❽ des Farbkreis-Tortenstücks sowie über den Sättigungs- und Helligkeitsregler links ❻ und rechts ❼ anpassen. Für eine bessere Kontrolle können Sie AUSGEWÄHLTEN FARBBEREICH ANZEIGEN ❹ aktivieren.

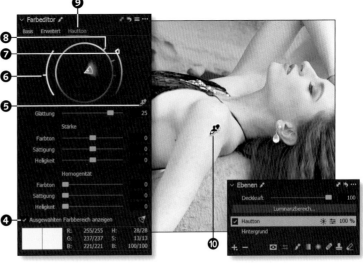

3 Hautton verbessern

Mit der GLÄTTUNG ⓫ können Sie noch nachregeln, wie genau der ausgewählte Farbbereich des Farbkreis-Tortenstücks aus Schritt 1 sein soll. Im Bereich STÄRKE können Sie dann über die drei Regler den ausgewählten Hautton verbessern. Ich habe hier den FARBTON etwas geändert und die SÄTTIGUNG erhöht, sodass der Hautton für meinen Geschmack schon wesentlich gesünder wirkt. Die HELLIGKEIT habe ich stark reduziert. Das Schöne an der HAUTTON-Funktion im Werkzeug FARBEDITOR ist, dass die Anpassungen damit sehr moderat sind und nicht künstlich wirken.

4 Homogenität der Haut anpassen

Um den Hautton gleichmäßiger zu gestalten, nutzen Sie die Regler im Bereich HOMOGENITÄT. Ziel ist es, damit möglichst nah zusammenliegende Haut-Farbtöne noch näher zusammenzubringen. Hierzu steht Ihnen der Regler FARBTON ❶ zur Verfügung, mit dem Sie sich dem in Schritt 1 ausgewählten Hautton exakter nähern können. Auch hier können Sie die Regler SÄTTIGUNG und HELLIGKEIT nutzen. Diese Anpassungen benötigen ein wenig Übung, um ein möglichst gleichmäßiges Hautbild zu schaffen.

5 Luminanzbereich weitergeben

Ein weiteres Plus des Luminanzbereiches ist es, dass Sie ihn kopieren und anderen Bildern zuweisen können. Gerade im eben gezeigtem Beispiel mit dem Model spart das enorm Zeit, weil Sie mit ein paar Handgriffen den Hautton von vielen Bildern auf einmal verbessern können. Idealerweise haben Sie eine Serie mit Bildern vor sich, die in derselben Umgebung mit demselben Licht aufgenommen wurden wie das in Schritt 2 bis 4 angepasste Bild.

6 Bilder auswählen

Markieren Sie zunächst das Bild, in dem Sie den Hautton mithilfe des Luminanzbereichs angepasst haben. Wählen Sie dann mit gehaltener ⌜Strg⌝/⌜cmd⌝-Taste im Browser die Bilder aus, denen Sie den angepassten Hautton ebenfalls zuweisen wollen. Für eine bessere Kontrolle und Übersicht empfehle ich Ihnen, hierfür gleich die Graustufenmaske mit ⌜Alt⌝+⌜M⌝ zu aktivieren.

7 Luminanzbereich kopieren und zuweisen

Wählen Sie die Ebene mit dem Luminanzbereich ❸ im EBENEN-Werkzeug aus, und klicken Sie dann mit gehaltener ⇧-Taste den Doppelpfeil ❷ im EBENEN-Werkzeug an. Jetzt haben Sie in einem Rutsch, dank des Luminanzbereichs der Ebene, bei allen anderen markierten Bildern ebenfalls den Hautton verbessert. Jedem in Schritt 6 markierten Bild wurde jetzt die Ebene mit dem Luminanzbereich zugewiesen.

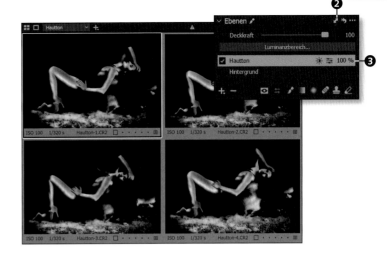

8 Luminanzbereich anpassen

Wenn bei einer Anpassung des Hauttons andere Bildbereiche erfasst wurden, dann ist es jetzt dank des Luminanzbereichs kein großes Problem, einzelne Bereiche mit dem Werkzeug MASKE LÖSCHEN zu entfernen und zu viel Entferntes mit MASKE ZEICHNEN wieder hinzuzufügen. Auch den Luminanzbereich können Sie mit dem gleichnamigen Dialog jederzeit nachträglich anpassen. Bei Bedarf steht natürlich auch die Funktion MASKE VERFEINERN zu Verfügung.

9 Analyse

Da eine Ebene mit einem maskierten Luminanzbereich keine fixe Maske ist, können Sie so schnell mehrere Bilder durch Kopieren und Zuweisen des Luminanzbereichs anpassen. Das ist natürlich vorwiegend bei einer Serie mit ähnlichen Bildern sinnvoll. Außerdem ist diese Möglichkeit nicht nur, wie hier beschrieben, auf den Hautton beschränkt. Wie Sie bemerkt haben, bietet die Verwendung von Ebenen mit Masken und dem Luminanzbereich viele Möglichkeiten für das Erstellen einer Maske und das Anpassen selektiver Bereiche. Im Buch finden Sie daher nur einige von vielen Möglichkeiten.

Kapitel 10

Farbanpassungen, Schwarzweißbilder und Looks kreieren

In diesem Kapitel zeige ich Ihnen, wie Sie unterschiedliche Farbanpassungen vornehmen, Schwarzweißbilder erstellen und Ihren Bildern einen bestimmten Look verpassen können. Auch ohne externe Software wie beispielsweise die Nik Collection können Sie mit den entsprechenden Kenntnissen ausgefallene und einzigartige Looks mit Capture One realisieren. Alle nötigen Werkzeuge dazu sind bereits mit an Bord.

Eigene Farblooks erstellen
So erstellen Sie einen eigenen Look für Ihre Bilder 290

Farblooks mit Ebenen erstellen
So erstellen Sie mit Ebenen einen eigenen Look für Ihre Bilder 292

Crossentwicklung simulieren
Ein Stilmittel aus analogen Zeiten wiederbeleben 294

Colorkey erstellen
Heben Sie einzelne Farben oder Motive hervor 296

HDR-Look simulieren
So erstellen Sie einen HDR-Look mit nur einem einzigen Bild 298

Schwarzweißbilder erstellen
So erstellen Sie beeindruckende Schwarzweißbilder 300

Schwarzweißbild im Vintage-Look
Lassen Sie Schwarzweißbilder künstlich altern 304

Kreativ mit der Verlaufsmaske
So erstellen Sie interessante Effekte mit der Verlaufsmaske 306

Freestyle mit der Gradationskurve
Der Spezialist für eigene Bildlooks 308

Eigene Farblooks erstellen

So erstellen Sie einen eigenen Look für Ihre Bilder

Mit dem »Farbbalance«-Werkzeug können Sie durch eine sogenannte Teiltonung ganz individuelle Farblooks erstellen, die ein Bild kalt, warm oder alt wirken lassen. Fans von Instagram oder Filmfotografie werden dieses Werkzeug lieben. Voraussetzung für eine Farbanpassung ist wie immer, dass Sie den Weißabgleich korrekt eingestellt haben.

Ausgangsbild

Der starke Kontrast aus Lichtern und Tiefen soll hier beschnitten werden.

[Datei: El-Catrin.RAF]

Bearbeitungsschritte

- Weißpunkt tonen
- Schatten, Lichter, Mitteltöne tonen
- Farblook speichern

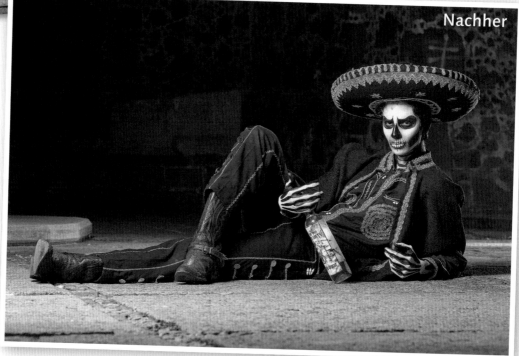

1 Einfache Farblooks

Den Weißpunkt können Sie im FARBE-Register mit dem FARBBALANCE-Werkzeug im Reiter MASTER tonen. Wenn Sie den Punkt ❷ im Farbkreis zu einer entsprechenden Farbe verschieben, bekommt ein neutrales Weiß einen anderen Farbton. Je weiter Sie den Punkt nach außen ziehen, umso kräftiger wirkt die Farbe. Über den Regler links ❶ können Sie die Sättigung der Tonung feinsteuern. Dieser Farbkreis ist gut dafür geeignet, das Bild natürlich wärmer oder kühler wirken zu lassen oder einen leichten Farbstich hinzuzufügen.

2 Komplexere Farblooks

Wollen Sie eine Tonung gezielter durchführen, wechseln Sie in den Reiter DREIWEGE. Hier können Sie über die Farbkreise und den darin befindlichen Punkt den Farbton gesondert jeweils für TIEFEN ❼, LICHTER ❺ und für die MITTELTÖNE ❸ ändern. Mit dem Regler links ❻ stellen Sie jeweils die Sättigung ein und mit dem Regler rechts ❹ die Helligkeit der Farbe. Im Beispiel habe ich eine warme Farbe für die Lichter und eine kühle Farbe für die Schatten und Mitteltöne verwendet und über die Regler links und rechts diese Farbtonung etwas angeglichen.

3 Farblooks speichern

Sie können über die Reiter TIEFEN, MITTELTÖNE und LICHTER auch gezielt nur einen der Farbkreise ändern. Sie finden in den Voreinstellungen ❽ vordefinierte Einstellungen zur Auswahl. Um die jeweilige Bildwirkung beurteilen zu können, müssen Sie nur kurz mit der Maus über der entsprechenden Einstellung verharren. Mit einem Klick wenden Sie die Voreinstellung auf das Bild an. Sie können über den Befehl BENUTZERVOREINSTELLUNGEN SICHERN ❾ die aktuell verwendete FARBBALANCE-Einstellung auch sichern und so bei Bedarf den Farblook jederzeit auf andere Bilder anwenden.

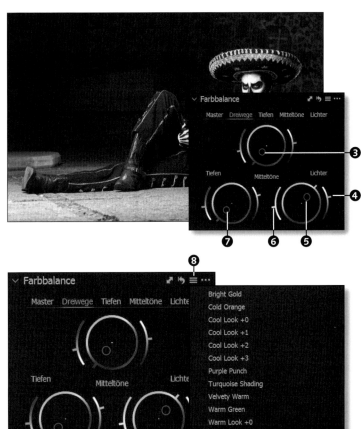

Farblooks mit Ebenen erstellen

So erstellen Sie mit Ebenen einen eigenen Look für Ihre Bilder

Die Anwendung von Farblooks oder Stilen ist nicht auf das komplette Bild beschränkt. Sie können das »Farbbalance«-Werkzeug, wie fast jedes andere Werkzeug auch, auf einzelnen Ebenen mit Masken anwenden. So können Sie zum Beispiel nur bestimmte Bereiche mit einem Farblook versehen oder die Intensität feinsteuern.

Ausgangsbild

Dem Bild fehlt der Pep.

[Datei: Vivi.RAF]

Bearbeitungsschritte

- Neue gefüllte Ebene anlegen
- Schatten, Lichter, Mitteltöne tonen
- Maske für Farblook anpassen

1 Neue gefüllte Ebene erstellen

Nach den gewünschten Anpassungen am Bild wollen Sie jetzt vielleicht einen Farblook zum Bild hinzufügen. Fügen Sie dafür im EBENEN-Werkzeug über das Plussymbol ❶ per gedrückter Maustaste mit dem Befehl NEUE GEFÜLLTE ANPASSUNGSEBENE eine neue vollmaskierte Ebene hinzu, und benennen Sie sie passend (hier: FARBLOOK). Wenn Sie wollen, fügen Sie hier auch gleich eine gespeicherte Einstellung über die drei Punkte ❷ mit ANPASSUNGEN ZUWEISEN VON und MITGELIEFERTE VOREINSTELLUNGEN oder MITGELIEFERTE STILE hinzu.

2 Farblook erstellen

Wir wollen aber einen eigenen Farblook erstellen. Wählen Sie daher die in Schritt 1 erstellte Ebene aus ❸, und achten Sie darauf, dass sie aktiviert ist. Jetzt erstellen Sie über das FARBBALANCE-Werkzeug beim Reiter DREIWEGE und die dort vorhandenen Farbkreise für TIEFEN, MITTELTÖNE und LICHTER Ihren Farblook für das Bild. Der Vorteil daran, den Farblook als Ebene hinzuzufügen, ist es, dass Sie über den Regler DECKKRAFT ❹ die Intensität des Looks anpassen können.

3 Maske anpassen

Sie sind allerdings nicht darauf angewiesen, den Farblook auf das gesamte Bild anzuwenden. Sie können natürlich auch einen Farblook auf einen ausgewählten Bereich einer Maske anwenden. Im Beispiel habe ich mit LINEARE VERLAUFSMASKE ZEICHNEN ⌑ ❺ eine Verlaufsmaske zum Bild hinzugefügt, womit der Farblook jetzt nur noch auf den maskierten Bereich des Verlaufs angewendet wird. Ebenso können Sie mit MASKE ZEICHNEN Ⓑ den Farblook auf eine Ebene aufmalen. Experimentieren Sie, und lassen Sie Ihrer Kreativität freien Lauf.

Crossentwicklung simulieren

Ein Stilmittel aus analogen Zeiten wiederbeleben

Die Crossentwicklung ist ein Stilmittel aus der analogen Fotografie. Das Filmmaterial wurde dem gegenteiligen Entwicklungsprozess als dem üblichen ausgesetzt: Farbnegativfilme wurden positiv und Farbpositivfilme negativ entwickelt. Das Ergebnis: kontrastreiche und knallige Farben, häufig mit einer orangefarbenen oder blaugrünlichen Farbstimmung. Auch ein grobes Korn und eine leichte Unschärfe sind Markenzeichen von Crossentwicklungen.

Ausgangsbild

Aufnahme von Sankt Ulrich und Sankt Afra in Augsburg (Maximilianstraße)

[Datei: St-Ulrich-St-Afra.RAF]

Bearbeitungsschritte

- Crossentwicklung mit Gradationskurve oder Farbbalance erstellen
- Weitere Anpassungen wie Filmkorn und Vignettierung hinzufügen

1 Erste Anpassungen

Nachdem Sie Ihre Anpassungen am Bild abgeschlossen haben, legen Sie für die Crossentwicklung über das Plussymbol ❶ des EBENEN-Werkzeugs eine neue gefüllte Maske an, um darauf zu arbeiten. Zunächst reduziere ich die SÄTTIGUNG und den KONTRAST im BELICHTUNG-Werkzeug. Des Weiteren füge ich mit dem VIGNETTIERUNG-Werkzeug eine Vignette und mit dem FILMKORN-Werkzeug ein analoges Rauschen hinzu. Wenn Sie keine Ebene verwenden, werden allerdings die Vignette und das Filmkorn immer auf den Hintergrund angewendet.

2 Mit Gradationskurve

Wechseln Sie zum (GRADATIONS-) KURVE-Werkzeug im BELICHTUNG-Register. Wählen Sie den roten Kanal ❷, und fügen Sie eine sanfte S-Kurve ❸ hinzu. Wiederholen Sie den Vorgang mit dem grünen Kanal ❼, nur fügen Sie dort eine leichtere S-Kurve hinzu. Beim blauen Kanal ❺ ziehen Sie zunächst den Anfangspunkt hoch und den Endpunkt für eine Tonwertbeschneidung etwas herunter und fügen eine leichte umgekehrte S-Kurve ❻ hinzu, um den Kontrast im BLAU-Kanal zu reduzieren. Mit einer Ebene können Sie über die DECKKRAFT ❹ den Effekt reduzieren.

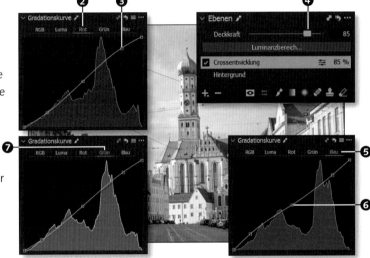

3 Mit Farbbalance-Werkzeug

Alternativ zu Schritt 2 können Sie auch das FARBBALANCE-Werkzeug verwenden. Die TIEFEN ⓫ habe ich ins Blau gezogen und über die Regler rechts und links die Sättigung und Helligkeit angepasst. Dasselbe habe ich mit dem Farbkreis LICHTER gemacht, indem ich den Punkt ❿ ins Gelb gezogen und dann über die beiden äußeren Regler die Sättigung und Helligkeit angepasst habe. Mit dem Farbkreis MITTELTÖNE ❾ können Sie die Einstellungen der anderen beiden Farbkreise noch angleichen. Bei einer Ebene können Sie über DECKKRAFT ❽ den Effekt abschwächen.

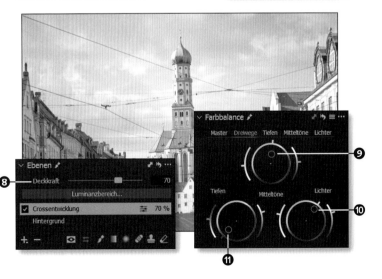

Colorkey erstellen

Heben Sie einzelne Farben oder Motive hervor

Das »Farbeditor«-Werkzeug haben Sie bereits sowohl für globale als auch für lokale Anpassungen kennen und (hoffentlich) schätzen gelernt. In diesem Workshop werden Sie erfahren, wie Sie damit einen Colorkey erstellen können. Bei einem Colorkey wird gewöhnlich alles außer dem Hauptmotiv oder einer bestimmten Farbe in Schwarzweiß umgewandelt.

Ausgangsbild

Die Farben der Früchte sollen stärker herausstechen.

[Datei: Fruits.CR2]

Bearbeitungsschritte

- Einzelne Farben beibehalten
- Farben eines ausgewählten Motivs beibehalten

1 Einzelne Farben beibehalten

Wählen Sie im FARBE-Register im FARB-EDITOR-Werkzeug das FARBKORREKTUR-Werkzeug ❹ aus, und klicken Sie damit eine Farbe im Bild an ❶, die Sie nicht in Schwarzweiß umwandeln wollen. Klicken Sie jetzt auf die Schaltfläche ❻ zum Umkehren des ausgewählten Farbbereiches. Ziehen Sie den Regler SÄTTIGUNG ❺ auf –100, und alle Farben außerhalb des ausgewählten Farbbereiches ❸ werden entsättigt. Diesen entsättigten Bereich können Sie jederzeit nachträglich über die Anfasser ❷ anpassen.

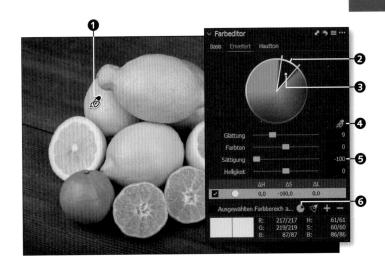

2 Farben eines Motivs beibehalten

Wollen Sie die Farben eines kompletten Motivs erhalten, können Sie mit dem EBENEN-Werkzeug über das Plussymbol ❾ eine neue Anpassungsebene erstellen. Malen Sie jetzt eine Maske über das Motiv ❼ oder den Bereich, der nicht in Schwarzweiß konvertiert werden soll. Blenden Sie die Maske zur Kontrolle mit M ein und aus. Mit MASKE VERFEINERN ❽ über die drei Punkte und eingeblendeter Graustufenmaske mit Alt+M können Sie die Maske bei Bedarf nachträglich noch verfeinern.

3 Maske anpassen

Kehren Sie die Maske über einen rechten Mausklick auf ANPASSUNG und den Befehl MASKE UMKEHREN ❿ um, und entsättigen Sie alle Farben um das ausgewählte Motiv herum mit dem BELICHTUNG-Werkzeug, indem Sie den Regler SÄTTIGUNG ⓫ auf –100 ziehen. Da Sie mit einer Anpassungsebene arbeiten, können Sie das Motiv jederzeit nachträglich über MASKE ZEICHNEN B und MASKE LÖSCHEN E mit passenden Pinselspitzen an den Kanten nachbearbeiten. Auf MASKE VERFEINERN können Sie jederzeit zurückgreifen.

HDR-Look simulieren

So erstellen Sie einen HDR-Look mit nur einem einzigen Bild

Capture One kann (noch) kein echtes HDRI (High Dynamic Range Imaging), bei dem aus mehreren unterschiedlich belichteten Aufnahmen ein einzelnes Bild mit hoher Dynamik erzeugt wird. Mit dem »HDR«-Werkzeug von Capture One können Sie jedoch einen recht ähnlichen Bildlook simulieren.

Ausgangsbild

Dem Foto fehlt das gewisse Etwas.

[Datei: Herbie.RAF]

Bearbeitungsschritte

- Tonwerte zusammenschieben
- Kontrast anheben und Farbe anpassen

1 Tonwerte zusammenschieben

Schieben Sie die Regler LICHTER und WEISS des HDR-Werkzeugs im Register BE-LICHTUNG auf –100, um die zu hellen Lichter zu retten. Machen Sie dasselbe mit den Reglern TIEFEN und SCHWARZ, und ziehen Sie beide Regler auf den Wert +100. Jetzt wurden alle Tonwerte zusammengeschoben. Alternativ können Sie auch das HDR-Werkzeug auf einer gesonderten Ebene im EBENEN-Werkzeug anwenden, um die Schatten und Lichter auf einer Maske gezielt in bestimmten Bereichen anzupassen.

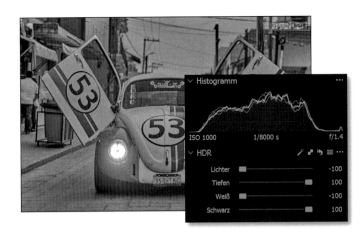

2 Kontrast anheben

Durch das Zusammenschieben der Tonwerte bekommt das Histogramm rechts und links in den Lichtern und Schatten Lücken. Diese können Sie durch eine Kontrastanhebung auffüllen. Dafür ziehe ich den Regler KLARHEIT ❸ im KLARHEIT-Werkzeug hoch, im Beispiel auf 100. Reicht das noch nicht aus, können Sie den Regler KONTRAST ❷ von BELICHTUNG ebenfalls erhöhen. Schalten Sie dabei die Belichtungswarnung ❶ ein, damit Sie mehr Kontrolle haben und die Hügel im Histogramm nicht rechts und links überlaufen.

3 Farbe anpassen

Um zum Schluss die Farben noch weiter auszureizen, erhöhen Sie die SÄTTIGUNG ❹ im BELICHTUNG-Werkzeug. Alternativ können Sie gezielt mit dem FARBEDITOR-Werkzeug einzelne Farben bearbeiten. Das Ergebnis hat aber nichts mit echtem HDR zu tun. Wir spielen hier im Grunde nur Ziehharmonika mit den vorhandenen Tonwerten, indem wir Licht und Schatten in den Mitteltönen zusammenschieben und dann gezielt wieder auseinanderziehen. Trotzdem ist dieser Bildlook für das ein oder andere Bild sicher sehr interessant!

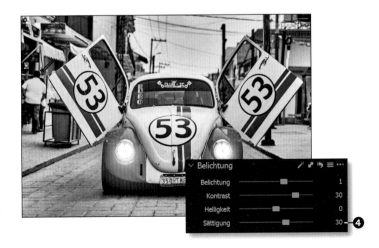

Schwarzweißbilder erstellen

So erstellen Sie beeindruckende Schwarzweißbilder

Ein Schwarzweißbild erstellen Sie nicht einfach nur, indem Sie den Sättigungsregler ganz nach links ziehen. Damit würden Sie eine Menge Potenzial verschenken, das Ihnen Capture One bietet, um ein edles Schwarzweißbild zu erstellen. In diesem Workshop lernen Sie die Grundlagen für gelungene Schwarzweißbilder mit Capture One kennen.

Vorher

Ausgangsbild

Das Farbbild soll in ein Schwarzweiß-bild verwandelt werden.

[Datei: Uwe.RAF]

Nachher

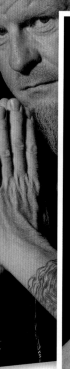

Nachher

Bearbeitungsschritte

- Bild in Schwarzweiß umwandeln
- Schwarzweißbild tonen
- Vignette und Filmkorn hinzufügen

1 Anpassungen durchführen

Bevor ich mit der Schwarzweiß-Bearbeitung anfange, führe ich alle nötigen Anpassungen am Bild durch. Neben der BELICHTUNG, KLARHEIT und dem HDR-Werkzeug habe ich bei diesem Beispiel kleinere Retuschen an den Augen, der Haut und dem Studiohintergrund auf jeweils einer Extraebene durchgeführt.

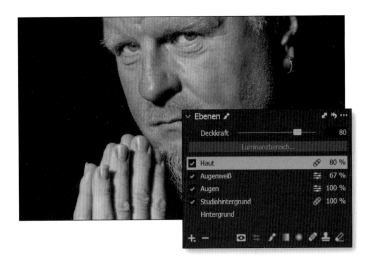

2 Voreinstellung verwenden

Wollen Sie eine Voreinstellung verwenden und anschließend nachbearbeiten, finden Sie im ANPASSUNGEN-Register ❶ im STILE UND VOREINSTELLUNGEN-Werkzeug ❷ bei MITGELIEFERTE STILE fertige Stile für Schwarzweißbilder (B&W). Im SCHWARZ & WEISS-Werkzeug bei ❸ im FARBE-Register ❹ finden Sie vordefinierte Voreinstellungen zur Auswahl. Bleiben Sie mit der Maus darüber stehen, ohne zu klicken, sehen Sie im Viewer, wie das Bild damit aussehen würde. Klicken Sie, wird die Voreinstellung oder der Stil angewendet.

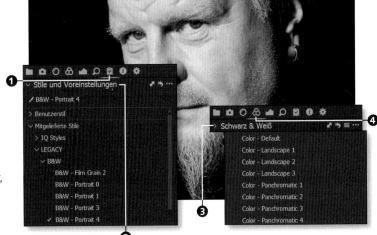

3 Bild in Schwarzweiß umwandeln

Unabhängig davon, ob Sie einen Stil oder eine Voreinstellung ausgewählt haben, wurde das Häkchen vor SCHWARZ & WEISS AKTIVIEREN ❺ im SCHWARZ & WEISS-Werkzeug gesetzt. Haben Sie keine Voreinstellung ausgewählt, wandeln Sie durch das Setzen des Häkchens das Bild in ein Schwarzweißbild um, und es werden die Regler eingeblendet, mit denen Sie die Helligkeit der Farbtöne im Schwarzweißbild anpassen können. Haben Sie bereits eine Voreinstellung ausgewählt, wurden diese Regler automatisch bewegt, ansonsten stehen alle Werte auf 0.

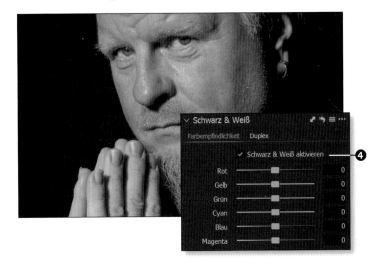

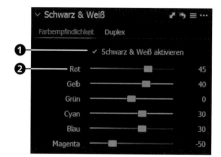

4 Helligkeitsregler anpassen

Die Arbeit mit den Helligkeitsreglern bezieht sich auf die zugrunde liegenden Farben. Wenn Sie z. B. im Bild die Haut einer Person etwas aufhellen wollen, ziehen Sie den Rot-Regler ❷ nach rechts. Ziehen Sie den Regler nach links, wird dieser Bereich abgedunkelt. Sie können mit Schwarz & Weiss aktivieren ❶ das farbige Bild ein- und ausblenden, um zu sehen, welche Farbe sich darunter befindet, oder Sie arbeiten einfach die einzelnen Regler von oben nach unten ab und verschieben sie so lange, bis Sie mit dem Ergebnis zufrieden sind.

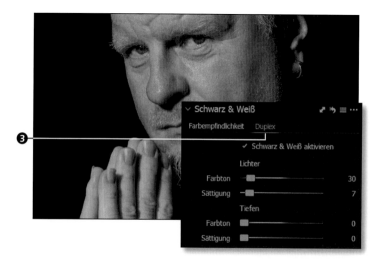

5 Teiltonung für die Lichter

Wollen Sie eine Teiltonung hinzufügen, wechseln Sie im Schwarz & Weiss-Werkzeug in den Reiter Duplex ❸. Dort finden Sie je zwei Regler Farbton und Sättigung für die Lichter und Tiefen vor. Erhöhen Sie zunächst die Sättigung von Lichter auf 7, damit Sie den ausgewählten Farbton im Bild erkennen können. Für eine klassische Sepiatonung ziehen Sie den Wert von Farbton auf 30. Anschließend können Sie den Regler Sättigung noch reduzieren oder verstärken.

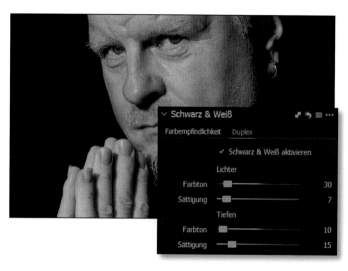

6 Teiltonung für die Tiefen

Wiederholen Sie bei Bedarf Schritt 5 für die Tiefen, indem Sie die Sättigung erhöhen und dann einen Farbton für die Schatten einstellen. In der Praxis ist es häufig ausreichend, den Farbton und die Sättigung für Lichter oder Tiefen zu ändern. Allerdings ist dies auch Geschmackssache, und Sie können durchaus zwei verschiedene Farbtöne ausprobieren und so Ihrem Bild einen ganz speziellen Look verleihen.

7 Teiltonung mit Farbbalance

Mein persönlicher Favorit für eine Teiltonung von Schwarzweißbildern bleibt aber das FARBBALANCE-Werkzeug im FARBE-Register. Ich lege hierfür über ❻ eine neue gefüllte Ebene an und führe dann die Teiltonung mit den entsprechend angebrachten Punkten in TIEFEN, MITTELTÖNE und LICHTER auf dieser Ebene ❺ durch. Neben dem Vorteil, den Effekt mit dem Regler DECKKRAFT ❹ feinregeln zu können, haben Sie auch die Möglichkeit, die Helligkeit und Sättigung von TIEFEN, MITTELTÖNE und LICHTER ❼ gezielt zu steuern.

8 Belichtung/Kontrast anpassen

Schwarzweißbilder leben von Kontrasten, daher können Sie je nach Geschmack den Kontrast und die Helligkeit verstärken (oder auch reduzieren). Im Beispiel habe ich u.a. den SCHWARZ-Regler im HDR-Werkzeug reduziert und den WEISS-Regler erhöht. Wollen Sie etwas genauer arbeiten, können Sie auch das GRADATIONSKURVE- bzw. KURVE-Werkzeug mit beispielsweise einer S-Kurve verwenden. Ich hebe z. B. gerne dunkle Schatten und helle Lichter in Schwarzweißbildern hervor.

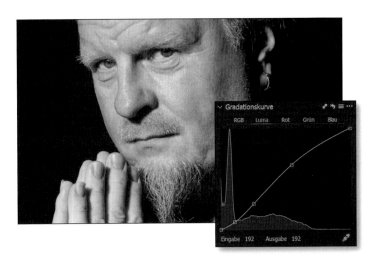

9 Vignette und Filmkorn

Wollen Sie noch eine dunkle oder helle Vignettierung an den Rändern hinzufügen, bewegen Sie den STÄRKE-Regler des VIGNETTIERUNG-Werkzeugs im BELICHTUNG-Register entsprechend. Im Beispiel habe ich zudem eine Vignette hinzugefügt. Auch mit dem FILMKORN können Sie einem Schwarzweißbild noch das gewisse Extra geben. Ich habe mich daher hier für SILBERREICH im FILMKORN-Werkzeug entschieden und es dem Bild hinzugefügt.

Schwarzweißbild im Vintage-Look

Lassen Sie Schwarzweißbilder künstlich altern

Wollen Sie aus Ihrem Bild ein ausgeblichenes, »altes« Schwarzweißbild machen, lässt sich das in Capture One mit ein paar Handgriffen erledigen. Dieser Workshop zeigt, wie Sie den gewünschten Vintage-Look realisieren können.

[Model, Konzept und Makeup: Canan Yildiz]

Vorher

Nachher

Ausgangsbild

Aufnahme einer Frau in traditioneller anatolischer Tracht

[Datei: Anatolische-Tracht.RAF]

Bearbeitungsschritte

- Bild in Schwarzweiß umwandeln
- Bild verblassen lassen
- Ränder ausbleichen

1 Bild in Schwarzweiß umwandeln

Wandeln Sie das Bild im SCHWARZ & WEISS-Werkzeug mit SCHWARZ & WEISS AKTIVIEREN ❶ in ein Schwarzweißbild um. Passen Sie die Helligkeitsregler entsprechend an. Wechseln Sie in das Register DUPLEX ❷, um die Lichter und Schatten bei Bedarf zu tonen. Für die LICHTER habe ich hier eine Sepiatonung und für die TIEFEN eine grünliche Tonung verwendet.

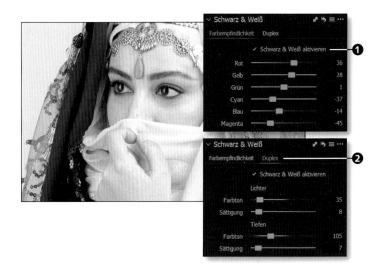

2 Bild verblassen

Zum Verblassen des Bildes habe ich dann den Regler BELICHTUNG stark hochgezogen und den Regler KONTRAST auf −50 gestellt. Die HELLIGKEIT habe ich etwas reduziert. Im TONWERTE-Werkzeug habe ich die Lichter und Schatten über die oberen Anfasser beschnitten, indem ich die Schatten nach rechts ❺ und die Lichter ❸ nach links gezogen habe. Entsprechend dazu können Sie den grauen Anfasser in der Mitte ❹ anpassen, je nachdem, ob Sie hellere oder dunklere Mitteltöne im ausgebleichten Bild bevorzugen.

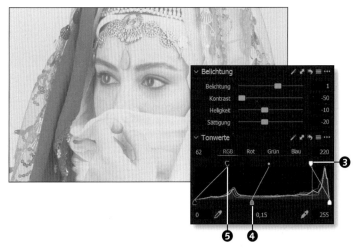

3 Ränder ausbleichen

Zum Ausbleichen der Ränder können Sie anschließend noch den Regler STÄRKE ❻ im VIGNETTIERUNG-Werkzeug erhöhen. Hier habe ich den Regler auf +1,5 gezogen. Des Weiteren habe ich ein RAUES KORN mit dem FILMKORN-Werkzeug hinzugefügt. Weitere Anpassungen können Sie im LOKALE ANPASSUNGEN-Register auf einer neuen Ebene hinzufügen. Für Störungen im Bild wie Kratzer oder Staubkörner müssen Sie allerdings zu einer externen Bildbearbeitungssoftware wechseln.

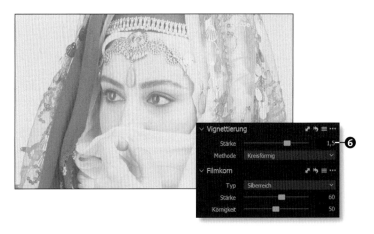

Kreativ mit der Verlaufsmaske

So erstellen Sie interessante Effekte mit der Verlaufsmaske

Mit der Verlaufsmaske können Sie wesentlich mehr machen, als nur einen Himmel oder einen Vordergrund zu bearbeiten. Wenn Sie sie sinnvoll einsetzen, können Sie mit ihr Bilder aufpeppen oder mit einem besonderen Stil belegen. Dieser Workshop soll Ihnen eine Grundanregung bieten, auf der Sie weiter aufbauen können.

Vorher

Ausgangsbild

Dem Foto fehlt der letzte Schliff.

[Datei: Flying.RAF]

Nachher

Nachher

Bearbeitungsschritte

- Verlaufsmaske aufziehen
- Verlaufsmaske für kreative Zwecke ändern

1 Verlaufsmaske erstellen

Wollen Sie einen Bildteil mit einem sanften Verlauf ausblenden, legen Sie einfach eine neue Anpassungsebene mit dem EBENEN-Werkzeug an und versehen diese Stelle mit einer linearen Verlaufsmaske ⌊L⌋ ❸. Mit ⌊M⌋ können Sie die Maske zur Kontrolle ein- und ausblenden. Sie können außerdem jederzeit die Verlaufsmaske mit MASKE LÖSCHEN ⌊E⌋ ❷ und MASKE ZEICHNEN ⌊B⌋ ❹ oder LUMINANZ-BEREICH ❶ nacharbeiten und sind nicht nur auf den aufgezogenen Verlauf der Maske beschränkt.

2 Verlaufsmaske anpassen

Im Beispiel soll der maskierte Teil der Verlaufsmaske wie eine starke Sonnenein-strahlung von rechts oben wirken. Hierzu habe ich im BELICHTUNG-Werkzeug die Regler BELICHTUNG und HELLIGKEIT erhöht und den KONTRAST leicht reduziert. Zusätzlich habe ich die LICHTER im HDR-Werkzeug reduziert und die TIEFEN erhöht. Auch den Weißabgleich habe ich noch wärmer gemacht. Natürlich können Sie noch ganz andere Einstellungen und mehrere Ebenen mit einer Verlaufsmaske verwenden.

3 Farbverlauf nach Schwarzweiß

Recht ähnlich können Sie auch eine Ver-laufsmaske über das komplette Bild aufziehen, um dann die SÄTTIGUNG vom BELICHTUNG-Werkzeug auf –100 zu ziehen. Damit hätten Sie einen sanften Übergang von Schwarzweiß zu Farbe erstellt. Leider gibt es das SCHWARZ & WEISS-Werkzeug nicht für Ebenen im EBE-NEN-Werkzeug, daher kommen Sie, wenn Sie eine Tonung des Schwarzweißbereiches haben wollen, nicht um das FARBBALANCE-Werkzeug im FARBE-Register herum, mit dem Sie allerdings auch den farbigen Bereich tonen.

Freestyle mit der Gradationskurve

Der Spezialist für eigene Bildlooks

In diesem Workshop erfahren Sie, wie Sie eigene Bildlooks mithilfe der Gradationskurve erstellen können. Nicht selten ist ein solcher Bildlook auch entscheidend für die Wirkung des Bildes. Bei der Vergabe eines Looks für das Bild sollten alle grundlegenden Anpassungen bereits abgeschlossen sein.

Ausgangsbild

Eine Aufnahme, auf die Bildlooks angewendet werden sollen

[Datei: Workout.CR2]

Bearbeitungsschritte

- Gradationskurve anpassen
- Teiltonung hinzufügen

1 Grundeinstellungen

Zunächst legen Sie mit ein paar Grundeinstellungen fest, in welche Richtung der Look gehen soll. Sie können dafür gerne auch eine neue gefüllte Ebene anlegen, um den Effekt anschließend über DECKKRAFT ❶ anzupassen. Im BELICHTUNG-Werkzeug im BELICHTUNG-Register reduziere ich die SÄTTIGUNG ❷ auf −30. Die KLARHEIT ❸ im KLARHEIT-Werkzeug erhöhe ich auf 30. Alle diese Einstellungen sind eine Frage des persönlichen Geschmacks und hängen auch vom verwendeten Bildmaterial ab.

2 Gradationskurve anpassen

Zunächst beschneiden Sie die Tonwerte der Gradationskurve, indem Sie im RGB-Kanal ❹ den Punkt für die Schatten ❺ hoch- und für die Lichter ❻ herunterziehen. Fügen Sie außerdem eine leichte S-Kurve ein. Im ROT-Kanal beschneiden Sie nur die Tonwerte der Schatten, fügen einen Punkt in der Mitte hinzu und ziehen ihn leicht nach oben, um etwas mehr Rot hinzuzufügen. Im GRÜN-Kanal und im BLAU-Kanal beschneiden Sie nur leicht die Schatten und Lichter.

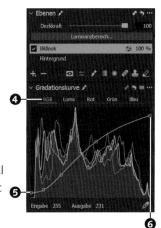
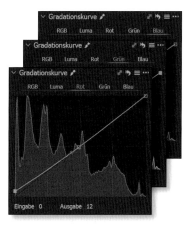

3 Teiltonung hinzufügen

Mit dem FARBBALANCE-Werkzeug im FARBE-Register fügen Sie dem Bild eine Teiltonung hinzu. Entweder wählen Sie eine fertige Voreinstellung ❽ aus, oder Sie erstellen über das Register DREIWEGE ❾ selbst eine Tonung. Ich habe für TIEFEN ⓫ ein dezentes Lila und für LICHTER ❿ ein leichtes Grün ausgewählt. Im Look nimmt der Kontrast stark ab, und die Tiefen fallen komplett weg. Das Bild wirkt grünlich matt, aber trotzdem spannend und interessant. Zum Schluss habe ich noch ein wenig nachgeschärft. Haben Sie eine Ebene verwendet, können Sie den Effekt über die DECKKRAFT ❼ anpassen.

Kapitel 11
Stile und Voreinstellungen

In diesem Kapitel dreht sich alles um die Stile und ihre Verwendung und Verwaltung. Neben der Verwendung der mitgelieferten Stile erfahren Sie auch, wie Sie eigene Benutzerstile erstellen können. Sie haben bereits erfahren, wie Sie Anpassungen eines Bildes (auf Seite 192) oder Benutzervoreinstellungen einzelner Werkzeuge (auf Seite 194) wiederverwenden. Hier erfahren Sie nun, wie Sie immer wiederkehrende Anpassungen, die Sie mit mehreren Werkzeugen durchgeführt haben, auch als Benutzerstile sichern und wiederverwenden können.

Stile verwenden und entfernen
So können Sie Stile anwenden und entfernen 312

Benutzerstile erstellen und speichern
So können Sie einen Bildlook speichern und wiederverwenden 314

Stile und Ebenen
Stile und Voreinstellungen mit Ebenen verwenden 316

Benutzerstile aus Zwischenablage
So erstellen Sie Benutzerstile aus kopierten Anpassungen 318

Stile und Voreinstellungen stapeln
Mehrere Stile und Voreinstellungen gleichzeitig verwenden 320

Stile und Voreinstellungen verwalten
So behalten Sie die Übersicht 322

Stile verwenden und entfernen

So können Sie Stile anwenden und entfernen

Stile (häufig auch »Styles« genannt) erfreuen sich großer Beliebtheit bei Capture-One-Anwendern. Die Software selbst liefert viele fertige Stile mit. Ebenso finden Sie mittlerweile eine Menge kommerzieller, aber auch kostenloser Stile im Internet. Auch zu diesem Buch finden Sie kostenlose Stile zum Herunterladen auf der Verlagswebsite. Nicht zu vergessen: Das hier Beschriebene lässt sich auch auf die Benutzervoreinstellungen und mitgelieferten Voreinstellungen im »Stile und Voreinstellungen«-Werkzeug anwenden.

Ausgangssituation

Stile sollen angewendet und wieder entfernt werden.

[Datei: Edi.RAF]

Bearbeitungsschritte

- Vorschau von Stilen
- Stile anwenden
- Stile entfernen

1 Vorschau von Stilen

Benutzerstile und mitgelieferte Stile finden Sie im ANPASSUNGEN-Register ❶ beim STILE UND VOREINSTELLUNGEN-Werkzeug ❷. Klicken Sie auf MITGELIEFERTE STILE, werden die einzelnen Gruppen ausgeklappt. Um den Effekt eines Stils innerhalb der Gruppe auf das Bild zu betrachten, müssen Sie lediglich mit dem Mauscursor über dem Stil stehen bleiben ❸, und schon wird die Wirkung des Stils direkt auf dem ausgewählten Bild ❹ als Vorschau angezeigt. Klicken Sie den Stil an, wird er auf das Bild angewendet.

2 Stile auf Ebenen

Klicken Sie einen Stil mit der rechten Maustaste an, können Sie ihn mit AUF DEN HINTERGRUND ANWENDEN der Hintergrundebene zuweisen. AUF AUSGEWÄHLTE EBENE ANWENDEN ist nur wählbar, wenn nicht die Hintergrundebene ausgewählt ist. Hierbei wird der Stil nur auf den maskierten Bereich der ausgewählten Ebene angewendet. Mit AUF NEUE EBENE ANWENDEN erstellen Sie eine neue gefüllte Ebene, auf die der Stil angewendet wird. Die Ebene wird hierbei gleich mit dem Namen des Stils ❺ benannt.

3 Stil entfernen

Den Benutzerstil bzw. mitgelieferte Stile entfernen können Sie ebenfalls über das STILE UND VOREINSTELLUNGEN-Werkzeug, indem Sie den zu entfernenden Stil anklicken und im Kontextmenü auf den entsprechenden Befehl VOM HINTERGRUND LÖSCHEN ❻ klicken. Es ist nur möglich, einen Stil von der Hintergrundebene zu entfernen. Für das Entfernen von einem Stil auf einer Ebene müssen Sie die komplette Ebene löschen bzw. deaktivieren. Eine weitere Möglichkeit, einen Stil zu entfernen, ist es, den verwendeten Stil in der Liste erneut anzuklicken und damit das Häkchen ❼ wieder zu entfernen.

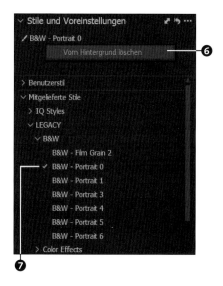

Benutzerstile erstellen und speichern

So können Sie einen Bildlook speichern und wiederverwenden

Während die Voreinstellungen die Werte von einzelnen Werkzeugen enthalten, fassen Sie mit Benutzerstilen mehrere Anpassungen (bzw. Einstellungen) zu einem Stil zusammen. Damit speichern Sie praktisch die Einstellungen von verschiedenen Werkzeugen und können diesen Bildlook zukünftig bequem für alle Bilder verwenden.

Ausgangssituation

Ein angefertigter Benutzerstil soll gespeichert und wiederverwendet werden.

[Datei: Autumn.CR2]

Bearbeitungsschritte

- Anpassungen vornehmen
- Benutzerstile speichern
- Benutzerstile verwenden

[Model: Autumn Russell]

1 Anpassungen vornehmen

Nehmen Sie die gewünschten Anpassungen für Ihren Bildlook vor. Im Beispiel habe ich im SCHWARZ & WEISS-Werkzeug ein Schwarzweißbild erstellt und im Reiter DUPLEX ❶ die TIEFEN getont. Im KURVE-Werkzeug habe ich dann noch in den Farbkanälen unterschiedliche Anpassungen für meinen Bildlook durchgeführt.

2 Benutzerstil speichern

Zum Speichern des Bildlooks gehen Sie auf das ANPASSUNGEN-Register, klicken dort auf die drei Punkte ❷ und wählen im Kontextmenü BENUTZERSTIL SPEICHERN ❸. Denselben Befehl erreichen Sie auch über das Menü ANPASSUNGEN im Untermenü STILE. Im folgenden Dialog ❹ finden Sie eine Übersicht darüber, welche Einstellungen gespeichert werden. Hier können Sie auch einzelne Einstellungen deaktivieren. Mit SPEICHERN (Windows) bzw. SICHERN (Mac) öffnet sich ein Dialog, mit dem Sie den Stil mit der Endung »*.costyle« speichern können.

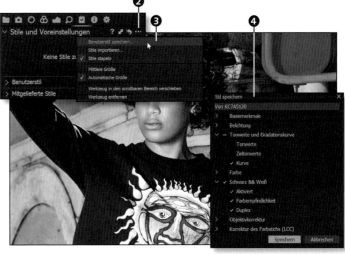

3 Benutzerstil anwenden

Wollen Sie den in Schritt 2 gespeicherten Stil auf andere Bilder anwenden, wählen Sie die entsprechenden Bilder aus und weisen im ANPASSUNGEN-Register im STILE UND VOREINSTELLUNGEN-Werkzeug innerhalb von BENUTZERSTIL den in Schritt 2 vergebenen Namen des Stils zu ❺. Wenn Sie mit der Maus über dem Stil stehen bleiben, sehen Sie eine Vorschau des Ergebnisses. Klicken Sie auf den abgespeicherten Stil, wird er auf die ausgewählten Bilder angewendet.

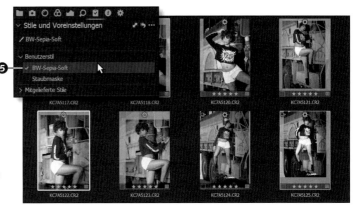

Stile und Ebenen

Stile und Voreinstellungen mit Ebenen verwenden

Stile und Voreinstellungen sind nicht nur auf das gesamte Bild beschränkt, sondern können auch auf einzelne Ebenen und die Masken bzw. Verlaufsmasken angewendet werden. So können Sie einen Stil oder eine Anpassung auf eine komplett gefüllte Ebene oder einen speziell maskierten Bereich anwenden. Ebenso können Sie die Anpassungen, die Sie auf einer Ebene gemacht haben, als Benutzerstil speichern und künftig wiederverwenden.

Ausgangssituation

Stil soll nur für eine Ebene verwendet werden.

[Datei: Benutzerstile-und-Ebenen-1.DNG]

Bearbeitungsschritte

- Anpassungen einer Ebene als Benutzerstil speichern

- Stile auf eine Ebene anwenden

1 Einschränkungen

Es gibt Werkzeuge, die sich nicht gezielt auf eine Ebene anwenden lassen. Dazu gehören im Register FARBE die Werkzeuge BASISMERKMALE, SCHWARZ & WEISS und NORMALISIERUNG, im Register BELICHTUNG ist es das VIGNETTIERUNG-Werkzeug, und im DETAILS-Register sind es die Werkzeuge FILMKORN und FLECKENTFERNUNG. Diese Werkzeuge sind allein der Hintergrundebene vorbehalten. Wollen Sie einen Benutzerstil mit einem dieser Werkzeuge haben, dann sollten Sie den Bildlook ohne Ebenen erstellen.

2 Stil auf Ebene anwenden

Wollen Sie einen Stil auf eine Ebene ❶ anwenden, müssen Sie eine neue gefüllte Ebene anlegen oder eine Maske erstellen. Einen Stil weisen Sie einer Ebene via rechten Mausklick über ANPASSUNGEN ZUWEISEN VON ❹ zu. Stile, die die in Schritt 1 erwähnten Werkzeuge verwenden, lassen sich über das EBENEN-Werkzeug für Ebenen nicht auswählen und sind ausgegraut. Verwenden Sie einen solchen Stil trotzdem über das ANPASSUNGEN-Register ❸, wird er auf die Hintergrundebene ❷ angewendet.

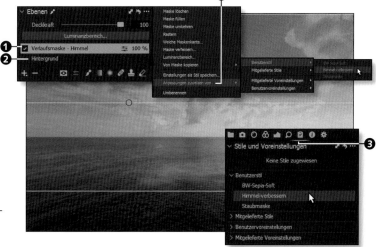

3 Anpassungen einer Ebene speichern

Wenn Sie Anpassungen auf einer Ebene gemacht haben und nur diese Anpassungen speichern wollen, kommen Sie mit einem rechten Mausklick oder den drei Punkten mit EINSTELLUNGEN ALS STIL SPEICHERN ❺ zum Ziel. Im folgenden Dialog ❻ wählen Sie aus, welche Einstellungen mitgespeichert werden sollen. Ihnen dürfte gleich auffallen, dass die in Schritt 1 erwähnten Werkzeugeinstellungen hier nicht aufgelistet sind und sich somit nicht speichern lassen. Beachten Sie außerdem, dass beim Stil aus einer Ebene nur die Einstellungen gespeichert werden und nicht die Maske.

Benutzerstile aus Zwischenablage

So erstellen Sie Benutzerstile aus kopierten Anpassungen

Es ist komfortabel, komplette Anpassungen eines Bildes in die Zwischenablage zu kopieren und dann auf beliebige Bilder anzuwenden. Vielleicht gefällt Ihnen eine in die Zwischenablage kopierte Anpassung so gut, dass Sie diese gerne als Stil für künftige Bearbeitungen verwenden wollen. Dieser Workshop zeigt Ihnen, wie Sie aus der kopierten Anpassung einen Benutzerstil machen.

Ausgangssituation

Anpassungen in der Zwischenablage

[Datei: Davut+ Belinay.RAF]

Bearbeitungsschritte

- Anpassung kopieren
- Anpassung als Stil speichern
- Benutzerstil verwenden

[Model: Davut & Belinay, Makeup: Canan Yildiz]

1 Gespeicherte Anpassungen

Das GESPEICHERTE ANPASSUNGEN-Werkzeug im ANPASSUNGEN-Register kennen Sie bereits: Dort haben Sie die zuletzt kopierte Anpassung für ein Bild beispielsweise mit ANPASSUNGEN • ANPASSUNGEN KOPIEREN oder `Strg`/`cmd`+`⇧`+`C` oder mit den Doppel-pfeilen ❷ bei den Werkzeugen in die Zwi-schenablage kopiert, und dort können Sie die anderen ausgewählten Bilder zuweisen. Von welchem Bild die gespeicherten Anpassungen enthalten sind, steht ganz oben im Datei-namen ❶.

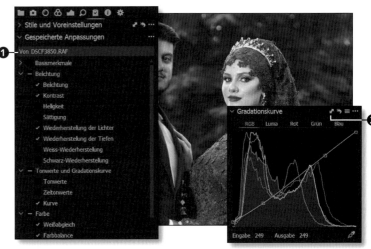

2 Stil aus gespeicherten Anpassungen erstellen

Wollen Sie die kopierten Anpassungen im GESPEICHERTE ANPASSUNGEN-Werkzeug als Stil speichern, können Sie dies über die drei Punkte ❸ und den Befehl ZWISCHENABLAGE ALS STIL SPEICHERN ❹ (Windows) bzw. ALS STIL SICHERN (Mac) vornehmen. Im sich öffnenden Dialog geben Sie den Namen des Stiles an und sichern abschließend. Auch hier können Sie den Stil in einem neuen Ordner speichern.

3 Benutzerstil anwenden

Wollen Sie den gespeicherten Stil auf andere Bilder anwenden, müssen Sie nur die entsprechenden Bilder auswählen und im ANPASSUNGEN-Register im STILE UND VOREINSTELLUNGEN-Werkzeug innerhalb von BENUTZERSTIL ❺ den in Schritt 2 vergebenen Namen des Stils wiederfinden ❻. Wenn Sie mit der Maus über dem Stil stehen bleiben, sehen Sie eine Vorschau des Ergebnisses. Kli-cken Sie auf den abgespeicherten Stil, wird er auf die ausgewählten Bilder angewendet.

Stile und Voreinstellungen stapeln

Mehrere Stile und Voreinstellungen gleichzeitig verwenden

Es gibt verschiedene Möglichkeiten, die gespeicherten und mitgelieferten Stile und Voreinstellungen von Capture One einzeln oder gestapelt anzuwenden. In diesem Workshop erfahren Sie, was es mit dem Stapeln von Stilen und Voreinstellungen auf sich hat und wozu es gut sein kann.

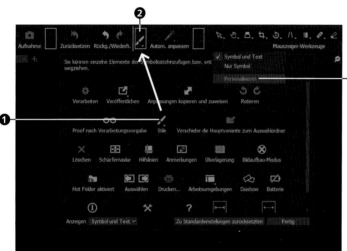

1 Stile-Icon hinzufügen

Anstatt Stile und Benutzervoreinstellungen im ANPASSUNGEN-Register über das STILE UND VOREINSTELLUNGEN-Werkzeug oder über die Werkzeuge aufzurufen, können Sie für diesen Zweck ein eigenes Icon zur Werkzeugleiste hinzufügen. Klicken Sie hierzu rechts in der Werkzeugleiste und dann auf PERSONALISIEREN ❸ (Windows) bzw. SYMBOLLEISTE ANPASSEN (Mac), und ziehen Sie das STILE-Icon ❶ auf eine Fläche ❷ links oder rechts in der Werkzeugleiste. Jetzt können Sie alle Stile und Benutzervoreinstellungen über dieses Icon in der Werkzeugleiste anwenden.

2 Mitgelieferte Stile und Voreinstellungen

Capture One liefert viele nützliche Stile und Benutzervoreinstellungen mit, die Sie auf Ihre Bilder anwenden können. Klicken Sie dafür auf das Icon für STILE ❺, und wählen Sie MITGELIEFERTE STILE ❻. Die vorgefertigten Benutzervoreinstellungen finden Sie unter MITGELIEFERTE VOREINSTELLUNGEN ❼ und natürlich in den einzelnen Werkzeugvoreinstellungen ❽ wieder. ❻ und ❼ erreichen Sie auch über die entsprechenden Register im STILE UND VOREINSTELLUNGEN-Werkzeug ❹.

3 Stile und Voreinstellungen stapeln

Sicherlich sind Ihnen schon einmal die Befehle STILE STAPELN ❾ und VOREINSTELLUNGEN STAPELN ❿ aufgefallen, die Sie durch Auswählen (de-)aktivieren können. Damit können Sie mehrere Stile und Voreinstellungen gleichzeitig in einem Bild verwenden und kombinieren. Wenn Sie mehrere Stile auf ein Bild anwenden, werden vorher gemachte Einstellungen in den Werkzeugen immer durch die Einstellungen des zuletzt verwendeten Stiles überschrieben.

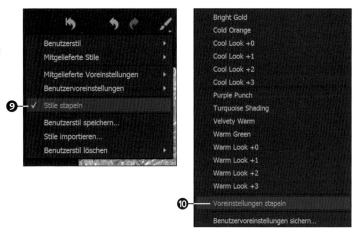

4 Beim Import

Dank der Stapelfunktion können Sie beim Bildimport auch mehrere Stile oder Benutzervoreinstellungen mit dem Importdialog unter ANPASSUNGEN im Dropdownmenü STILE ⓫ auswählen. Dies kann z. B. sinnvoll sein, wenn Sie bereits beim Importieren den Bildern bestimmte Schlüsselwörter und Metadaten zuweisen wollen, die Sie als Benutzervoreinstellungen gespeichert haben. Natürlich können Sie auch andere Benutzervoreinstellungen und Stile direkt beim Importieren auf die Bilder anwenden.

5 Stile und Voreinstellungen vom Bild entfernen

Was alles gerade auf ein Bild angewendet wird, sehen Sie im STILE UND VOREINSTELLUNGEN-Werkzeug. Stile erkennen Sie hierbei am PINSEL-Icon ⓭ und die Voreinstellungen am Icon mit den drei Balken ⓬. Sie löschen eine Voreinstellung oder einen Stil, indem Sie darauf mit der Maus klicken und VOM HINTERGRUND LÖSCHEN bzw. LÖSCHEN ⓮ auswählen. Genauso können Sie auch bei den Werkzeugvoreinstellungen vorgehen, wo Sie über das VOREINSTELLUNGEN-Icon ⓯ eine Voreinstellung ENTFERNEN können ⓰.

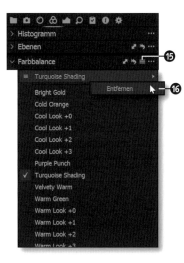

Stile und Voreinstellungen verwalten

So behalten Sie die Übersicht

Mit der Zeit kommen etliche Stile und Voreinstellungen zusammen, und um nicht die Übersicht zu verlieren, sollten Sie sie wohldurchdacht verwalten. Leider ist es zum Zeitpunkt der Drucklegung dieses Buchs noch nicht möglich, direkt mit Capture One die Verwaltung durchzuführen, weshalb Sie dazu gezwungen sind, selbst auf Ordner der Systemebene zuzugreifen. Wenn Sie allerdings erst einmal wissen, wie und wo, dann ist es auch damit kein Problem.

1 Stil löschen

Einen selbsterstellten Stil können Sie über das ANPASSUNGEN-Register im STILE UND VOREINSTELLUNGEN-Werkzeug entfernen, indem Sie rechts auf den zu löschenden Stil klicken und LÖSCHEN ❶ auswählen. Alternativ können Sie auch über das Werkzeug-Icon ❷ den Eintrag BENUTZERSTIL LÖSCHEN (Windows) ❸ bzw. BENUTZERDEFINIERTEN STIL LÖSCHEN (Mac) aufrufen und den Stil auswählen, den Sie entfernen wollen. Ein Dialog fragt zur Sicherheit nach. Bereits mit diesem Stil angepasste Varianten werden beim Entfernen des Stils nicht verändert.

2 Voreinstellung löschen

Zum Löschen von selbsterstellten BENUTZERVOREINSTELLUNGEN können Sie ebenfalls wie in Schritt 1 mit dem STILE UND VOREINSTELLUNGEN-Werkzeug vorgehen. Alternativ klicken Sie im entsprechenden Werkzeug auf das VOREINSTELLUNGEN-Icon ❹ und wählen im Untermenü BENUTZERVOREINSTELLUNGEN LÖSCHEN ❺ die entsprechende Voreinstellung aus, die Sie entfernen wollen. Hierbei erfolgt ebenfalls noch eine Sicherheitsabfrage, ob Sie dies wirklich tun wollen. Auch hier hat das Löschen dieser Voreinstellung keine Auswirkungen auf bereits damit angepasste Bilder.

3 Stile importieren

Gekaufte und heruntergeladene Stile und Voreinstellungen können Sie aus jedem Verzeichnis heraus nach Capture One importieren. Wählen Sie hierzu im ANPASSUNGEN-Register über die drei Punkte vom STILE UND VOREINSTELLUNGEN-Werkzeug den Befehl STILE IMPORTIEREN **6**. Im sich öffnenden Dialog **7** können Sie einen Stil oder mit gedrückt gehaltener Strg/cmd-Taste mehrere Stile auswählen und importieren. Die importierten Stile finden Sie anschließend innerhalb von BENUTZERSTIL **8** zur Auswahl vor.

4 Stile in Ordnern verwalten

Die importierten Stile (und Voreinstellungen) werden schnell unübersichtlich. Wollen Sie bestimmte Stile in einem Untermenü sammeln, speichern Sie diese Stildateien mit der Dateiendung »*.costyle« in einem eigenen Ordner auf dem System und verschieben diesen Ordner dann in den Hauptordner STYLES der Capture One-Installation (siehe Schritt 5). Dasselbe können Sie bei Bedarf mit den Dateien zu den VOREINSTELLUNGEN mit der Endung »*.copreset« durchführen. Beenden Sie Capture One vor diesem Vorgang!

5 Stile und Ordner verwalten

Die Stile und Voreinstellungen finden Sie in den Ordnern STYLES (Stile) und PRE-SETS60 in [Laufwerk]:\USER\[Nutzername]\APPDATA\LOCAL\CAPTURE ONE (Windows) bzw. /USERS/[Nutzername]/LIBRARY/APPLICATION SUPPORT/CAPTURE ONE (Mac) wieder. Eventuell müssen Sie hierbei versteckte Ordner des Systems einblenden. Bereits installierte Stile finden Sie dabei häufig in einem Verzeichnis wie STYLES50 oder ähnlich vor. Darin können Sie weitere Ordner verschachteln, die Dateien verschieben und verwalten. Der Ordnername **9** entspricht dann dem Untermenünamen **10**. Starten Sie Capture One danach neu.

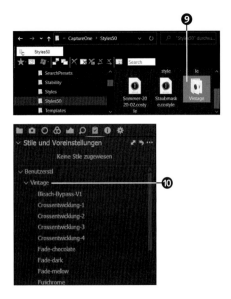

Kapitel 12
Bilder weitergeben und exportieren

In diesem Kapitel erfahren Sie, wie Sie Bilder für die Weitergabe im JPEG- oder TIFF-Format exportieren. Auch wie Sie ein Wasserzeichen als Text oder Grafik einfügen, zeige ich Ihnen, sowie die Möglichkeit, sämtliche Exporteinstellungen als Exportvorgabe zu speichern und wiederzuverwenden. Ist Ihr Bildschirm kalibriert und wird ein geeignetes Profil für den Drucker verwendet, sind Fotoausdrucke am lokalen Rechner immer noch eine interessante Option für die schnelle Weitergabe von Bildern auf Papier. Der Vorteil am heimischen Druck ist, dass Sie die volle Kontrolle über das Endergebnis haben und gegebenenfalls bei Nichtgefallen sofort daran arbeiten können. Auch das Ausdrucken von Kontaktbögen ist für Fotografen immer noch eine beliebte Funktion, die hier vorgestellt werden soll.

GRUNDLAGENEXKURS: Dateiformate
Dateiformate, die von Capture One unterstützt werden 326

Bilder exportieren
So exportieren Sie Bilder für die Weitergabe 328

Rezepte für das Exportieren
Eigene Rezepte für das Exportieren von Bildern erstellen 330

Proof-Ansicht und Ausgabeschärfe
So überprüfen Sie Ihre Bilder noch vor dem Export 334

Mehrere Rezepte verwenden
So verwenden Sie mehrere Rezepte gleichzeitig für den Export 336

Maßgenaues Exportieren
Bilder mit bestimmten Abmessungen exportieren 338

Wasserzeichen verwenden
Schützen oder signieren Sie Ihre Fotos 340

Bilder im EIP-Format
Das hauseigene EIP-Format sinnvoll verwenden 342

Webgalerie erstellen
Präsentieren Sie Ihre Fotos im Internet 344

Kontaktabzugsbogen erstellen
So erstellen Sie einen klassischen gedruckten Kontaktabzug 346

Bilder drucken
So bringen Sie einzelne Fotos aufs Papier 348

Dateiformate

Dateiformate, die von Capture One unterstützt werden

Für die Ausgabe und Weitergabe von Bildern bietet Capture One eine Reihe unterschiedlicher Dateiformate an. Konkret sind dies die Formate TIFF, mehrere JPEG-Formate, PNG, DNG und PSD. An dieser Stelle finden Sie einen kurzen Überblick über die Formate.

JPEG – der Profi für Bilder im Web

Das Format JPEG ist ideal, um Bilder ins Web zu stellen, da es von allen Webbrowsern wiedergegeben werden kann. Bilder mit gleichmäßigen, großen Farbflächen und scharfen Kanten werden wegen des Kompressionsverfahrens jedoch eher unsauber dargestellt. Mit 16,7 Millionen Farben deckt JPEG dafür aber die gesamte Farbpalette des menschlichen Auges ab. Beachten Sie, dass JPEG eigentlich den Algorithmus bezeichnet, mit dem die Grafik verlustbehaftet komprimiert wird. Die Kompression können Sie bei diesem Format unterschiedlich einstellen. Je stärker die Kompression, desto geringer ist der Speicherverbrauch, aber desto schlechter ist auch die Bildqualität. Bei zu starker Kompression entstehen Kompressionsartefakte. Mit der Einstellung JPEG QUICKPROOF™ erstellt Capture One die Bilddatei aus der Proxydatei und der Einstellungsdatei ohne zusätzliche Berechnungen oder Filter. JPEG QuickProof sollte nicht als endgültige Datei angesehen werden, es eignet sich nur zur schnellen Bewertung.

JPEG XR und JPEG 2000

Beide Formate sind neuere Formen des klassischen JPEG-Formats. Allerdings müssen Sie prüfen, ob diese Formate mit anderer Software kompatibel sind. Viele Anwendungen benötigen ein Extra-Plugin, um JPEG XR und JPEG 2000 verwenden zu können. JPEG XR (eXtended Range) erzeugt hochwertigere Bilder und unterstützt verlustfreie wie auch verlustbehaftete Komprimierung. Es werden damit auch 16 Bit pro Kanal unterstützt. Allerdings bedeuten mehr Informationen auch eine größere Datei als beim Standard-JPEG. JPEG 2000 hingegen ist eine weitere Form des Standard-JPEGs mit einer noch höheren Komprimierung, ohne dabei eine schlechtere Qualität zu erzeugen. Der Vorteil dabei ist, dass die Dateigröße geringer ausfällt.

Wenn Sie im AUSGABE-Register Bilder im JPEG-Format exportieren, finden Sie dort den Regler QUALITÄT vor, mit dem Sie mit einer verlustbehafteten Kompression die Dateigröße verkleinern können. Je niedriger dabei der Wert von QUALITÄT gezogen wird, umso stärker ist die Kompression, und umso kleiner wird die Datei. Natürlich bedeutet das auch, dass die Bildqualität reduziert wird, je niedriger Sie die QUALITÄT stellen.

TIFF – das Profiformat

Das Format TIFF kann mit fast allen Bildbearbeitungsprogrammen und Programmen verwendet werden, die den Import von Grafiken unterstützen. Auch für die Druckvorstufe ist TIFF das ideale Format. Die Bilder und Bildschirmfotos in diesem Buch wurden alle im TIFF-Format gespeichert. Beim Abspeichern können Sie TIFF wahlweise unkomprimiert oder verlustfrei komprimiert sichern. Beim Komprimieren haben Sie die Wahl zwischen den verlustfreien Kompressionsverfahren LZW und ZIP. Bei TIFF-Dateien können Sie auch 16 Bit pro Kanal auswählen.

PNG – die Alternative für das Web

PNG ist ein alternatives verlustfreies Grafikformat für GIF und JPEG. In diesem Format wurde versucht, die positiven Eigenschaften von GIF und JPEG zu vereinen. PNG wurde ursprünglich entwickelt, weil bis 2004 das GIF-Format noch mit Patentforderungen belastet war. Neben unterschiedlichen Farbtiefen (256 oder 16,78 Millionen Farben) unterstützt PNG auch Transparenzen per Alphakanal. Außerdem ist PNG weniger komplex als TIFF.

PSD – das Photoshop-Format

Das hauseigene Format von Adobe (für *Photoshop Document*) ist ein reines Arbeitsformat und eher ungeeignet für die Weitergabe von Dateien. Um eine PSD-Datei an andere Programme weiterzugeben oder ins Web zu stellen, können Sie sie in einem anderen Format abspeichern. Der Austausch mit Adobe-Produkten wie z. B. Photoshop funktioniert dagegen problemlos. Zur Speicherung all der Bildinformationen wird bei diesem Format keinerlei Kompression durchgeführt. Daher benötigen PSD-Dateien auch sehr viel Speicherplatz. Zwar können Sie mit dem in Capture One zu exportierendem PSD-Format keine mit dem Ebenen-Werkzeug erstellten Ebenen gesondert speichern, aber trotzdem gibt es ein paar Besonderheiten, die Sie mit dem PSD-Format auf Ebenen speichern können. Mehr dazu erfahren Sie ab Seite 378. Beim PSD-Format gibt es keine Qualitätsoder Kompressionseinstellungen. Speichern können Sie das Bild mit 8 Bit oder 16 Bit.

DNG – das digitale Negativ

Da eine Zeit lang jeder Hersteller sein eigenes Süppchen kochte und kein Raw-Konverter alle Formate beherrschte, begann Adobe 2004, mit dem DNG-Format (für *Digital Negative Format*) einen Standard zu erschaffen. Einige Kamerahersteller wie Ricoh, Leica oder Hasselblad bieten dem Anwender neben dem eigenen Raw-Format an, die Raw-Dateien direkt im DNG-Format auf der Speicherkarte zu sichern. Alle anderen Raw-Formate hingegen lassen sich bei Bedarf mittlerweile auch mit dem Adobe DNG Converter in DNG umwandeln. DNG will ein kompatibles Raw-Format sein, mit dem alle Raw-Konverter umgehen können. Wenn z. B. eine Raw-Datei nicht mit Capture One funktioniert, könnten Sie sie in ein DNG umwandeln.

Das EIP-Format

EIP ist das hauseigene Format von Capture One und eher ein Container (Behälter) als ein echtes Dateiformat, in den das Original-Raw mitsamt den Anpassungen sowie allen ICC- und LCC-Profilen gesteckt bzw. gepackt wird. In einer EIP-Datei sind auch alle Bearbeitungen verpackt, die Sie mit Capture One auf dieses Bild angewendet haben. So können Dritte, die das EIP-Paket mit ihrer Capture One-Installation öffnen, mit den bereits gemachten Einstellungen und Schlüsselwörtern weiterarbeiten. Mit Capture One können Sie das EIP-Format auch jederzeit wieder entpacken. Ich verwende das EIP-Format gerne, um einzelne Bilder zwischen verschiedenen Capture-One-Installationen zu tauschen und daran weiterzuarbeiten.

HEIC-/HEIF-Dateien

Capture One unterstützt auch 8-Bit-HEIF-Dateien, wenn das Format auch vom Betriebssystem verstanden wird. Bei Windows 10 müssen Sie hierfür mindestens Build 1810 verwenden oder die »HEIC Image Extension« von Microsoft herunterladen. Beim Mac ist die Unterstützung ab macOS High Sierra gegeben. Das Dateiformat kann importiert, bearbeitet und in andere unterstützte Formate exportiert werden. Unterstützt werden Apple HEIC und andere Bilder, die in 8-Bit-HEIF konvertiert wurden. Ein Export in HEIC/HEIF als Format wird von Capture One nicht unterstützt.

Bilder exportieren

So exportieren Sie Bilder für die Weitergabe

Einsteiger, die zum ersten Mal mit Raw-Konvertern in Berührung kommen, fragen sich oft: »Wie kann ich meine Bilder als JPEG oder in einem anderen Dateiformat speichern und weitergeben?« Sie müssen wissen, dass Sie die Bilder nicht im klassischen Sinne über eine Speichern- oder Speichern-unter-Funktion sichern können. In Capture One exportieren Sie die Bilder in das gewünschte Dateiformat. Das bedeutet, dass Sie beim Exportieren eine neue Datei erstellen, die alle Anpassungen enthält, die Sie am Original in Capture One durchgeführt haben. Die Originaldatei hingegen bleibt unangetastet.

1 Originalbild weitergeben
Wollen Sie eine Kopie des Originalbildes weitergeben, markieren Sie das Bild und wählen über einen Rechtsklick im Kontextmenü EXPORTIEREN bzw. EXPORT • ORIGINALE ❹ aus. Bei ZIEL ❶ wählen Sie den Speicherort, bei Bedarf mit UNTERORDNER, aus (siehe auch Seite 336). Den Dateinamen können Sie unter BENENNUNG anpassen. Wenn Sie die Anpassungen weitergeben wollen, setzen Sie ein Häkchen vor ❷. Die Anpassungen werden nur bei einer Sitzung eingelesen. Mit EXPORTIEREN ❸ werden die Originale in das ZIEL ❶ kopiert.

2 Variante weitergeben
Möchten Sie hingegen die angepasste Variante in einem bestimmten Dateiformat weitergeben, wählen Sie die Bilder im Browser aus und rufen über einen rechten Mausklick im Kontextmenü EXPORTIEREN • VARIANTEN auf. Alternativ finden Sie den Befehl auch über DATEI • BILDER EXPORTIEREN wieder. Auch hierbei wählen Sie zunächst den Speicherort ❺ für den Export aus und können bei Bedarf die Exporte noch gesondert benennen oder eine Vorlage auswählen. Das Umbenennen von Dateien habe ich ja bereits in einem Workshop (Seite 118) gezeigt.

3 Basisdaten einstellen

In EXPORT REZEPT ❻ (Windows) bzw. VORGABEN (Mac) stellen Sie ein, in welchem FORMAT Sie die Bilder exportieren wollen. Für die Weitergabe im Web würde sich beispielsweise JPEG anbieten. Mit der QUALITÄT legen Sie die Komprimierung fest und über ICC-PROFIL das Farbprofil. Für das Web ist sRGB ideal. Für den Vierfarbdruck würde sich Adobe RGB anbieten. Für das Web wäre eine AUFLÖSUNG von 72 px/Zoll ausreichend. Und für den Druck können Sie 150 bis 300 px/Zoll verwenden.

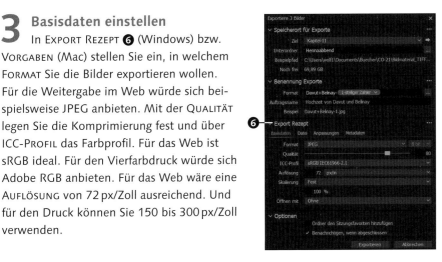

4 Weitere Einstellungen

Über SKALIERUNG stellen Sie die Bildgröße ein. Wählen Sie beispielsweise BREITE und geben einen Wert in der folgenden Zeile ein, wird die Höhe proportional angepasst. Über ÖFFNEN MIT ❾ können Sie auswählen, ob und mit welchem Programm die exportierten Bilder anschließend für eine Weiterverarbeitung geöffnet werden sollen. Über den Reiter ANPASSUNGEN ❼ können Sie weitere Optionen (de-)aktivieren, und mit dem Reiter METADATEN ❽ entscheiden Sie, welche Metadaten eingebettet werden sollen.

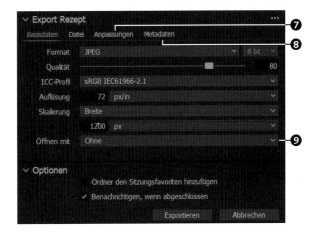

5 Bilder exportieren

Wenn Sie auf die Schaltfläche zum EXPORTIEREN ❿ klicken, werden die Bilder in den eingestellten Speicherort exportiert und können weitergegeben oder weiterbearbeitet werden. Ein Dialog informiert Sie dabei über den Fortschritt des Exports.

Rezepte für das Exportieren

Eigene Rezepte für das Exportieren von Bildern erstellen

Wie Sie einzelne Bilder schnell exportieren und weitergeben können, haben Sie im Workshop zuvor erfahren. Bei mehreren Bildern kann es allerdings recht mühselig werden, sie immer wieder manuell zu exportieren. Wollen Sie dann noch mehrere Formate wie JPEG und TIFF oder unterschiedliche Größen, Farbräume oder Auflösungen verwenden, dann bietet Capture One für den Ausgabe-Workflow verschiedene Rezepte im »Ausgabe«-Register an.

Ausgangssituation

Fotos im Katalog sollen nach eigenen Vorstellungen exportiert werden.

Bearbeitungsschritte

- Rezepte verwenden
- Eigene Rezepte erstellen
- Bilder exportieren

1 Vorhandene Rezepte verwenden

Die Rezepte für das Exportieren werden im Ausgabe-Register ❶ verwaltet. Hier finden Sie in Verarbeitungsvorgaben ❷ in der Regel für sich selbst sprechende Rezepte vor. Ein Eintrag wie »JPEG – 2048 px für Webanwendung« erklärt sich selbst: ein JPEG-Bild mit 2 048 Pixeln als längste Kante. Wollen Sie ein Rezept verwenden, wählen Sie die Bilder aus und setzen ein Häkchen ❸ vor das Rezept. Bei Ausgabeordner ❺ stellen Sie ein, wo Sie die Datei(en) speichern wollen, und den Export starten Sie mit Verarbeiten ❹.

2 Eigene Rezepte erstellen

Sie können auch eigene Rezepte erstellen. Klicken Sie dafür auf das Plussymbol ❼ im Verarbeitungsvorgaben-Werkzeug. Es wird ein neuer Eintrag am Ende der Liste mit den Rezepten hinzugefügt, den Sie direkt anklicken und dem Sie einen Namen geben ❻ (hier: JPEG für EMail – also ein Rezept, mit dem ich meine Bilder als E-Mail-Anhang exportiere). Wenn Sie ein Rezept löschen wollen, müssen Sie es nur auswählen und auf das Minussymbol ❽ klicken.

3 Basisdaten einstellen

Im nächsten Werkzeug ❿ erstellen Sie die eigentliche Verarbeitungsvorgabe für das Rezept. Stellen Sie sicher, dass Sie das Rezept ausgewählt ❾ haben. Hier bestimmen Sie die Einstellungen für das Format, die Qualität, das ICC-Profil und die Auflösung. Ich verwende hier JPEG mit einer Qualität von 70, den sRGB-Farbraum und eine Auflösung von 72 px/Zoll. Bei Öffnen mit ⓫ können Sie ein Programm für die Weiterverarbeitung nach dem Export vorgeben. Auch einen E-Mail-Client könnten Sie verwenden, aber leider klappt das nicht mit allen Clients zuverlässig.

4 Skalierung festlegen

Bei der SKALIERUNG ❶ habe ich LANGE KANTE gewählt und den Wert 800 Pixel verwendet. Das bedeutet, dass die längere Kante des Bildes, egal ob Hoch- oder Querformat, nie länger als 800 Pixel sein wird. Die kürzere Kante des Bildes wird proportional angepasst. Dasselbe gibt es auch mit KURZE KANTE für die kürzere Kante im Bild. Wählen Sie HÖHE oder BREITE, wird der jeweils andere Wert proportional angepasst. Mit FEST erzwingen Sie eine prozentuale Skalierung.

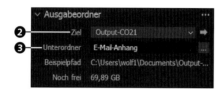

5 Ausgabeort festlegen

Über das Werkzeug AUSGABEORDNER (Windows) bzw. AUSGABEORT (Mac) legen Sie fest, wo ❷ die Dateien bei diesem Rezept beim Export gespeichert werden sollen. Da ich hier für die Bilder ein bestimmtes Verzeichnis haben will, verwende ich zusätzlich einen UNTERORDNER ❸ (E-MAIL-ANHANG), in dem die exportierten Dateien gespeichert werden. Der Pfad wird als Beispielpfad eingeblendet, zusammen mit der Angabe, wie viel Platz auf dem entsprechenden Laufwerk noch frei ist.

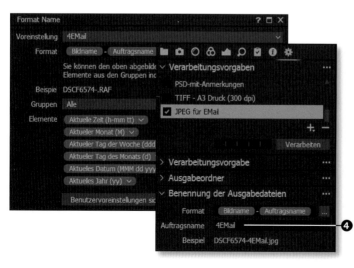

6 Dateien umbenennen

Das Umbenennen von Dateien wurde bereits in einem gesonderten Workshop behandelt und soll hier nicht nochmals beschrieben werden. Ich wähle eine Mischung aus dem Bildnamen und einem Auftragsnamen, wobei ich einfach den Text »4EMail« ❹ anhänge, damit ich beim Aufräumen meiner Festplatten weiß, worum es sich bei diesen Bildern handelt, wenn ich mehrere Versionen davon erstellt habe.

7 Anpassungen und Metadaten

Über den Reiter ANPASSUNGEN ⑤ können Sie auch eine Nachschärfung vornehmen oder den Bildbeschnitt (de-)aktivieren. Im Reiter METADATEN ⑥ können Sie auswählen, welche Metadaten in den exportierten Bildern eingebettet werden sollen. Entscheiden Sie selbst, welche Informationen Sie weitergeben wollen. Haben Sie das Bild zu Hause gemacht oder Freunde und Bekannte namentlich in den Schlüsselwörtern erfasst, können Sie beispielsweise Metadaten wie GPS-Koordinaten und Schlüsselwörter zur Sicherheit deaktivieren.

8 Verarbeitung starten

Im VERARBEITUNGSÜBERSICHT-Werkzeug ⑩ erhalten Sie einen groben Überblick über die gemachten Einstellungen des Rezepts. Ihr Rezept haben Sie hiermit erstellt, und es bleibt dauerhaft in der Liste ⑦ von Rezepten erhalten. Wenn Sie nachträglich Änderungen daran vornehmen, werden diese künftig im Rezept verwendet. Es gibt hierbei keine Speichern-Funktion für das Rezept, sondern es werden immer die zuletzt gemachten Einstellungen gesichert und verwendet! Klicken Sie auf VERARBEITEN ⑧, und der Balken ⑨ zeigt den Fortschritt des Exports an.

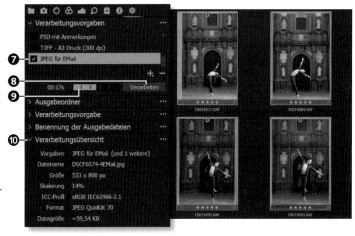

9 Stapel-Werkzeug

Bei umfangreicheren Ausgaben können Sie einen Blick in das STAPEL-Werkzeug ⑪ werfen. Dort ist im Reiter WARTESCHLANGE ⑫ der aktuelle Fortschritt zu sehen. Hier besteht auch die Möglichkeit, die Ausgabe anzuhalten ⑯ und später weiter auszuführen. Im Register VERLAUF ⑬ erhalten Sie einen Überblick darüber, was bereits ausgegeben wurde. An dieser Stelle können Sie bei Bedarf einzelne Einträge im Verlauf auswählen und über AUSWAHL ERNEUT VERARBEITEN ⑮ einen bereits erstellten Abzug neu erstellen. Die Schaltfläche VERLAUF LÖSCHEN ⑭ spricht für sich.

Proof-Ansicht und Ausgabeschärfe

So überprüfen Sie Ihre Bilder noch vor dem Export

Der Export von Bildern in ein gängigeres Format zur Weitergabe, wie beispielsweise das JPEG-Format, ist immer mit Qualitätsverlusten behaftet. Wie die Qualität beeinträchtigt wird, hängt u. a. davon ob, wie stark etwa die Qualität reduziert, wie weit die Bildgröße verkleinert und natürlich welches Format verwendet wurde. Capture One bietet eine Proof-Ansicht an, mit der Sie noch vor dem Export sehen können, wie das Ergebnis nach dem Export mit allen gemachten Einstellungen aussehen würde.

1 Rezepte auswählen

Ich gehe davon aus, dass Sie mit den Arbeiten am Bild fertig sind und es weitergeben möchten. Wählen Sie zunächst im Ausgabe-Register ❶ ein fertiges Rezept ❷ im Verarbeitungsvorgaben-Werkzeug aus. Alternativ können Sie auch eine neue Verarbeitungsvorgabe erstellen oder ein bereits vorhandenes Rezept modifizieren, wie Sie dies im vorherigen Workshop bereits durchgeführt haben.

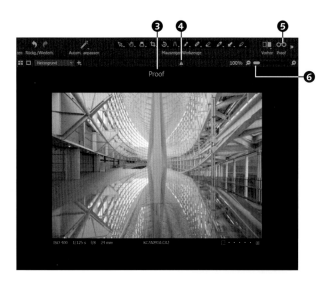

2 Proof-Ansicht aktivieren

Wollen Sie sehen, wie das Bild nach dem Export mit allen gemachten Anpassungen und der verwendeten Verarbeitungsvorgabe aussehen würde, aktivieren Sie Ansicht • Proof nach Verarbeitungsvorgabe aktivieren. Ein Warnsymbol ❹ und der Text Proof ❸ zeigen an, dass das Bild jetzt so angezeigt wird, wie es nach dem Exportieren aussehen würde. Dabei wird auch die Bildgröße berücksichtigt. An kritischen Stellen im Bild lohnt es sich daher, die Bildansicht auf 100 % ❻ zu stellen. Beim Anpassen der Symbolleiste (Seite 357) können Sie auch ein Brillensymbol ❺ für diese Funktion hinzufügen.

3 Nachträgliche Anpassungen

Wenn die Proof-Ansicht unschöne Details wie etwa vermehrtes Bildrauschen hervorbringt, können Sie jederzeit in der aktiven Proof-Ansicht das Bild nachbearbeiten. Bei unschönen Kompressions-Artefakten können Sie z. B. nachhelfen, indem Sie den Regler KLARHEIT etwas reduzieren, oder Sie erhöhen den Regler QUALITÄT, wenn Sie JPEG als Format zur Weitergabe gewählt haben. Das hängt vom jeweiligen Bild ab. Sie können in der Proof-Ansicht alle Werkzeuge von Capture One verwenden.

4 Ausgabeschärfe anpassen

Nun können Sie die Schärfe für die Ausgabedatei einstellen, was empfehlenswert ist, wenn Sie die Bildgröße verkleinern. Um die Ausgabeschärfe im Viewer betrachten zu können, müssen Sie die Proof-Ansicht wie in Schritt 2 aktivieren. Die SCHÄRFUNG ❽ nehmen Sie im AUSGABE-Register im VERARBEITUNGSVORGABE-Werkzeug unter dem Reiter ANPASSUNGEN ❼ vor. Die Regler für die Ausgabeschärfe des Bildschirms entsprechen denen des SCHÄRFUNG-Werkzeugs ohne den Regler LICHTHOF-UNTERDRÜCKUNG.

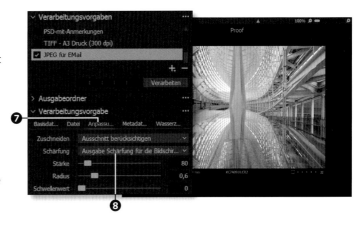

5 Schärfen für den Druck

Bei der Ausgabeschärfe für den Druck finden Sie anstelle des RADIUS-Reglers eine Option vor, mit der Sie die Schärfe anhand eines Betrachtungsabstands ❿ einstellen können, von dem das auszugebende Bild betrachtet werden soll. Wie immer empfiehlt es sich auch hier, für die Anpassung der Ausgabeschärfe die Ansicht auf 100 % zu stellen. Sind Sie mit dem Ergebnis zufrieden, können Sie die Bilder wie im Workshop zuvor beschrieben über die Schaltfläche VERARBEITEN ❾ exportieren.

Mehrere Rezepte verwenden

So verwenden Sie mehrere Rezepte gleichzeitig für den Export

Bei den Einstellungen für die Rezepte helfen das »Ausgabeort«-Werkzeug im »Ausgabe«-Register und das »Verarbeitungsvorgaben«-Werkzeug im »Datei«-Register. Das »Datei«-Register ist hilfreich, um z. B. mehrere Rezepte gleichzeitig zu verwenden und abhängig vom verwendeten Ausgabeort die Abzüge direkt in unterschiedlichen Unterordnern abzuspeichern. Damit lässt sich eine Menge Zeit sparen, wenn Sie gleich beim Export Ihre Abzüge für den E-Mail-Anhang, für Flickr, für Ihren Auftraggeber und/oder andere Plattformen und Größen auf einmal erstellen.

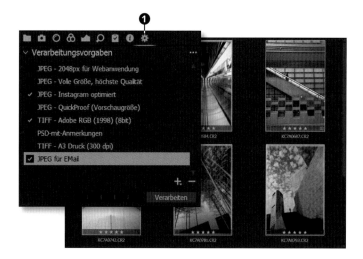

1 Rezepte auswählen

Nachdem Sie die zu exportierenden Bilder im Browser markiert haben, wählen Sie zunächst im AUSGABE-Register ❶ bei der Liste von Rezepten durch Setzen von Häkchen aus, welche Abzüge Sie erstellen wollen. Hier sehen Sie außerdem schon eine erweiterte Liste von Rezepten, wie ich sie sehr gerne verwende. Ich habe hier drei Rezepte ausgewählt.

2 Ausgabeort festlegen

Legen Sie nun im AUSGABEORDNER-Werkzeug (Windows) bzw. AUSGABEORT-Werkzeug (Mac) den Speicherort ❷ für den nächsten Export fest. Ich verwende hierbei auch einen UNTERORDNER ❸, den ich entsprechend benenne, damit ich jederzeit weiß, was sich darin befindet.

3 Unterordner festlegen

Markieren Sie ein ausgewähltes Rezept **4**, und wählen Sie den Reiter DATEI **5** im Werkzeug für die Einstellung der Rezepte. Belassen Sie es beim STAMMVERZEICHNIS **6** bei AUSGABEORDNER bzw. AUSGABEORT, wird der in Schritt 2 ausgewählte Ausgabeort verwendet. Erstellen Sie einen aussagekräftigen UNTERORDNER **7** passend zum Rezept (hier: JPEG-E-MAIL). Beachten Sie, dass Sie hiermit auch das Rezept verändert haben und dieser Unterordner im Stammverzeichnis künftig immer angelegt wird, bevor die Bilder dorthin exportiert werden.

4 Wiederholen Sie Schritt 3

Wiederholen Sie jetzt Arbeitsschritt 3 für die anderen abgehakten Rezepte **8** und **10**, indem Sie es bei demselben STAMMORDNER belassen, aber für die einzelnen Rezepte einen anderen aussagekräftigen Unterordner **9** und **11** verwenden (hier: TIFF – ADOBE-RGB-DRUCK und JPEG-INSTAGRAM).

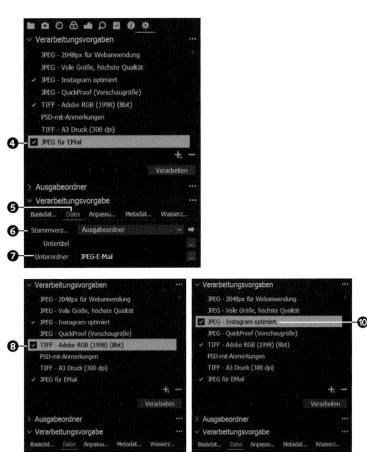

5 Verarbeitung starten

In der VERARBEITUNGSÜBERSICHT können Sie hinter VORGABEN neben der aktuell markierten Vorgabe Folgendes lesen: UND 2 WEITERE **13**. Das bedeutet, dass Sie insgesamt drei Vorgaben (Rezepte) ausgewählt haben. Mit VERARBEITEN **12** starten Sie den Exportvorgang und finden jetzt am vorgegebenen Ausgabeort drei weitere Verzeichnisse, in denen entsprechend der Vorgabe die Bilder gespeichert und eingeordnet wurden. Sie können nach Bedarf auch direkt weiterverarbeitet oder weitergegeben werden.

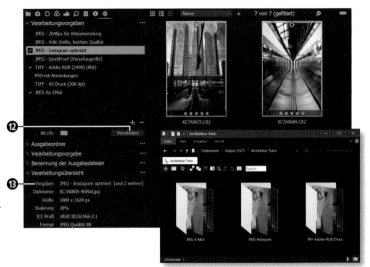

Maßgenaues Exportieren

Bilder mit bestimmten Abmessungen exportieren

Wenn Sie Bilder nach einem bestimmten Maß mit festen Pixelvorgaben exportieren müssen, wie beispielsweise für Werbebanner, ein Profilbild oder das Coverfoto bei Facebook und Co., dann müssen Sie neben einer Skalierung bei den Rezepten auch kurz zum »Zuschneiden«-Werkzeug wechseln.

1 Neues Rezept

In diesem Workshop soll ein Rezept für das Facebook-Coverfoto erstellt werden, für das derzeit eine Größe von 820×312 Pixeln empfohlen wird. Für andere Anwendungszwecke können Sie dieses Maß an die entsprechenden Bedingungen anpassen. Wählen Sie ein Bild aus, das Sie als Facebook-Coverfoto verwenden wollen. Klicken Sie auf das Plussymbol ❶, und benennen Sie das Rezept entsprechend.

2 Format und Qualität festlegen

Bei den Einstellungen der Rezepte im Register BASISDATEN verwende ich hier JPEG als FORMAT mit einer QUALITÄT von 75. Der Farbraum ist sRGB, und im Web reicht eine AUFLÖSUNG von 72 px/Zoll aus. Ansonsten wählen Sie noch, wo ❷ Sie das Bild speichern und welchen Namen ❸ Sie dafür verwenden wollen.

3 Skalierung festlegen

Da Sie jetzt eine feste Pixelvorgabe verwenden wollen, wählen Sie in SKALIERUNG ❹ BREITE × HÖHE aus. Wählen Sie gegebenenfalls als Maßeinheit noch Pixel ❺, und geben Sie jetzt die 820×312 Pixel in das Zahleneingabefeld ein. Allerdings klappt es damit noch nicht, und ein roter Wert ❻ in der VERARBEITUNGSÜBERSICHT bestätigt Ihnen, dass die vorgegebene Größe nicht mit den gemachten Angaben im VERARBEITUNGSVORGABE-Werkzeug übereinstimmt.

4 Bild zuschneiden

Wechseln Sie in das OBJEKTIV-Register ❼ und zum ZUSCHNEIDEN-Werkzeug. Öffnen Sie die Dropdownliste hinter SEITENVERHÄLTNIS ❾, und wählen Sie SEITENVERHÄLTNIS HINZUFÜGEN aus. Im Dialog geben Sie einen Namen ⓫ an und geben auch gleich die entsprechenden Maße (820×312) ein. Jetzt klicken Sie entweder auf die drei Punkte ❽ und wählen SEITENVERHÄLTNIS ANWENDEN/ZUWEISEN, oder Sie verwenden das ZUSCHNEIDEN-Werkzeug ❿ oder C und passen den Rahmen selbst an, in dem dann auch die richtigen Werte (820×312 Pixel) angezeigt werden.

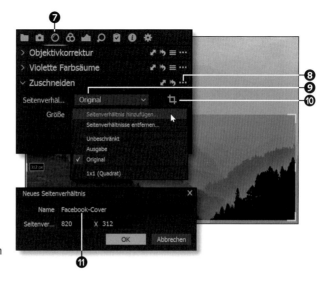

5 Bild ausgeben

Wechseln Sie zurück ins AUSGABE-Register ⓬. Jetzt sollten Sie keine roten fehlerhaften Angaben mehr in der VERARBEITUNGSÜBERSICHT ⓮ sehen. Klicken Sie auf VERARBEITEN ⓭, und das Facebook-Cover wird mit den passenden Maßen 820×312 Pixel am vorgegebenen Speicherort ausgegeben. Damit ist es bereit für die Verwendung auf Facebook. Auf demselben Weg können Sie auch das 1200×1200 Pixel große Profilbild erstellen.

Wasserzeichen verwenden

Schützen oder signieren Sie Ihre Fotos

Der Sinn eines Wasserzeichens ist es primär, Fotodiebe davon abzuhalten, Ihre Bilder zu verwenden. Hier scheiden sich allerdings die Geister. Fügt man das Wasserzeichen am Bildrand hinzu, kann es abgeschnitten werden. In der Mitte des Bildes wirkt es gewöhnlich störend und verunstaltet vielleicht ein ganzes Foto. Auf der anderen Seite kann ein kleines schönes Wasserzeichen mit einem Logo auch so etwas wie Werbung sein. In diesem Workshop erfahren Sie, wie Sie Ihren Bildern beim Exportieren ein Wasserzeichen als Text oder in Form einer selbsterstellten Grafik hinzufügen können.

Ausgangssituation

Ungeschütztes Fotomaterial

[Datei: Wasserzeichen.RAF]

Bearbeitungsschritte

- Neues Rezept erstellen
- Wasserzeichen mit Grafik
- Wasserzeichen mit Text

1 Neues Rezept anlegen

Ein Wasserzeichen könnten Sie zwar zu allen Rezepten einfach mit den Schritten 2 und 3 hinzufügen, aber ich empfehle Ihnen, hierfür ein neues Rezept anzulegen. Entweder klicken Sie im AUSGABE-Register bei VERARBEITUNGSVORGABEN auf das Plussymbol für ein neues Rezept und gehen dann alle Einstellungen durch, oder Sie drücken länger auf das Plussymbol und erstellen eine Kopie eines bereits vorhandenen Rezepts. Ich hänge zur Unterscheidung den Text »mit Wasserzeichen« ❶ an und habe somit eine Version mit und eine ohne Wasserzeichen.

2 Wasserzeichen als Text

Um einen Text als Wasserzeichen hinzuzufügen, wählen Sie den TYP TEXT ❷. Im Textfeld darunter geben Sie den Text ein. Mit ❹ geben Sie an, ob Sie die Größe in PIXEL oder PUNKT definieren wollen. Die SCHRIFTART, den Schriftschnitt und den Schriftgrad können Sie über den Dialog ändern, wenn Sie die drei Punkte ❺ anklicken. Die Regler DECKKRAFT und SKALIERUNG sprechen für sich. Die Position können Sie über das Wasserzeichen ❻ selbst, mit den Reglern HORIZONTAL und VERTIKAL oder mit dem WASSERZEICHEN VERSCHIEBEN-Werkzeug ❸ verändern.

3 Wasserzeichen als Grafik

Wollen Sie eine Grafik als TYP ❼ für das Wasserzeichen verwenden, können Sie sie per Drag&Drop vom Browser auf die entsprechende Fläche ❽ fallen lassen oder über den Dateidialog auswählen, den Sie mit ❾ öffnen. Ich habe hier eine transparente Grafik erstellt und ausgewählt. Ansonsten gilt alles, was ich schon in Schritt 2 beschrieben habe. Ob nun Text oder Grafik, wenn Sie ein Rezept mit Wasserzeichen auswählen und auf VERARBEITEN klicken, wird das Wasserzeichen gemäß den gemachten Vorgaben zu den ausgewählten Bildern hinzugefügt.

Bilder im EIP-Format

Das hauseigene EIP-Format sinnvoll verwenden

Ich verwende in der Praxis das Capture-One-eigene EIP-Format gerne, um den kompletten Workflow oder Vorarbeiten zu packen und auf einem anderen Rechner mit Capture One weiterzuverwenden. Das Format ist praktisch, weil neben der Raw-Datei auch alle Anpassungen, alle Varianten und ICC- sowie LCC-Profile gepackt werden. In der Praxis wird das EIP-Format allerdings eher in Sitzungen als in Katalogen empfohlen, weil bei einem Katalog die Anpassungen und Metadaten bereits zentral in einer Katalogdatei verwaltet werden.

Bearbeitungsschritte

- Bild als EIP packen
- Bild im EIP-Format weitergeben
- Bild im EIP-Format entpacken

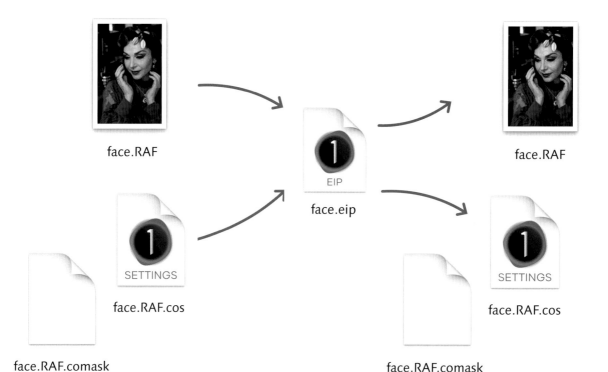

1 Als EIP packen (Sitzung)

Bei einer Sitzung können Sie ein Bild jederzeit über BILD • ALS EIP PACKEN zusammenpacken. Das Bild wird dann mit demselben Namen wie die Originaldatei ❷ verwendet, nur jetzt mit der Endung »*.eip« ❸. Anpassungen am Bild oder an Metadaten werden nun innerhalb der EIP-Datei verwaltet. Über BEARBEITEN/CAPTURE ONE 21 • VOREINSTELLUNGEN im Reiter BILD können Sie bei Sitzungen über die entsprechenden Optionen ❶ die Bilder direkt beim Import oder beim kabelgebundenen Fotografieren als EIP packen.

2 EIP zur Weitergabe

Sie können auch im Katalog (und in Sitzungen) eine Datei als EIP-Format zur Weitergabe packen. Hierzu wählen Sie ein Bild (oder mehrere) aus und wählen DATEI • BILDER EXPORTIEREN • ORIGINALE oder rufen über einen rechten Mausklick auf das Bild EXPORTIEREN • ORIGINALE auf. Den Exportdialog für die Original-Raw-Bilder kennen Sie ja bereits. Setzen Sie ein Häkchen vor ALS EIP EXPORTIEREN ❹, um genau dies zu bewirken.

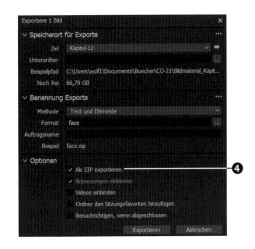

3 EIP entpacken

Wenn Sie ein EIP-Bild in einen Katalog importieren, wird diese Datei beim Importieren automatisch entpackt, und die gemachten Anpassungen werden übernommen, wenn sie mitgespeichert wurden. In Sitzungen hingegen können Sie ein EIP-Format jederzeit manuell entpacken, und zwar über einen rechten Mausklick auf das EIP-Bild mit EIP ENTPACKEN oder über das Menü BILD • EIP ENTPACKEN.

Webgalerie erstellen

Präsentieren Sie Ihre Fotos im Internet

Eine Webgalerie ist eine feine Sache, um Bilder Kunden, Bekannten oder Freunden zu präsentieren. Capture One bietet hierfür einige Vorlagen an und hilft Ihnen dabei, eine solche Webgalerie mit wenigen Mausklicks fertigzustellen.

1 Bilder auswählen

Für eine Webgalerie sollten Sie zunächst die Bilder auswählen, die Sie dafür verwenden wollen. Dies funktioniert sowohl mit einem Katalog als auch mit einer Sitzung. Ich habe hierfür ein Album ❶ angelegt und entsprechend Fotos ausgewählt, damit ich nicht erst noch nach den Bildern suchen muss. Blenden Sie den Viewer mit ANSICHT • VIEWER aus. Wählen Sie mit gehaltener ⎡Strg⎤/⎡cmd⎤-Taste die Bilder aus, die Sie für Ihre Galerie verwenden wollen. Rufen Sie jetzt DATEI • WEB-KONTAKTABZUG EXPORTIEREN auf.

2 Layout und Text auswählen

Nun erscheint ein weiteres Fenster, in dem Vorschaubilder für die Galerie generiert werden. Auf der rechten Seite ❹ finden Sie die Vorschau der kompletten Galerie. Wenn Ihnen das Layout nicht gefällt, können Sie im Dropdownmenü ❸ ein anderes auswählen und in der Vorschau sehen, ob es Ihnen zusagt. Im TEXT-Werkzeug ❷ können Sie einen TITEL und eine BESCHREIBUNG hinzufügen. Beides ist dann an der entsprechenden Stelle in der Galerie zu sehen oder kann dort eingeblendet werden. Auch ein COPYRIGHT und einen WEB-LINK können Sie hier verwenden.

3 Bilder anpassen

Über BILDUNTERSCHRIFT ❺ können Sie auswählen, welcher Text für das Bild verwendet werden soll. Ich bevorzuge eine laufende Nummerierung. Zudem finden Sie hier einen Regler, mit dem Sie die Größe der Miniaturvorschau festlegen. Mit VORSCHAUGRÖSSE bestimmen Sie, wie groß die Bilder maximal angezeigt werden sollen, und die QUALITÄT spricht für sich. Beachten Sie, dass Bilder in hoher Qualität eine längere Ladezeit im Internet benötigen.

4 Webgalerie ausgeben

Über die drei Punkte ❻ legen Sie den Pfad fest, über den die Galerie gespeichert wird. Wollen Sie die Webgalerie gleich nach dem Export anzeigen lassen, setzen Sie ein Häkchen vor NACH DEM EXPORTIEREN ANZEIGEN ❼. Zum Schluss müssen Sie nur noch auf die Schaltfläche EXPORTIEREN ❽ klicken.

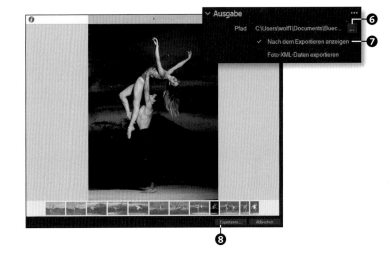

5 Im Browser betrachten

Haben Sie ausgewählt, dass die Galerie nach dem Export angezeigt werden soll, wird sie direkt in Ihrem Standard-Webbrowser geöffnet. Alternativ können Sie die Webgalerie öffnen, indem Sie in das Verzeichnis wechseln, in das Sie die Galerie exportiert haben, und auf die Datei »index.html« doppelklicken. Wollen Sie diese Galerie im Internet veröffentlichen, müssen Sie alle Dateien im gespeicherten Verzeichnis z. B. mithilfe eines FTP-Clients auf einen gemieteten Webspace hochladen.

Kontaktabzugsbogen erstellen

So erstellen Sie einen klassischen gedruckten Kontaktabzug

Wollen Sie Ihren Kunden oder Bekannten eine kleine Übersicht Ihrer Bilder mitgeben, bietet sich neben einer Webgalerie auch ein klassischer gedruckter Kontaktabzug an. Capture One bietet hierfür viele Vorlagen an, und wenn sie nicht ausreichen sollten, können Sie auch eigene Vorlagen erstellen.

1 Bilder auswählen

Für Kontaktabzugsbögen sollten Sie zunächst die Bilder auswählen, die Sie dafür verwenden wollen. Ich habe hierfür eine Sammlung ❶ angelegt. Blenden Sie den Viewer mit ANSICHT • VIEWER VERBERGEN aus. Wählen Sie mit gehaltener [Strg]/[cmd]-Taste die Bilder aus, die Sie für den Kontaktabzug verwenden wollen. Wollen Sie alle Bilder der im Browser angezeigten Sammlung verwenden, drücken Sie [Strg]/[cmd]+[A]. Wählen Sie jetzt DATEI • DRUCKEN, oder drücken Sie [Strg]/[cmd]+[P].

2 Drucker, Einheiten und Hilfslinien

Im sich öffnenden Dialog wählen Sie zunächst über DRUCKEREINSTELLUNGEN ❷ Ihren Drucker aus und machen auch gleich einige Seiten- und Druckereinstellungen. Tipp: Über DRUCKEREINSTELLUNGEN finden Sie häufig auch einen »Drucker« zur Auswahl, mit dem Sie die Ausgabe an eine PDF-Datei statt an einen Drucker schicken können. Bei SEITENEINSTELLUNGEN ❸ sollten Sie das Papierformat (hier: A4 297×210 MM) auswählen. Bei EINHEITEN UND HILFSLINIEN ❹ stellen Sie die Maßeinheit ein und legen fest, ob Hilfslinien angezeigt oder mitgedruckt werden sollen.

3 Vorlage auswählen

Unter VORLAGE **6** finden Sie viele Vorlagen für Ihren Kontaktabzug zur Auswahl. Ich habe im Beispiel über CONTACT SHEETS – AUTO FIT 2×4 ausgewählt, womit alle Bilder auf einer Seite gedruckt werden. Wenn Sie ein anderes Layout mit weniger Bildern auswählen, werden für die weiteren Bilder neue Seiten angelegt, was Sie links unten im Dialog **7** sehen. Durch die Seiten blättern Sie mit den Schaltflächen VORHERIGES und NÄCHSTE. Mit BENUTZERVORLAGE SPEICHERN **5** im Dropdownmenü finden Sie auch eine Option, angepasste Vorlagen zu sichern.

4 Ränder und Layout

In RÄNDER definieren Sie den Abstand LINKS, RECHTS, OBEN und UNTEN, und unter LAYOUT erstellen Sie ein eigenes Layout, in dem Sie selbst die ZEILEN und SPALTEN vorgeben. Hierbei finden Sie viele Regler, mit denen Sie z. B. den Zelleninhalt und Außenabstand variabel anpassen. Wollen Sie die gemachten Einstellungen als eigene Vorlage speichern, machen Sie dies im Dropdownmenü VORLAGE **8** mit BENUTZERVORLAGE SPEICHERN, wie ich es in Schritt 3 erwähnt habe.

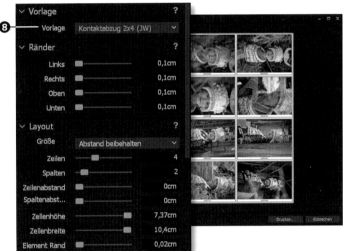

5 Bildeinstellungen/Anmerkungen

Unter BILDEINSTELLUNGEN können Sie definieren, ob die Bilder rotiert werden sollen, um das Blatt auszufüllen, oder ob sie eingezoomt werden sollen, wenn sie unterschiedlich beschnitten wurden, sodass ein gleichmäßiger Übergang entsteht. Sie können EIN BILD PRO SEITE WIEDERHOLEN sowie Überlagerungen und Anmerkungen ausdrucken lassen. Bei BILDUNTERSCHRIFT können Sie auswählen, ob Sie einen Dateinamen oder die Bildbeschreibung verwenden wollen. Wollen Sie ein WASSERZEICHEN hinzufügen, finden Sie auch hierfür eine Option. Mit der Schaltfläche DRUCKEN **9** wird der Kontaktabzug gedruckt.

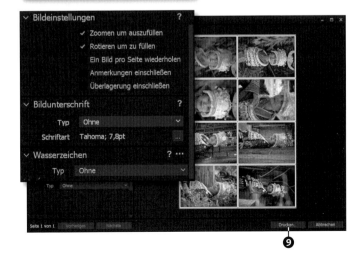

Bilder drucken

So bringen Sie einzelne Fotos aufs Papier

Früher konnte man den Film zur Entwicklung geben und sich dann am Ergebnis der Fotos erfreuen. Heutzutage wird fast ausschließlich digital fotografiert. Allenfalls die besten Bilder schaffen es noch aufs Papier. Vielleicht geht es Ihnen so wie mir, und Sie überlegen, ob Sie Ihre Bilder von einem Fotodienstanbieter drucken lassen oder besser selbst Hand anlegen sollten. Ganz klar, wenn Sie ein wandfüllendes Bild jenseits von DIN A3 drucken wollen, sind professionelle Fotodienstanbieter die erste Wahl. In kleineren Dimensionen kann sich der Druck auf dem heimischen Drucker aber durchaus lohnen. Im Beispiel sollen die ausgewählten Bilder jeweils auf ein 10 × 15 cm großes Fotopapier gedruckt werden.

1 Seiteneinstellung

Wählen Sie das Bild zum Drucken aus, und gehen Sie dann auf DATEI • DRUCKEN, oder drücken Sie `Strg`/`cmd`+`P`. Über die Schaltfläche SEITENEINSTELLUNGEN (Windows) **❶** bzw. SEITEN EINRICHTEN (Mac) wählen Sie das Papierformat **❷** aus. Im Beispiel sollen die Bilder auf ein 10 × 15 cm (entspricht 4 × 6 Zoll) großes Fotopapier gedruckt werden, weshalb ich im Beispiel den entsprechenden Eintrag ausgewählt habe. Auf dem Mac sieht dieser Dialog natürlich etwas anders aus, aber die Optionen sind im Grunde dieselben.

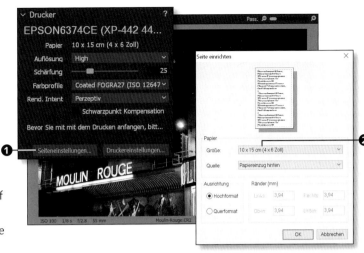

2 Einheiten und Vorlage

Wählen Sie passend zum gewählten Papierformat eine VORLAGE **❸** für das Foto aus. Im Beispiel ist kein Layout von 10 × 15 cm zu sehen. Entweder verwenden Sie hier FULL PAGE, oder Sie erstellen selbst eine Vorlage, indem Sie unter LAYOUT **❹** eine Zeile und eine Spalte verwenden und ZELLENHÖHE und ZELLENBREITE auf den maximalen Wert hochziehen. Wollen Sie einen Rand hinzufügen, sollten Sie dies mit dem letzten Regler tun.

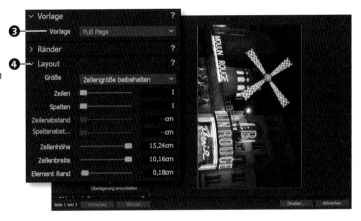

3 Drucken

Unter VORLAGE **❺** können Sie mit BENUTZERVORLAGE SPEICHERN **❻** das Layout für künftige Anwendungen (hier: 10 × 15 cm) sichern. Über WASSERZEICHEN habe ich noch einen Text als Stilmittel bzw. Bildtitel hinzugefügt. Legen Sie jetzt das 10 × 15 cm große Fotopapier in den Drucker, und über die Schaltfläche DRUCKEN **❼** wird das Bild schließlich gedruckt. Wenn im ersten Rutsch noch nicht alles passt, werden Sie am Layout noch ein paar Feineinstellungen vornehmen müssen, bis Sie mit dem Ergebnis zufrieden sind.

Kapitel 13
Benutzerdefinierte Arbeitsoberfläche

Capture One bietet von Haus mehrere fertige Arbeitsoberflächen an. Reicht Ihnen dies nicht aus, lässt sich die Arbeitsoberfläche sehr schön den persönlichen Bedürfnissen anpassen und speichern. Auch eigene Tastenkombinationen können Sie sich in Verbindung mit Capture One einrichten.

Fertige Arbeitsfläche verwenden
Die mitgelieferten Arbeitsflächen von Capture One 352

Werkzeuge festheften
Häufig verwendete Werkzeuge schneller griffbereit 354

Arbeitsfläche anpassen
Passen Sie die Arbeitsfläche an Ihre Bedürfnisse an 356

Eigene Arbeitsfläche erstellen
So erstellen Sie eine eigene Arbeitsfläche 358

Tastenkombinationen bearbeiten
Fügen Sie eigene Tastenkombinationen hinzu 360

Capture One erweitern
So nutzen Sie das Plugin-System von Capture One 362

Fertige Arbeitsfläche verwenden

Die mitgelieferten Arbeitsflächen von Capture One

Wenn Ihnen die Arbeitsoberfläche von Capture One bisher nicht zusagt, dann habe ich gute Nachrichten: Sie können sie ganz nach Ihren eigenen Wünschen einrichten! Bevor Sie dies allerdings tun, sollten Sie einen Blick auf bereits vorhandene Arbeitsflächenalternativen werfen, die Ihnen Capture One bietet.

Ausgangssituation

Arbeitsoberfläche soll gewechselt werden.

Bearbeitungsschritte

- Fertige Arbeitsfläche wählen
- Standardfläche wiederherstellen
- Weitere Fenster einblenden

1 Fertige Arbeitsfläche wählen

Capture One liefert von Haus aus mehrere verschiedene Arbeitsflächen mit, die Sie über das Menü FENSTER • ARBEITSFLÄCHE (Windows) bzw. FENSTER • ARBEITSUMGEBUNG (Mac) auswählen können. Probieren Sie ruhig einmal die verschiedenen fertigen Arbeitsflächenoptionen aus, und prüfen Sie, ob Ihnen eine besonders zusagt.

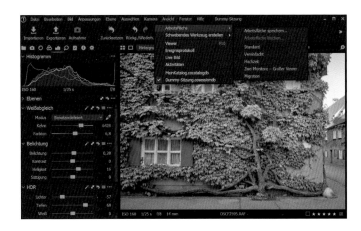

2 Standard wiederherstellen

Capture One merkt sich die Arbeitsfläche und verwendet auch nach einem Neustart immer die zuletzt aktive Arbeitsfläche. Wollen Sie wieder die Arbeitsfläche vom Ursprungszustand von Capture One verwenden, stellen Sie sie mit FENSTER • ARBEITSFLÄCHE • STANDARD (Windows) bzw. FENSTER • ARBEITSUMGEBUNG • STANDARD (Mac) wieder her.

3 Andere Fenster einblenden

Im Menü FENSTER finden Sie weitere Möglichkeiten, spezielle Fenster einzublenden. VIEWER ist spezialisiert auf die Bildbetrachtung. In EREIGNISPROTOKOLL können Sie diverse Protokollmeldungen wie Fehler und Startzeit betrachten. LIVE-BILD blendet ein Extrafenster für kabelgebundenes Fotografieren ein, und AKTIVITÄTEN zeigt den Fortschritt von im Hintergrund laufenden Aktionen wie beispielsweise dem Erstellen von Vorschaubildern an. Ob Prozesse im Hintergrund arbeiten, erkennen Sie am sich drehenden Rad ❶ oben im Fenster.

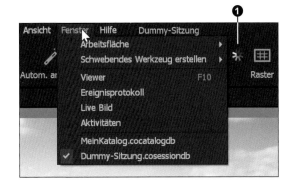

Werkzeuge festheften

Häufig verwendete Werkzeuge schneller griffbereit

Die Werkzeuge sind bei Capture One in einen feststehenden (oben) und einen scrollbaren (unten) Bereich eingeteilt. Die Aufteilung, welche Werkzeuge oberhalb festgeheftet und welche unten im scrollbaren Bereich abgelegt sind, ist standardmäßig bereits recht sinnvoll eingerichtet. Trotzdem können Sie jederzeit selbst entscheiden, welche Werkzeuge Sie in den beiden Sektionen haben wollen. Ich empfehle, die für Sie wichtigsten Werkzeuge oben festzuheften und die weniger wichtigen Werkzeuge im scrollbaren Bereich.

Ausgangssituation

Werkzeuge im feststehenden
und im scrollbaren Bereich

Bearbeitungsschritte

- Werkzeuge in den feststehenden
  Bereich verschieben

- Werkzeuge in den scrollbaren
  Bereich verschieben

1 Werkzeuge oben festheften

Werkzeuge heften Sie im feststehenden Bereich an, indem Sie beim entsprechenden Werkzeug die drei Punkte anklicken ❶ und den Befehl WERKZEUG IN DEN FESTSTEHENDEN BEREICH VERSCHIEBEN ❷ auswählen. Ein so hinzugefügtes Werkzeug wird immer am Ende des feststehenden Bereichs hinzugefügt. Die Positionen der Werkzeuge im oberen Bereich können Sie jederzeit mit gedrückter Maustaste umsortieren. Im feststehenden Bereich gibt es keine Scrollleiste.

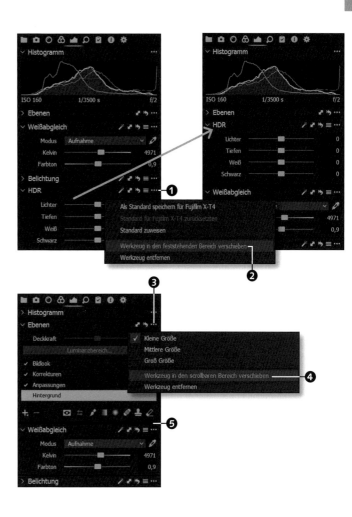

2 Werkzeuge loslösen

Umgekehrt können Sie Werkzeuge vom feststehenden Bereich in den scrollbaren Bereich verschieben, und zwar über die drei Punkte ❸ und den Befehl WERKZEUG IN DEN SCROLLBAREN BEREICH VERSCHIEBEN ❹. Auch hierbei wird das Werkzeug als Letztes im scrollbaren Bereich hinzufügt, wo Sie es bei Bedarf mit gehaltener Maustaste umsortieren können. Die beiden Bereiche werden von einer horizontalen dicken schwarze Linie ❺ getrennt.

3 Schneller per Drag & Drop

Schneller können Sie Werkzeuge per Drag & Drop vom scrollbaren Bereich in den feststehenden Bereich und umgekehrt umsortieren. Sie können auch alle Werkzeuge im feststehenden Bereich anheften, womit Sie die klassische Capture-One-Oberfläche ❼ der Vorgängerversionen (vor Capture One 20) erhalten. Ebenso können Sie alle Werkzeuge in den scrollbaren Bereich sortieren, um eine Lightroom-ähnliche Verwendung ❻ der Werkzeuge zu erzielen. Ich bevorzuge eine Mischung aus beiden Bereichen und lege mir so meine wichtigsten Werkzeuge in den feststehenden Bereich.

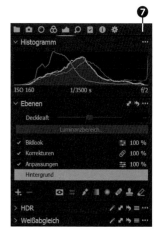

Arbeitsfläche anpassen

Passen Sie die Arbeitsfläche an Ihre Bedürfnisse an

Wenn Ihnen die fertigen Arbeitsflächen von Capture One nicht zusagen, Sie gerne das eine oder andere Werkzeug in einem anderen Register haben möchten oder das eine oder andere Register überhaupt nicht benötigen, lässt sich dies ganz einfach umsetzen.

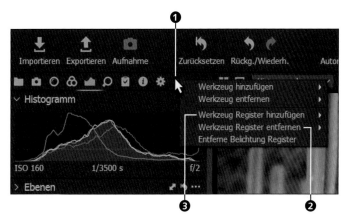

1 Register verwalten

Wenn Sie Register zur Arbeitsfläche hinzufügen oder daraus entfernen wollen, klicken Sie mit der rechten Maustaste auf das Register ❶ und finden mit WERKZEUG REGIS-TER HINZUFÜGEN (Windows) ❷ bzw. REGISTER HINZUFÜGEN (Mac) und WERKZEUG REGISTER ENTFERNEN ❸ zwei Untermenüs, in denen Sie nicht eingeblendete oder benutzerdefinierte Register hinzufügen oder entfernen können. Ausgegraute Register in REGISTER HINZUFÜGEN werden bereits verwendet und angezeigt.

2 Werkzeuge verwalten

Ähnlich wie die Register können Sie auch Werkzeuge hinzufügen und entfernen. Rechtsklicken Sie hierzu im Register oder in einem freien Bereich des aktiven Registers, können Sie über die Untermenüs WERKZEUG HINZUFÜGEN ❻ und WERKZEUG ENTFERNEN einzelne Werkzeuge durch Anklicken zum aktiven Register hinzufügen bzw. daraus entfernen. Beim Hinzufügen wird das Werkzeug zunächst immer als letztes Werkzeug im Register unten hinzugefügt. Im Beispiel habe ich das NAVIGATOR-Werkzeug ❺ zum BELICHTUNG-Register ❹ hinzugefügt.

3 Frei schwebende Werkzeuge

Die Werkzeuge können Sie jederzeit mit gedrückt gehaltener Maustaste herausziehen und im Register an einer anderen Stelle platzieren. Die Position, an der das Werkzeug platziert wird, wird mit einer orangefarbenen Linie ❼ angezeigt. Sie können aber auch das Werkzeug ❽ aus dem Register herausziehen und an einer freien Stelle frei schwebend fallen lassen. Das Gleiche erreichen Sie über das Untermenü FENSTER • SCHWEBENDES WERKZEUG ERSTELLEN. Frei schwebende Werkzeuge können Sie wiederum durch Ab- und Andocken gruppieren.

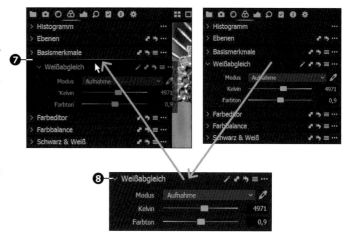

4 Symbolleiste anpassen

Klicken Sie rechts auf die Werkzeugleiste, können Sie über PERSONALISIEREN (Windows) ❿ bzw. SYMBOLLEISTE ANPASSEN (Mac) einzelne Elemente hinzufügen und entfernen, indem Sie diese Icons per Drag & Drop vom Dialog ⓬ auf einen freien Platz in der Werkzeugleiste links ❾ oder rechts ⓫ fallen lassen. Entfernen können Sie diese Elemente, indem Sie sie aus der Werkzeugleiste herausziehen und im Dialog ⓬ fallen lassen. Auch die Reihenfolge in der Werkzeugleiste können Sie per Drag & Drop anpassen.

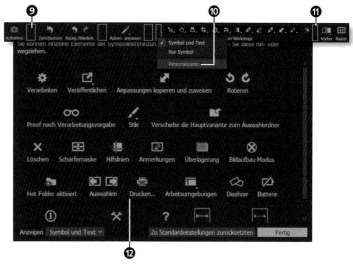

5 Standard wiederherstellen

Wollen Sie die Arbeitsfläche künftig so verwenden, können Sie sie über FENSTER • ARBEITSFLÄCHE • ARBEITSFLÄCHE SPEICHERN (Windows) bzw. FENSTER • ARBEITSUMGEBUNG • ARBEITSUMGEBUNG SPEICHERN (Mac) unter einem beliebigen Namen sichern. Möchten Sie den Ursprungszustand von Capture One wie nach der Installation wiederherstellen, rufen Sie FENSTER • ARBEITSFLÄCHE • STANDARD (Windows) bzw. FENSTER • ARBEITSUMGEBUNG • STANDARD (Mac) auf.

Eigene Arbeitsfläche erstellen

So erstellen Sie eine eigene Arbeitsfläche

Falls Sie den vorherigen Workshop ausgeführt haben, wollen Sie nun vielleicht eine eigene Arbeitsoberfläche für spezielle Themen mit den passenden Werkzeugen und dem idealen Workflow einrichten. In diesem Workshop will ich eine Arbeitsoberfläche erstellen, die ich gerne verwende, um meinen Bildern bestimmte Bildlooks zuzuordnen.

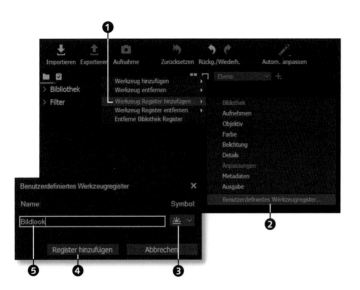

1 Werkzeugregister anpassen

Um ein Register zu entfernen, klicken Sie mit rechts in ein beliebiges Register und wählen im Untermenü WERKZEUG REGISTER ENTFERNEN entsprechende Einträge ab. Hinzufügen können Sie Register nach einem Rechtsklick über WERKZEUG REGISTER HINZUFÜGEN ❶ • BENUTZERDEFINIERTES WERKZEUGREGISTER (Windows) ❷ bzw. REGISTER HINZUFÜGEN • EIGENES REGISTER (Mac) Hier habe ich im Dialog den Namen ❺ BILDLOOK und ein SYMBOL ❸ für ein neues Register angegeben und auf REGISTER HINZUFÜGEN ❹ geklickt.

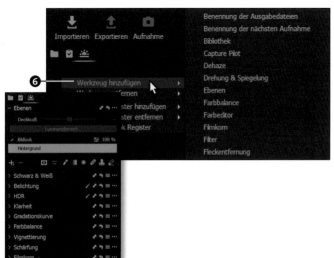

2 Werkzeuge zum Register hinzufügen

Fügen Sie mit einem rechten Mausklick in einem freien Bereich des gerade angelegten BILDLOOK-Registers über das Untermenü WERKZEUG HINZUFÜGEN ❻ entsprechende Werkzeuge hinzu, die Sie in diesem Register haben wollen. Ich habe die Werkzeuge EBENEN, SCHWARZ & WEISS, BELICHTUNG, HDR, KLARHEIT, GRADATIONSKURVE, FARBBALANCE, VIGNETTIERUNG, SCHÄRFUNG und FILMKORN ausgewählt, weil ich sie gewöhnlich für die Erstellung von Bildlooks verwende. Das EBENEN-Werkzeug halte ich dabei oben im feststehenden Bereich.

3 Werkzeugleiste personalisieren

Mit einem rechten Mausklick in der Werkzeugleiste über PERSONALISIEREN (Windows) bzw. SYMBOLLEISTE ANPASSEN (Mac) habe ich dann die für die Erstellung eines Bildlooks nicht benötigten Icons entfernt und alle Icons auf der linken Seite **7** angeordnet. Ich benötige nur die Funktionen für das Zurücksetzen, Rückgängigmachen, Wiederholen und die Stile. Auch hier können Sie Ihre Icons passend hinzufügen, entfernen oder sortieren, wie Sie es eben in der Praxis bzw. für Ihren Workflow benötigen.

4 Ansicht einstellen

Jetzt habe ich meine persönliche Bildlook-Arbeitsfläche erstellt, die meinem Workflow entspricht. Wollen Sie außerdem den Browser woanders platzieren, ändern Sie die Position mit ANSICHT • BROWSER ANPASSEN • UNTEN PLATZIEREN bzw., wenn bereits unten platziert, mit ANSICHT • BROWSER ANPASSEN • RECHTS PLATZIEREN. Schneller geht dies mit der Tastenkombination [Strg]/[cmd]+[⇧]+[B]. Ich persönlich bevorzuge die (Standard-)Ansicht des Browsers auf der rechten Seite.

5 Arbeitsfläche speichern

Speichern Sie die Arbeitsfläche über FENSTER • ARBEITSFLÄCHE • ARBEITSFLÄCHE SPEICHERN (Windows) **8** bzw. FENSTER • ARBEITSUMGEBUNG • ARBEITSUMGEBUNG SPEICHERN (Mac), und benennen Sie sie **10**. Jetzt können Sie diese Arbeitsfläche über FENSTER • ARBEITSUMGEBUNG/ARBEITSFLÄCHE • BILDLOOK **9** verwenden. Die gespeicherte Arbeitsfläche finden Sie auf Ihrem System im Ordner WORKSPACES mit der Endung »*.xml« bzw. »*.plist« in [Laufwerk]:\USER\[Nutzername]\ APPDATA\LOCAL\CAPTURE ONE (Windows) bzw. /USERS/[Nutzername]/LIBRARY/APPLICATION SUPPORT/CAPTURE ONE (Mac) wieder.

Tastenkombinationen bearbeiten

Fügen Sie eigene Tastenkombinationen hinzu

Einer der großen Vorteile von Capture One ist, dass sich die Software sehr gut an die individuellen Bedürfnisse des Anwenders anpassen lässt. Neben dem individuellen Einrichten der Arbeitsoberfläche ist es auch möglich, weitere Tastenkombinationen hinzuzufügen, um so den Workflow nochmals zu beschleunigen. Sie können auch die Schnellbearbeitungs-Tasten (siehe Seite 190) anpassen. In einem kurzen Workshop zeige ich Ihnen, wie dies geht.

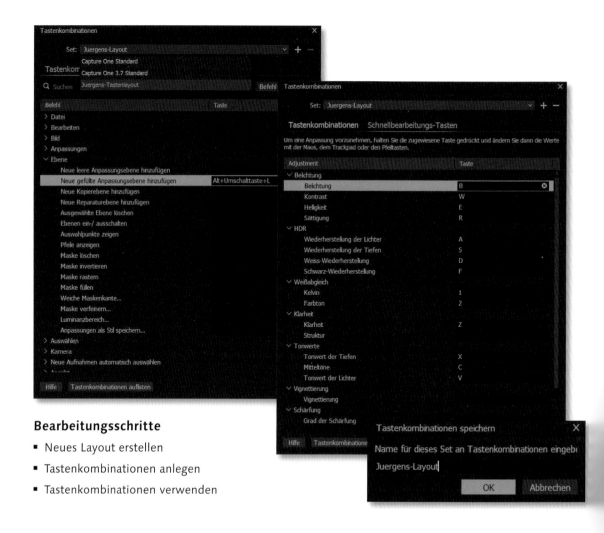

Bearbeitungsschritte

- Neues Layout erstellen
- Tastenkombinationen anlegen
- Tastenkombinationen verwenden

1 Neues Layout erstellen

Rufen Sie den TASTENKOMBINATIONEN-Dialog über BEARBEITEN • TASTENKOMBINATIONEN BEARBEITEN auf. Standardmäßig ist das Layout CAPTURE ONE STANDARD (Windows) ❶ bzw. DEFAULT (Mac) aktiviert. Klicken Sie auf das Plussymbol ❷, und geben Sie im sich öffnenden Dialog einen Namen ❸ für das neue Set ein. Hierbei werden auch die Standardvorgaben von Tastenkombinationen für Capture One mitkopiert. Jetzt können Sie die Standardtastenkombinationen des neu angelegten Layouts bearbeiten und entfernen.

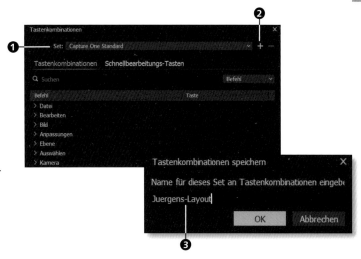

2 Tastenkombination anpassen

Wählen Sie bei TASTENKOMBINATIONEN ❹ einen Befehl für ein neues Tastenkürzel aus, erscheint ein graues Textfeld. Ich habe NEUE GEFÜLLTE ANPASSUNGSEBENE HINZUFÜGEN ❺ ausgewählt, [Strg]/[cmd]+[⇧]+[L] gedrückt, und schon wurde dafür diese Tastenkombination hinzugefügt. Entfernen können Sie eine Kombination mit der ×-Schaltfläche am Ende ❻ des Kürzels. Klicken Sie auf SCHLIESSEN ❼, und testen Sie Ihre neuen Tastenkombinationen.

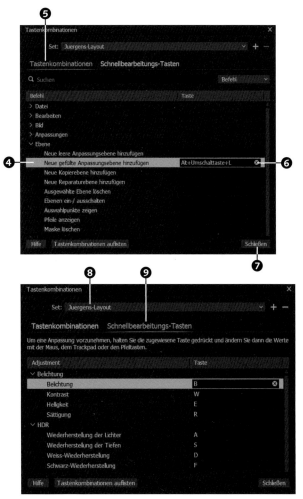

3 Schnellbearbeitungs-Tasten anpassen

Dasselbe können Sie auch mit den SCHNELLBEARBEITUNGS-TASTEN ❾ machen. Wählen Sie einen Schnellbearbeitungs-Befehl für das neue Tastenkürzel aus (hier: BELICHTUNG) und betätigen Sie das neue Tastenkürzel (im Beispiel [B]). Auch hier können Sie das Tastenkürzel mit der ×-Schaltfläche komplett entfernen. Wollen Sie wieder die Standardeinstellung von Capture One verwenden, müssen Sie nur im Dropdownmenü oben CAPTURE ONE STANDARD (Windows) ❽ bzw. DEFAULT (Mac) auswählen.

Capture One erweitern

So nutzen Sie das Plugin-System von Capture One

Capture One bietet auch ein Plugin-System an, mit dem Sie die Software erweitern können. So ist zum Beispiel die Funktion »Öffnen mit« ein Plugin, mit dem Sie Dateien aus Capture One mit anderen Programmen auf Ihrem Computer öffnen können. Zur Drucklegung war die Anzahl der Plugins immer noch recht bescheiden.

Bearbeitungsschritte

- Plugins hinzufügen
- Plugins (de-)aktivieren

1 »Öffnen mit« erweitern

Wollen Sie für die Befehle ÖFFNEN MIT und BEARBEITEN MIT weitere Programme hinzufügen, so können Sie dies über BEARBEITEN/CAPTURE ONE 21 • VOREINSTELLUNGEN im Reiter PLUGINS ❷ machen. Auf der linken Seite ❶ finden Sie das ÖFFNEN MIT-Plugin (OPEN WITH PLUGIN). Rechts ❸ können Sie die Anwendungen auswählen, die künftig auch im Untermenü ÖFFNEN MIT bzw. BEARBEITEN MIT angezeigt werden sollen, wenn das entsprechende Datenformat unterstützt wird.

2 Plugins installieren

Weitere Plugins finden Sie auf der offiziellen Website von Phase One, indem Sie auf die Schaltfläche MEHR PLUGINS LADEN ❺ klicken. Wenn Sie ein Plugin mit der Dateiendung ».coplugin« heruntergeladen haben, klicken Sie das Plussymbol ❹ unten links an und wählen im sich öffnenden Dialog das Plugin, das Sie hinzufügen möchten, aus. Daraufhin wird das Plugin zu Capture One hinzugefügt und ist bereit zur Verwendung.

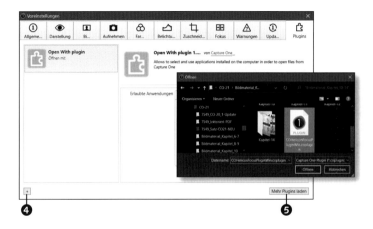

3 Plugin deaktivieren/entfernen

Wollen Sie ein Plugin vorübergehend deaktivieren, können Sie dies über die Schaltfläche DEAKTIVIEREN ❼ machen. Komplett entfernen können Sie ein Plugin hingegen, indem Sie es auf der linken Seite auswählen und dann unten das Minussymbol ❻ anklicken. Nun bleibt nur zu hoffen, dass Drittanbieter künftig weitere Plugins (gerade für die Veröffentlichung von Bildern) anbieten werden.

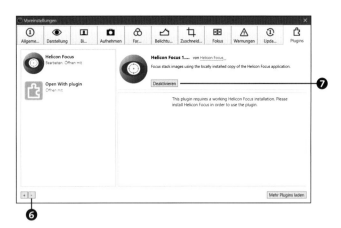

Kapitel 14

Capture Pilot und externe Software

Im letzten Kapitel erfahren Sie, wie Sie mit Capture One einen Bildserver einrichten und von einem iPad, iPhone oder einem beliebigen Webbrowser auf die Bilder zugreifen. Zwar können nicht alle Kameras das Livebild von Capture One beim Tethered Shooting verwenden, aber wenn Ihre Kamera dies unterstützt, erfahren Sie hier, wie Sie das Livebild anzeigen und damit fotografieren können. Anschließend gehe ich noch kurz auf Themen jenseits von Capture One ein. Zwar lässt sich vieles auf Basis der Rohdaten erledigen, trotzdem gibt es einige Arbeiten wie Collagen, Panoramen, HDR, Texte oder komplexe Retuschearbeiten, die man besser mit einem Drittprogramm durchführt.

Capture Pilot verwenden
So richten Sie einen lokalen Bildserver ein 366

Tethered Shooting mit Livebild
So steuern Sie den Kamerafokus im Livebild mit Capture One 370

Bilder mit Drittprogrammen bearbeiten
So übergeben Sie Bilder aus Capture One an Drittprogramme 372

HDR mit Affinity Photo
Wie Sie echte HDR-Bilder erstellen 374

Panorama erstellen
So erstellen Sie ein Panorama mit Photoshop (Elements) 376

Spezielle Exporte für PSD-Dateien
Export von Überlagerung, Pfaden, Anmerkungen und
Wasserzeichen 378

Capture Pilot verwenden

So richten Sie einen lokalen Bildserver ein

Ein interessantes Feature von Capture One ist die Möglichkeit, einen Bildserver einzurichten, auf dessen Bilder Sie dann mit der iOS-App »Capture Pilot« oder mit einem Webbrowser zugreifen können. Damit können andere Personen die Bilder beispielsweise direkt während des Shootings via App oder Webbrowser betrachten und bewerten.

Bearbeitungsschritte

- Bildserver einrichten
- Bildserver starten
- Zugriff mit iPad und Co.
- Zugriff mit Webbrowser

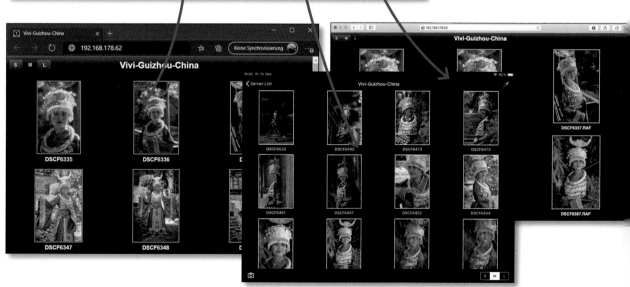

1 Capture Pilot einrichten

Zum Einrichten finden Sie im AUFNEH-MEN-Register das CAPTURE PILOT-Werkzeug ❶ vor. Aktivieren Sie das Register BASISDATEN. Bei SERVER NAME geben Sie einen Namen für den Bildserver ein. Über ORDNER können Sie vorgeben, auf welche Daten bzw. Sammlungen oder Ordner zugegriffen werden darf. Beim PASSWORT können Sie bei Bedarf eine gesicherte Verbindung einrichten. Über VER-ÖFFENTLICHEN wählen Sie, ob mit mobilen iOS-Geräten und/oder Webbrowsern auf den Bildserver zugegriffen werden darf.

2 Mobil und Web einrichten

In den Registern MOBIL ❷ und WEB ❺ legen Sie die Zugriffsrechte fest. Sie können dort einstellen, ob die Person, die die Bilder betrachtet, die Bilder auch gleich bewerten ❸ oder eine Farbmarkierung vergeben ❹ darf. Bei den mobilen Geräten haben Sie zusätzlich die Möglichkeit, die Bilder anzupassen (lediglich den Weißabgleich) oder das Mobilgerät zur Fernauslösung einer verbundenen Kamera zu nutzen. Für eine Aufnahme wird allerdings ein kostenpflichtiges Add-on benötigt.

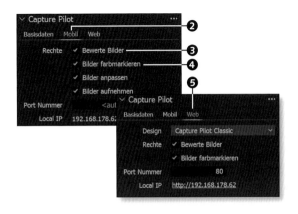

3 Bildserver starten

Den Bildserver starten können Sie jetzt im Register BASISDATEN ❻ über die entsprechende Schaltfläche ❼. Auf diesen Bildserver können Sie mit mehreren Geräten zugreifen. Sie sind also nicht nur auf das folgende Beispiel mit dem iPad oder dem Webbrowser beschränkt und könnten durchaus mit einem iPad und einem Webbrowser gleichzeitig auf den Bildserver zugreifen. Allerdings funktioniert Capture Pilot nur in einem lokalen Netzwerk und nicht über das Internet.

4 Zugriff mit iPad und Co.

Auf dem iPad oder iPhone müssen Sie jetzt die kostenlose App »Capture Pilot« aus dem App Store herunterladen und installieren. Wenn Sie die App starten, erscheint gewöhnlich gleich Ihr Server ❶ auf dem Bildschirm, mit dem Sie sich per Touch verbinden können. Haben Sie ein Passwort verlangt, müssen Sie es zuvor eingeben. Nun gelangen Sie in einen Browser, in dem die Bilder angezeigt werden.

5 Bilder auf iPad und Co. betrachten

Über S, M oder L ❷ können Sie die Größe der Vorschaubilder im Browser einstellen. Wenn Sie ein Bild mit einem Finger berühren, wird es im Vollbild angezeigt. Für eine bessere Beurteilung des Bildes können Sie auch in das Bild hineinzoomen. Über die Icons können Sie sich ein Histogramm anzeigen lassen ❸, die Bilder mit Sternen bewerten oder farblich markieren ❹. Wenn Sie die entsprechenden Rechte in Schritt 2 vergeben haben, können Sie hier mit ❺ auch den Weißabgleich durchführen.

6 Bild auf iPad und Co. aufnehmen

Über das Kamera-Icon ❻ können Sie Ihre Kamera fernsteuern, sie muss allerdings mit dem Computer, auf dem der Bildserver läuft, verkabelt sein. Achtung: Diese Funktion ist kostenpflichtig. Wer jedoch regelmäßig verkabelte Studioshootings macht, für den ist dies eine gute Investition, auch wenn die Funktionen für verkabeltes Shooting recht beschränkt sind und auch kein Live View bieten. Trotzdem finden Sie alle wichtigen Informationen über Kameraeinstellungen und eine große Schaltfläche zum Auslösen vor.

7 Server manuell einrichten

Wenn Ihr Server in Schritt 4 nicht aufgelistet wird, können Sie ihn über das Plussymbol **❼** selbst einrichten. Name, Host und Port finden Sie in Schritt 2 im Register Mobil mit Port Nummer und Local IP **❽** wieder. Auch die Plattform – Windows, Mac oder DB (Digital Back) – müssen Sie hier auswählen sowie den Typ, was in den meisten Fällen Phase One sein dürfte.

8 Zugriff über Webbrowser

Wollen Sie die Bilder auf einem Computer, einem TV- oder einem mobilen Gerät betrachten, starten Sie den Webbrowser auf dem entsprechenden System und geben die Local IP **❿** aus dem Register Web in die Adressleiste des Webbrowsers **❾** ein. Es wird eine Verbindung zum Bildserver hergestellt. Bei Erfolg werden die Bilder im Webbrowser angezeigt. Die Portnummer 80 müssen Sie nicht eingeben, weil dies die Standardportnummer des Webbrowsers ist. Bei einer anderen Portnummer müssen Sie sie mit einem Doppelpunkt hinter der IP hinzufügen.

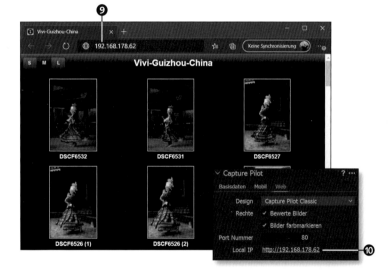

9 Bilder mit dem Webbrowser betrachten

Auch im Webbrowser stellen Sie über die Buchstaben S, M oder L **⓭** die Größe der Vorschaubilder ein. Klicken Sie ein Vorschaubild an, wird es im Vollbild angezeigt. Beim Webbrowser stehen nur die Funktionen zur Bewertung und farblichen Markierung **⓮** zur Verfügung. Zurück zur Gesamtansicht kommen Sie mit Back **⓫**, und mit den Pfeil-Schaltflächen **⓬** navigieren Sie durch die Bilder in der Vollansicht vor und zurück.

Tethered Shooting mit Livebild

So steuern Sie den Kamerafokus im Livebild mit Capture One

Bei einigen Kameras können Sie das Tethered Shooting auch in einem separaten Livebild-Fenster durchführen. Ich verwende das Livebild-Fenster besonders gerne, weil es mir hilft, den Bildaufbau besser zu beurteilen, die Einstellungen anzupassen und den Kamerafokus dort exakt scharf zu stellen, wo und wie ich es haben will. Dies ist besonders interessant für die Studio-, Produkt- oder Makrofotografie. Welche Funktionen und Werkzeuge Sie im Livebild-Fenster verwenden können, hängt von Ihrer Kamera ab.

1 Vorbereitungen treffen

Entscheiden Sie zunächst, ob Sie eine neue Sitzung anlegen oder die Bilder in den Katalog fotografieren wollen. Ich lege hier eine neue Sitzung über DATEI • NEUE SITZUNG an. Schließen Sie dann die Kamera an Ihren Computer an, und schalten Sie sie ein. Auf diese beiden Punkte bin ich bereits im Workshop zum Tethered Shooting auf Seite 66 eingegangen. Beachten Sie bitte, dass nicht alle Kameras das Livebild verwenden können. Ob Ihre Kamera unterstützt wird, erfahren Sie auf der Support-Website von Phase One.

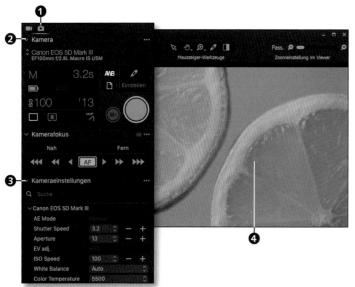

2 Livebild aktivieren

Das Livebild-Fenster aktivieren Sie über das Menü FENSTER • LIVE BILD. Wenn Ihre Kamera unterstützt wird, sehen Sie auf der rechten Seite im Viewer das Livebild ❹. Zunächst wechsle ich in das AUFNEHMEN-Register ❶ und mache im KAMERA-Werkzeug ❷ die nötigen Einstellungen für die Aufnahme. Reichen Ihnen diese Einstellungen nicht aus, finden Sie im KAMERAEINSTELLUNGEN-Werkzeug ❸ weitere Werte, die Sie anpassen können. Die Werkzeuge kennen Sie ja bereits aus dem AUFNEHMEN-Register von Capture One.

3 Bildansicht anpassen

Die Bildansicht können Sie wie im Viewer von Capture One steuern. Mit dem Mausrad zoomen Sie tiefer ins Bild hinein und wieder heraus. Sie finden hier auch die Werkzeuge zum Verschieben ⑥ (oder [H]) und Zoomen ⑦ (oder [Z]). Auch der Schieberegler ⑧ zum Ein-/Auszoomen ist hier vorhanden. Ich vergrößere den Bereich, den ich scharfstellen will, auf 100 %, und sehe gleich, dass der Bereich gar nicht scharf ist. Auch zwischen einer Schwarzweiß- und RGB-Ansicht ⑤ können Sie wechseln.

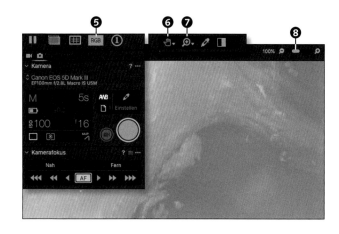

4 Kamerafokus anpassen

Wechseln Sie zum LIVE BILD-Register ⑩ in das KAMERAFOKUS-Werkzeug ⑫. Mit den Pfeilen nach links ⑬ können Sie die Naheinstellungen und mit den Pfeilen nach rechts ⑭ die Ferneinstellungen vornehmen. Je mehr Pfeile auf der Schaltfläche sind, umso gröber arbeitet das Werkzeug. AF in der Mitte steht für den Autofokus. Die Position des Kamerafokus können Sie über das LIVE-BILD NAVI-GATOR-Werkzeug mit dem weißen Kasten ⑪ verschieben. Ist das Werkzeug ausgeblendet, können Sie es über rechten Klick auf ⑨ mit WERKZEUG HINZUFÜGEN hinzufügen.

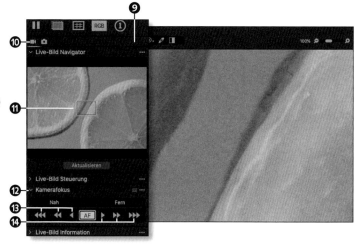

5 Bild aufnehmen

Haben Sie den Fokus scharf gestellt und alle Einstellungen getätigt, können Sie das Bild über die AUFNEHMEN-Schaltfläche ⑮ aufnehmen und in die Sitzung bzw. den Katalog fotografieren und dann das Bild entsprechend bearbeiten.

Dies war nur eine grundlegende Einführung in das Tethered Shooting mit dem Livebild-Fenster. Abhängig von der Kamera kann es sein, dass Ihnen die eine oder andere Funktion im Livebild nicht zur Verfügung steht.

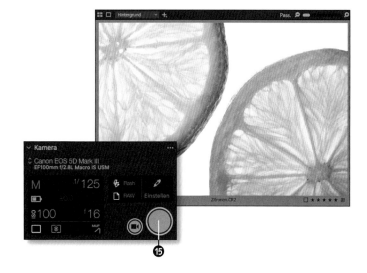

Bilder mit Drittprogrammen bearbeiten

So übergeben Sie Bilder aus Capture One an Drittprogramme

Zwar lässt sich vieles bereits in Capture One erledigen, aber es gibt immer wieder Gründe, die Bilder in einer anderen Software zu bearbeiten. Ihnen stehen dafür zwei unterschiedliche Möglichkeiten zur Verfügung: »Öffnen mit« und »Bearbeiten mit«. In diesem Workshop erfahren Sie, wie sich diese Optionen unterscheiden und wofür sie geeignet sind.

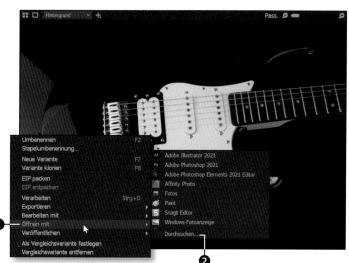

1 Öffnen mit (1/2)

Über das Menü DATEI oder mit einem rechten Mausklick auf die markierten Bilder im Browser oder Viewer finden Sie den Befehl ÖFFNEN MIT ❶ und meistens eine Reihe auf Ihrem Rechner installierter Anwendungen, mit denen Sie das Bild öffnen können. Finden Sie Ihre gewünschte Anwendung nicht, können Sie sie mit ❷ auswählen. Bei ÖFFNEN MIT wird das Raw-Original an das Drittprogramm gesendet. Daher ist dies nur sinnvoll, wenn das gewählte Programm auch mit einem Raw-Bild umgehen kann.

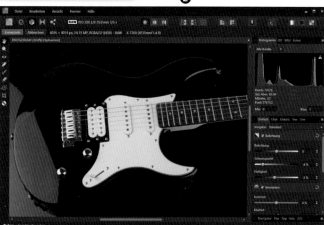

2 Öffnen mit (2/2)

Affinity Photo beispielsweise verwendet für ein Raw-Originalbild seinen hauseigenen Raw-Konverter. Sie werden direkt feststellen, dass die in Capture One gemachten Anpassungen nicht übernommen werden, weil außer Capture One keine andere Anwendung etwas damit anfangen kann. Abzüge, die Sie in der Drittsoftware erstellen, werden nicht automatisch dem Katalog hinzugefügt. Anders ist das bei einer Sitzung, wenn der Abzug in demselben Verzeichnis wie das Original gespeichert wurde, weil in Sitzungen immer die Bilder eines Verzeichnisses aufgelistet werden.

3 Bearbeiten mit

Den Befehl BEARBEITEN MIT ❸ erreichen Sie auf demselben Weg wie ÖFFNEN MIT. Damit erstellen Sie einen Abzug von den Bildern, die Sie im Browser ausgewählt haben, und schicken sie z. B. im JPEG- oder TIFF-Format an die ausgewählte Anwendung. Ist Ihre gewünschte Anwendung nicht dabei, können Sie sie mit DURCHSUCHEN ❹ auswählen und öffnen. Im sich öffnenden Dialog können Sie neben dem FORMAT ❺ verschiedene Einstellungen vorgeben, wie das Bild zum Bearbeiten an die ausgewählte Anwendung übergeben werden soll.

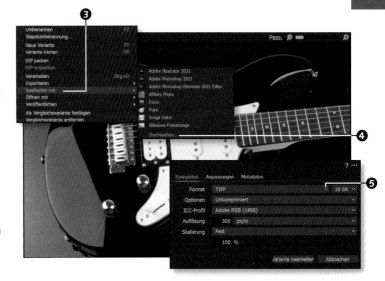

4 Nach der Bearbeitung

Die Anzahl der möglichen Anwendungen dürfte bei BEARBEITEN MIT schon viel höher sein, weil wesentlich mehr Anwendungen mit einem Bild im JPEG- oder TIFF-Format umgehen können als mit einem Bild im Raw-Format. Ein weiterer Vorteil dabei ist, dass beim Erstellen automatisch ein Abzug in den Katalog importiert und dort hinzugefügt wird.

5 Nicht-Raw-Bilder anpassen

Zwar werden per BEARBEITEN MIT einzelne Abzüge exportiert, an eine Drittsoftware weitergegeben und anschließend auch mitsamt den gemachten Änderungen in der Drittsoftware dem Katalog hinzugefügt, aber wenn Sie jetzt erneut Anpassungen am Nicht-Raw-Bild im Capture-One-Katalog vornehmen, gelten diese Anpassungen wieder nur innerhalb von Capture One. Wie immer gilt auch hier, dass Capture One nichtdestruktiv arbeitet und bei Anpassungen die Finger von den Originaldateien lässt.

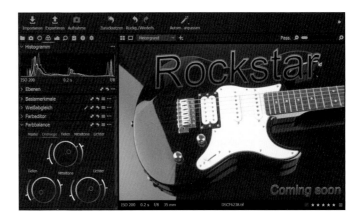

HDR mit Affinity Photo

Wie Sie echte HDR-Bilder erstellen

HDR (kurz für *High Dynamic Range*) erzeugt Bilder mit einem hohen Tonwertumfang. Dabei wird ein Motiv in mehreren Belichtungsstufen fotografiert, um so alle Helligkeitswerte zu erfassen. Diese unterschiedlichen Aufnahmen fügen Sie dann mithilfe einer Software zu einem einzigen HDR-Bild zusammen. Wie bereits beim »HDR«-Werkzeug erwähnt, kann Capture One selbst keine echten HDR-Bilder erstellen, und Sie müssen einen Umweg über eine Drittsoftware machen. Im Beispiel demonstriere ich das anhand von Affinity Photo.

Ziel

Bilder zu einem HDR-Bild zusammensetzen

[Ordner: HDR-Beispiel]

Vorher

Nachher

Bearbeitungsschritte

- Öffnen mit Affinity Photo
- HDR-Bild erstellen

1 Bearbeiten mit Affinity Photo

Wählen Sie im Browser mit gehaltener Strg/cmd-Taste die Bilder aus, die Sie für das HDR-Bild verwenden wollen. Entweder geben Sie die Raw-Originale mit ÖFFNEN MIT weiter, oder Sie erstellen Abzüge mit BEARBEITEN MIT. Ich mache im Beispiel Letzteres und wähle AFFINITY PHOTO aus. Als bestmögliche Qualität verwende ich das TIFF-FORMAT ❶ mit 16 BIT ❷. Beachten Sie, dass nicht alle Anwendungen mit 16 Bit umgehen können. Klicken Sie auf ❸, und die Bilder werden exportiert und in Affinity Photo geöffnet.

2 HDR-Funktion aufrufen

In Affinity rufen Sie die HDR-Funktion über DATEI • NEUE HDR-KOMBINATION auf. Über die Schaltfläche HINZUFÜGEN ❹ wählen Sie die einzelnen Bilder für die HDR-Kombination aus. Ich belasse es bei den Standardeinstellungen des Dialogs und klicke auf OK. Jetzt werden die ausgewählten Bilder für die HDR-Funktion von Affinity Photo vorbereitet und geladen.

3 HDR erstellen

Im HDR-Fenster von Affinity fügen Sie jetzt über die verschiedenen Regler ein HDR-Bild aus den (hier vier) Bildern zusammen. Eine kurze Beschreibung ergibt relativ wenig Sinn, weil das HDR-Thema durchaus ein eigenes Buch füllen würde (und bereits gefüllt hat). Wenn Sie noch nicht so erfahren mit der HDR-Entwicklung sind, können Sie aus den VORGABEN ❺ einige Einstellungen auswählen und ausprobieren, indem Sie die Regler innerhalb von FARB-/TONWERTE ❻ anpassen. Mit der Schaltfläche ANWENDEN links oben wird das HDR-Bild generiert.

Panorama erstellen

So erstellen Sie ein Panorama mit Photoshop (Elements)

Für das Zusammenfügen von Panoramabildern müssen Sie die Bilder ebenfalls an eine Drittsoftware senden. Ich wähle für diesen Workshop die Panoramafunktion von Photoshop Elements. Aber auch hier gilt, dass sich der Workshop mit anderen Anwendungen zum Zusammensetzen eines Panoramas recht ähnlich verwenden lässt.

Ziel

Bilder sollen zu einem Panorama zusammengesetzt werden.

[Ordner: Panorama]

Bearbeitungsschritte

- Bilder in Capture One anpassen
- Bilder an Photoshop (Elements) übergeben
- Panorama erstellen

1 Bilder anpassen

Wenn Sie die Bilder für das Panorama in Capture One fertig angepasst haben, wählen Sie sie im Browser mit gehaltener `Strg`/`cmd`-Taste aus. Klicken Sie mit der rechten Maustaste darauf, und wählen Sie BEARBEITEN MIT ❶. Ich wähle hier ADOBE PHOTOSHOP ELEMENTS 2021 EDITOR aus. Im sich öffnenden Dialog verwende ich TIFF als FORMAT mit einer AUFLÖSUNG von 300 px/Zoll. Klicken Sie jetzt auf die Schaltfläche VARIANTE BEARBEITEN ❷, und die Bilder werden exportiert und in Photoshop Elements geöffnet.

2 Panoramafunktion aufrufen

Wechseln Sie in Photoshop Elements in den ASSISTENT-Modus ❸, und wählen Sie im Register PHOTOMERGE ❹ die Funktion PHOTOMERGE PANORAMA ❺ aus.

Beim großen Adobe Photoshop rufen Sie die Panoramafunktion über DATEI • AUTOMATISIEREN • PHOTOMERGE auf.

Bei Affinity Photo finden Sie die Panoramafunktion über das Menü DATEI • AUTOMATISIEREN • NEUES PANORAMA.

3 Panorama erstellen

Aktivieren Sie den FOTOBEREICH ❻, und markieren Sie alle Bilder für das Panorama mit gehaltener `Strg`/`cmd`-Taste. Wählen Sie AUTOMATISCHES PANORAMA ❼, und klicken Sie dann auf die Schaltfläche ❽ zum Erstellen des Panoramas, woraufhin die PHOTOMERGE-PANORAMA-Funktion von Photoshop Elements die einzelnen Bilder nahtlos zu einem Panorama zusammenfügt.

Auch im großen Photoshop gehen Sie wie schon bei der HDR-Erstellung vor und wählen GEÖFFNETE DATEIEN HINZUFÜGEN und dann das LAYOUT (beispielsweise AUTO) aus, ehe Sie mit der Schaltfläche OK die Bilder zusammenfügen.

Spezielle Exporte für PSD-Dateien

Export von Überlagerung, Pfaden, Anmerkungen und Wasserzeichen

Wollen Sie eine Überlagerung, Anmerkungen oder Wasserzeichen als eigene Ebene einer PSD-Datei an Photoshop weitergeben oder an ein anderes Programm, das mit PSD-Dateien umgehen kann, so können Sie dies beim Exportieren tun. Auch die Freistellung eines Bildes können Sie mit einem Freistellungspfad in der PSD-Datei speichern und so in Photoshop trotzdem noch auf den gesamten ursprünglichen Bildbereich zugreifen.

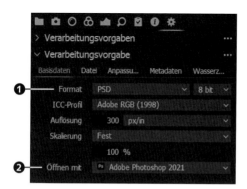

1 PSD-Format einstellen

Um ein Bild im PSD-Format zu exportieren, wählen Sie im Ausgabe-Register im Verarbeitungsvorgabe-Werkzeug bei Format ❶ PSD aus. Das Gleiche erreichen Sie via rechten Mausklick auf der oder den entsprechenden Dateien im Browser oder Viewer über das Kontextmenü mit Exportieren • Varianten, wo Sie dann ebenfalls PSD als Format im Reiter Basisdaten auswählen. Bei Öffnen mit ❷ können Sie das Programm wählen, mit dem die PSD-Datei geöffnet wird.

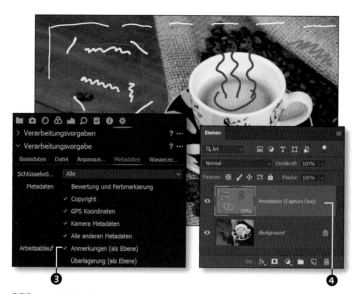

2 Weitergabe von Anmerkungen

Um Anmerkungen auf einer separaten Ebene an Photoshop weiterzugeben, aktivieren Sie beim Exportieren der Datei in das PSD-Format die Option Anmerkungen (als Ebene) ❸ im Reiter Metadaten. Wenn der Zusatz (als Ebene) fehlen sollte, dann haben Sie in Schritt 1 vermutlich nicht PSD als Exportformat ausgewählt. Die Anmerkungen finden Sie anschließend in Photoshop auf einer Extraebene ❹ vor, die Sie über das Augensymbol aus- und einblenden können. Anmerkungen sind praktisch, wenn Sie weitere Arbeitsschritte markiert/notiert haben, die Sie mit Photoshop auf das Bild anwenden wollen.

3 Weitergabe von Überlagerung

Auch eine Überlagerung, die Sie im ÜBERLAGERUNG-Werkzeug ❻ auf ein Bild anwenden, können Sie – wie schon die Anmerkungen im Reiter METADATEN – als separate Ebene einer PSD-Datei weitergeben, wenn Sie die Option ÜBERLAGERUNG (ALS EBENE) ❺ aktiviert haben. Fehlt der Zusatz (ALS EBENE), haben Sie vermutlich kein PSD-Format gewählt. Die Überlagerung wird in Photoshop mit derselben DECKKRAFT als Ebene ❼ exportiert, wie Sie dies im ÜBERLAGERUNG-Werkzeug eingestellt haben.

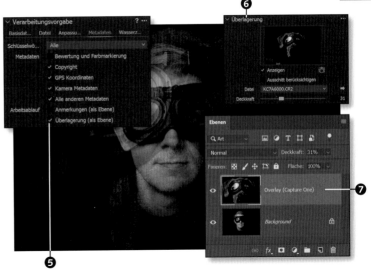

4 Weitergabe von Wasserzeichen

Ebenfalls nur beim Export in ein PSD-Format steht der Zusatz (ALS EBENE) bei TYP ❽ im Reiter WASSERZEICHEN zur Verfügung. Auch hierbei wird beim Export für das Text- oder Grafik-Wasserzeichen eine Extraebene ❾ angelegt. Das Wasserzeichen selbst wird allerdings immer als Rastergrafik an Photoshop weitergegeben, egal, ob Sie bei TYP TEXT oder GRAFIK ausgewählt haben.

5 Weitergabe von Freistellungspfaden

Wollen Sie außerdem nach dem Freistellen in Capture One das komplette Bild an Photoshop weitergeben, aber die Informationen der Freistellung erhalten, um so auf den gesamten ursprünglichen Bildbereich zugreifen zu können, dann können Sie dies ebenfalls im PSD-Format tun, indem Sie beim Reiter ANPASSUNGEN bei ZUSCHNEIDEN ❿ die Option AUSSCHNITT ALS PFAD (PSD) auswählen. Diese Option ist nur dann wählbar, wenn Sie PSD als FORMAT ausgewählt haben.

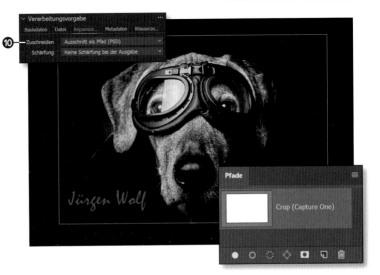

Anhang
Tastenkürzel und letzte Tipps

In diesem Anhang finden Sie einen Überblick über die verschiedenen Tastenkombinationen, die Sie in Capture One für ein zügiges Arbeiten nutzen können. Zu guter Letzt finden Sie noch einige Tipps, die ich im Buch bislang nicht erwähnt habe.

Tastenkürzel
Übersicht über die Tastenkürzel von Capture One 382

GRUNDLAGENEXKURS: Letzte Tipps
Dinge, die noch wissenswert sind 390

Tastenkürzel

Übersicht über die Tastenkürzel von Capture One

Die Arbeit mit Tastenkürzeln erscheint vielen Einsteigern anfangs etwas umständlich. Wenn Sie sie jedoch konsequent nutzen, prägen sich die nützlichsten Tastenkombinationen schnell ein und werden Ihre Arbeit beschleunigen. Alle Tastenkürzel finden Sie auch als PDF-Datei zum Ausdrucken im Downloadbereich des Buches.

Datei

Befehl	Windows	Mac
Neuer Katalog	Strg + ⇧ + N	cmd + ⇧ + N
Neue Sitzung	Strg + N	cmd + N
Öffnen	Strg + O	cmd + O
Bilder importieren	Strg + ⇧ + I	(kein Tastenkürzel)
Verarbeiten	Strg + D	cmd + D
Fenster schließen	(kein Tastenkürzel)	cmd + W
Dekrement-Zähler	Strg + ⇧ + K	cmd + alt + K
Drucken	Strg + P	cmd + P
Beenden	Alt + F4	cmd + Q

Bearbeiten

Befehl	Windows	Mac
Rückgängig machen	Strg + Z	cmd + Z
Wiederholen	Strg + Y	cmd + ⇧ + Z
Alle auswählen	Strg + A	cmd + A
Auswahl aufheben	Strg + ⇧ + A	cmd + ⇧ + A
Erweiterte Suche	Strg + ⇧ + F	cmd + ⇧ + F
Voreinstellungen	(kein Tastenkürzel)	cmd + ,

Bild

Befehl	Windows	Mac
Alle ausgewählten Varianten bearbeiten	Strg + ⇧ + E	cmd + ⇧ + E
Neue Variante	F7	F2 bzw. fn + F2

Bild (Fortsetzung)

Befehl	Windows	Mac
Variante klonen	`F8`	`F3` bzw. `fn`+`F3`
Umbenennen	`F2`	(kein Tastenkürzel)
Als Vergleichsvariante verwenden	(kein Tastenkürzel)	`⇧`+`↵`
Zuordnung als Vergleichs-variante aufheben	(kein Tastenkürzel)	`cmd`+`↵`
Alle ausgewählten Varianten dem Auswahlalbum (bzw. Auswahlordner) hinzufügen	`Strg`+`J`	`cmd`+`J`
Löschen (in den Papierkorb der Sitzung/des Katalogs ver-schieben)	`Strg`+`Entf`	`cmd`+`←`
Von der Festplatte löschen	`Alt`+`Entf`	`cmd`+`ctrl`+`←`

Anpassungen

Befehl	Windows	Mac
Nach links drehen	`Strg`+`Alt`+`L`	`cmd`+`alt`+`L`
Nach rechts drehen	`Strg`+`Alt`+`R`	`cmd`+`alt`+`R`
Drehen und einrasten	`Strg`+`Alt`+`.`	`cmd`+`alt`+`X`
Anpassungen kopieren	`Strg`+`⇧`+`C`	`cmd`+`⇧`+`C`
Anpassungen anwenden	`Strg`+`⇧`+`V`	`cmd`+`⇧`+`V`
Anpassungen kopieren und zuweisen	`Strg`+`Alt`+`⇧`+`C`	(kein Tastenkürzel)
Automatisch anpassen	`Strg`+`L`	`cmd`+`L`
Alles zurücksetzen	`Strg`+`R`	`cmd`+`R`
Keine Sternebewertung	`0`	`0`
1 Stern, 2, 3, 4, 5 Sterne	`1`, `2`, `3`, `4`, `5`	`1`, `2`, `3`, `4`, `5`
Rote Farbmarkierung	`-`	`-`
Gelbe Farbmarkierung	`*`	`*`
Grüne Farbmarkierung	`+`	`+`

Ebene

Befehl	Windows	Mac
Maske zeichnen	`B`	`B`
Maske löschen	`E`	`E`
Lineare Verlaufsmaske zeichnen	`L`	`L`

Ebene (Fortsetzung)

Befehl	Windows	Mac
Radiale Verlaufsmaske zeichnen	`T`	`T`
Reparaturmaske zeichnen	`Q`	`Q`
Klonmaske zeichnen	`S`	`S`
Die Maske immer anzeigen/ Die Maske nie anzeigen	`M`	`M`
Graustufenmaske anzeigen/ ausblenden	`Alt`+`M`	`alt`+`M`

Auswählen

Befehl	Windows	Mac
Alle auswählen	`Strg`+`A`	`cmd`+`A`
Auswahl aufheben	`Strg`+`⇧`+`A`	`cmd`+`⇧`+`A`
Auswahl umkehren	`Strg`+`I`	`cmd`+`I`
Nächstes/vorheriges Bild	`←`/`→`	`cmd`+`←`/`cmd`+`→`
Nächstes/vorheriges Set	`Alt`+`←`/`Alt`+`→`	`alt`+`←`/`alt`+`→`

Kamera (Tethered Shooting)

Befehl	Windows	Mac
Bild mit angeschlossener Kamera aufnehmen	`Strg`+`K`	`cmd`+`K`
Aufnahmeregister auswählen	`Strg`+`2`	`cmd`+`alt`+`2`

Ansicht

Befehl	Windows	Mac
Belichtungswarnung anzeigen	`Strg`+`E`	`cmd`+`E`
Überlagerung anzeigen	`Strg`+`⇧`+`O`	(kein Tastenkürzel)
Anmerkungen immer einblenden	`J`	`J`
Raster anzeigen	`Strg`+`G`	`cmd`+`G`
Viewer verbergen	`G`	`G`
Browser verbergen	`Strg`+`B`	`cmd`+`B`
Browser automatisch ausblenden	(kein Tastenkürzel)	`cmd`+`alt`+`B`
Browser rechts platzieren/ Browser unten platzieren	`Strg`+`⇧`+`B`	`cmd`+`⇧`+`B`

Ansicht (Fortsetzung)

Befehl	Windows	Mac
Vorher/Nachher	`Y`	`Y`
Werkzeuge verbergen	`Strg`+`T`	`cmd`+`T`
Werkzeuge automatisch ausblenden	(kein Tastenkürzel)	`cmd`+`alt`+`T`
Werkzeuge rechts platzieren/ Werkzeuge links platzieren	`Strg`+`⇧`+`T`	`cmd`+`⇧`+`T`
Proofrand	`X`	`X`
Vollbild ein/aus	`F`	`F`
Diashow starten/stoppen	(kein Tastenkürzel)	`cmd`+`<`

Fenster

Befehl	Windows	Mac
Fenster zoomen	(kein Tastenkürzel)	`cmd`+`ctrl`+`Z`
Minimieren	(kein Tastenkürzel)	`cmd`+`M`
Viewer	`F10`	(kein Tastenkürzel)

Hilfe

Befehl	Windows	Mac
Benutzerhandbuch online	`F1`	(kein Tastenkürzel)
Tipps	`Strg`+`F1`	(kein Tastenkürzel)

Zoomen im Viewer

Befehl	Windows	Mac
Hineinzoomen	`Strg`+`+`	`cmd`+`+`
Herauszoomen	`Strg`+`-`	`cmd`+`-`
Ansicht einpassen	`.`	`.`
100%-Ansicht (1:1)	`.`	`.`

Werkzeugregister auswählen

Befehl	Windows	Mac
Bibliothek, Aufnehmen, Objektiv, Farbe, Belichtung, Details, Anpassungen, Metadaten, Ausgabe	`Strg`+`1`, `Strg`+`2`, ... `Strg`+`9`	`cmd`+`alt`+`1`, `cmd`+`alt`+`2`, ... `cmd`+`alt`+`7`
Vorheriges Register	(kein Tastenkürzel)	`cmd`+`alt`+`←`

Schnellbearbeitungs-Tasten für das Belichtung-Werkzeug

Befehl	Windows	Mac
Belichtung	Q	Q
Kontrast	W	W
Helligkeit	E	E
Sättigung	R	R

Schnellbearbeitungs-Tasten für das HDR-Werkzeug

Befehl	Windows	Mac
Lichter	A	A
Tiefen	S	S
Weiß	D	D
Schwarz	F	F

Schnellbearbeitungs-Tasten für das Weißabgleich-Werkzeug

Befehl	Windows	Mac
Kelvin	1	1
Farbton	2	2

Schnellbearbeitungs-Tasten für das Klarheit-Werkzeug

Befehl	Windows	Mac
Klarheit	Z	Z
Struktur	(kein Tastenkürzel, frei)	(kein Tastenkürzel, frei)

Schnellbearbeitungs-Tasten für das Tonwerte-Werkzeug

Befehl	Windows	Mac
RGB-Lichter	V	V
RGB-Schatten	X	X
RGB-Mitteltöne	C	C

Unbelegte Schnellbearbeitungs-Tasten

Befehl	Windows	Mac
Vignettierung (Vignettierung-Werkzeug)	(kein Tastenkürzel, frei)	(kein Tastenkürzel, frei)
Grad der Schärfung (Schärfung-Werkzeug)	(kein Tastenkürzel, frei)	(kein Tastenkürzel, frei)

Unbelegte Schnellbearbeitungs-Tasten (Fortsetzung)

Befehl	Windows	Mac
Helligkeitsabfall (Objektivkor-rektur-Werkzeug)	(kein Tastenkürzel, frei)	(kein Tastenkürzel, frei)
Dehaze (Dehaze-Werkzeug)	(kein Tastenkürzel, frei)	(kein Tastenkürzel, frei)
Die Schnellbearbeitungs-Tasten können Sie jederzeit benutzerdefiniert belegen. Wie Sie diese Tasten in Capture One anpassen, können Sie auf der Seite 361 nachlesen.		

Schnelle Pinseleinstellungen für Maske zeichnen, Maske löschen, Reparaturmaske zeichnen und Klonmaske zeichnen

Befehl	Windows	Mac
Größe anpassen	Alt+RMT+HZRL	ctrl+alt+LMT+HZRL
Härte anpassen	Alt+RMT+VZOU	ctrl+alt+LMT+VZOU
Deckkraft anpassen	⇧+RMT+HZRL	⇧+ctrl+alt+ LMT+HZRL
Fluss anpassen	⇧+RMT+VZOU	⇧+ctrl+alt+ LMT+VZOU
RMT = rechte Maustaste, LMT = linke Maustaste HZRL = horizontales Ziehen der Maus nach rechts/links VZOU = vertikales Ziehen der Maus nach oben/unten		

Werkzeuge

Befehl	Windows	Mac
Nächstes Register	(kein Tastenkürzel)	`cmd`+`alt`+`→`

Werkzeuge	Tastenkürzel
	Das AUSWAHL-Werkzeug aktivieren Sie mit `V`. Durch die einzelnen Werkzeuge AUSWÄHLEN, IN AUSWAHLORDNER VERSCHIEBEN und ENTFERNEN bzw. LÖSCHEN wechseln Sie mit `⇧`+`V`.
	Das VERSCHIEBEN-Werkzeug rufen Sie mit `H` auf. Durch die einzelnen Werkzeuge VERSCHIEBEN, ÜBERLAGERUNG VERSCHIEBEN und WASSERZEICHEN VERSCHIEBEN wechseln Sie mit `⇧`+`H`.
	Die LUPE wählen Sie mit `P`. Mit `Z` rufen Sie das VER-GRÖSSERN- und das VERKLEINERN-Werkzeug auf. Das Werkzeug SCHÄRFEPUNKT AUSWÄHLEN aktivieren Sie mit `F`. Durch die einzelnen Werkzeuge LUPE, VERGRÖSSERN, VERKLEINERN und SCHÄRFEPUNKT AUSWÄHLEN wechseln Sie mit `⇧`+`Z`.
	Das ZUSCHNEIDEN-Werkzeug aktivieren Sie mit `C`.
	Das DREHEN-Werkzeug wählen Sie mit `R` aus. Durch die einzelnen Werkzeuge GERADE RICHTEN, FREIHANDDREHEN, NACH LINKS DREHEN und NACH RECHTS DREHEN wechseln Sie mit `⇧`+`R`.
	Das TRAPEZKORREKTUR-Werkzeug rufen Sie mit `K` auf. Durch die einzelnen Werkzeuge TRAPEZKORREKTUR VERTI-KAL, TRAPEZKORREKTUR HORIZONTAL und TRAPEZKORREKTUR wechseln Sie mit `⇧`+`K`.

Werkzeuge (Fortsetzung)

Werkzeuge	Tastenkürzel
Maske zeichnen — B Lineare Verlaufsmaske zeichnen — L Radiale Verlaufsmaske zeichnen — T Die Maske immer anzeigen — M ✓ Die Maske nur beim Ziehen anzeigen Graustufenmaske anzeigen — Alt+M Die Maske nie anzeigen — M ✓ Auswahlpunkte zeigen	Den Pinsel MASKE ZEICHNEN aktivieren Sie mit ⒝ (für »brush«). Für LINEARE VERLAUFSMASKE ZEICHNEN wählen Sie ⒧ (für »linear«) oder ⒯ für RADIALE VERLAUFSMASKE ZEICHNEN. Mit ⒨ können Sie die erstellte Maske (de-)aktivieren und mit ⒜⒧⒯+⒨ eine Graustufenmaske verwenden.
Reparaturmaske zeichnen — Q Klonmaske zeichnen — S ○ Fleck entfernen — O Die Maske immer anzeigen — M Die Maske nur beim Ziehen anzeigen Graustufenmaske anzeigen — Alt+M ✓ Die Maske nie anzeigen — M ✓ Pfeile anzeigen	Den Pinsel REPARATURMASKE ZEICHNEN aktivieren Sie mit ⒬. KLONMASKE ZEICHNEN erreichen Sie mit ⒮. Das FLECK ENTFERNEN-Werkzeug rufen Sie mit ⒪ auf. Mit ⒨ können Sie auch hier die erstellte Maske (de-)aktivieren und mit ⒜⒧⒯+⒨ eine Graustufenmaske verwenden.
	Das MASKE LÖSCHEN-Werkzeug aktivieren Sie mit ⒠ (für »erase«).
Weißabgleich auswählen — W Pick Haze Shadow Tone Farbe für Normalisierung auswählen — N Normalisierung zuweisen — N Tiefen-Tonwertpunkt auswählen Tonwert der Lichter auswählen Tonwertpunkt auswählen — U RGB-Kurvenpunkt anwählen — U Direkter Farbeditor — D Farbkorrektur auswählen Hauttonkorrektur wählen Farbanzeige hinzufügen Farbanzeige löschen Farbwerte immer anzeigen	Das Werkzeug WEISSABGLEICH AUSWÄHLEN aktivieren Sie mit ⒲. Die NORMALISIERUNG-Werkzeuge zum Auswählen und Zuweisen rufen Sie mit ⒩ auf. Die Werkzeuge RGB-KURVENPUNKT ANWÄHLEN und LUMA-KURVENPUNKT ANWÄHLEN für das KURVE-Werkzeug wählen Sie mit ⒰. Zwischen diesen beiden Werkzeugen wechseln Sie mit ⒮+⒰. Das DIREKTER FARBEDITOR-Werkzeug wählen Sie mit ⒟.
✓ Anpassungen zuweisen — A Anpassungen kopieren — A	Das ANPASSUNGEN-Werkzeug aktivieren Sie mit ⒜. Durch die einzelnen Werkzeuge ANPASSUNGEN KOPIEREN und ANPASSUNGEN ZUWEISEN wechseln Sie mit ⒮+⒜.
Anmerkungen zeichnen — I Anmerkungen löschen ✓ Anmerkungen immer zeigen — J	Das Werkzeug zum Zeichnen von Anmerkungen rufen Sie mit ⒤ auf. Anmerkungen ein-/ausblenden hingegen können Sie mit ⒥.

Letzte Tipps

Dinge, die noch wissenswert sind

Es gibt noch den einen oder anderen Handgriff, den ich auf den vorangegangenen Seiten noch nicht erwähnt habe, der aber vielleicht recht praktisch ist.

Tethered Shooting mit fremden Kameras
Zwar ist es nicht möglich, die Kamerasteuerung bei einem Tethered Shooting von Capture One aus zu übernehmen, wenn ein Kameramodell nicht unterstützt wird. Gerade bei hochwertigen Kameras mit ihren hauseigenen Programmen bietet es sich aber trotzdem an, für das Tethered Shooting eine Sitzung in Capture One anzulegen und den AUFNAHMEORDNER der Sitzung auch als Aufnahmeordner für die externe Software festzulegen. Zwar werden die Bilder nach der Aufnahme dann nicht automatisch direkt angezeigt, aber es ist zumindest eine Lösung, die Bilder gleich nach der Aufnahme in einem Workflow zu bearbeiten. Wenn das nicht funktioniert, können Sie auch umgekehrt vorgehen und den Aufnahmeordner der externen Software zum AUFNAHMEORDNER einer Sitzung von Capture One machen.

Hot Folder verwenden
Einen Hot Folder können Sie über das Menü KAMERA mit dem Befehl HOT FOLDER AUSWÄHLEN einrichten und dann über dasselbe Menü mit HOT FOLDER AKTIVIERT ❶ scharf stellen. Das Prinzip eines Hot Folders ist dasselbe, wie ich es eben beim Tethered Shooting mit fremden Kameras bei Sitzungen mit dem AUFNAHMEORDNER beschrieben habe, nur eben für einen Katalog. Alle Bilder, die diesem Ordner hinzugefügt werden, werden standardmäßig

in Capture One unter LETZTE AUFNAHMEN in der KATALOGSAMMLUNG angezeigt und in den Katalog importiert. Ob die zum Hot Folder hinzugefügten Bilder sofort angezeigt werden oder nicht, können Sie ebenfalls über das Menü KAMERA im Untermenü NEUE AUFNAHMEN AUTOMATISCH AUSWÄHLEN einstellen. Neben der Möglichkeit, einen Hot Folder bei einem Katalog für nicht unterstützte Kameras zum Tethered Shooting zu verwenden, können Sie diesen Hot Folder theoretisch auch verwenden, um Bilder in den Katalog zu importieren, ohne den Importdialog zu starten, indem Sie einfach Bilder hinzufügen.

GPS-Daten im Browser öffnen
Capture One hat zwar keine Landkarte zu bieten, auf der der Aufnahmeort des Bildes angezeigt wird. Trotzdem bietet sich eine Möglichkeit über das METDATEN-Werkzeug an, indem Sie bei EXIF – GPS auf den Weblink IM BROWSER ÖFFNEN ❷ klicken. Daraufhin wird der Aufnahmeort im Webbrowser in Google Maps angezeigt. Voraussetzung dafür ist natürlich, dass Ihre Kamera entsprechende Exif-Daten gespeichert hat. Nicht jede Kamera kann ohne Weiteres GPS-Daten aufzeichnen.

Engine aktualisieren

Wenn Sie Ihre Bilder zuvor mit einer älteren
Version von Capture One bearbeitet und
ein Upgrade gemacht haben, sollten Sie bei
bereits bearbeiteten Bildern die Engine aktualisieren, damit Sie alle Möglichkeiten der
neuesten Version voll ausschöpfen können.
Hierzu müssen Sie lediglich die entsprechende
Schaltfläche ❸ im BASISMERKMALE-Werkzeug
beim FARBE-Register anklicken.

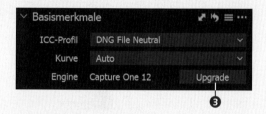

Einstellung radiale Verlaufsmaske

Wenn Sie das RADIALE VERLAUFSMASKE ZEICH-
NEN-Werkzeug verwenden, können Sie noch
vor dem Aufziehen der Maske entscheiden,
ob Sie den Verlauf innerhalb oder außerhalb
der Maske zeichnen wollen. Hierzu müssen
Sie nur mit dem aktiven Werkzeug auf dem
Bild rechtsklicken und die entsprechende Option ❹ aktivieren bzw. deaktivieren.

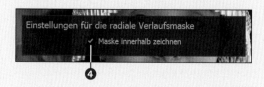

Hintergrundfarbe ändern

Die dunkle Hintergrundfarbe beim Viewer
sagt vermutlich nicht jedem zu und passt
auch nicht immer zum Bild. Dies können Sie
schnell ändern, indem Sie mit der rechten
Maustaste auf den Bereich des Hintergrundes
klicken und eine entsprechende Farbe ❺ auswählen. Noch schneller können Sie die Hintergrundfarbe mit den Tastenkombinationen
⬆+1 bis ⬆+6 ändern.

Werkzeuggröße im scrollbaren Bereich

Bei einigen Werkzeugen können Sie im scrollbaren Bereich die Größe anpassen. Hierzu klicken Sie beim entsprechenden Werkzeug im
scrollbaren Bereich auf die drei Punkte ❻ und
wählen dort eine entsprechende Größe ❼ aus.

Zuschneiden-Werkzeug

Wenn Sie beim ZUSCHNEIDEN-Werkzeug den Zuschnittsrahmen mit gedrückter Alt-Taste verändern, vergrößert oder verkleinert sich der Bildausschnitt zur Bildmitte hin. Wenn Sie außerdem beim SEITENVERHÄLTNIS UN-BESCHRÄNKT verwenden, können Sie mit gehaltener ⇧-Taste die Proportionen beim Freistellen erhalten. Auch beide Tasten gleichzeitig können Sie beim Zuschneiden gedrückt halten. Jederzeit frei rotieren können Sie den Bildausschnitt auch innerhalb des Zuschnittsrahmens, wenn Sie Strg/cmd gedrückt halten.

Zähler zurücksetzen

Capture One enthält einen eigenen Zähler für den Import, bei einer Aufnahme beim Tethered Shooting, bei Umbenennungen, als Ausgabezähler und auch für das Exportieren. Dieser Zähler beeinflusst den Namen der Datei durch das Hinzufügen eines inkrementierten Zahlenwertes wie »dateiname-001«, »dateiname-002«. Wenn Sie diese Zählung wieder auf den Anfangswert zurücksetzen wollen, finden Sie im Menü DATEI entsprechende Einträge dazu in den Untermenüs AUFNAHME-ZÄHLER, IMPORT-ZÄHLER, AUSGABE-ZÄHLER, EXPORT-ZÄHLER und UMBENENNUNGS-ZÄHLER. Reicht Ihnen das nicht aus, finden Sie bei den entsprechenden Werkzeugen, in denen ein Zähler vorhanden ist, über die drei Punkte ❶ die Möglichkeit, den entsprechenden Zähler zurückzusetzen, sowie die Option, den Anfangswert und die Schrittweite der Hochzählung einzustellen.

Auswählen nach Gleichem

Wenn Sie ein Bild mit der rechten Maustaste anklicken, finden Sie im Kontextmenü den Befehl AUSWÄHLEN NACH GLEICHEM. Über ein Untermenü wählen Sie damit alle Bilder der gerade aktiven Sammlung oder des aktuellen Albums aus, die denselben Kriterien entsprechen wie das aktive Bild. Zur Auswahl stehen die Bewertung, Farbmarkierung, Sequenz-ID und Position der Variante. Hat ein Bild keines dieser Kriterien, dann können Sie alle Bilder ohne Bewertung oder Farbmarkierung wählen.

Album erstellen aus

Etwas Ähnliches wie mit AUSWÄHLEN NACH GLEICHEM steht Ihnen mit einem Rechtsklick über einem Bild mit ALBUM ERSTELLEN AUS zur Verfügung. Damit können Sie schnell gemäß dem aktuellen Bild bei einer aktiven Sammlung oder einem ausgewählten Album ein neues Album nach Bewertung, Farbmarkierung, der Sequenz-ID oder auch einer Auswahl von Bildern erstellen.

Nächstes auswählen, wenn

Im Menü AUSWÄHLEN finden Sie über NÄCHSTES AUSWÄHLEN, WENN mit BEWERTET MIT STERNEN und FARBMARKIERT zwei Optionen vor. Wenn Sie eine der Optionen aktiviert haben, wird nach jedem Bewerten und/oder Markieren automatisch zum nächsten Foto gewechselt. Damit ersparen Sie sich beim Sortieren der Bilder einige Tastenanschläge, um zum nächsten Bild zu wechseln.

RGB-Farbanzeige hinzufügen/entfernen

Wenn Sie den RGB-Farbwert von verschiedenen Stellen im Bild benötigen, bietet Ihnen Capture One das Werkzeug (RGB-)FARBANZEIGE HINZUFÜGEN ❷ an. Mit jedem Klick ins Bild wird hiermit ein neuer RGB-Farbwert ❹ angezeigt, der auch mit gedrückter Maustaste verschoben werden kann. Diese Anzeige bleibt dann allerdings an derselben Stelle in jedem Bild bestehen, bis Sie diese Farbwert-anzeige mit dem Werkzeug (RGB-)FARBAN-ZEIGE LÖSCHEN ❸ wieder entfernen.

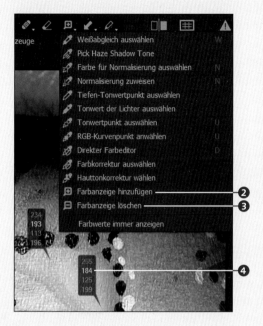

Umgang mit Schiebereglern

Ein paar nützliche Handgriffe bei der Ver-wendung von Schiebereglern in Capture One hätte ich auch noch. Klicken Sie doppelt an irgendeiner Position des Reglers, wird der Wert auf den Standard zurückgesetzt. Klicken Sie hingegen den Namen des Schiebereglers an und halten Sie die Maustaste gedrückt, wird die Vorher-Ansicht ohne die Anpassun-gen des Schiebereglers angezeigt. Lassen Sie die Maustaste wieder los, wird wieder die Ansicht mit den geänderten Anpassungen des Schiebereglers angezeigt. Den Wert eines Schiebereglers können Sie außerdem mit dem Mausrad und gehaltener ⎡Alt⎤-Taste ändern, wenn Sie sich mit dem Mauszeiger darüber befinden.

Standardwerte beim Schärfung-Werkzeug

Wenn Sie der Meinung sind, dass alle Bilder etwas zu viel oder zu wenig mit dem SCHÄR-FUNG-Werkzeug geschärft wurden, können Sie

den Wert dafür anpassen und dann bei den Werkzeugeinstellungen mit den drei Punk-ten die Option ALS STANDARD SPEICHERN FÜR [Kameramodell] ❺ wählen. Dann wird für das Kameramodell künftig immer dieser neue Standardwert verwendet.

Lupenwerkzeug ohne Werkzeugwechsel

Wenn Sie eine vergrößerte Ansicht eines Bildausschnitts benötigen, müssen Sie nicht gleich tiefer ins Bild zoomen oder mit ⎡P⎤ zum Lupenwerkzeug wechseln. Es reicht auch aus, ⎡Strg⎤ + Leertaste (Windows) bzw. ⎡Alt⎤ + Leertaste (Mac) mit dem Mauszeiger über dem Bild gedrückt zu halten. Die Lupengröße können Sie dann übrigens auch noch mit dem Scrollrad der Maus anpassen. Ansonsten kön-nen Sie die Lupeneinstellungen ❼ wie gehabt in der Werkzeugleiste vornehmen, wenn Sie länger die Maustaste auf dem Lupenwerkzeug ❻ gedrückt halten.

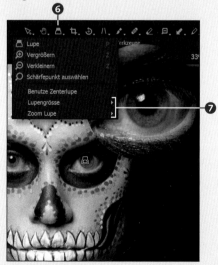

Index

90° drehen 139
100%-Ansicht 82

A

Abbildungsfehler, Beugungs-
  unschärfe 200
Abdunkeln 187
Abo-Modell 22
Affinity Photo
  Bilder aus Capture One über-
    nehmen 372
  HDR-Bilder erstellen 374
  Panorama erstellen 376
Alben
  Bilder hinzufügen 95
  Bilder löschen 95
  erstellen 94
  intelligente 96, 98
  löschen 95
Album erstellen aus 392
Alle Bilder 80
Anmerkungen 124
  weitergeben 125, 378
Anpassen-Register 193
Anpassungen
  kopieren 190, 192
  speichern 318
  wiederverwenden 190, 192
  zuweisen 190, 192
Anpassungsebene 241
Arbeitsfläche
  anpassen 356
  auswählen 352, 354
  erstellen 358
Arbeitsoberfläche 26
Aufhellen 187
Aufnehmen-Register 67, 367
Augen bearbeiten 280
Ausgabeort-Werkzeug 332, 334, 336
Ausgabe-Register 141, 331, 336
Ausgabeschärfe 201, 207, 334
Auswählen nach Gleichem 392
Auswahlordner 90

Auswahlsammlung 95
Automatische Korrekturen 178

B

Backup 41, 50
  Katalogdatei 33, 50
Basismerkmale-Werkzeug 151, 158
Bearbeiten mit 373
Belichtung-Regler 165, 177
Belichtungswarnung 165, 175
Belichtung-Werkzeug 164, 177
Benutzersammlung 100
  Alben 94
  Auswahlsammlung 95
  Gruppe 94
Benutzerstil 314
  aus Anpassungen 318
  aus Zwischenablage 318
  entfernen 313
  speichern 314
  verwalten 322
Benutzervoreinstellungen
  Importdialog 115
  Metadaten 114
  speichern 194
Bereich invertieren 267
Beugungskorrektur 200, 205
Beugungsunschärfe 200
Bewertung 84
Bibliothek-Register 57
Bildaufbau-Register 141
Bildausschnitt
  erstellen 140
  verschieben 82
Bildbearbeitung
  destruktiv 25
  nichtdestruktiv 25
Bilder
  aussortieren (Katalog) 86
  aussortieren (Sitzung) 90
  auswählen (Katalog) 80
  auswählen (Sitzung) 80
  benennen (Import) 42

Bilder (Forts.)
  betrachten 80
  bewerten 84
  drehen 138
  Drittprogramme 372, 378
  drucken 348
  entwickeln 62
  exportieren 328, 330, 338
  gerade richten 136
  importieren 37, 40, 64
  löschen (Katalog) 86
  löschen (Sitzung) 88
  markieren 92
  speichern 35
  spiegeln 139
  suchen 120
  umbenennen 118
  zuschneiden 140
Bildformate ausblenden 123
Bildgröße
  anpassen 82
  festlegen 332, 338
Bildlook erstellen 308
Bildrauschen 210
  reduzieren 204, 212
Bildschärfe 198
Bildschirm kalibrieren 24
Bildserver einrichten 366
Browser
  anzeigen 81
  ausblenden 81
  Lupe 83

C

Cache-Ordner 76, 77
Capture One-Ordner 76
Capture One Pro, Versionen 22
Capture Pilot 366
  App 368
  Werkzeug 367
Chromatische Aberration 130
Chrominanzrauschen 210
Cloud 35

cocatalogdb 51, 56
COF-Format 57, 228
Colorkey 296
COP-Format 57, 228
cosessiondb 76
COT-Format 57, 228
Crossentwicklung 294

D

Dateiformat 326
   COF 57
   COP 57
   COT 57
   DNG 327
   EIP 327
   HEIF 327
   JPEG 20, 326
   PNG 327
   PSD 327, 378
   Raw 20
   TIFF 326
Deckkraft 249
Dehaze-Werkzeug 170
Dekonvolution 200
Details-Register 205
Diffraktion 200
Direkter Farbeditor-Werkzeug 181
DNG-Format 327
Drehen 137, 139
Drehung & Spiegelung-
   Werkzeug 137, 139
Drucken 348
   Kontaktabzug 346
Dunst entfernen 170

E

Ebene 234
   Auswahlpunkte 249
   Farbeditor 264
   Farblooks erstellen 292
   Stile 313, 316
EIP-Format 327
   entpacken 343
   packen 342
Elemente entfernen 258, 261
Engine aktualisieren 391
Entsperren, Katalog 54
Exif-Daten 101, 110, 112

Exportieren
   Bilder 326, 328, 330
   Bildgröße festlegen 338
   Katalog 52
   Rezepte 330
Export, PSD-Datei 378

F

Farbanzeige 392
Farbbalance-Werkzeug 290,
   293, 295
Farbeditor-Werkzeug 132, 180,
   264, 296, 297
   Hautton 285
Farben anpassen 180, 264
Farbkorrektur auswählen-
   Werkzeug 182
Farblook 248, 290
   mit Ebenen 292
Farbmarkierung 92, 122
Farbmoiré 222
Farbprofil 24
   ICC 24, 151
Farbrauschen 210, 213
Farbsäume 130, 132
Farbsegment umkehren 183
Farbstich beheben 170, 172
Farbton-Regler 181
Farbverwaltung 24
Fehlende Bilder 49
Fehlende Ordner 48
Feststehender Bereich,
   Werkzeuge 354
Filmkorn-Werkzeug 220
Filter-Werkzeug 85, 86, 93, 109
   anpassen 121, 125
   Bilder suchen 120
Flecken entfernen 216
Fleckentfernung-Werkzeug 227
Fokusmaske 202
Fokus-Werkzeug 202, 205
Freihanddrehen 137
Freistellungspfade 379
Fujifilm-Filmsimulationen 150, 151

G

Gerade richten-Werkzeug 137, 145
Gespeicherte Anpassungen-
   Werkzeug 319

Globaler Filter 121, 122
GPS-Daten 390
Gradationskurve-Werkzeug 184,
   295, 309
   Farbstich beheben 173
Graukarte 157
Graustufenmaske 243, 255, 257, 268
Gruppe 94, 101

H

Halo-Effekt 199
Hardwarebeschleunigung 23
Hauptordner 36
Hautton verbessern 284
Hautunreinheiten entfernen 279
Haut weichzeichnen 279
Haze-Farbe auswählen-
   Werkzeug 171
HDR-Bild, Affinity Photo 374
HDR-Look simulieren 298
HDR-Werkzeug 175, 177, 188, 298
HEIF-Dateien 327
Helligkeit-Regler 165, 181
Helligkeitsabfall 129
Helligkeitsrauschen 210, 214
Hilfslinien 133, 135
Hintergrundfarbe ändern 391
Histogramm 154
Hochformat und Querformat 143
Horizontale Verzerrung 144
Horizont ausrichten 136
Hot Folder 390
Hotpixel 211, 226

I

ICC-Profil 24, 151
Import
   Anpassungen 42
   Katalog 74
   Lightroom-Katalog 46
   Metadaten 42
   mit Kopieren 44
   ohne Kopieren 40
   Quelle 41
   Sicherungskopie 41
   Sitzung 64, 71
   Speicherkarte 44
   starten 43

Import (Forts.)
Tethered Shooting 66
Ziel 41
Importdialog 38
aufrufen 40
Benutzervoreinstellungen 115
Bilder umbenennen 119
Metadaten 115
Schlüsselwörter 109
Sitzung 64
Importieren, Stile 323
Intelligente Alben
erstellen 96
Regeln erstellen 97, 99
Interferenzen 222
IPTC-Daten 110
bearbeiten 113
entfernen 113

J

JPEG 326, 390
Bearbeitung deaktivieren 123
verstecken/anzeigen 122
JPEG 2000 326
JPEG QuickProof 326
JPEG XR 326, 390, 392

K

Kalibrieren 24
Kamerafokus 371
Katalog 34, 60, 100
Bilder aussortieren 86
Bilder löschen 86
entsperren 54
erstellen 40
exportieren 52
Fehler beheben 48
importieren 46, 74
in Sitzung wechseln 70
Netzwerkbetrieb 54
neues Fenster 70
öffnen 70
Papierkorb leeren 87
Projekt 73
sichern 50
Sitzung importieren 72
Speicherort der Bilder 86
sperren 54

Katalog (Forts.)
umziehen 52
wechseln 70
zusammenführen 74
Katalogdatei 34
Katalogordner 56, 76
Katalogsammlungen 57, 100
alle Bilder 80
letzte Importe 80
Klarheit-Regler/-Werkzeug 208
Klonebene 241, 259, 260, 262, 263
Klonmaske zeichnen-Werkzeug 261
Kolorimeter 24
Komplementärfarben 171, 173
Kontaktabzug 346
Kontrast-Regler 165
Korn 220
Kurve-Werkzeug 184, 295, 309
Farbstich beheben 173

L

Landschaftsfotos verbessern 244
LCC-Werkzeug 129
Lichter
abdunkeln 176
aufhellen 270
Lichter-Regler 177, 189
Lichthof 199, 207
Unterdrückung 206
Lightroom-Katalog importieren 46
Lineare Verlaufsmaske
zeichnen 238, 244
Lippen bearbeiten 280
Livebild 353, 370
Live View 370
Lizenz 22
Luma-Kanal 186
Luminanzbereich 242, 266, 270
invertieren 267, 272
Maske 276
verfeinern 271
Luminanzrauschen 210
Lupe 83, 393

M

markieren, mit Farbe 92
Maske 234
Farbeditor 264
füllen 242

Maske (Forts.)
invertieren 242, 252, 256
kopieren von 243
löschen 242, 255
Luminanzbereich 276
rastern 240, 243, 253
verfeinern 243, 245, 246, 255
zeichnen 247, 255
Maskenfarbe 237
Maskenfunktionen 242
Mehrfachansicht 82, 161
Metadaten 112
bearbeiten 111
Benutzervoreinstellungen 114
Exif 112
Farbmarkierung 92, 122
IPTC-Daten 110, 112
Schlüsselwörter 106
Sternebewertung 84
synchronisieren 116
Vorlage 114
weitergeben 115
XMP-Datei 110, 116
Mitteltöne anpassen 168
Moiré-Werkzeug 223

N

Nach-links-drehen 139
Nach-rechts-drehen 139
Nachschärfen 201
Nächstes Auswählen, wenn 392
NAS-Systeme 35
Navigator-Werkzeug 202, 205
Nichtdestruktive Bildbearbeitung 25
Normalisierung-Werkzeug 282

O

Objektivkorrektur
Verzeichnung 128
Vignettierung 129
Objektivkorrektur-Werkzeug 128,
131
Offlinedateien 228
bearbeiten 230
Offline, Fehler beheben 48
Offlinesuche 231
Öffnen mit 372
erweitern 363

Ordner 100
   organisieren 36
Originals-Ordner 56
Output-Ordner 76

P

Panorama, Photoshop 376
Papierkorb leeren (Katalog) 87
Perspektive anpassen 144
Pinseleinstellungen 235
Pixelfehler 226
Plugins installieren 362
PNG-Format 327, 392
   verstecken/anzeigen 123
Porträtretusche 278
Profil 128
Projekt 73, 101
Proof
   Ansicht 334
   Rand 82
   Vorschau 214
ProStandard-Profil 151
PSD-Format 327, 378, 392
Purple Fringing 130

Q

Querformat zu Hochformat 143

R

Radiale Verlaufsmaske 238, 250, 391
Radius 206
Raparaturmaske zeichnen-
   Werkzeug 258
Raster 133, 134
Rauschreduzierung-Werkzeug 211,
   213
Raw-Format 20, 22
Raw-Konverter 20
Register 27, 356
Reparaturebene 241
Rezepte
   erstellen 330
   exportieren 330
   gleichzeitig verwenden 336

S

Sättigung-Regler 165, 181
Schärfeabfall 129
Schärfeeindruck 198
Schärfemaske 202
Schärfen, Fehler 199
Schärfung-Werkzeug 198, 205
   Radius 206
   Schwellenwert 206
   Standardwerte 393
   Stärke 205
Schatten aufhellen 174
Schattenbereiche hinzufügen 274
Schatten-Regler 175
Schatten-Tonwert 167
Schiefen Horizont ausrichten 137
Schlüsselwortbibliothek 107
Schlüsselwörter 104, 106, 110
   exportieren 108
   Importdialog 109
   importieren 108
   löschen 107
   verwalten 108
Schlüsselwörter-Werkzeug 106
Schnellbearbeitung 190, 361
Schwarzpunkt 188
Schwarz-Regler 175, 189
Schwarzweißbilder 300
Schwarz & Weiß-Werkzeug 301
Schwellenwert 206
Scrollbarer Bereich, Werkzeuge 354
Seitenverhältnis anpassen 141
Selects-Ordner 76
Selektive Bearbeitung 254
Selektiv Farben anpassen 259, 260,
   262, 263
Sensorflecken 216
Settings-Ordner 76, 77
Sicherungskopie 41
Single Pixel 211, 227
Sitzung 60, 101
   Auswahlordner 63, 90
   Bilder aussortieren 90
   Bilder importieren 64
   Bilder löschen 88, 91
   Bilder schnell entwickeln 62
   erstellen 62, 64
   Favoriten 90
   in Katalog importieren 72, 88
   in Katalog wechseln 70

Sitzung (Forts.)
   neues Fenster 70
   öffnen 70
   ohne Import 62
   Papierkorb 89, 91
   Tethered Shooting 66
   wechseln 70
   zusammenführen 74
Sitzungsalben 101
   alle Bilder 80
Sitzungsfavoriten 90, 101
Sitzungsordner 77, 101
   ändern 91
Skalierung 332, 339
Softwareupdate 31, 362
Speicherkarte
   auswerfen 45
   importieren 44
Speicherorte 35
Spiegelung 139
Spitzlicht-Regler 177
Spitzlicht-Tonwertpunkt 167
Stapeln
   Import 321
   Stile 320
   Voreinstellungen 320
Stapel umbenennen 118
Stapel-Werkzeug 333
Stärke 205
Staub entfernen 216
Staubmaske 219
Sternebewertung 84
Stichwörter 104, 110
Stile
   Ebene 313, 316
   entfernen 313
   importieren 323
   stapeln 320
   verwalten 322
   verwenden 312
Stile und Voreinstellungen-
   Werkzeug 312, 320
Struktur-Regler 209
Stürzende Linien 144
Suchen nach Bildern 120
Symbolleiste anpassen 357
Systemordner 80, 101
Systemvoraussetzungen 23

T

Tastenkombinationen 13, 382
  bearbeiten 360
Tastenkürzel 13, 14, 382
Teiltonung 302, 305, 309
Testversion 22
Tethered Shooting 66
  mit Live-Bild 370
  Testaufnahme 69
Tiefen-Regler 189
TIFF-Format 326
Tilt-Shift-Objektive 129
Tonung 291
Tonwerte-Werkzeug 166, 189
  Farbstich beheben 173
Tonwertumfang
  anpassen 166
  reduzieren 169
Trapezkorrektur-Werkzeug 145, 146
Trash-Ordner 76

U

Überbelichtung ausgleichen 176
Überlagerungen-Werkzeug 148
Überlagerung, weitergeben 379
Umbenennen 118
  Import 119
Update 31

V

Varianten 161, 162
Verarbeitungsvorgaben-
  Werkzeug 141, 331
Vergleichsvariante 84
Verlauf 333

Verlaufsmaske 306
  Linear 244, 307
  Radial 250
Verschiebung 129
Verschlagwortung 104, 106
Versionsnummer 31
Verwalten
  Stile 322
  Voreinstellungen 322
Verzeichnung korrigieren 128
Verzerrung 144
Viewer 82
  ausblenden 81
  Bildausschnitt anpassen 82
  Bildgröße anpassen 82
  einblenden 81
  Hintergrundfarbe ändern 391
  Lupe 83
  mehrere Bilder 82
  Vollbild 83
Vignettierung 129
  hinzufügen 224
Vintage-Look 304
Violette Farbsäume-Werkzeug 132, 223
Vollbildmodus 83
Voreinstellungen
  stapeln 320
  verwalten 322
Vorher-/Nachher-Ansicht 160
Vorschaudateien 228

W

Warteschlange 333
Wasserzeichen 340
  weitergeben 379

Webgalerie 344
Web-Kontaktabzug 344
Weiche Maskenkante 243
Weißabgleich 156
  durchführen 158
Weißabgleich-Werkzeug 159
Weißpunkt 188
Weiß-Regler 189
Weitergabe, Bilder 328, 372
Werkzeuge
  einblenden 85
  festheften 354
  schwebend 357
  scrollbarer Bereich 354
  sortieren 355
  verbergen 85
Werkzeugregister verwalten 27, 356
Winkel-Regler 137
Workflow 28
writelock 56

X

XMP-Datei 110, 116
  synchronisieren 116

Z

Zähler zurücksetzen 392
Zurücksetzen 160
Zuschneiden-Werkzeug 140, 141, 147, 339, 392
Zuschnittsmaske 141
Zwischenablage, Stil erstellen 318

Jürgen Wolf

Fujifilm X100V
Das Handbuch zur Kamera

Aller guten Dinge sind V: Die Fujifilm X100V ist die fünfte Generation der Premiumkompaktkamera mit fester Reportagebrennweite. Die Kamera ist an den entscheidenden Stellen verbessert worden und ist so mehr als je zuvor die perfekte Kamera für Street und Reise! Jürgen Wolf zeigt Ihnen, wie Sie aus dem kleinen Kraftpaket das Beste herausholen!

317 Seiten, gebunden, 34,90 Euro, ISBN 978-3-8362-7792-1
www.rheinwerk-verlag.de/5162

Wir hoffen, dass Sie Freude an diesem Buch haben und sich Ihre Erwartungen erfüllen. Ihre Anregungen und Kommentare sind uns jederzeit willkommen. Bitte bewerten Sie doch das Buch auf unserer Website unter **www.rheinwerk-verlag.de/feedback**.

An diesem Buch haben viele mitgewirkt, insbesondere:

Lektorat Frank Paschen
Korrektorat Petra Biedermann, Reken
Herstellung Denis Schaal
Einbandgestaltung Silke Braun
Coverbilder Unsplash: Alexandru Zdrobau, Joao Silveira, Emma Francis, Lachlan Gowen, Austris Augusts, Andreas Dress, Wolfgang Hasselmann, Alin Luna, Johannes Plenio, Kal Visuals; iStock: 91229536 © Rocky89
Satz Jürgen Wolf, Denis Schaal
Druck Firmengruppe Appl, Wemding

Dieses Buch wurde gesetzt aus der Linotype Syntax (9 pt/13 pt) in Adobe InDesign.
Gedruckt wurde es auf matt gestrichenem Bilderdruckpapier (115 g/m²).
Hergestellt in Deutschland.

Bibliografische Information der Deutschen Nationalbibliothek:
Die Deutsche Nationalbibliothek verzeichnet diese Publikation in der Deutschen Nationalbibliografie; detaillierte bibliografische Daten sind im Internet über *http://dnb.dnb.de* abrufbar.

ISBN 978-3-8362-8362-5

1. Auflage 2021
© Rheinwerk Verlag, Bonn 2021

Informationen zu unserem Verlag und Kontaktmöglichkeiten finden Sie auf unserer Verlagswebsite **www.rheinwerk-verlag.de**. Dort können Sie sich auch umfassend über unser aktuelles Programm informieren und unsere Bücher und E-Books bestellen.